Jürgen Burberg

**Vieweg Software-Trainer
Windows 3.1**

Jürgen Burberg

VIEWEG SOFTWARE-TRAINER WINDOWS 3.1

Die Deutsche Bibliothek – CIP-Einheitsaufnahme

Burberg, Jürgen:
Vieweg-Software-Trainer Windows 3.1 / Jürgen Burberg. –
  ISBN 978-3-528-05220-1   ISBN 978-3-663-13886-0 (eBook)
  DOI 10.1007/978-3-663-13886-0

Dieses Buch ist keine Original-Dokumentation zur Software der Microsoft GmbH. Sollte Ihnen dieses Buch anstelle der Original-Dokumentation zusammen mit Disketten verkauft worden sein, welche die entsprechende Microsoft-Software enthalten, so handelt es sich wahrscheinlich um eine Raubkopie der Software. Benachrichtigen Sie in diesem Fall umgehend Microsoft GmbH, Edisonstr. 1, 8044 Unterschleißheim. Auch die Benutzung einer Raubkopie kann strafbar sein.

Verlag Vieweg und Microsoft GmbH

Das in diesem Buch enthaltene Programm-Material ist mit keiner Verpflichtung oder Garantie irgendeiner Art verbunden. Der Autor und der Verlag übernehmen infolgedessen keine Verantwortung und werden keine daraus folgende oder sonstige Haftung übernehmen, die auf irgendeine Art aus der Benutzung dieses Programm-Materials oder Teilen davon entsteht.

Umschlaggestaltung: Schrimpf & Partner, Wiesbaden

ISBN 978-3-528-05220-1

Inhaltsverzeichnis

Vorwort

Die Erfolge früher Computersysteme der Hersteller Apple
(Lisa und MacIntosh), Atari (ST usw.) und Commodore (Amiga),
auch im professionellen Bereich, beruhen ganz sicher zum Teil
auf deren einfacher Bedienbarkeit mit Hilfe grafischer
Betriebssystemoberflächen. Auch der außergewöhnlich große
Anklang, den die Version 3.0 von MS-Windows direkt nach
ihrer Vorstellung im Jahre 1990 fand, bestätigt diese Annahme.
Der Ruf innerhalb der DOS-Welt nach einer ähnlichen Oberfläche wurde deshalb schon bald nach Einführung des IBM PCs
und seines Betriebssystems MS-/PC-DOS im Jahre 1981 laut
und führte zu der Einsicht, daß man auch DOS-Anwendern
nicht länger eine solche angenehme Arbeitsoberfläche vorenthalten dürfe.

Das amerikanische Unternehmen *Microsoft* - auch Hersteller
des Betriebssystems MS-DOS und zahlreicher professioneller
Anwenderprogramme für den Personal Computer - hat aus
dieser Einsicht heraus bereits gegen Ende 1982 begonnen, eine
grafische Benutzeroberfläche, die geräteunabhängig arbeiten
sollte, zu programmieren. Im November 1985 schließlich er-
schien die erste Endkunden-Version dieser Benutzeroberfläche
auf dem amerikanischen Markt. Die Idee: Jeder Aktion, die mit
dem Computer erledigt werden soll (= task), wird ein eigener
Bildschirmbereich, ein sog. *Fenster* zugewiesen. Daraus resul-
tiert der Name dieser Oberfläche: *Windows*.

Gesteigerte Möglichkeiten der Personal Computer im Bereich
des Arbeitsspeichers, der Festplattenspeicher und der
Prozessorleistung haben eine ständige Anpassung von MS-
Windows zur Folge gehabt, die bis zur Version 3.1 geführt hat.
Als aktuelle Version wird sie in diesem Buch beschrieben.

Die Diskussion um eine echte 32-Bit-Version von MS-Windows mit einem eigenen Betriebssystemkern zeugt davon, daß

man als Anwender auch zukünftig weitere interessante Neuerungen erwarten darf. Das als *Windows/NT* (NT = New Technology) oder *Windows 3.2* bezeichnete "Betriebssystem" dürfte in absehbarer Zeit auf dem internationalen PC-Markt erscheinen und für Furore sorgen.

MS-Windows ist eine wesentliche Erleichterung für den Anwender von Personal Computern unter dem Betriebssystem MS-/PC-DOS; eine Erleichterung insbesondere im Hinblick auf die übersichtliche Organisation, Verwaltung und Darstellung umfangreicher Datenmengen, die heute mit Personal Computern verwaltet werden können. Auf einer Festplatte mit 40 oder mehr Megabytes befinden sich leicht über 2000 unterschiedliche Dateien. Dabei verliert man recht schnell den Überblick, ganz zu schweigen von den Restriktionen, die das Betriebssystem für die Menge an Dateien für das Stamminhaltsverzeichnis vorgibt.

Die Anlage einer gut geplanten, effektiv durchorganisierten und fortlaufend gepflegten Baumstruktur ist dabei häufig notwendige Vorbedingung für ein übersichtliches und störungsfreies Arbeiten mit dem Computer.

Nun bietet das Betriebssystem MS-DOS alle zum Anlegen und zur Verwaltung dieser Datenmengen sowie zum Aufbau der notwendigen Organisationsstrukturen benötigten Befehle; allerdings in einer für den normalen PC-Anwender lernintensiven und z.T. unübersichtlichen Form von textorientierten Kommandos. Die Orientierung des MS-DOS am Buchstaben bedeutet bereits ein recht hohes Abstraktionsniveau, das der "Normalanwender" bei der Verwaltung seiner Daten nicht unbedingt erreichen muß. Das Auswendiglernen "kryptischer" Befehlsfolgen schreckt viele Anwender vom effektiven Einsatz des Rechners und seiner Programme ab. Selbst die als *DOSSHELL* bekannte Bedieneroberfläche der MS-DOS Versionen 4.x und 5.x können nicht darüber hinwegtäuschen, daß die Arbeit mit DOS etwas für Spezialisten ist.

Der Mensch - das wissen wir alle - ist visuell orientiert. Nichts ist deshalb logischer, als auch die Arbeitsmittel der EDV dieser menschlichen Denkungsart anzupassen. Eine visuell oder grafisch orientierte Plattform erleichtert dem Anwender eines PCs die Kommunikation mit seinem Werkzeug ganz erheblich. Eine solche Plattform erhöht dadurch auch ganz wesentlich die Akzeptanz gegenüber einem PC, da die Bedienung häufig unmittelbar einsichtig ist und die Oberfläche selbst einen hohen Anmutungscharakter besitzt.

Windows von Microsoft verfolgt konsequent diesen Weg der Arbeitserleichterung auf der Basis einer grafischen Symbolsprache, den sog. *icons* (griech. iconos = das Bild). Eine Bildersprache findet sich heute auf jedem großen Flughafen, auf Bahnhöfen und nicht zuletzt in Form der allseits bekannten Verkehrsschilder. Möglichst eingängige und leicht verstehbare Symbole müssen gefunden werden, damit das Verständnis dieser Bildersprache nicht von landesspezifischen Besonderheiten abhängt.

Eine Anpassung der Icons, wie etwa bei den landesspezifischen Versionen von textorientierten Programmen, kann so in kleinem Rahmen gehalten werden bzw. wird sogar ganz überflüssig. Die Folge: Selbst mit einer englischen Windows-Version wird auch ein deutscher, französischer oder spanischer PC-Anwender dann umgehen können, wenn er über elementare Grundkenntnisse des Personal Computers verfügt.

Des Menschen Zeigefinger wurde in der verlängerten, elektronischen Form als *Mauszeiger* konsequent zur Bedienung des Programms genutzt. Den natürlichen Bewegungsablauf zur Steuerung des Mauszeigers mit der Maus kann man leicht lernen. Bereits nach kurzer Gewöhnungszeit beherrscht man diese Technik vollständig.

Die Bedienung von MS-Windows ist allerdings auch ohne Maus möglich. Vielleicht wird es dem einen oder anderen Anwender lieber sein, Windows mit der Tastatur zu bedienen oder aber eine Kombination aus Maus- und Tastaturbedienung auszuwählen. Hier können keine Regeln genannt werden, sondern es hängt ganz von Ihren persönlichen Vorlieben ab, wie Sie Windows handhaben möchten. Das Buch bezieht sich im wesentlichen auf eine Steuerung von Windows mit der Maus, weil es sich dabei wohl um die gängiste Bedienart handelt.

Neuerungen der Version 3.1 gegenüber der Version 3.0 werden in diesem Buch selbstverständlich auch einer genauen Betrachtung unterzogen. Die Beschreibung der neuen Fonttechnologie *True Type*, die von Microsoft und Apple gemeinsam entwickelt wurde, finden genauso Platz wie der wesentlich verbesserte Datei-Manager und die Beschreibung der Möglichkeiten des *Object Linking and Embedding* (OLE).

Dieses Buch wendet sich an alle, die MS-Windows nutzen möchten, gleich ob privat oder beruflich. Der Windows-Einsteiger kann im ersten Teil dieses Buches den Umgang mit MS-Windows 3.1 erlernen. Der fortgeschrittene PC-Profi und Kenner der Vorgängerversion 3.0 findet insbesondere im zweiten Teil interessante Informationen in Form eines Nachschlagewerkes. Der Windows-*Installateur*, der mehr über den Umgang mit den unterschiedlichen Speicherarten wissen möchte, wird ebenfalls den Teil B schätzen. Gerade um die Installation von Windows auch einem Normalanwender leichter zu machen, widmet sich das Kapitel *Installation von MS-Windows 3.1* im zweiten Teil des Buches. Dort erleichtert eine Checkliste, in die Sie Ihre PC-Hardware eintragen können, die Installation und bewahrt Sie vor unangenehmen Überraschungen während der Installationsprozedur.

Wie nutzt man dieses Buch?

Zunächst einmal müssen Sie entscheiden, ob Sie MS-Windows Schritt für Schritt erlernen möchten oder ob Sie insbesondere den zweiten Teil zum Nachschlagen und bei spezifischen Problemlösungen nutzen möchten.

Gerade wenn Sie PC-Neuling sind, werden Sie in den ersten 11 Lektionen dieses Buches mit der Anwendung von Windows vertraut gemacht. Dort lernen Sie, ausgehend von dem Bildschirmaufbau über die Funktionsweisen der einzelnen Fenster, auch kleinere Probleme mit MS-Windows zu lösen. Was Sie nicht lernen: wie man nun genau Ihre individuellen PC-Probleme löst, denn diese können wir ja nicht kennen. Allerdings wurden die Beispiele so ausgewählt, daß es Ihnen jederzeit leicht fallen wird, die dort erarbeiteten Lösungen auf Ihr ganz spezielles Problem zu übertragen.

Auch wenn Sie bereits vorhergehende Windows-Versionen kennen, werden Ihnen die Lektionen aufschlußreiche Informationen und Fertigkeiten vermitteln, was Ihnen häufig mühevolles Nachlesen in der Windows-Dokumentation erspart.
Sind Sie bereits mit dem PC und seinen Programmen sowie der in diesem Buch beschriebenen Windows-Version 3.1 vertraut, dann werden Sie nützliche Informationen im zweiten Teil des Buches, dem Nachschlagewerk, finden. Da sich jedoch die Version 3.1 von ihren Vorgängerversionen in einigen Teilen unterscheidet, sollten insbesondere auch Anwender der älteren Versionen 1.x und 2.x den ersten Teil nicht überlesen, sondern ebenfalls intensiv studieren, um mit den Neuerungen vertraut zu werden. Die Lerngeschwindigkeit wird beim Windows-Vertrauten sicher höher sein als beim Windows-Einsteiger.

Wir wünschen Ihnen viel Erfolg und Freude beim Durcharbeiten der 11 Lektionen und bei der Lösung Ihres ganz individuellen PC- oder Windows-Problems.

Dank

Besonderer Dank gilt in erster Linie Ihnen, der geschätzten Leserin und dem verehrten Leser meines Buches, daß Sie dieses Buch als ergänzende Informationsbasis Ihrer Windows-Aktivitäten gewählt haben. Darüber hinaus haben mich bei der Herstellung dieses Buches Freunde und Bekannte unterstützt, denen ich an dieser Stelle meinen herzlichen Dank für die gebotenen Hilfestellungen aussprechen möchte.

Ganz besonderer Dank gebührt meiner Frau Jacqueline, die mich - wie auch bei anderen Buchprojekten zuvor - unermüdlich mit den nötigen Grundnahrungsmitteln versorgt hat und insgesamt unglaublich viel Verständnis für meine meist nächtlichen "Arbeitsanfälle" aufbrachte.

Jürgen Burberg
Frühjahr 1992

1. Sie starten MS-Windows

1.1 Vorbemerkungen

Wir wollen unsere gemeinsame Reise durch die Landschaft der
Betriebssystemoberfläche MS-Windows 3.1 beim Aufruf beginnen. Wir gehen dabei davon aus, daß Sie Windows bereits
auf Ihrer Festplatte installiert haben.

 Sollten Sie nicht genau wissen, wie MS-Windows 3.1
installiert wird, so können Sie dies im Kapitel 1 des
zweiten Teils dieses Buches ab Seite 331 nachlesen.

Sie werden sich vielleicht wundern, warum dem Programm-
aufruf eine eigene Lektion zugeordnet wurde. Nun, es gibt
einfach so viele verschiedene Möglichkeiten, wie man Windows aktivieren kann:

- Windows in den verschiedenen Betriebsarten aufrufen
- Gleichzeitig mit Windows eine Anwender-Applikation laden
- Mit der Anwender-Applikation eine Datei laden
- Windows über eine Batch-Datei laden und Parameter überge-
  ben
- Windows automatisch nach dem Einschalten des Rechners
  laden

Sie sehen, es gibt doch einige Möglichkeiten, Windows aufzurufen. Bevor wir uns daran machen, Windows zu aktivieren,
möchte ich Ihnen ein einfaches Modell unseres Rechners vorstellen, an dem man gut die einzelnen Lade-Phasen erklären
kann.

Bevor Sie mit MS-Windows arbeiten können, müssen Sie es in
den Speicher laden. Wir gehen davon aus, daß Sie nach den
Anweisungen Ihres Windows-Handbuches und der ersten
Lektion des Teils B Ihr Windows komplett installiert haben
und jetzt endlich damit arbeiten möchten.

✗   Sollten Sie am Ende der Installation die Option *Windows neu laden* ausgewählt haben, so ist jetzt bereits Windows in den Speicher geladen.

Im folgenden wollen wir davon ausgehen, daß Ihr Rechner noch nicht eingeschaltet ist. Der Rechner könnte dann durch folgendes einfache Modell dargestellt werden.

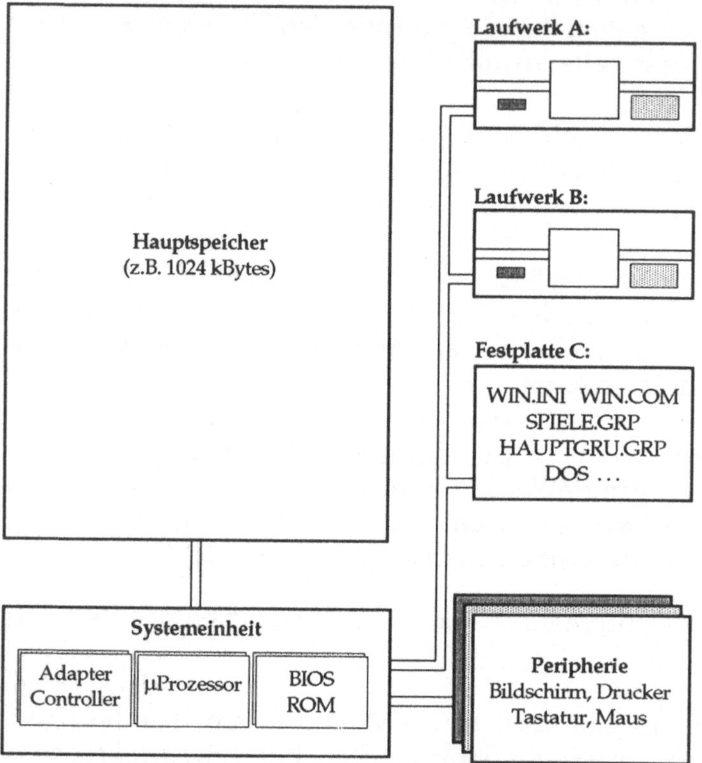

Abb. 1.1 Rechner im ausgeschalteten Zustand

In diesem Modell ist der große Bereich des Arbeitsspeichers deutlich zu erkennen. Je nach Hardware-Voraussetzung auf Ihrem Rechner steht Ihnen Hauptspeicherkapazität in entsprechender Größe zur Verfügung.

Damit Sie nicht nur Tastenfolgen auswendig lernen, um dann mehr oder weniger gut "dressiert" Windows bedienen zu

können, sondern auch Zusammenhänge erkennen und so
Zugang zur eigentlichen Funktionsweise des Rechners samt
MS-Windows bekommen, soll im folgenden etwas detaillierter
der Ladevorgang vom Einschalten des PCs bis hin zum Arbeiten auf der Oberfläche von Windows dargestellt werden. Dieser Prozeß läuft in mehreren Schritten ab:

1. Schritt: Rechner wird eingeschaltet --> DOS laden
Ohne Betriebssystem läuft beim PC nichts. Darin unterscheidet
sich der PC nicht von anderen Rechnersystemen. Sowohl der
kleinste Home-Computer als auch der größte Groß-Rechner
benötigen Informationen, die den mProzessor in die Lage
versetzen, zur Koordination von Hard- und Software nötige
Prozeduren starten und ablaufen lassen zu können; dazu
gehört auch die Verwaltung des Speichers.

Weil das Betriebssystem so wichtig ist, ist der eigentliche
Ladevorgang bei allen MS-/PC-DOS-Rechnern (auch bei einigen anderen - die spielen für dieses Buch aber keine Rolle)
automatisiert. Nach dem Selbsttest des Rechners wird zunächst im Laufwerk A: nach einer Systemdiskette gesucht. Ist
diese nicht vorhanden, versucht der Rechner das Betriebssystem PC-DOS von der Festplatte zu laden.

● Sollte auch auf der Festplatte kein ordnungsgemäß in-
   stalliertes Betriebssystem gefunden werden, ist ein Arbeiten mit dem Rechner nicht möglich. Bei einigen PCs
   gerät man automatisch in ein sog. Kassetten-Basic, einer
   stark ''abgespeckten'' Version der Programmiersprache
   BASIC. Diese Einfach-Version übernimmt dann Funktionen des Betriebssystems, erlaubt jedoch nicht den
   Zugriff auf die externen Speichermedien Diskette oder
   Festplatte. Diese Version stammt noch aus den Tagen, da
   nicht jeder Rechner über Diskettenlaufwerke oder gar
   eine Festplatte verfügte, so daß Daten und Programm
   auf einem Kassettenrecorder gespeichert wurden.

   Sollte Ihnen dies widerfahren, so legen Sie in das Laufwerk
   A: eine Betriebssystemdiskette. Starten Sie dann den
   Rechner neu.

Mit dem Betriebssystem MS-/PC-DOS oder DR-DOS werden
eine ganze Reihe von Treibern, die zur Anpassung des Betriebssystem an Ihre Hardware nötig sind, geladen. Diese
Treiber steuern z.B. die Maus, die Tastatur, den Bildschirm,
spezielle Speichernutzung und andere Hardware-Komponenten. Nachdem das Betriebssystem samt aller Treiber in den
Arbeitsspeicher geladen wurde, hat dieser folgende Belegung.

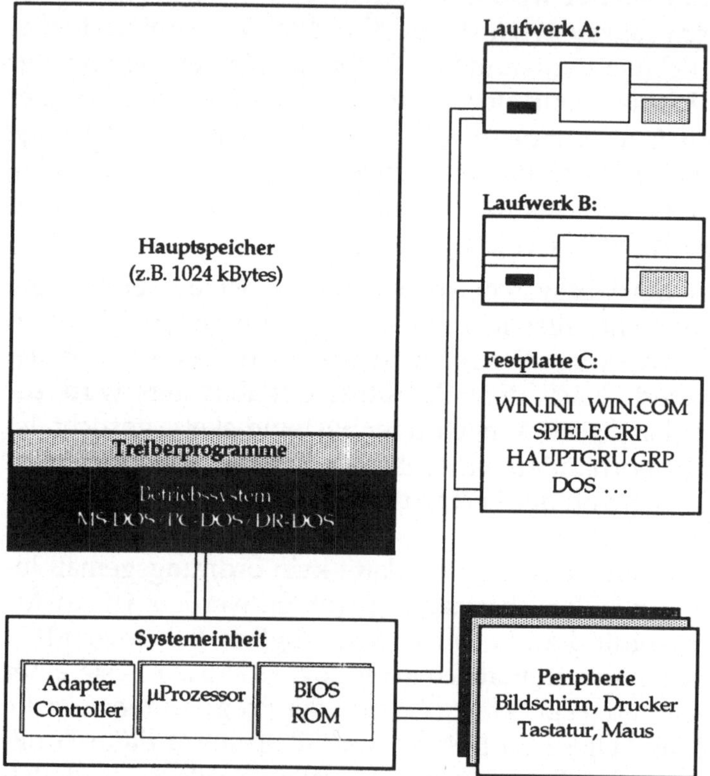

Abb. 1.2 Rechnermodell, DOS im Speicher

Wenn Sie jetzt auf den Bildschirms sehen, so zeigt sich mit der
sog. *Systemanfrage C:\>_* das "DOS-Gesicht" (= DOS-Prompt),
und man kann bereits mit dem Rechner arbeiten. Die Arbeit mit
dem PC ist an Buchstaben gebunden, also zeichenorientiert.
Grafiken sind im DOS-Modus nicht möglich. Sämtliche bekannten DOS-Befehle (type, replace, dir, backup) können jetzt
aus der DOS-Befehlsebene heraus aufgerufen werden. Pro-

gramme (Word, dBASE, Lotus 1-2-3, Harvard Graphics Manager, MS-Windows) können jetzt aus der DOS-Befehlsebene heraus aufgerufen werden. Jeder Befehl muß von der Tastatur aus eingegeben werden, eine Bedienung der DOS-Befehlsebene mit der Maus ist nicht möglich. Ausnahme bildet hier nur die sog. *DOSSHELL*, eine SAA-konforme Bedieneroberfläche von Microsoft für die DOS-Versionen 4.x und 5.x. Um mehr darüber zu erfahren, lesen Sie bitte in Ihrem DOS-Handbuch nach, sofern Sie über die Versionen 4.x oder 5.x verfügen. Um ein Programm von der DOS-Befehlsebene aus aufzurufen, gibt man dessen Namen ein.

●   Sie erinnern sich sicher an die Regeln für Dateinamen:
    - maximal 8 Zeichen lang,
    - versehen mit einer Erweiterung von max. 3 Zeichen Länge.
    - Namen und Erweiterung werden durch einen Punkt getrennt.

●   Ein Programm wird aufgerufen, indem man den Namen (= Zeichen links vom Punkt) eingibt und dann die [↵]-Taste drückt. Auch MS-Windows ist ein solches Programm. Es hat den Namen **WIN.COM** und wird über *win* aufgerufen.

Nachdem Ihnen jetzt "so ungefähr" bekannt ist, was nötig ist, um Windows aufzurufen und in den Arbeitsspeicher zu laden, wollen wir das tun.

1.2 MS-Windows vom DOS-Prompt aufrufen

Während der Installation haben Sie angegeben, daß MS-Windows in einem bestimmten Verzeichnis auf der Festplatte installiert werden soll. Wir gehen in diesem Buch davon aus, daß dies das Verzeichnis C:\WINDOWS ist.
Um Windows aufzurufen, müssen Sie zunächst in dieses Verzeichnis wechseln, denn sonst findet das DOS nicht Windows und könnte es dementsprechend auch nicht aufrufen. Die Folge wäre die Ausgabe der bekannten Fehlermeldung *Falscher Befehl oder Dateinamen.*

- Wenn Sie es der SETUP-Prozedur überlassen haben, die Dateien AUTOEXEC.BAT und CONFIG.SYS zu verändern, so können Sie nach einem Systemneustart getrost von einem beliebigen Verzeichnis aus Windows aufrufen, da dann der entsprechende Pfad definiert wurde, um Windows auch dann zu finden, wenn Sie sich nicht im Windows-Verzeichnis befinden.
- Wenn Sie manuell den Pfad verändern möchten, dann müssen Sie hinter PATH das Windows-Verzeichnis eintragen.
  Also z.B.: PATH=C:\WINDOWS

MS-Windows 3.1 kann in drei verschiedenen Betriebsarten gestartet werden:
- Wenn mindestens 1 MB Hauptspeicher auf PC mit 80286 Prozessor zur Verfügung steht im *Standard Mode*
- Auf PC mit mindestens 2 MB Hauptspeicher und 80386SX, 80386, 80486SX oder 80486 Prozessor im *Protected Mode* oder *Erweiterten Mode*

Windows erkennt automatisch beim Starten, mit welcher PC-Konfiguration Sie arbeiten und schaltet in den optimal passenden Modus. Wenn Sie darüber hinaus gezielt in eine bestimmte Betriebsart schalten möchten, so befolgen Sie folgende Regeln:

✗   [win][↵]   Windows wird geladen. Die Betriebsart wird automatisch der Hardware angepaßt.

✗   [win :][↵]   Windows wird so geladen, daß der Startbildschirm nicht angezeigt wird. Manchmal ist dies schneller und direkter.

✗   [win/s][↵]   Es wird der *Standard-Mode* aktiviert. Sinnvoll, wenn ausschließlich Windows-Anwendungen genutzt werden. DOS-Programme können nur als Vollbild und exklusiv laufen. Eventuell schneller als der Protected Mode auf 386er Rechnern, wenn weniger als 2 MB Speicher zur Verfügung stehen.

✗ [win/3][↵] Windows nutzt die Möglichkeiten des *Protected Mode* aus (DOS-Anwendungen im Fenster, Multitasking, Auslagerungsdatei). Es muß mindestens 1 MB Hauptspeicher auf 386er und 486er Rechnern zur Verfügung stehen.

✗ Wenn Sie weitere Informationen über die Nutzung des Speichers benötigen, lesen Sie bitte das entsprechende Kapitel im *Teil B Windows zum Nachschlagen* durch.

Windows wird von der Festplatte in den Speicher geladen. Nach kurzer Aktivität der Festplatte sehen Sie den Startbildschirm von Windows mit dem Logo des Herstellers Microsoft, der Versionsangabe und dem Copyrightvermerk.

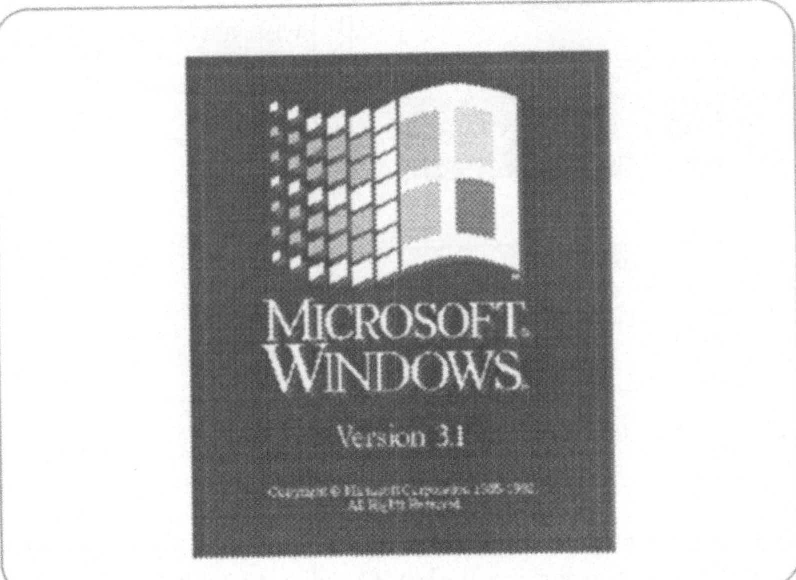

Abb. 1.3 Startbildschirm von MS-Windows 3.1

Wurde MS-Windows in den Speicher geladen, so weist dieser die auf der Seite 14 gezeigte Belegung auf.

Beachten Sie bitte, daß die Größenverhältnisse der Grafik nicht die reale Belegungssituation darstellen, sondern nur prinzipiell veranschaulichen.

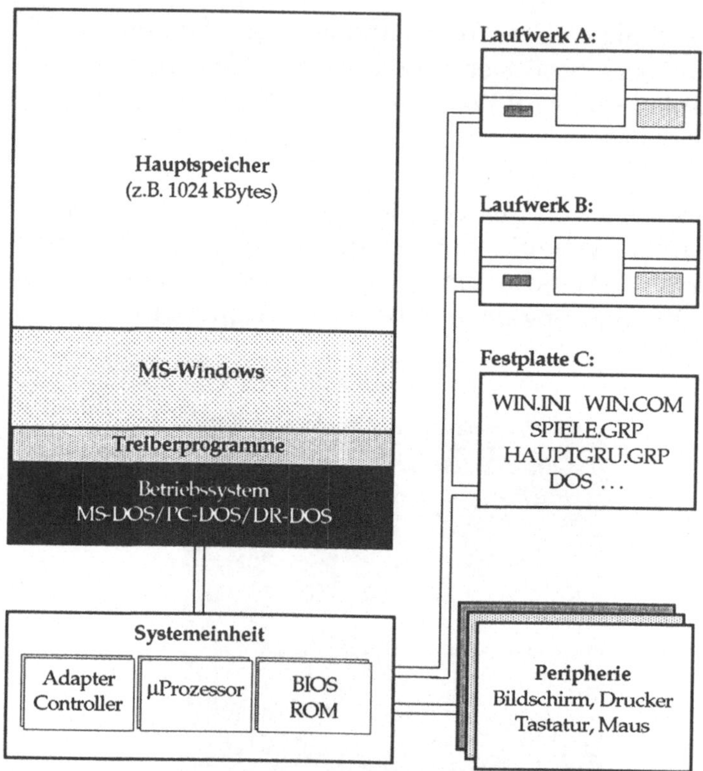

Abb. 1.4 MS-DOS überlagert von MS-Windows

Jetzt sehen Sie auch die eigentliche Windows-Oberfläche mit ihren Fenstern oder Symbolen für die Anwendungen, das Fenster der Hauptgruppe, das Fenster der Windows-Zusatzprogramme, welches *Zubehör* genannt wird, sowie den eigentlichen Programm-Manager.

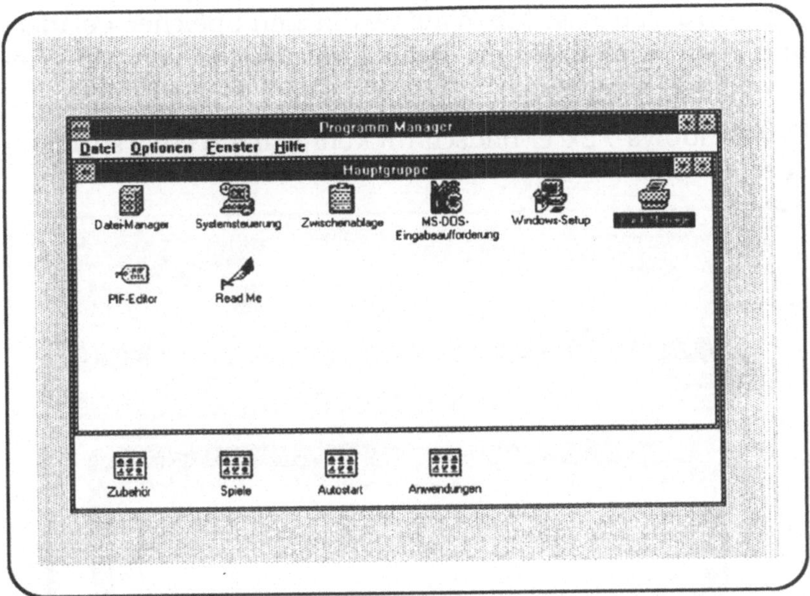

Abb. 1.5 Oberfläche von MS-Windows 3.1 nach dem Starten

1.3 Windows mit Windows-Applikation aufrufen

Häufig möchte man unter Windows direkt nach dem Start mit einem bestimmten Programm arbeiten. Wir gehen mal davon aus, daß Sie nach dem Aufruf von Windows mit MS-Excel kalkulatorische Probleme lösen möchten.
Dies können Sie folgendermaßen erreichen:

Sie rufen Windows und gleichzeitig ein Programm auf

1.　　[cd \windows] [↵]
　　　Sie wechseln in das Windows-Verzeichnis (hier: WIN-DOWS).

2.　　[win] [Leer] [excel] [↵]
　　　Durch eine Leertaste (= [Leer]) vom Windows-Namen getrennt, geben Sie den Namen des aufzurufenden Programmes ein. Als Beispiel wurde hier *Excel* gewählt.

Jetzt wird zunächst MS-Windows in den Speicher geladen, und dann wird unter der Benutzeroberfläche von MS-Windows Excel aktiviert.

Der Windows-/Excel-Bildschirm könnte dann etwa so aussehen:

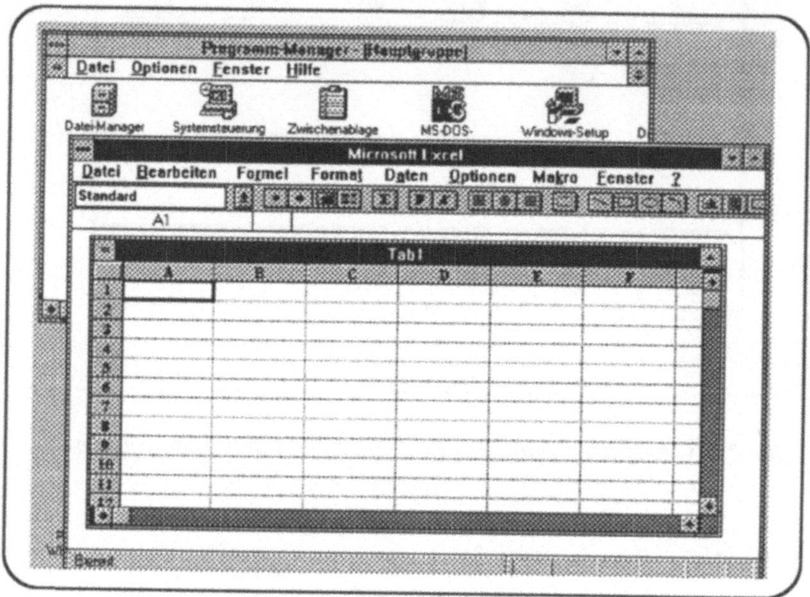

Abb. 1.6 MS-Excel über Windows 3.1 geladen

Diese Methode, eine Anwendung zu laden, ist sehr schnell, da man nicht erst auf der Windows-Oberfläche ein bestimmtes Fenster öffnen muß bzw. eine bestimmte Applikation mit der Maus anklickt, sondern direkt und damit automatisch die gewünschte Applikation lädt.

● Sollte kein Pfad in das Verzeichnis gelegt sein, in dem die Anwender-Applikation eingetragen ist, so kann Windows das Programm nicht finden und fordert Sie daher auf, die Programmdiskette in Laufwerk A: einzulegen. An diesem Problem ist gut die Zusammenarbeit zwischen dem Betriebssystem MS-DOS und der Oberfläche MS-Windows zu sehen, denn nur mit Hilfe des DOS-Befehls PATH kann ein Zugriffspfad definiert werden, der dieses Problem löst, nicht jedoch mit Windows.

1.4 Windows mit Applikation und User-Datei aufrufen

1. Möglichkeit

Außer der Möglichkeit, direkt mit Windows zusammen ein bestimmtes Programm zu laden, hat der Anwender von Windows auch die Gelegenheit, dem aufgerufenen Programm eine gewünschte Datei zu nennen. Diese Datei wird dann automatisch direkt nachdem das Programm geladen wurde von diesem aufgerufen.

Nehmen wir an, Sie hätten mit PageMaker eine Datei ZEITUNG.PM4 hergestellt. Um PageMaker und gleich darauf die Datei ZEITUNG.PM4 zu laden, gehen Sie so vor:

Sie rufen Windows, ein Programm und eine Datei auf

---

1. [win][pm][zeitung][Return]
    Zunächst wird Windows aktiviert (= [win]), dann der PageMaker geladen (= [pm]) und zuletzt die Datei ZEITUNG.PM4 (= [zeitung])aktiviert.
    Die Leertasten zwischen den einzelnen Dateinamen sind hier nicht mehr gesondert ausgeführt, müssen allerdings eingegeben werden.

---

2. Möglichkeit

Einige Applikationen legen ihre Dateien immer mit typischen Dateinamenserweiterungen ab. Sind diese Dateinamenserweiterungen Windows bekannt (in der Datei WIN.INI), so ist es möglich, durch genaue Spezifizierung des Dateinamens und der Erweiterung Windows nicht nur mitzuteilen, um welche User-Datei es sich handelt, sondern auch, welches Programm geladen werden muß, um diese Datei zu bearbeiten.
In der folgenden Tabelle sind typische Erweiterungen aufgeführt, die - bei richtiger Installation der entsprechenden Applikation - von MS-Windows erkannt werden.

Applikation	Erweiterung
MS-Excel	XLS (Tabellen)
	XLC (Grafik)
	XLM (Makros)
	XLA (Add-In-Makros)
	XLW (Workspace)
PageMaker	PM4 (Publikation)
	PT4 (Vorlagen-Datei)
	PUB (Publikation der Version 1.0)
	PM3 (Publikation der Version 3.x)
MS-Paint	MSP (Grafikdatei)
Paintbrush	MSP (Grafikdatei aus Paint)
	PCX (Pixel-Datei)
	BMP (Bitmap-Datei)
Notiz	TXT (nur ASCII-Datei)
Word für Windows	DOC (Textdatei)

✗ Beispiel
Es soll nach dem Start von Windows im erweiterten
Modus automatisch die Excel-Kalkulationstabelle
UMSATZ.XLS geladen werden. Sie geben ein:
[win/3][umsatz.xls][Return].

Die Folge: Nach dem Laden von Windows wird Excel
und darin die Datei UMSATZ.XLS aktiviert.

Wichtig ist zum einen, daß die Erweiterung des Dateinamens
exakt mit angegeben wird, da über sie Windows die entsprechende Applikation (in unserem Beispiel: MS-Excel) erkennt
und laden kann, und zum anderen, daß Sie genau angeben, in
welchem Verzeichnis die zu ladende Datei steht, da andernfalls keine Zugriffsmöglichkeit besteht.

Es besteht die Möglichkeit, auch im "laufenden Betrieb" solche Zuordnungen vorzunehmen. Dies ist mit dem Datei-Manager möglich (*Datei Verbinden*), den Sie in der 5. Lektion genau kennenlernen werden.

1.5 Windows über Batch-Datei aufrufen

Die zuvor aufgeführten Start-Möglichkeiten bedürfen z.T. umfangreicher Eingaben, insbesondere wenn Sie vorher immer noch in das Windows-Verzeichnis wechseln müssen. Diese Eingabe-Arbeit kann man wesentlich reduzieren, wenn man sich der DOS-Stapelverarbeitung (= Batch-Datei-Verarbeitung) bedient.
Im folgenden wollen wir ebenfalls jene Fälle unterscheiden, denen zuvor jeweils ein eigenes Kapitel gewidmet war:
- nur Windows (mit Parametern) aufrufen,
- Windows und dann ein Programm aufrufen,
- Windows, ein Programm und eine User-Datei aktivieren.

1. Fall: Nur Windows aufrufen
Sie erinnern sich: Um Windows aufzurufen, haben Sie im einfachsten Fall zunächst das Verzeichnis gewechselt und erst danach durch Eingabe des Windows-Programmnamens das Programm Windows aufgerufen. Dies läßt sich auch vereinfachen, indem Sie die beiden Befehle [cd\windows] und [win] einfach in eine Datei schreiben. Dies ist dann eine Stapelverarbeitungsdatei. Geben Sie der Stapelverarbeitungsdatei noch den Namen W.BAT, und schon können Sie in Zukunft Windows über eine Batch-Datei aufrufen. Diese Batch-Datei hat demnach folgenden Inhalt:

```
cd\windows
win
```

Auf der folgenden Seite wird der Ablauf zur Erstellung dieser Batch-Datei dargestellt.

Sie erstellen eine Windows-Startdatei

1.   Auf der DOS-Befehlsebene geben Sie ein . . .
   [copy con w.bat][↵]
   DOS schaltet in den Eingabe-Modus um.

2.   [cd\windows] [↵]
   Die erste Zeile der Batch-Datei wird von Ihnen eingege-
   ben. Diese Zeile bewirkt den Wechsel in das Verzeichnis,
   in dem Windows installiert ist (hier: WINDOWS).
   Das Drücken der [↵]-Taste bewirkt, daß Sie in die nächste
   Eingabe-Zeile gelangen.
   Beachten Sie bitte, daß es bei diesem Eingabemodus nicht
   möglich ist, vorherige Zeilen zu korrigieren (editieren).

3.   [win] [↵]
   Diese zweite Zeile bewirkt später, daß Windows automatisch in der entsprechenden Betriebsart aufgerufen
   wird. Wenn Sie einen speziellen Modus wünschen, können Sie hier den zugehörenden Parameter hinter *win*
   stellen.

4.   [Strg]+[Z]
   Diese Tastenkombination erzeugt das Dateiendezeichen.
   Für DOS der Hinweis, daß keine weiteren Zeilen in die
   Batch-Datei eingegeben werden sollen. Das Dateiende-
   zeichen (End of File = EOF) kann auch durch Drücken der
   Funktionstaste [F6] erzeugt werden.

7.   [↵]
   Die eingegebenen Zeilen werden unter dem Namen
   W.BAT auf der Festplatte im aktuellen Verzeichnis abge-
   legt.

Durch Eingabe von [w][↵] können Sie in Zukunft automatisch
in das Windows-Verzeichnis wechseln und dann Windows
direkt aufrufen. Sie sparen sich also lästige Tipparbeit.

✗ Wenn Sie mehr über die Programmierung von Stapelverarbeitungsdateien wissen möchten, lesen Sie bitte
direkt in Ihrem DOS-Handbuch nach.

2. Fall: Erst Windows und dann ein Programm aufrufen

Die zuvor erstellte Batch-Datei soll so modifiziert werden, daß
ein Programmnamen als Parameter an die Stapelverarbeitungsdatei übergeben werden kann. Rufen Sie dazu die Datei
W.BAT in einem Editor auf. Im einfachsten Fall ist dies der mit
dem Betriebssystem mitgelieferte EDLIN oder EDIT (ab DOS-
Version 5.0). Ergänzen Sie die Datei so, daß folgende Zeilen
enthalten sind:

```
cd \windows
win %1
```

Es ist möglich, an Stapelverarbeitungsdateien Parameter zu
übergeben, die dann mit Hilfe der Variablen %0 bis %9 aufgerufen werden können. Dabei ist %0 stets der Name der Stapel-
Datei selbst. Um jetzt mit der geänderten Batch-Datei beispielsweise das Programm MS-Excel zu aktivieren, geben Sie ein:
[w][Leer][excel]. Durch die Leertaste getrennt wird also der
eigentliche Programmname als Parameter an die Batch-Prozedur übergeben. Für %1 wird dieser Name dann eingesetzt.

3. Fall: Erst Windows, dann ein Programm mit einer User-Datei laden

Im Unterschied zu der vorgenannten Batch-Prozedur müssen
nunmehr 2 Parameter übergeben werden:
- 1. Parameter: Name der Applikation,
- 2. Parameter: Name der User-Datei.
Ihre Batch-Datei hätte dann folgendes Aussehen:

```
cd \windows
win %1 %2
```

Ihre Eingabe lautete jetzt: [w][Leer][excel][Leer][kosten], um
nach dem Start von Windows das Programm MS-Excel und
dort gleich die Kalkulationstabelle KOSTEN.XLS zu laden.

Selbstverständlich könnte man jetzt auch die in Kapitel 1.4 als
2. Möglichkeit genannte Option ausführen:
[w][Leer][umsatz.xls].
Auch hierbei wird nach Windows MS-Excel geladen, da Windows bereits bekannt ist, daß Dateien mit der Erweiterung XLS Tabellen sind, die in MS-Excel bearbeitet werden. Der zweite, nicht angegebene Parameter %2 wird von DOS einfach ignoriert.

Wenn Sie ausschließlich unter Windows arbeiten möchten, so ist es sinnvoll, die zuerst geschriebenen Zeilen der ersten Batch-Datei auf Seite NN als letzte Zeilen in die Datei AUTO-EXEC.BAT einzufügen. Die Folge davon ist, daß dann MS-Windows jedesmal automatisch geladen wird, nachdem Sie den Rechner eingeschaltet haben. Allerdings funktioniert dieses Verfahren nur mit der im 1. Fall genannten Methode, andernfalls würden Sie ja immer die gleiche Applikation bzw. immer die gleiche User-Datei laden, was wohl kaum in Ihrem Sinne wäre.

X   Sie werden an späterer Stelle lernen, wie direkt nach dem Start von Windows Programme innerhalb von Windows gestartet werden können. Solche Programme werden in das Gruppenfenster *Startup* eingetragen.

1.6 Zusammenfassung

Sie haben in dieser 1. Lektion gelernt, wie man nach einer erfolgreichen Installation die grafische Benutzeroberfläche von MS-Windows aufrufen kann. Weiterhin haben Sie einige Möglichkeiten kennengelernt, den Aufruf zu automatisieren.

In der nächsten Lektion werden Sie erste Schritte in MS-Windows 3.1 tun und dabei typische Merkmale von Windows kennenlernen: Die Arbeit mit den Fenstern.

2. Die Fenster in MS-Windows

2.1 Grundsätzliche Begriffe

Damit Sie in Windows sicher und schnell arbeiten können, müssen zunächst einige Grundbegriffe und der generelle Aufbau des Windows-Bildschirms geklärt werden. Um die gleiche Sprache zu sprechen sind zuvor die folgenden Begriffe definiert.

Maus
Mit Maus wird die Zeigeeinrichtung bezeichnet, die dazu dient, MS-Windows typischerweise schnell und sicher zu bedienen. Die meisten Optionen werden mit Hilfe der Maus ausgewählt.

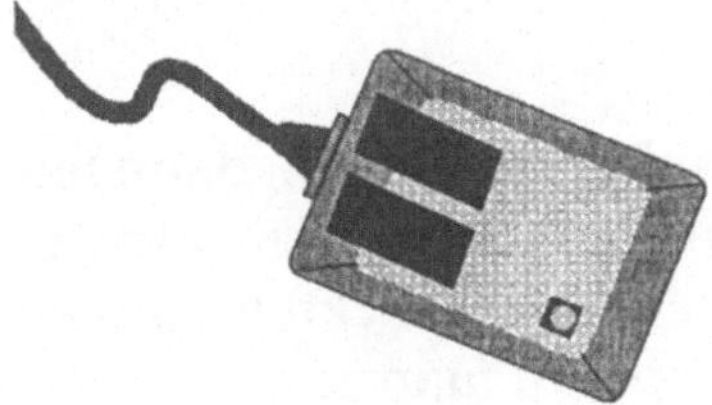

Abb. 2.1 Die Maus

Mauszeiger
Der Mauszeiger ist normalerweise ein Pfeil. Mit seiner Hilfe wird auf Bereiche des Bildschirms gezeigt. Der Mauszeiger kann auch andere Formen (senkrechter Strich) annehmen.

Typische Formen des Mauszeigers

Dient zum Auswählen von Befehlen, Dateinamen, Drücken von Schaltflächen und Auswählen von Objekten in Fenstern.

In der Textverarbeitung zum exakten Positionieren des Cursors. Findet sich auch, sobald der Mauspfeil in ein Feld bewegt wird, in dem man Text eingeben kann.

Zum genauen Setzen von Punkten oder Zeichnen von Linien, Rechtecken und Kreisen in Zeichenprogrammen wie PaintBrush, Corel Draw und Designer.

In der Windows-Hilfe dient das Händchen zur Auswahl von Hilfetexten.

[Klick]

Dies bezeichnet folgenden Vorgang: Mauszeiger an gewünschte Stelle auf dem Bildschirm bewegen, dann linke Maustaste kurz betätigen.

[Doppelklick]

Mit dem Mauszeiger auf die Option deuten, dann zweimal kurz hintereinander anklicken. So werden z.B. Programme aufgerufen.

[Dauerklick]

Mauszeiger auf gewünschte Auswahl positionieren, dann linken Mausknopf drücken und festhalten. So werden Fenster vergrößert und verkleinert. Wenn bei gedrücktem linken Mausknopf die Maus bewegt wird, spricht man auch von der Zieh-Methode.

Neben der Möglichkeit, MS-Windows mit der Maus zu bedienen, wird in diesem Buch auch beschrieben, wie Sie es mit der Tastatur bedienen können. Es muß allerdings deutlich hervorgehoben werden, daß die Benutzeroberfläche MS-Windows für die Benutzung mit Hilfe der Maus hergestellt wurde.

In diesem Buch wird bei den wichtigsten Funktionen sowohl die Bedienung mit Hilfe der Maus als auch mit der Tastatur dargestellt. Sie haben also die freie Auswahl.

Auf der folgenden Seit sehen Sie in Abbildung 2.2 zunächst die Lage der wichtigsten Tasten auf der MFII-Tastatur. Die Funktionen werden im Anschluß daran beschrieben.

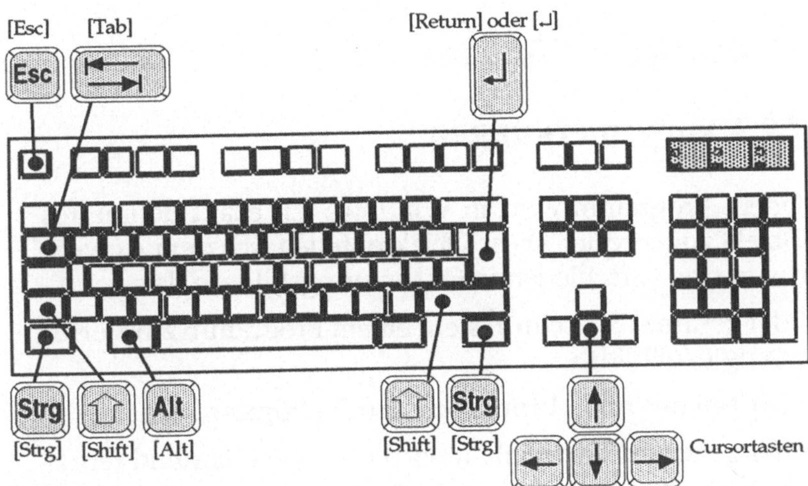

Abb. 2.2 Wichtige Tasten in Windows

Cursortasten

Mit den Cursortasten sind die Pfeiltasten gemeint, die zwischen der Schreibmaschinentastatur und der Rechenmaschinentastatur liegen. Sie dienen zur Bewegung der aktuellen Schreibposition oder dem zeilenweisen Rollen innerhalb eines Fensters.

[Return]

Damit ist die Eingabe- oder auch Entertaste gemeint. Diese Taste wird in Eingabeabläufen in diesem Buch auch mit [↵] bezeichnet.

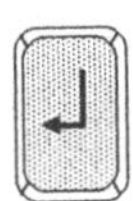

[Tab]

Das ist die Tabulatortaste auf der linken Seite der Tastatur. Sie wird häufig in Verbindung mit anderen Tasten genutzt, z.B. zusammen mit der [Alt]-Taste bewirkt sie das Umschalten zwischen den aktiven Tasks.

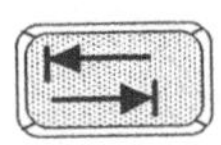

[Esc]

Mit der [Esc]-Taste wird ein aufgerufener Befehl abgebrochen, d.h. nicht ausgeführt. Zusammen mit der [Strg]-Taste wird die Task-Liste aktiviert.

2.2 Fenster in Windows

2.2.1 Vorbemerkungen

Jedem Programm wird in Windows ein exakt definiertes Objekt zugeordnet. Diese Objekte stellen sich dem Anwender in drei verschiedenen Erscheinungsbildern dar:

- der gesamte Bildschirm steht einem Programm zur Verfügung (Vollbild)

- ein Teil des Bildschirms steht zur Verfügung (Fenster)

- der gesamte Fensterinhalt wird durch ein Sinnbild repräsentiert (Symbol, icon)

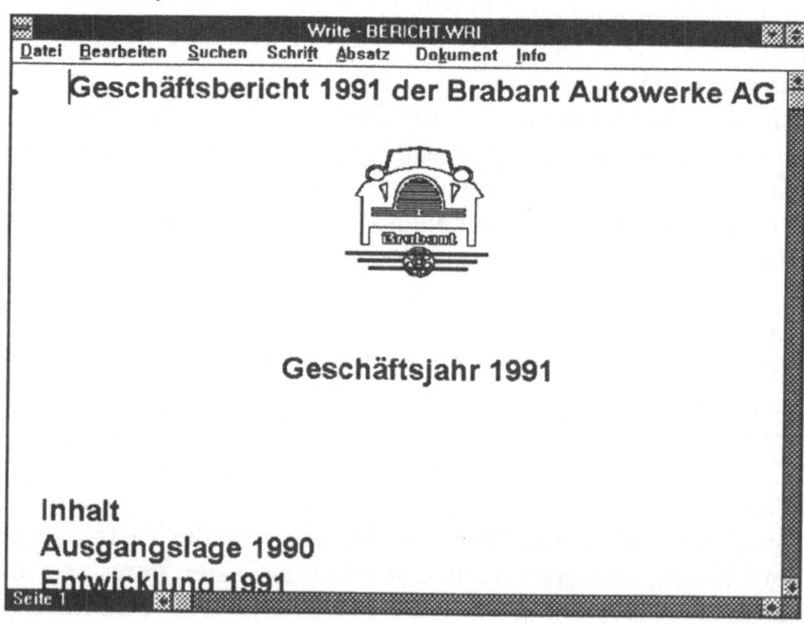

Abb. 2.3 Vollbild-Darstellung am Beispiel von Write

Abb. 2.4 Write-Fenster auf der Arbeitsfläche

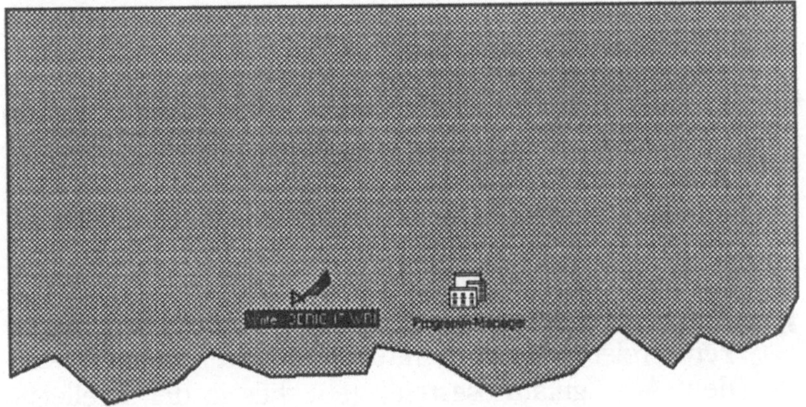

Abb. 2.5 Das Write-Symbol auf der Arbeitsfläche

2.2.2 Definitionen

Ein Fenster ist eine abgegrenzte Bildschirmfläche, in der ein Programm läuft oder eine Datei bearbeitet werden kann. Es werden daher auch prinzipiell zwei Arten von Fenstern unterschieden: *Anwendungs-Fenster* und *Dokumentenfenster*.

✗ **Anwendungsfenster** beinhalten stets lauffähige Programme (= Applikationen, Anwendungen). Man kann Sie daher auch *Programmfenster* nennen.

✗ **Dokumentenfenster** beinhalten stets Daten, die eine Anwendung erzeugt hat, selbst aber nicht lauffähig sind (Texte, Datenbank-Dateien, Grafiken, Tabellen). Einige Applikationen (z.B. MS-Excel) können gleichzeitig mehrere Dokumentenfenster verwalten. Dokumentenfenster können meist nicht außerhalb des umgebenden Programmfensters bewegt werden. Ausnahmen von dieser Regel bilden moderne Programme wie beispielsweise Visual Basic von Microsoft.

✗ **Umgang mit den Fenstern**
Das *aktuelle Fenster* ist das Fenster, in dem ein Programm tatsächlich arbeitet. In allen anderen Fenstern ruht die Abarbeitung von Prozessen. Ausnahmen davon sind folgende Prozesse: Uhr, Zwischenablage, Druck-Manager, Terminal und Anwendungen im 386er Mode.

✗ Ein Fenster kann durch Anklicken eines beliebigen Fensterelementes zum aktuellen Fenster gemacht werden. Am "gefahrlosesten" geht dies in der Titelleiste (vgl. S. 33).

✗ Alle Fenster (Programme und Dokumente) haben stets den prinzipiell gleichen Aufbau. Die einzelnen Fensterelemente werden in den Folgekapiteln dieser Lektion beschrieben.

Ist Windows gestartet worden, so werden standardmäßig mehrere Fenster angelegt und übereinander gestapelt. Eine solche Technik nennt man auch *Überlappung* oder *Kaskadierung*. Darüber hinaus ist es möglich, die Fenster auch nebeneinander wie Kacheln an der Wand anzuordnen.

Die folgende Abbildung stellt die beiden Fenstertypen am Beispiel des Programm-Managers dar, den man direkt nach Aufrufen von Windows auf dem Bildschirm sehen kann.
Um die Grafik überschaubar zu halten, wird nur die *Hauptgruppe* gezeigt.

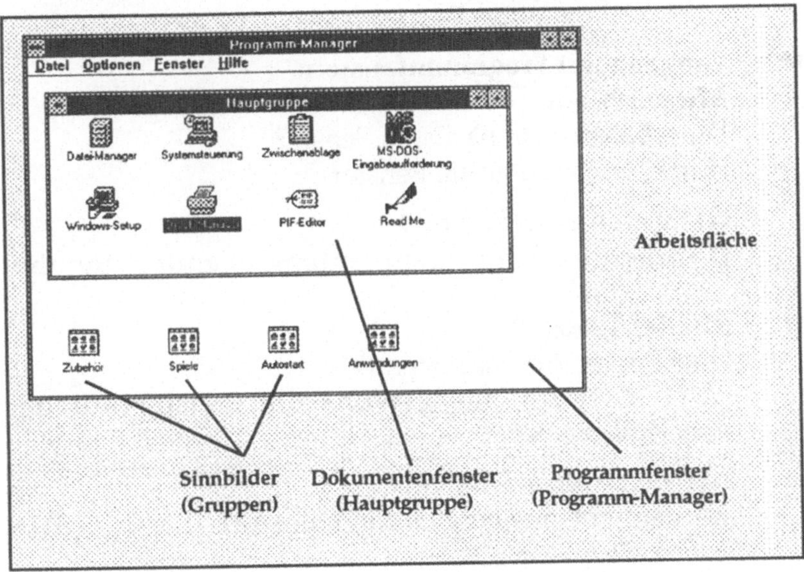

Abb. 2.6 Programmfenster und Dokumentenfenster

2.2.3 Programmfenster

Die Programmfenster (= Anwendungsfenster) werden von Windows dann angelegt, wenn ein Programm unter Windows gestartet wird. Jedem Programm steht demnach ein eigenes individuelles Programmfenster zur Verfügung. Bei den Programmen unterscheidet man solche Programme, die nur unter Windows laufen können und andere Programme (DOS-Programme). DOS-Programme laufen im allgemeinen nicht ohne zusätzliche Informationen für Windows unter Windows. Diese zusätzlichen Informationen werden in sog. Programm-Informationsdateien (engl. Program Information Files = PIF) abgespeichert. Welche Informationen in diese PIF-Dateien hineingeschrieben werden müssen, erfahren Sie in *Teil B Windows zum Nachschlagen.* Weiterhin laufen selbst bei vorliegenden Informationen nicht alle DOS-Programme unter Windows im Fenster (MS-Word 5.0). Es hängt darüber hinaus davon ab, in welchem Mode Sie mit Windows arbeiten. Prinzipiell können die meisten DOS-Applikationen nur im erweiterten Mode im Fenster laufen.

- **Umgang mit Programmfenstern**
  Mit der Maus:
  Umschalten zum nächsten Fenster:
  [Klick] im gewünschte Fenster

  Aktivieren eines Sinnbilds:
  [Doppelklick] auf dem entsprechenden Symbol

- **Mit der Tastatur:**
  Umschalten zum nächsten Fenster:
  [Alt]+[Esc] bis das gewünschte Fenster auf der Arbeitsfläche liegt

  Aktivieren eines Sinnbilds:
  auf dem entsprechenden Sinnbild[Alt]+[Leer] --> *Wiederherstellen*

Wird ein Programmfenster mit Hilfe der Schaltflächen rechts neben der Titelleiste verkleinert, so wird ein Symbol erzeugt, das auf der Arbeitsfläche abgelegt wird. Befindet sich das Symbol eines Programmfensters auf der Arbeitsfläche, so befinden sich Teile des dazugehörenden Programms noch immer im Speicher, was zur Folge hat, daß es sehr schnell wieder aktiviert werden kann. Sollen die Multitaskingeigenschaften von Windows im erweiterten Mode genutzt werden, so ist das Vorhandensein der Programme mindestens als Symbole erforderlich, oder anders ausgedrückt, können nur solche Anwendungen im Hintergrund laufen, die als Fenster oder als Symbol auf der Arbeitsfläche liegen. Wird ein Programmfenster geschlossen (*Systemmenü Schließen* oder [Alt]+[F4]), so wird die Applikation beendet und auch aus der Task-Liste gestrichen (vgl. 5. Lektion).

2.2.4 Dokumentenfenster

Einige Programme können gleichzeitig mehrere Fenster für ihre Daten (Texte, Tabellen, Grafiken usw.) anlegen. So ist es beispielsweise bei MS-Excel möglich, in verschiedenen Fenstern mehrere Tabellen und Grafiken gleichzeitig auf dem Bildschirm darzustellen. Zwischen diesen Fenstern können im Echtzeitbetrieb auch Daten ausgetauscht werden, so daß die Veränderung einer Tabelle die Aktualisierung einer Grafik, die mit ihr verknüpft ist, zur unmittelbaren Folge hat. Voraussetzung für die Möglichkeit, mit mehreren Dokument-Fenstern zu arbeiten, ist, daß das Programm diese Fähigkeit besitzt. Auch der Programm-Manager ist eine solche Anwendung: die Gruppenfenster sind die Dokumentenfenster des Programm-Managers.

Die folgende Abbildung zeigt zwei Excel-Dokumente in verschiedenen Dokumentenfenstern.

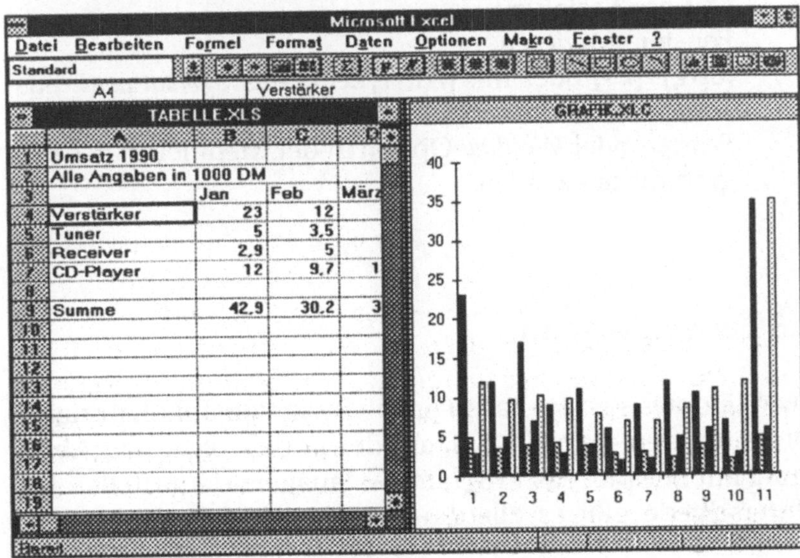

Abb. 2.7 Excel mit zwei Dokumentenfenstern

Es ist deutlich zu sehen, daß sowohl dem Dokument *TABELLE.XLS* als auch dem Dokument *GRAFIK.XLC* jeweils ein eigenes Dokumentenfenster zugewiesen worden ist. Weiterhin ist zu sehen, daß in der Menüleiste von MS-Excel die Option *Fenster* zu finden ist.

Dies ist bereits ein Hinweis darauf, daß es sich um eine Applikation handelt, die mehrere Dokumentenfenster gleichzeitig verwalten kann.

In der Darstellung ist an der schwarzen Titelleiste von *TABELLE.XLS* auch zu sehen, daß das Dokumentenfenster von *TABELLE.XLS* das aktive Fenster innerhalb von Excel ist.

Excel selbst läuft ebenfalls in einem Fenster, das allerdings auf volle Bildschirmgröße vergrößert wurde.

- **Dokumentenfenster aktivieren**
  Mit der Maus:
  Fenster aktivieren:
  [Klick] im gewünschten Fenster oder über die *Fenster-* oder *Window*-Option in der Menüleiste auswählen

- **Mit der Tastatur:**
  Fenster aktivieren:
  [Strg]+[F6] oder mit [Alt]+[Leer] das *Systemmenü* auswählen und dort die Option *Nächstes*, oder über die *Fenster-* oder *Window*-Option in der Menüleiste des Programms auswählen.

2.3 Fensteraufbau

Die Windows-Fenster haben unabhängig vom Inhalt prinzipiell immer den gleichen Aufbau, der in der folgenden Abbildung am Beispiel des Programm-Managers dargestellt wird. Unterschiede gibt es allerdings zwischen den beiden Fensterarten.

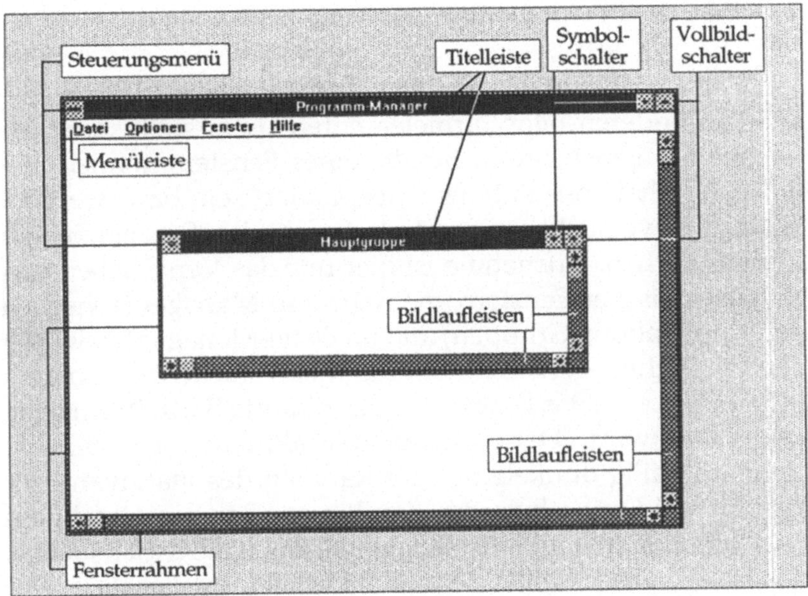

Abb. 2.8 Aufbau der Fenster

In Abbildung 2.8 sind beide Fensterarten auf der Arbeitsfläche von Windows zu sehen. Das Anwendungsfenster ist der *Programm-Manager*, der das Dokumentenfenster der *Hauptgruppe* enthält. Wichtigster und augenfälligster Unterschied zwischen beiden Fenster ist die Menüleiste des Anwendungsfensters. Dokumentenfenster besitzen niemals eine Menüleiste.

Diese Fensterstruktur ist mit der von IBM definierten SAA (System Application Architecture) identisch, die unter anderem besagt, daß sich die Oberfläche von allen Programmen unabhängig davon, ob diese auf einem Großrechner oder einem Personal Computer laufen, für einen Anwender nicht unterscheiden darf. Das bedeutet für den Benutzer der unterschiedlichsten EDV-Systeme, daß er sehr schnell mit neuen Applikationen umgehen kann und nicht erst lange die Bedienung erlernen muß.

Alle Fensterelemente werden im folgenden einer genaueren Betrachtung unterzogen.

2.3.1 Fensterrahmen

Der Fensterrahmen umgibt jedes Fenster und schließt es gegenüber anderen Bildschirmelementen ab; er stellt somit die Grenze des Fensters dar. Inhalte eines Fensters können niemals außerhalb des Rahmens positioniert sein bzw. werden. Wird dies versucht, so verändert sich das Symbol in ein Verbotszeichen. Ausnahme ist hier nur das Verschieben von Dateien zwischen Fenstern im Programm-Manager (zwischen den Applikations-Gruppen) und im Datei-Manager (zwischen den Verzeichnis-Fenstern). Der Rahmen verschwindet in dem Moment, in dem das Fenster auf die gesamte Bildschirmfläche vergrößert wird. Der Rahmen des aktuellen Fensters ist standardmäßig dunkelgrau, der Rahmen des inaktiven Fensters ist weiß mit schwarzen Randlinien. Der Fensterrahmen umschließt sämtliche Fensterelemente, auch die Arbeitsfläche; das ist der große weiße Bereich innerhalb des Fensters. Mit Hilfe des Rahmens läßt sich ein Fenster in seinen Abmessungen verändern. Wie dies funktioniert erfahren Sie später in dieser Lektion. Die Dicke des Rahmens selbst läßt sich mit der *Systemsteuerung* verändern (vgl. *Teil B Windows zum Nachschlagen*).

2.3.2 Titelleiste

In der Titelleiste ist der Namen des Fenster vermerkt. Der Name ist dabei entweder der Name des Programms im Anwendungsfenster oder der Name einer Anwenderdatei in einem Dokumentenfenster. Der Name einer Anwenderdatei kann auch der Name einer Gruppe im Programm-Manager sein. Durch die genaue Benennung ist es jederzeit möglich, ein Fenster zu identifizieren. Dieser Name erscheint auch unter dem zugeordneten Symbol zur Identifizierung des Sinnbildes.

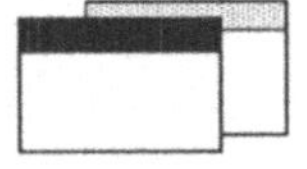

● **Arbeit mit der Titelleiste**
Durch [Klick] auf der Titelleiste wird ein inaktives Fenster aktiviert und damit zum aktuellen Fenster im Vordergrund. Wird das Fenster zum aktuellen, so ändert sich die Farbe der Titelleiste bzw. ihre Schattierung.

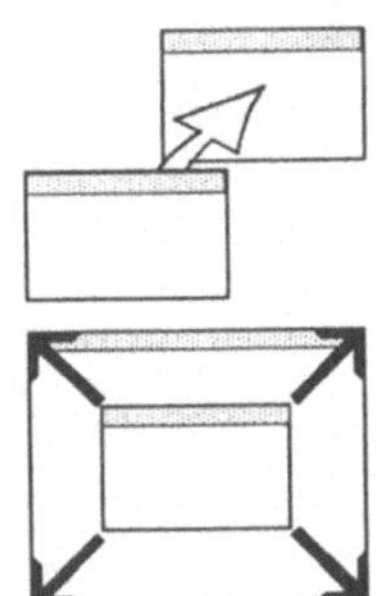

●   Durch [Dauerklick] auf der Titelleiste kann das gesamte Fenster, ohne seine Größe zu verändern, bewegt werden.

●   Durch [Doppelklick] auf der Titelleiste kann das Fenster auf Bildschirmgröße vergrößert werden (= *Vollbild*-Option des Systemmenüs) oder, wenn es bereits auf Vollbildgröße erweitert ist, auf Fenstergröße gebracht werden (= *Wiederherstellen*-Option des Systemmenüs).

Der Farbe der Menüleiste kann entnommen werden, ob es sich um ein aktives oder inaktives Fenster handelt:
- Ein aktives Fenster hat standardmäßig eine taubenblaue Titelleiste.
- Ein inaktives Fenster hat standardmäßig eine weiße Titelleiste.

✗   In diesen Unterlagen ist die Titelleiste des aktiven Fensters schwarz mit weißer Schrift, die Titelleiste eine inaktiven Fensters weiß mit schwarzer Schrift darge-stellt.

2.3.3 Systemmenü

Über das Systemmenü kann die Darstellungsart eines Fensters beeinflußt werden. Zu den allgemeinen Steuerungsaufgaben gehören in Abhängigkeit der jeweiligen Applikation im Fen-ster:
- Verkleinern auf Sinnbildgröße
- Sinnbild auf Fenster vergrößern
- Fenster vergrößern, verkleinern und bewegen
- Fenster wiederherstellen in seiner ursprünglichen Größe
- Fenster schließen
- Informationen über das Fenster

Bei Programmen sind die Systemmenüs meist sehr unter-schiedlich. Die folgende Tabelle zeigt einige Systemmenüs von typischen Programmen.

Programm	Systemmenü
Windows Programm-Manager	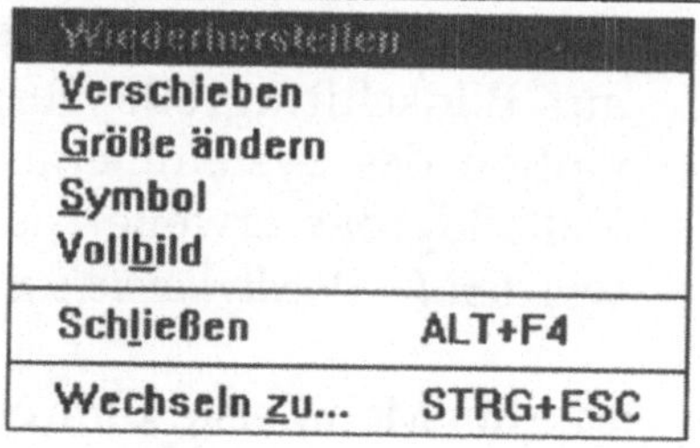 Wiederherstellen Verschieben Größe ändern Symbol Vollbild Schließen — ALT+F4 Wechseln zu... — STRG+ESC
Windows Dokumentenfenster	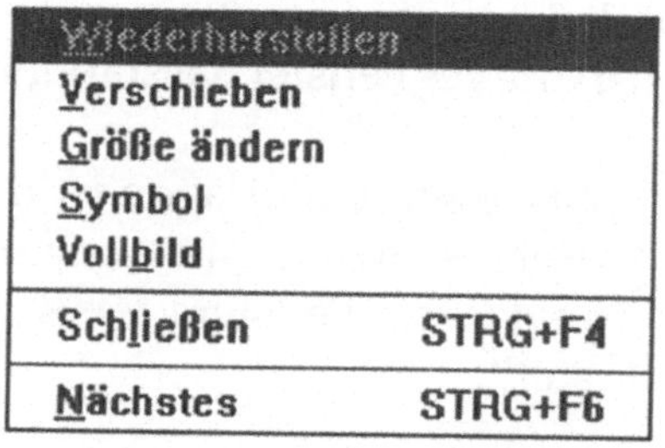 Wiederherstellen Verschieben Größe ändern Symbol Vollbild Schließen — STRG+F4 Nächstes — STRG+F6
MS-Excel	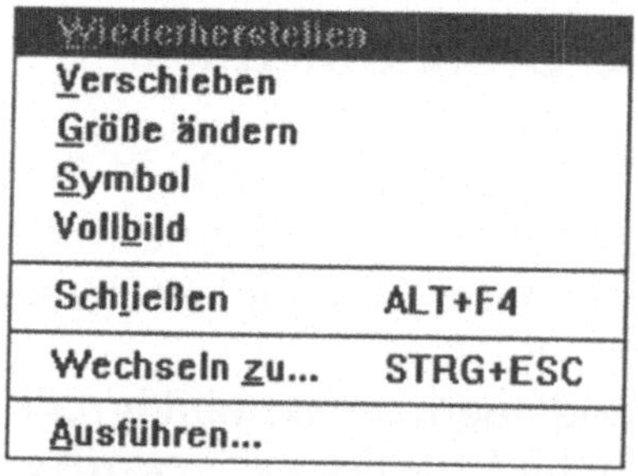 Wiederherstellen Verschieben Größe ändern Symbol Vollbild Schließen — ALT+F4 Wechseln zu... — STRG+ESC Ausführen...
PageMaker	Wiederherstellen Verschieben Größe ändern Symbol Vollbild Schließen — ALT+F4 Wechseln zu... — STRG+ESC Zwischenablage

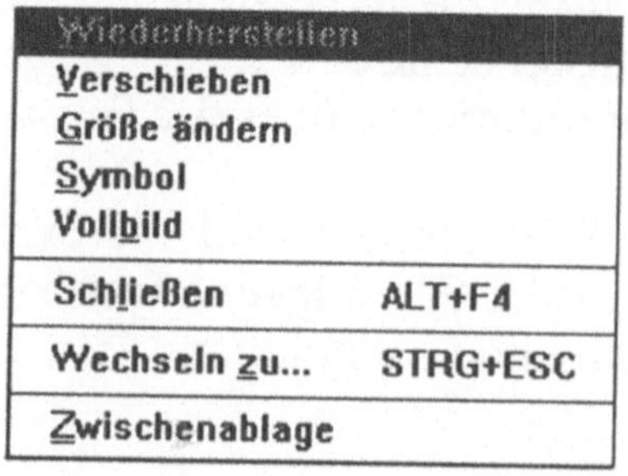

Programm	Systemmenü
MicrographX Designer	Wiederherstellen Verschieben Größe ändern Symbol Vollbild Schließen — ALT+F4 Wechseln zu... — STRG+ESC Fenster hinzufügen
Word für Windows	Wiederherstellen Verschieben Größe ändern Symbol Vollbild Schließen — ALT+F4 Wechseln zu... — STRG+ESC Ausführen...
DOS-Programme unter Windows im Fenster	Wiederherstellen Verschieben Größe ändern Symbol Vollbild Schließen Wechseln zu... — Strg+Esc Bearbeiten ▶ Einstellungen... Schriftarten...

● **Umgang mit dem Systemmenü**
Sind im Systemmenü Befehle grau gerastert, so können
diese für das aktive Fenster nicht aufgerufen werden. Die
Wahl eines solchen Befehls bleibt ohne Wirkung.

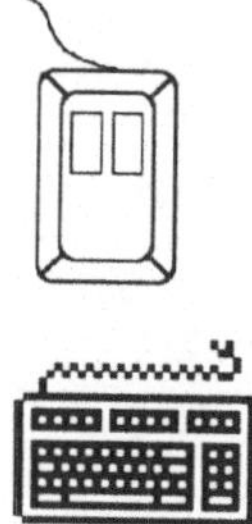

- **Mit der Maus:**
  [Klick] auf dem Systemmenüfeld,
  dann [Klick] auf der entsprechenden Option.

- **Mit der Tastatur:**
  Systemmenü von   [Alt]+[Leer]
  Programmfenster
  aufrufen

- Systemmenü von   [Alt]+[-]
  Dokumentenfenster
  aufrufen:

Im Menü können dann folgende Auswahlen getroffen werden:

Fenstergröße wieder- herstellen	[W]
Fenster verschieben	[V]
Fenstergröße verändern	[G]
Fenster als Symbol ablegen	[S]
Fenster auf Bild- schirmgröße vergrößern	[V]
Fenster schließen	[L] oder
Fenster schließen ohne Systemmenü aufrufen	[Alt]+[F4]
Anderes Fenster aktivieren	[Z] oder
. . . über Task-Liste andere Anwendung aktivieren	[Strg]+[Esc]
Nächstes Dokumen- tenfenster aktivieren	[Strg]+[F6]

2.3.4 Schaltflächen

Jedes Fenster kann sich dem Anwender von Windows in drei Größenstufen darstellen:
- Fenster füllt komplette Bildschirmfläche aus (Vollbild)
- Fenster hat die "normale" Größe (Fenster)
- Fenster ist als Sinnbild abgelegt (Symbol)
Die beiden Schaltflächen rechts neben der Titelleiste dienen dazu, das Fenster in eine dieser drei Größen zu bringen. Die Schaltflächen funktionieren dabei genauso wie mechanische Schalter: Man positioniert den Mauszeiger auf einem der Knöpfe und drückt dann den linken Mausknopf, und der gewünschte Effekt tritt ein.

Dabei gelten folgende Regeln:

● **Gebrauch der Schaltflächen**
 [Klick] auf der entsprechenden Schaltfläche erzielt einen der drei folgenden Effekte. In Klammern sind die äquivalenten Befehle des Systemmenüs genannt.

● Mit dem *Pfeil oben* läßt sich das Fenster auf den gesamten Bildschirm vergrößern (= *Systemmenü Vollbild*)

● Mit dem *Pfeil unten* wird das Fenster als Symbol auf der Arbeitsfläche abgelegt (= *Systemmenü Symbol*)
 Achtung: Das kann auch hinter einem anderen Fenster sein!

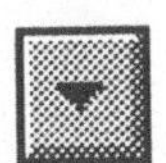

● Ist das Fenster bereits als Vollbild aktiviert, so kann es durch *Pfeil oben/unten* wieder in seiner ursprünglichen Größe hergestellt werden (= *Systemmenü Wiederherstellen*).

Wie Sie bereits oben gelernt haben, läßt sich ein Fenster auch mit dem Systemmenü vergrößern (*Vollbild*) und verkleinern (*Symbol*). Insbesondere, wenn Sie MS-Windows mit der Maus bedienen, stellen die Schaltfläche eine schnelle Alternative zu dem umständlichen Weg über das Systemmenü dar.

2.3.5 Menüleiste

Sämtliche auf Windows und seine Fenster anwendbaren Befehle sind in Menüs zusammengefaßt.

✗ Unter einem *Menü* versteht man in der EDV eine Auflistung von möglichen Befehlen, Funktionen oder Aktionen, die als *Optionen* bezeichnet werden. Diese Optionen können auf unterschiedlichste, programmspezifische Art und Weise aktiviert, aufgerufen oder ausgewählt werden.

Jede unter MS-Windows laufende Applikation besitzt eine eigene individuelle Menüleiste. Dies unterscheidet die Programmfenster klar von Dokumentenfenstern, die über keine eigene Menüleiste verfügen. Neben dem Systemmenü können hier dem Programm Befehle erteilt werden. Die Menüleiste stellt somit eine Schnittstelle zwischen dem Bediener und dem EDV-System dar.

In der Menüleiste sind jeweils Oberbegriffe genannt, die sich auf jene Funktionen beziehen, über die ein Programm verfügt. Je nach Anwendung sehen Sie ganz verschiedene Befehlswörter. Bei den meisten Windows-Programmen hat man sich darauf geeinigt, daß ganz links zunächst immer das *Datei-* oder *File-* Menü angeordnet ist. Von diesem Menü aus können Dateien geöffnet (= geladen), geschlossen und gespeichert werden; es können Daten unter einem bestimmten Namen gespeichert werden, Programme können aufgerufen und entweder als Sinnbild abgelegt oder direkt aktiviert werden. Die im Fenster laufende Applikation und das dort zur Verfügung stehende Dokument kann von hier aus geschlossen werden. Bei einem Programm ist Schließen gleichbedeutend mit Beenden.

Rechts folgen dann die programmspezifischen Menüpunkte. In unserem Beispiel (Programm-Manager) sind dies *Optionen* und *Fenster*. Ganz rechts befindet sich meist die Menüoption für die Hilfe: Dies kann entweder das Wort *Hilfe* (oder *Help* in englischsprachigen Programmen) sein oder auch als Symbol ein Fragezeichen "?" wie etwa bei MS-Excel. Durch Anklicken dieses Feldes kann Hilfe angefordert werden. Bei einigen

Programmen ändert sich die Menüleiste in Abhängigkeit des aktivierten Dokumentenfensters (MS-Excel).

● **Menüoption aus der Menüleiste auswählen**
Mit der Maus:
Auf die gewünschte Option zeigen, dann [Klick]: Es öffnet sich ein weiteres Menü (Drop-Down Menü).

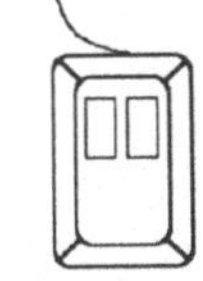

● **Mit der Tastatur:**
1. Möglichkeit:
[Alt] oder [F10], dann mit Hilfe der Cursortasten auf gewünschte Option zeigen und [Return] drücken: Es öffnet sich ein weiteres Menü (Drop-Down-Menü).

2. Möglichkeit:
[Alt]+[Buchstabe] eingeben. Mit Buchstabe ist dabei der in der Menü-Option unterstrichene Buchstabe gemeint (Beispiel: [Alt]+[D] wählt die Option *Datei* aus der Menüleiste des Programm-Managers).

Die Menüs des Programm-Managers werden in der 4. Lektion sehr genau erklärt, so daß an dieser Stelle darauf verzichtet wird.
Für den Umgang mit dem sich öffnenden Drop-Down-Menü (= "Herunterfall"-Menü) gelten folgende Regeln.

● **Auswahl von Optionen in Drop-Down-Menüs**
Mit der Maus:
Zeigen Sie auf die gewünschte Option, dann [Klick].
Entweder öffnet sich ein weiteres Menü, in dem Sie dann analog vorgehen, oder der Befehl wird ausgeführt.

● **Mit der Tastatur:**
Bewegen Sie die Unterstreichung auf die gewünschte Option, dann [Return] drücken. Entweder öffnet sich ein weiteres Menü, in dem Sie dann analog vorgehen, oder der Befehl wird ausgeführt.

- **Schnelle Alternative:**
  Geben Sie wie zuvor erklärt [Alt]+[Buchstabe] ein, gefolgt vom unterstrichenen Buchstaben der Drop-Down-
  Option. Das geht meist sogar schneller als die Auswahl
  mit der Maus, setzt allerdings die Kenntnis der entsprechenden Buchstabenkombinationen voraus.

- **Schließen der Drop-Down-Menüs**
  Um ein Drop-Down-Menü wieder zu schließen, klicken
  Sie einfach irgendwo außerhalb des Menüs, oder drük-
  ken Sie zweimal die [Esc]-Taste.

Wenn in einem Drop-Down-Menü einzelne Optionen nur grau
gerastert dargestellt sind, so bedeutet dies, daß diese Auswahl
zur Zeit nicht möglich oder sinnvoll ist. Das Auswählen dieser
Optionen bleibt ohne Effekt - dies ist genauso wie beim
Systemmenü.

2.3.6 Bildlaufleisten

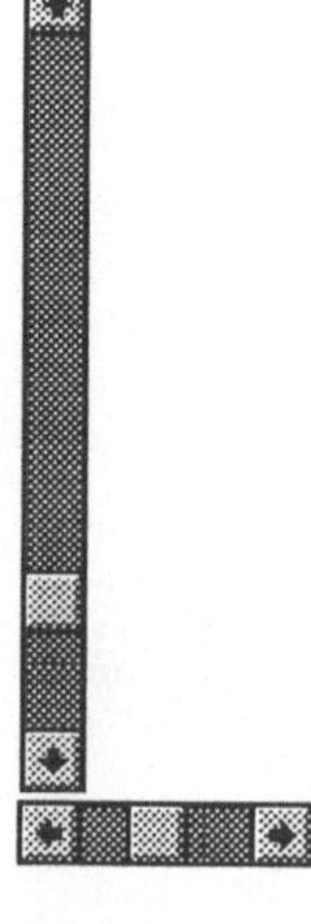

Die Bildlaufleisten werden im Englischen *scroll bars* genannt.
Dieser Begriff ist abgeleitet von "screen roll", was soviel heißt
wie "Bildschirm rollen", "bar" heißt einfach nur Balken.
Die Bildlaufleisten befinden sich immer - unabhängig vom
Fenstertyp - an der rechten Seite (zum Hoch- und Runterrollen)
und an der Unterkante (zum Rechts- und Linksrollen).
Sie bestehen aus den *Schiebeknöpfen*, dem *Schiebeweg* und den
beiden jeweils an den beiden Enden des Schiebeweges
angeordneten *Schaltflächen* mit den Pfeilen.

Die Bildlaufleisten sind nur dann vorhanden, wenn nicht der
gesamte Fensterinhalt bei der gewählten Fenstergröße auf der
sichtbaren Fensterfläche angezeigt werden kann. Dann ist es
mit Hilfe der Bildlaufleisten möglich, auch die unsichtbaren
Fensterteile "herbeizurollen".

● **Regeln zum Umgang mit den Bildlaufleisten**
  Mit der Maus:

Zeilenweise nach oben  [Klick] oder
[Dauerklick]

Seitenweise nach oben [Klick] oberhalb des
Schiebeknopfes

An definierte Position [Dauerklick] auf dem
Schiebeknopf und dann
verschieben.

Seitenweise nach unten [Klick] unterhalb des
Schiebeknopfes

Zeilenweise nach unten [Klick] oder
[Dauerklick]

● **Mit der Tastatur:**

Zeilenweise entsprechende
Cursortasten

Seitenweise nach unten [Bild unten]

Seitenweise nach oben [Bild oben]

Fensteranfang [Pos1]
[Strg]+[Pos1] (nur
Dokumentenfenster)

Fensterende [Ende]
[Strg]+[Ende] (nur
Dokumentenfenster)

2.4 Verändern der Fenstereigenschaften

2.4.1 Vergrößern und Verkleinern der Fenster

Nachdem Sie jetzt wissen, was ein Fenster in MS-Windows 3.1
ist, lernen Sie jetzt, wie man die Fenstergröße den individuellen
Wünschen bzw. den Notwendigkeiten anpaßt.

Wird ein Fenster geöffnet, so wird ihm automatisch von Windows eine bestimmte Größe zugeteilt. Diese Größe richtet sich nach dem zur Verfügung stehenden Gesamtplatz auf dem Bildschirm. Windows versucht diesen Platz durch Anpassung der Fenstergrößen optimal zu nutzen. Wenn diese Größe verändert werden soll, gehen Sie entweder über das Systemmenü oder klicken einfach den Rahmen an.

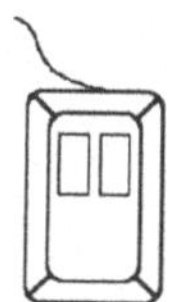

- **Fenster vergrößern und verkleinern**
  Mit der Maus:
  Durch [Dauerklick] und Verschieben auf dem rechten oder linken Rahmen kann das Fenster in der Horizontalen vergrößert oder verkleinert werden.

  Durch [Dauerklick] und Verschieben auf dem oberen oder unteren Rahmen kann das Fenster in der Vertikalen vergrößert oder verkleinert werden (Zieh-Methode).

  Durch [Dauerklick] und Verschieben auf einer der Fensterecken kann gleichzeitig horizontal und vertikal vergrößert oder verkleinert werden.

- **Mit der Tastatur:**
  [Alt]+[Leer] bei Programmfenstern oder [Alt]+[-] bei Dokumentenfenstern öffnet das Systemmenü. Wählen Sie dort mit [G] den Befehl *Größe*. Mit den Cursortasten verändern Sie die Fenstergröße nach Ihren Vorstellungen. [Return] beendet die Veränderung.

Wird der Mauszeiger auf ein Rahmenelement bewegt (ohne es anzuklicken!), so ändert sich das Aussehen des Mauszeigers nach folgendem Muster:

Rahmen oben oder unten

Rahmen links oder rechts

Ecke oben rechts oder unten links

Ecke oben links oder unten rechts

2.4.2 Verschieben der Fenster

Neben der Veränderung der Fenstergröße läßt sich auch die Position auf der Arbeitsfläche verändern.

- **Verschieben der Fenster**
  Mit der Maus:
  [Dauerklick] auf der Titelleiste des zu verschiebenden Fensters. Durch Bewegung der Maus das Fenster neu positionieren (Zieh-Methode). Mausknopf loslassen: Das Fenster ist neu positioniert.

- **Mit der Tastatur:**
  [Alt]+[Leer]/[Alt]+[-] in das Systemmenü, dort [V] für *Verschieben*. Mit den Cursortasten das Fenster wie gewünscht verschieben. [Return] verankert die neue Position.

2.4.3 Fenster anordnen

Mit Hilfe der zuvor beschriebenen Vorgehensweisen ist es möglich, jedes gewünschte Arrangement der Fenster zu erzielen. Windows unterscheidet zwei prinzipiell unterschiedliche Anordnungsarten: nebeneinander und überlappend. Im folgenden sind beide Anordnungsprinzipien dargestellt:

Überlappend	**Nebeneinander**

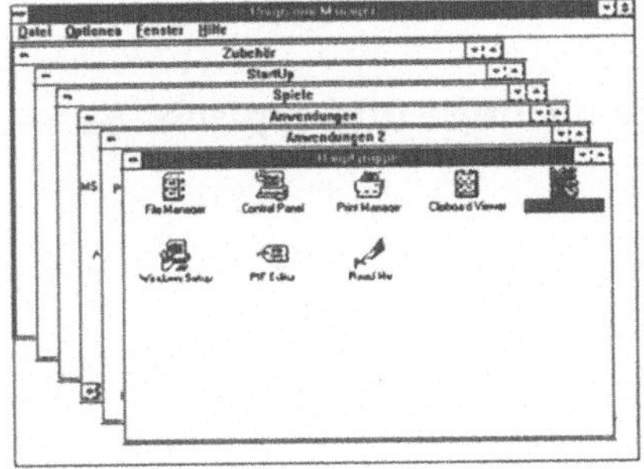 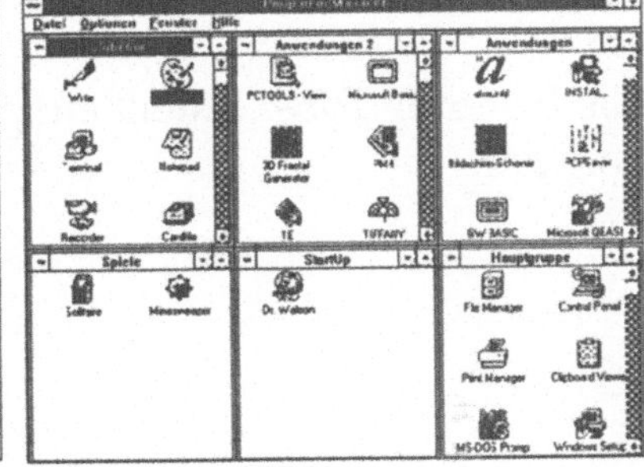

- **Überlappend und nebeneinander anordnen**
  Mit der Maus:
  Überlappung:
  Klicken Sie in der Menüleiste des Programm-Managers *Fenster* an, dort [Klick] auf *Überlappend.*

  Nebeneinander:
  Klicken Sie in der Menüleiste des Programm-Managers *Fenster* an, dort [Klick] auf *Nebeneinander.*

- **Mit der Tastatur:**
  Überlappung:
  [Alt]+[F], dann [L] oder [Shift]+[F5] ohne vorherige Auswahl von *Fenster.*

  Nebeneinander:
  [Alt]+[F], dann [N] oder [Shift]+[F4] ohne vorherige Auswahl von *Fenster*

✗ Beachten Sie, daß das jeweils aktuelle Fenster entweder oben auf liegt (*Überlappend*) oder oben links auf der Arbeitsfläche (*Nebeneinander*) liegt.

2.5 Fenster und Symbole

Jedes Fenster kann auf Symbolgröße verkleinert werden. Dieses Verfahren spart viel Platz und erhält dem Anwender die Übersicht über seine Dokumente und Programme. Die Symbole sind im allgemeinen so gewählt, daß sie durch ihre Grafik bereits verdeutlichen, was sich dahinter verbirgt.

Die folgende Tabelle stellt einige wichtige und typische Symbole dar.

Symbol	Erklärung
Program Manager	Programm-Manager Programmfenster
Datei-Manager	Datei-Manager Programmfenster
Write	Write Programmfenster
Microsoft Word	Word für Windows Programmfenster
Zubehör	Gruppenfenster des Programm-Managers (Hier: Gruppe *Zubehör*) Dokumentenfenster
c:\grafik*.*	Verzeichnisbaum des Datei-Managers (hier: Verzeichnis C:\GRAFIK geöffnet) Dokumentenfenster

Wenn ein Fenster zu einem Symbol verkleinert wird, so befindet sich der gesamte Fensterinhalt in dem Symbol.

● Umgang mit Symbolen
Symbole von Dokumentenfenstern können sich nur in
dem zugehörigen Programmfenster befinden; eine
Plazierung außerhalb davon ist nicht möglich.
Symbole von Programmfenstern können sich sowohl
innerhalb des entsprechenden Gruppenfensters (sofern
zugeordnet) als auch außerhalb sämtlicher Fenster auf
der Arbeitsfläche befinden. Letzteres nur, wenn Sie aktiv sind.

[Klick] auf einem Symbol öffnet das Systemmenü.

[Doppelklick] auf einem Symbol vergrößert es auf
Fenstergröße.

Über das Systemmenü *Vollbild* kann ein Symbol auf
Bildschirmgröße erweitert werden.

Symbole können nicht vergrößert oder in ihrer Darstellung verändert werden.

2.6 Übungen zum Umgang mit den Fenstern

Die folgenden Übungen und Aufgaben sollen Sie anregen, mit
der Fenster-Oberfläche von Windows ein wenig zu experimentieren. Damit vertiefen und festigen Sie das Wissen, das Sie in
dieser Lektion erarbeitet haben.

Übung 1: Fenster aktivieren
Klicken Sie beliebige Bestandteile der einzelnen Fenster des
Programm-Managers an, und beobachten Sie, wie sich die
Anordnung der verschiedenen Fenster ändert. Versuchen Sie,
nach Ihren umfangreichen "Klick"-Übungen die alte Reihen-
folge der Fenster wiederherzustellen.

Übung 2: Umgang mit der Titelleiste

Klicken Sie bei den unterschiedlichen Fenstern jeweils die Titelleiste (sofern diese sichtbar ist), und verschieben Sie die Fenster auf dem Bildschirm.

Übung 3: Vergrößern, Verkleinern, Verschieben

Vergrößern und verkleinern Sie die nach dem Start von Windows 3.1 vorhandenen Fenster so, daß Sie durch Verschieben der Fenster gegeneinander folgenden Bildschirmaufbau erreichen:

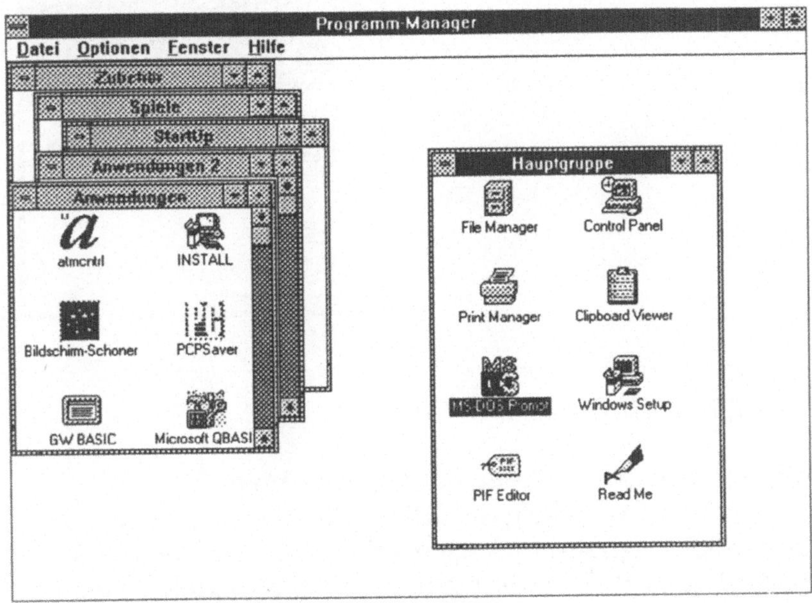

Abb. 2.9 Fensteranordnung zum Üben

Dabei ist es durchaus möglich, daß bei Ihrer Windows-Installation innerhalb der einzelnen Fenster andere Applikationen eingetragen sind, je nachdem, welche Sie während der Installation in der Gruppe *Anwendungen* aufgenommen haben.

Die hier dargestellten Programme sind nur als Beispiel und typische Vertreter der jeweiligen Gruppe zu verstehen.

Übung 4: Kaskadierung der Fenster

Versuchen Sie einen Bildschirmaufbau zu bekommen, der
dem im folgenden dargestellten entspricht.

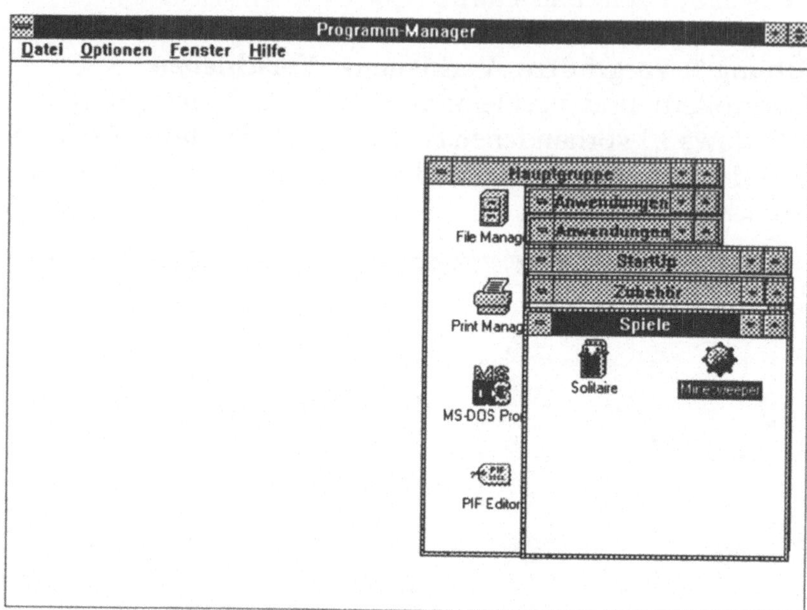

Abb. 2.10 Kaskadierung zum Üben

Übung 5: Fenster nebeneinander anordnen

Neben der Möglichkeit, über die Option Fenster Nebeneinander des Programm-Managers die in Abbildung 2.11 auf
Seite 52 gezeigte Anordnung der Fenster zu erzielen, versuchen Sie durch geschicktes Verkleinern, Vergrößern und
Verschieben der Fenster das gleiche zu erhalten.

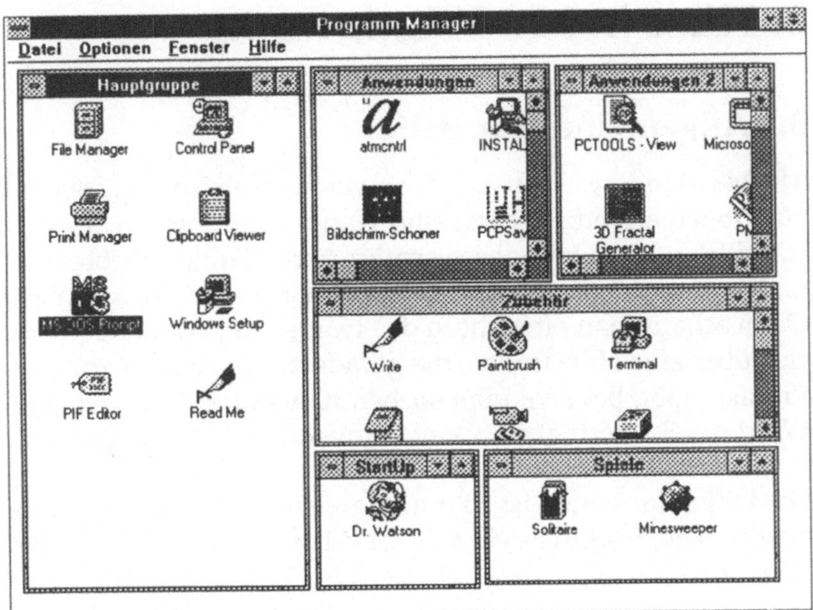

Abb. 2.11 Fenster nebeneinander zum Üben

Übung 6: Fenster als Symbol auflegen

Legen Sie mit Hilfe des Systemmenüfeldes die verschiedenen
Fenster als Symbol ab. Benutzen Sie dabei sowohl die Tastatur
als auch die Maus. Versuchen Sie das gleiche mit den
Schaltflächen rechts neben der Titelleiste und der Titelleiste
selbst.

3. Hilfe in MS-Windows 3.1

3.1 Allgemeines zur Hilfe

Mit MS-Windows 3.1 haben Sie zwar auch ein umfangreiches Handbuch erworben, doch sind Handbücher oft schwer verständlich und zu lexikalisch strukturiert. Häufig möchte man mal "gerade eben schnell" wissen, wie etwas funktioniert. Dann schaut man oft nicht in das Handbuch, sondern würde sich über eine Hilfe freuen, die gerade die Antworten zu dem Problem gibt, bei dem man soeben hängengeblieben ist. MS-Windows 3.1 verfügt über eine aufwendige Hilfefunktion.

Die Hilfeinformation ist so umfangreich, daß, würde man sie ausdrucken, nochmals ein solches Buch damit gefüllt werden könnte.

- **Aufrufen der Hilfe**
  Prinzipiell gilt in MS-Windows 3.1: Aufruf der Hilfe-Funktion mit [F1].

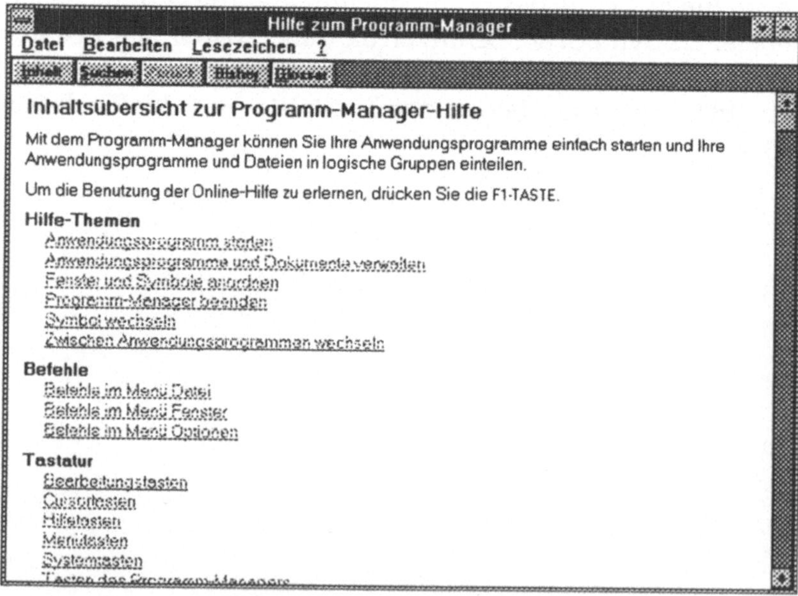

Abb. 3.1 Hilfe im Programm Manager

Darüber hinaus ist es in einigen wichtigen Programmfenstern möglich, spezielle, auf die entsprechende Applikation bezogene Hilfe zu aktivieren. Dazu steht in der Menüleiste der Programmfenster in den meisten Fällen die Option *Hilfe, Help* oder *?* zur Verfügung.

Wie man mit dem Hilfesystem umgeht, soll an einigen Beispielen so demonstriert werden, wie es alltäglich vorkommen könnte. Häufig stellt sich die Frage nach der Belegung der Tasten oder auch, wie man etwas Bestimmtes erreicht, z.B.:
- Mit welcher Taste kann ich - ohne Maus - das aktuelle Gruppenfenster schließen?
- Wie kann man ein Gruppenfenster als Sinnbild verkleinern?
- Wie kann ich schneller mit dem Druck-Manager ausdrucken?

Diese und tausend andere Fragen mehr werden im Laufe einer Sitzung mit Windows von Ihnen gestellt werden. Wir wollen in diesem Buch nur auf jene Hilfestellungen von Windows eingehen, die die drei Fragen beantworten, die wir zuvor gestellt haben, stellvertretend für alle anderen. Wenn Sie die prinzipielle Vorgehensweise im Umgang mit dem Hilfesystem verstanden haben, so dürfte es Ihnen in Ihrer späteren Arbeit mit Windows nicht schwerfallen, sich die richtige Hilfe auf den Bildschirm zu bringen.

3.2 Tastaturbelegung schnell erfragen

Problem
Mit welcher Taste kann ich - ohne die Maus zu benutzen - das aktuelle Gruppenfenster schließen?

Lösung mit der Windows-Hilfe in Einzelschritten

1.   Drücken Sie im Programm-Manager die Taste [F1].
      Sie sehen den in Abb. 3.1 dargestellten Bildschirm.

2.   Wählen Sie dort per [Klick] die grün dargestellte Auswahl *Tasten des Programm-Managers*.

Sie werden feststellen, daß sich die Form des Mauszeigers in eine Hand mit ausgestrecktem Zeigefinger verwandelt, wenn Sie die grünen Textstellen passieren. Das ist ein Hinweis darauf, daß bei [Klick] auf einer grünen Option weitere Hilfeinformationen angezeigt werden können.

Nach [Klick] auf der oben angegebenen Option sehen Sie die gewünschte Information auf dem Bildschirm:

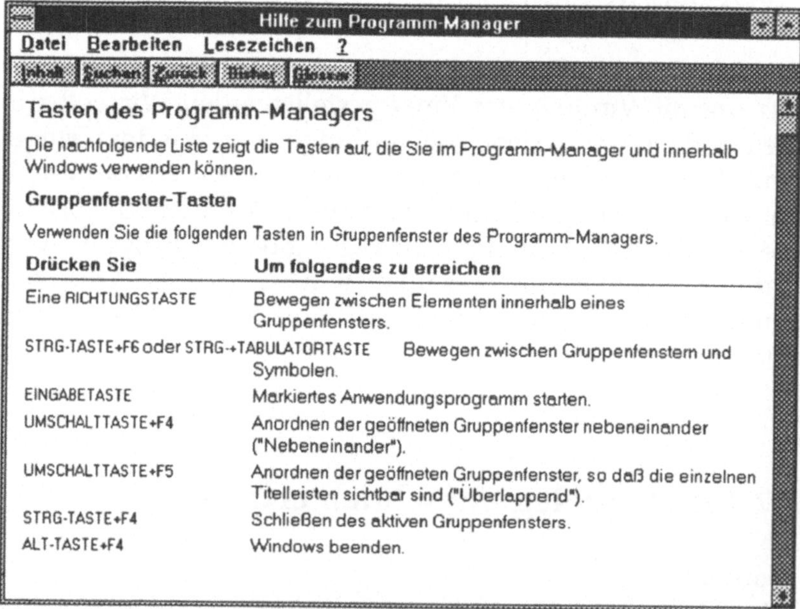

Abb. 3.2 Hilfe-Index des Programm-Managers

Sie entdecken dort die aufgeführte Hilfe zu Tastaturproblemen. Dort befindet sich unter anderen Hilfsvorschlägen auch die Lösung unseres Problems: *Strg+F4*.

3.3 Hilfeseiten suchen

Problem
Wie kann man die Fenster auf dem Bildschirm neu ordnen?

Lösung
Hier ist die Fragestellung schon etwas komplexer, es wird nicht nach einer einfachen Tastenbelegung gesucht, sondern ein umfangreicherer Zusammenhang problematisiert. Immer, wenn komplexere Fragestellungen zu beantworten sind, läßt man am besten das Hilfesystem nach einer Lösung suchen, bevor man sich selbst bemüht und seitenweise zwar interessante, aber doch für das akute Problem meist völlig irrelevante Hilfeinformation durchblättern muß, bis man dann endlich auf eine hilfreiche Auskunft gestoßen ist. Die Recherche ist sehr ausführlich beschrieben, damit Sie es später bei der alltäglichen Arbeit leicht haben, die richtige Auskunft möglichst schnell zu finden. Zur Lösung sind mehrere Schritte nötig.

Suche nach Stichwörtern

---

1. Schlüsselwörter festlegen
   Schreiben Sie sich Schlüsselbegriffe aus Ihrer Frage bzw. Problemformulierung auf. Hier wären das beispielsweise *Fenster* und *anordnen*.

2. Hilfe aktivieren
   Hilfe mit [F1] aufrufen.

3. Suchen-Funktion aktivieren
   Unterhalb der Menüleiste sind einige Schalter auf der sich öffnenden Hilfeseite zu sehen (*Inhalt, Suchen, Zurück, Bisher* und *Glossar*).

Es handelt sich bei der *Suchen*-Funktion innerhalb der Hilfe um eine Datenbank mit Recherche-Funktionen. Stichwörter sind in einer Liste alphabetisch zusammengefaßt. Die Stichwortliste wird in einer sog. *List-Box* angezeigt. In dieser List-Box kann man auch mit Hilfe der Bildlaufleisten blättern. Einfacher ist allerdings häufig die direkte Eingabe des gesuchten Begriffs.

Zu jedem der Stichwörter wird auf ein oder mehrere Kapitel der Hilfedatei hingewiesen (relationale Verknüpfung). Diese Hilfe-Kapitel werden in der unteren Liste angezeigt.

Ihre weitere Vorgehensweise

4.   Sie klicken den *Suchen*-Schalter an. Ein neues Fenster öffnet sich:

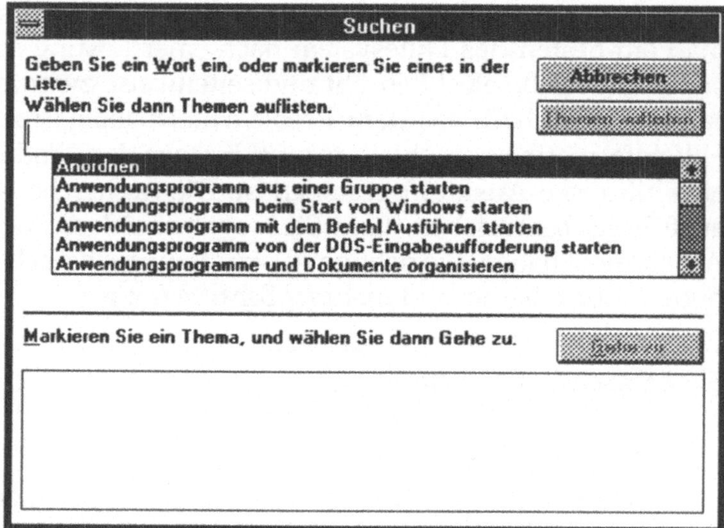

*Abb. 3.3 Die **Suchen**-Funktion der Hilfe*

Sie haben nun Gelegenheit, das erste Stichwort einzugeben, nach dem gesucht werden soll: *Fenster*.

Sie geben den Suchbegriff ein

4.   Suchbegriff eingeben
       Jetzt geben Sie den ersten Suchbegriff ein. In unserem Falle springt bereits nach der Eingabe des *F* von *Fenster* die Auswahl in der Stichwortliste auf *Fenster und Symbole anordnen*

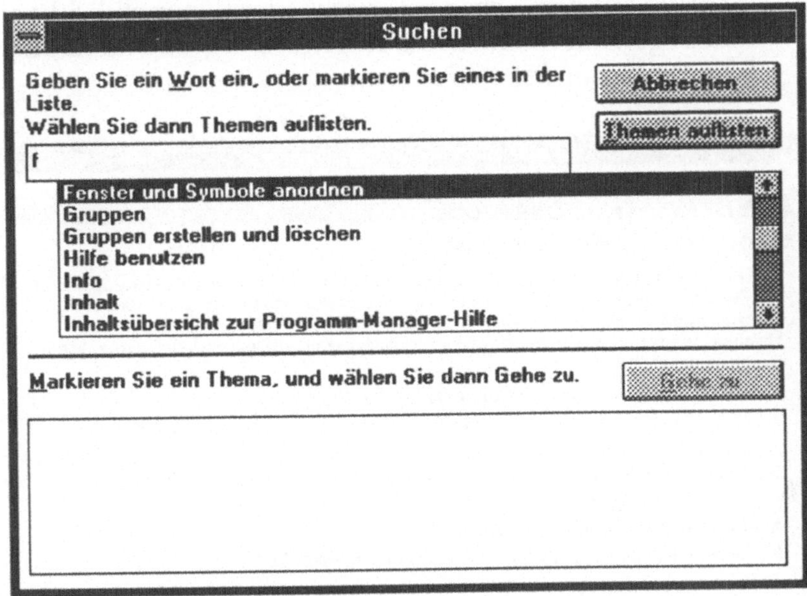

Abb. 3.4 Stichwort-Recherche

5.   Eventuell den exakten Suchbegriff genau festlegen
Am schnellsten suchen Sie - wenn nötig - mit Hilfe der Bildlaufleiste der oberen Listbox weiter, bis Sie einen Begriff in der Stichwortliste gefunden haben, der Ihrem Stichwort am nächsten kommt.
Sie könnten aber auch einfach weiterschreiben, bis Sie den gesuchten Begriff oder ein artverwandtes Wort gefunden haben.

6.   Stichwort auswählen
Zeigen Sie mit dem Mauszeiger auf *Fenster und Symbole anordnen*, dann [Doppelklick].
In der unteren List-Box wird das oder werden die zugehörigen Kapitel der Hilfe angezeigt. Hier ist das nur:
- *Fenster und Symbole anordnen*
Andere Themen wurden nicht gefunden.

7.   Hilfe-Seite aktivieren
Wählen Sie durch [Klick] in der unteren List-Box das Hilfethema aus, das Sie angezeigt bekommen möchten.

8.   [Klick] auf dem Schalter *Gehe zu* oder [Doppelklick] auf
      dem gewünschten Thema ruft nun das gesuchte Kapitel
      der Hilfe auf den Bildschirm.

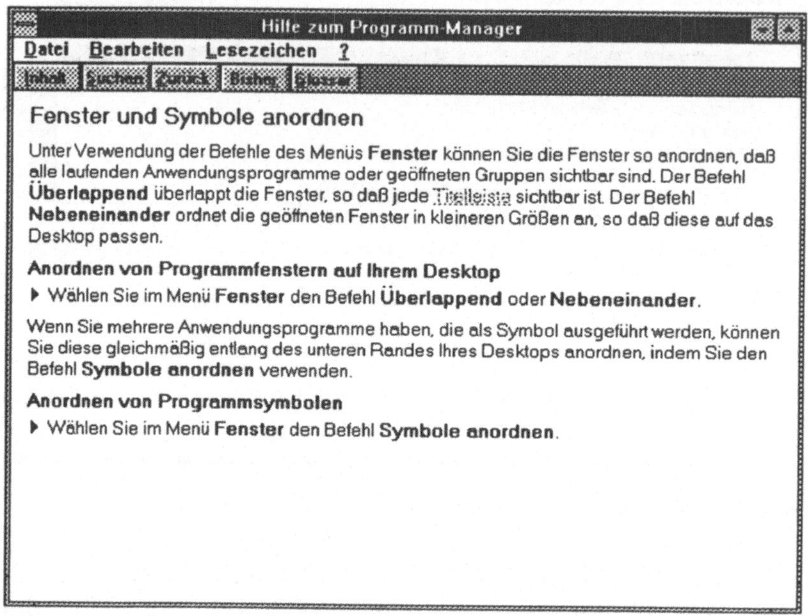

Abb. 3.5 Gesuchte Hilfeseite

Wurden mehr als ein Hilfe-Kapitel von *Suchen* gefunden, so
begeben Sie sich innerhalb der Hilfe-Funktion einfach wieder
über die Betätigung des *Suchen*-Schalters in den Recherche-
Modus. Dort wählen Sie das nächste Hilfe-Kapitel aus.
Suchen merkt sich solange alle gefundenen Hilfe-Kapitel und
Eingaben, bis Sie den nächsten Suchbegriff eingeben.

Auf den Hilfeseiten finden Sie manchmal einige Textstellen,
die sich durch ihre Darstellung vom umgebenden Text unterscheiden:
- schwarzer Text
- mit einer Punktlinie unterstrichener, grüner Text
- durchgehend unterstrichener, grüner Text

Der schwarze Text ist der normale Hilfetext.
Ist ein Wort (z.B.: *Titelleiste*) mit einer feinen Punktlinie unterstrichen, so kann durch Anklicken dieses Begriffs weitere Information zu dem Schlüsselwort aufgerufen werden. Der Hilfetext zu den Schlüsselwörtern erscheint in einem speziellen Fenster solange bis Sie entweder eine beliebige Taste oder den linken Mausknopf gedrückt haben. Es handelt sich um sog. Glossarbegriffe, die in Windows in einer eigenen Datenbank geführt werden. Zugriff auf diese Datenbank hat man auch über den Schalter mit der Aufschrift Glossar (vgl. S. 69).

Der mit einer soliden Linie unterstrichene grüne Text (z.B.: *Anordnen von Symbolen*) ist Hilfetext, der weiterführende oder verwandte Information zu der aktuellen Hilfeseite enthält. Er kann durch [Klick] aktiviert werden.

In einigen Schritten haben Sie die gesuchten Informationen recherchiert. Das scheint eine relativ aufwendige Prozedur zu sein, doch wurden hier - wie bereits eingangs angedeutet - sämtliche Schritte zur Erlangung der Hilfe sehr detailliert beschrieben. Im "Ernstfall" können Sie jetzt sicher damit umgehen.

3.4 Hilfe zu anderer Applikation anfordern

Sie haben es wahrscheinlich gar nicht so wahrgenommen, weil Sie nichts anderes erwartet haben, aber als Sie die Hilfe angefordert haben, kam auch wirklich die Hilfe, die zum Programm-Manager paßt und nicht etwa Hilfe zur Zwischenablage oder dem Datei-Manager! Was aber, wenn Sie während Ihrer Arbeit im Programm-Manager auch mal Hilfe zu einer anderen Anwendung abfragen möchten?

Problem
Wie kann ich einen Drucker nachträglich installieren?

Erster Lösungsversuch

Wieder ein komplexeres Problem, das man mit der *Suchen*-Funktion in der Hilfe lösen sollte.

Also, ganz schnell: Suchbegriffe notieren (*Druckgeschwindigkeit* oder *Druck-Manager*). Mit [F1] Hilfe aufrufen, *Suchen*-Schalter betätigen, Suchbegriff *Druckgeschwindigkeit* oder *Druck-Manager* eingeben und - nichts Sinnvolles gefunden!

Lösung

In der Hilfe, die aus dem Programm-Manager heraus aktiviert werden kann, werden auch nur solche Zusammenhänge dargestellt, die mit dem Programm-Manager direkt zu tun haben. Alle anderen Fragen müssen aus der jeweiligen Anwendung heraus über die dortige Hilfe beantwortet werden.

Eine Lösungsmöglichkeit ist demnach:

- Druck-Manager aufrufen
- *Suchen*-Funktion aktivieren
- Suchbegriff eingeben
- Frage ist beantwortet

Nun möchte man aber nicht unbedingt, nur um beispielsweise herauszufinden, wie man einen Drucker nachträglich installieren kann, auch gleich den Druck-Manager aktivieren. Hier bietet sich die Möglichkeit, innerhalb der Hilfe des Programm-Managers die Hilfe-Datei zu laden, die Angaben zum Druck-Manager enthält. Das ist einfacher als den gesamten Druck-Manager zu aktivieren.

Ihre Vorgehensweise

---

1.   Hilfe aufrufen
   Mit [F1] die Hilfe des Programm-Managers aktivieren.

2.   Öffnen-Option wählen
   Den Befehl *Datei* in der Menüleiste anklicken oder über [Alt]+[D] mit der Tastatur aktivieren. Dort den Befehl *Öffnen* auswählen.

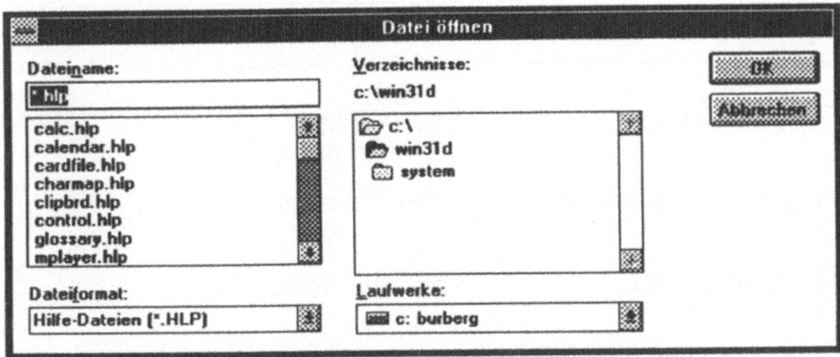

Abb. 3.6 Hilfedatei laden

3.   Hilfedatei auswählen
      Jetzt müssen Sie wissen, wie die Datei heißt, die die Hilfe
      für den Druck-Manager beinhaltet.

Da man sich aber nicht alles merken kann, zeigt Ihnen die
folgende Liste die Namen der Hilfedateien für die jeweiligen
Applikationen.

Applikation	Name der Hilfedatei
Windows insgesamt	WINHELP.HLP
Windows Setup	SETUP.HLP
Zeichensatztabelle	CHARMAP.HLP
Zwischenablage	CLIPBRD.HLP
Systemsteuerung	CONTROL.HLP
Multi-Media-Player	MPLAYER.HLP
Editor (Notizblock)	NOTEPAD.HLP
Objekt-Manager	PACKAGER.HLP
PIF Editor	PIFEDIT.HLP

Applikation	Name der Hilfedatei
Druck-Manager	PRINTMAN.HLP
Programm-Manager	PROGMAN.HLP
Klang-Recorder	SOUNDREC.HLP
Datei-Manager	WINFILE.HLP

Im Verzeichnis SYSTEM unterhalb Ihres Windows-Directorys finden Sie als weitere Hilfedateien für Drucker UNIDRV.HLP.

Häufig finden Sie in den einzelnen Programm-Verzeichnissen der von Ihnen installierten Software weitere Hilfedateien. Diese Hilfedateien können meist nur über die entsprechende Anwendung gestartet werden.

Unter anderem haben Sie der Tabelle entnehmen können, daß der Name der Hilfedatei für den Druck-Manager PRINT-MAN.HLP ist, der man vermutlich die gesuchte Auskunft entlocken kann.

Ihre weitere Vorgehensweise

3.   Namen der Hilfedatei eingeben
      Wählen Sie aus den in der List-Box angegebenen Dateinamen denjenigen aus, den die Sie laden möchten. Hier ist dies der Name *printman.hlp*.

      Wenn Sie den Namen gefunden haben, wählen Sie ihn mit [Doppelklick] aus oder mit [Klick] und *Ok*.

Sie befinden sich jetzt auf der Index-Seite der Hilfe zum Druck-Manager.

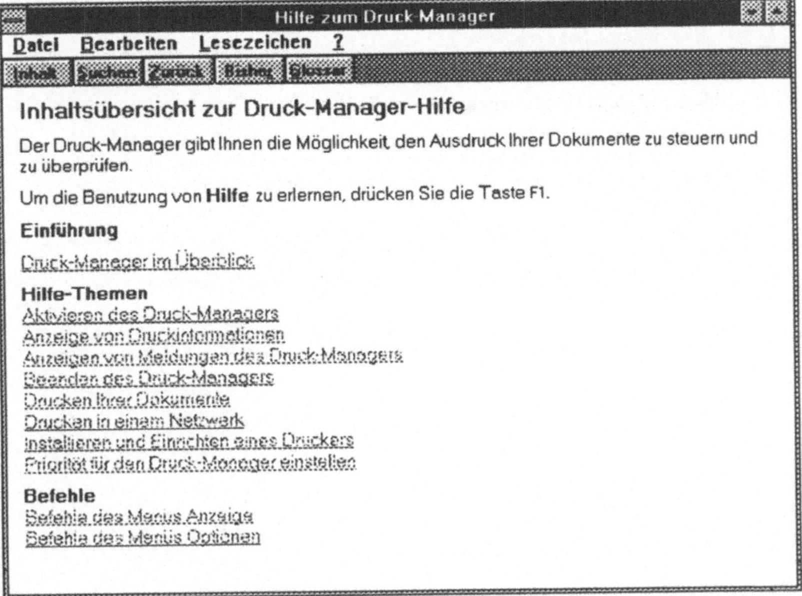

Abb. 3.7 Inhaltsübersicht des Druck-Managers

Ihre weitere Vorgehensweise

4. Suchbegriff eingeben
    Jetzt gehen Sie wieder genauso vor, wie dies im vorigen
    Kapitel erklärt wurde. Zur Erinnerung hier nochmals in
    Kurzform:
    - *Suchen*-Schalter anklicken
    - Suchbegriff eingeben; hier *Installation*
    - Exakten Begriff in der Listbox justieren
    - [Doppelklick] auf dem gewünschten Thema oder Hilfe-
      Kapitel auswählen,
    dann *Gehe zu*-Schalter anklicken.

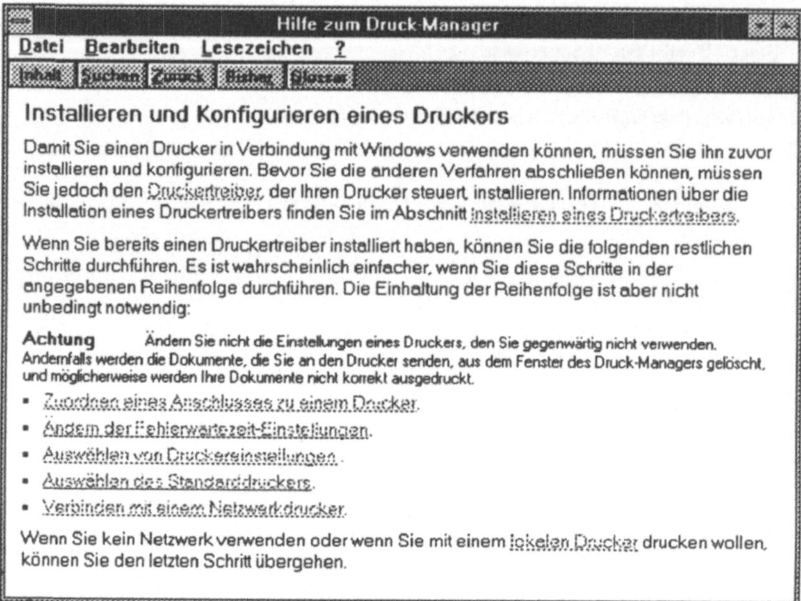

Abb. 3.8 Gesuchte Hilfe zur Druckerinstallation gefunden

Jetzt können Sie in Ruhe die Hilfe-Seite studieren, und schon haben Sie gelernt, wie man einen Drucker auch nachträglich noch in Windows einbinden kann.

In der sechsten Lektion werden wir uns detailliert mit dem Ausdruck über den Druck-Manager beschäftigen. Hier wurde mit Hilfe der Hilfedatei des Druck-Managers eine weitere Möglichkeit demonstriert, an die gesuchte Information heranzukommen.

3.5 Lesezeichen definieren

Es ist schon seltsam: Manchmal kann man sich einfach nicht merken, wie bestimmte Tasten belegt sind oder komplizierte Vorgänge ablaufen. Man muß immer wieder an derselben Stelle im Handbuch nachsehen. Dafür bietet es sich an, ein *Lesezeichen* an der Stelle in das Buch zu legen, wo die gesuchte Information zu finden ist. Sonst müßte man ja immer erst im Index oder Inhaltsverzeichnis nachsehen und umständlich die Stelle im Handbuch suchen. Mit einem Lesezeichen geht das schneller. Nur was ist, wenn es mehrere Dinge gibt, die man sich partout nicht merken kann. Ganz einfach: Man nimmt mehrere Lesezeichen und schreibt am besten auf jedes das drauf, was man mit ihm finden kann. Das kann auch MS-Windows in der Hilfe.

Man findet in der Hilfe den Befehl *Lesezeichen*. Mit diesem Befehl ist sowohl die Anlage eines neuen Lesezeichens als auch die Verwaltung, d.h. das Ansteuern, der bereits vorhandenen Lesezeichen möglich.

Achtung!
Lesezeichen werden nur dann gespeichert, wenn Sie beim Verlassen von Windows festlegen, daß Änderungen gespeichert werden sollen (*Einstellungen beim Beenden speichern* im Optionen-Menü des Programm-Managers ankreuzen!)

Als Name des Lesezeichens wird die Überschrift des aktuellen Hilfethemas vorgeschlagen.

Lesezeichen definieren

Lesezeichenname:

Installieren eines Druckertreibers

OK
Abbrechen
Löschen

Abb. 3.9 Lesezeichen anlegen

Die Lesezeichen-Namen in einer Hilfe-Datei kennzeichnen jedes Lesezeichen eindeutig und können daher auch nur einmal pro Hilfe-Datei vergeben werden. Wird versucht, ein zweites Lesezeichen mit einem bereits vorhandenem Namen anzulegen, so ist dies nicht möglich. Windows teilt Ihnen dies in Form einer Warnung mit.

✗ Über *Lesezeichen* --> *Definieren* können auch nicht mehr benötigte Lesezeichen gelöscht werden. Klicken Sie dazu den *Löschen*-Schalter an (vgl. Abb. 3.11).

✗ Die Lesezeichen werden unter dem Namen WIN-HELP.BMK im Windows-Verzeichnis abgespeichert. Die Erweiterung BMK leitet sich ab von BookMarK.

Der Lesezeichenname kann geändert werden, indem man mit dem Mauszeiger in die Eingabezeile zeigt. Der Pfeil ändert sich in einen senkrechten Strich. Dieser Strich wird durch [Klick] an der gewünschten Stelle innerhalb der Eingabezeile positioniert. Es bleibt an dieser Stelle der blinkende Cursor zurück. Er kennzeichnet die aktuelle Schreibposition, an der das nächste Zeichen, das Sie von der Tastatur aus eingeben. Dabei wird der rechts stehende Text noch weiter nach rechts verschoben (Einfüge-Modus).

Solange der Text in der Eingabezeile (= Name des Lesezeichens) invers dargestellt ist, kann er einfach durch Eingabe neuen Textes insgesamt überschrieben werden. Bereits das erste eingegebene Zeichen löscht die gesamte Zeile. Dieses Verfahren kann auch für einzelne Wörter angewandt werden: [Doppelklick] auf einem Wort markiert dies. Es verschwindet bei Eingabe eines Zeichens.

Weiterhin kann markierter Text mit der [Entf]-Taste gelöscht werden. Der Name eines Lesezeichens darf nicht länger als 63 Zeichen sein.

Sämtliche für eine Hilfedatei angelegten Lesezeichen werden mit *Lesezeichen* angezeigt. Vergleichen Sie dazu die Abbildung 3.10 auf der nächsten Seite.

Abb. 3.10 Verfügbare Lesezeichen

Durch [Klick] wird die Seite der Hilfedatei aufgeschlagen, zu der das Lesezeichen definiert wurde. Das funktioniert also genauso, als würden Sie ein Buch an der Stelle aufschlagen, an der ein Lesezeichen liegt.
Lesezeichen gelten nur für die Hilfedatei, in der sie angelegt wurden. Das Verweisen auf Hilfethemen aus anderen Dateien ist nicht möglich. Lesezeichen werden automatisch mit der entsprechenden Hilfedatei aufgerufen.

3.6 Bemerkungen zur Hilfe aufschreiben

Zu jeder Hilfeseite können Sie über *Bearbeiten --> Anmerken* ganz individuelle Anmerkungen notieren, etwa um die Windows-Hilfe mit Bemerkungen zu Ihrem speziellen Anwendungsfall zu ergänzen.

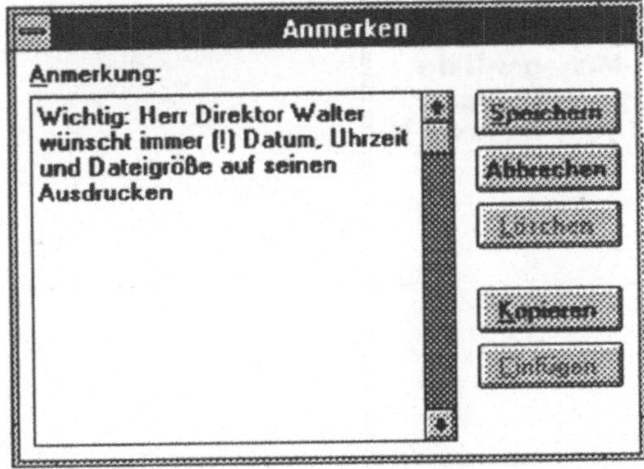

Abb.3.11 Anmerkungen aufschreiben

Die Anmerkungen werden mit einer symbolischen Büroklammer an der entsprechenden Seite festgeheftet. Das Symbol der Büroklammer ist gleichzeitig auch ein Hinweis darauf, daß individuelle Bemerkungen vorhanden sind.

Abb. 3.12 Individuelle Bemerkungen zur Hilfe

Bemerkungen werden unter dem Namen der jeweiligen Hilfedatei abgespeichert. Sie werden mit der Erweiterung ANN (= ANNotation) versehen.

3.7 Die Hilfe-History

Gerade bei intensiven Hilfe-Recherchen ist es sehr nützlich, die einzelnen Schritte und Hilfeseiten nochmals im Überblick in einer Liste zusammengefaßt zu sehen. Über den Schalter *Bisher* ist dies leicht möglich.

Abb. 3.13 Übersicht über bereits ausgewählte Hilfe-Themen

Es wird Ihnen in einem Fenster jedes Hilfethema, das Sie seit
Aufruf der Hilfe angesehen haben, angezeigt. Mit [Doppel-
klick] auf dem gewünschten Thema läßt es sich direkt wieder
anzeigen. Allerdings wird es dann auch doppelt in der Liste
aufgenommen. Es ist also eine lückenlose Protokollierung
einer Hilfesitzung möglich.

3.8 Glossar

Sämtliche Schlüsselwörter, die man auf den Hilfeseiten von
Windows als gepunktet unterstrichene Begriffe findet, sind in
einer großen Datenbank zusammengefaßt, dem Glossar. Aus
diesem Grunde werden diese Wörter auch oft als Glossarbegriffe bezeichnet. Über den Schalter *Glossar* läßt sich dieses
Wörterbuch öffnen.

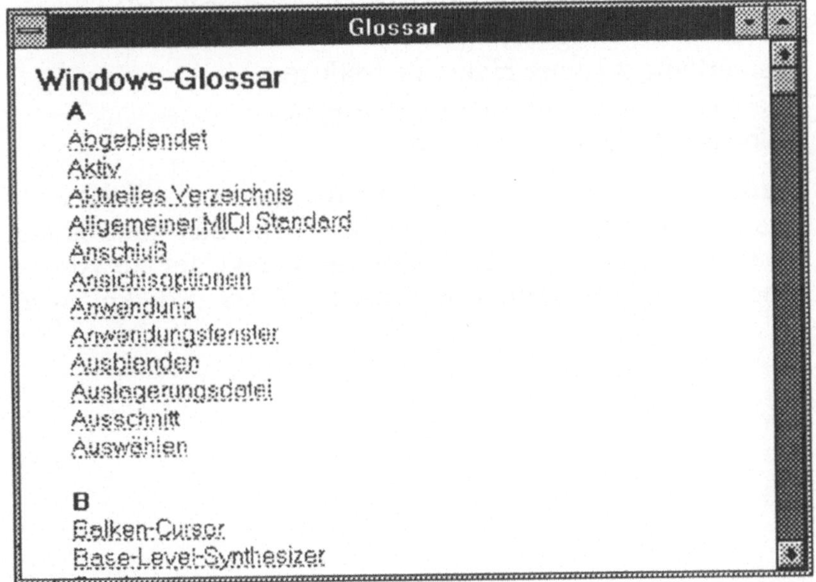

Abb. 3.14 Glossarbegriffe in Windows 3.1

Das Glossar läßt sich auch ohne aufgerufene Hilfe-Funktion
verwenden. Es handelt sich quasi um eine eigenständige Applikation.

3.9 Zusammenfassung

Sicher sind noch viele Anwendungen der Hilfe-Funktion denkbar. Sie können jetzt jedoch schon mit den wesentlichen und wichtigsten Funktionen arbeiten, so daß es Ihnen ein Leichtes sein wird, die Hilfe im "Ernstfall" auch nutzbringend anzuwenden. Die folgenden Übungen und Aufgaben sollen Sie wieder anregen, "frei" mit der Hilfe-Funktion zu üben.

In dieser Lektion haben Sie gelernt, wie man mit der Hilfe-Funktion umgeht. Im einzelnen war dies:

- Hilfe mit [F1] und über das Menü *Hilfe* aufrufen
- von der ersten Hilfeseite aus die Hilfe für den Programm-Manager aktivieren
- Innerhalb der Hilfe einzelne Befehle auswählen
- Hilfe gezielt mit der *Suchen*-Funktion anfordern
- Hilfe zu Fremd-Programm laden und durchsuchen
- Lesezeichen anlegen und löschen
- Bemerkung zu einer Hilfeseite festlegen
- Geschichte einer Hilfesitzung erfragen
- Glossarbegriffe recherchieren

Darüber hinaus können Sie jederzeit auf die erste Hilfe-Seite (das ist der Index), indem Sie in der Hilfe den ganz linken Schalter *Index* betätigen, Sie können immer wieder zur vorhergehenden Hilfe-Seite mit dem Schalter *Zurück* zurückblättern.

4. Der Programm-Manager

4.1 Was ist der Programm-Manager?

Der Programm-Manager ist das eigentliche Kernstück von MS-Windows 3.1. Er bietet den
Programm-Manager Zugriff auf eine Vielzahl von Funktionen und
nicht zuletzt auch sehr übersichtlich auf die Programme, die in
sog. Gruppen zusammengefaßt sind. Nach dem Aufruf von
Windows wird er automatisch geladen. Der Programm-Manager kann nicht geschlossen werden, ohne daß auch Windows
verlassen wird. Das Fenster des Programm-Managers kann
nur als Sinnbild auf der Arbeitsfläche abgelegt werden. Die
Kommunikation mit dem Programm-Manager erfolgt über die
Befehle in der Menüleiste.
Neben dem Datei-Manager, den wir in der nächsten Lektion
näher untersuchen werden, ist der Programm-Manager das
zentrale Organisationsmittel in Windows. Mit ihm ist es möglich, Programme so anzuordnen, daß man sie leicht findet und
problemlos mit ihnen arbeiten kann. Dazu sind sämtliche
Anwendungen in Gruppen zusammengefaßt, die während
der Installation von Windows angelegt werden:
- Hauptgruppe
- Zubehör
- Anwendungen (evtl. werden mehrere Gruppen angelegt, je
  nachdem wieviele Anwendungen bei der Installation gefunden werden)
- StartUp
- Spiele

Jeder dieser Anwendungsgruppen wird ein eigenes Fenster
zugewiesen, das alle Anwendungen enthält. Diese Gruppenfenster haben den Charakter von Dokumentenfenstern, die der
Programm-Manager verwaltet.

Werden die Gruppenfenster als Symbol auf der Arbeitsoberfläche des Programm-Managers abgelegt, so ist nebenstehendes Symbol zu sehen, das durch den Namen der jeweiligen Gruppe kenntlich gemacht wird. Hier wird als Beispiel die Gruppe *Zubehör* als Symbol gezeigt.

Es ist dem Anwender von Windows überlassen, weitere Gruppen so anzulegen, daß sie seinen spezifischen Aufgabenstellungen entsprechen.
Damit Sie einen schnellen Überblick über die Anwendungen in den einzelnen Gruppen bekommen, werden diese im folgenden besprochen. In späteren Lektionen lernen Sie dann, jene Programme anzuwenden, die standardmäßig in den Gruppen *Zubehör* und *Spiele* sowie der *Hauptgruppe* integriert sind.

4.2 Programmgruppen im Programm-Manager

Nachdem Sie MS-Windows mit den Kenntnissen der vorhergegangenen Lektion aufgerufen haben, bietet sich folgender Bildschirmaufbau:

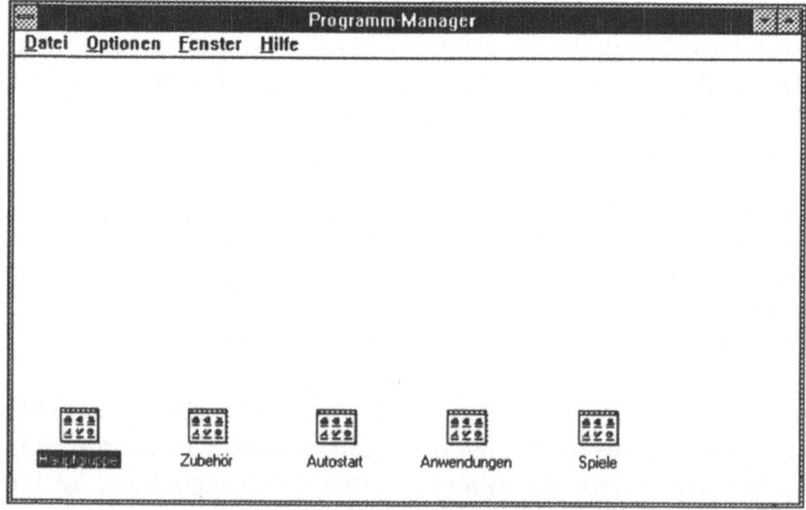

Abb. 4.1 Programmgruppen als Symbole nach dem Windows-Start

4.2.1 Die Hauptgruppe

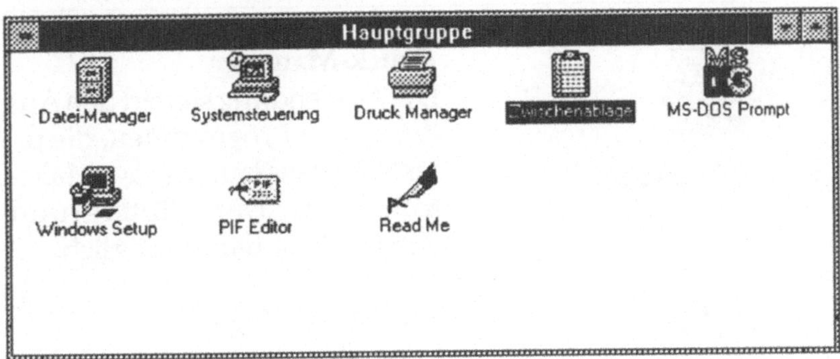

*Abb. 4.2 Die **Hauptgruppe***

Die *Hauptgruppe* beinhaltet folgende Applikationen:

Symbol	Programm
 Datei-Manager	**Datei-Manager** Das ist die Schnittstelle zum Dateisystem Ihrer Festplatte mit allen Inhaltsverzeichnissen und Dateien. Sämtliche Dateioperationen (Löschen, Kopieren, Verschieben, Umbenennen, Aufrufen) werden vom Datei-Manager aus eingeleitet und kontrolliert.
 Systemsteuerung	**Systemsteuerung** Hiermit ist es möglich, Drucker, Anschlüsse, Tastatur usw. zu steuern sowie die Bildschirmdarstellung (Farbe, Hintergrundgestaltung, Muster der Arbeitsfläche) zu beeinflussen. Darüber hinaus können hierüber auch die Multi-Tasking-Eigenschaften festgelegt werden, wenn Windows im erweiterten Modus läuft.

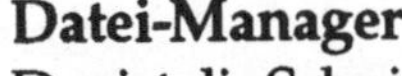

Symbol	Programm
 Druck-Manager	**Druck-Manager** Die Anwendung steuert den Ausdruck von Programmen, die unter Windows laufen (PageMaker, MS-Excel). Der Hintergrundausdruck ist damit möglich.
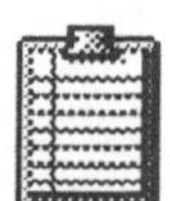 Zwischenablage	**Zwischenablage** Hierüber können Programme Daten austauschen.
 MS-DOS Prompt	**DOS-Prompt** Es wird die DOS-Ebene aktiviert. Windows verbleibt allerdings im Speicher und kann nach Abarbeiten der DOS-Befehle mit EXIT wieder aktiviert werden.
 Windows Setup	**Windows Setup** Ermöglicht die nachträgliche Anpassung von Windows an geänderte oder neue Hardware sowie die Einbindung neuer Applikationen.

4.2.2 Die Gruppe Zubehör

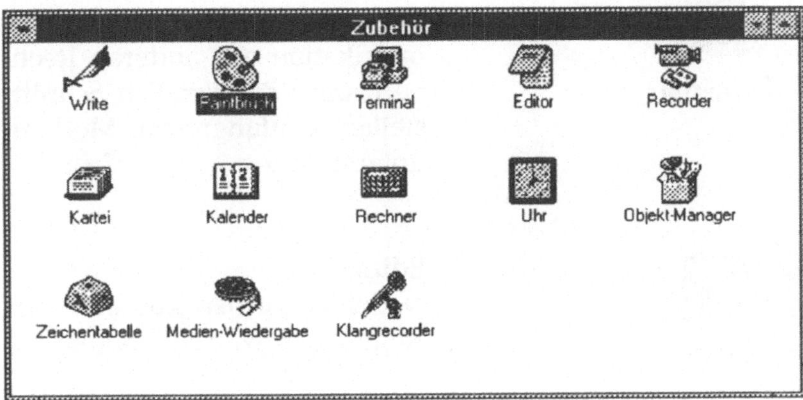

Abb. 4.3 Die Gruppe **Zubehör**

Die Gruppe *Zubehör* beinhaltet die unterschiedlichsten Zusatzprogramme. Gemeinsames sichtbares Merkmal aller unter
Zubehör eingetragenen Applikationen ist, daß ihnen ganz individuelle Symbole zugewiesen sind.

Die folgenden Programme stehen als Standard zur Verfügung:

Symbol	Programm
Write	**Write** Einfache Textverarbeitung, in der auch Grafiken und Text gemischt werden können.
Paintbrush	**Paintbrush** Zeichenprogramm mit umfangreichen Gestaltungsmöglichkeiten.

Symbol	Programm
 Terminal	**Terminal** Ermöglicht und unterstützt Kommunikation mit anderen Rechnern über die seriellen Schnittstellen. Umfangreiche Modemunterstützung.
 Editor	**Editor** Notizblock, in dem kurze Memos eingetragen werden können.
 Rekorder	**Rekorder** Komplette Befehlssequenzen (Makros) können mit dem Recorder aufgenommen und wieder abgespielt werden. Steuerung von Windows kann damit automatisiert werden.
 Kartei	**Kartei** Kleine Datenbank (Karteikasten), in dem Karteikarten zu den unterschiedlichsten Themenbereichen abgelegt und verwaltet werden können.
Kalender	**Kalender** Kalender mit Terminverwaltungs- und -organisationsmöglichkeiten.

Symbol	Programm
 Rechner	**Rechner** Taschenrechner. Ergebnisse können über die Zwischenablage, z.B. in Write, eingetragen werden.
 Uhr	**Uhr** Eine Analoguhr mit "richtigen" Zeigern, die auch auf Digitalbetrieb umgestellt werden kann.
 PIF-Editor	**PIF-Editor** Erlaubt das Verändern und Anlegen von *Program Information Files*.
 Objekt-Manager	**Objekt-Manager** Mit Hilfe des Objekt-Managers ist es möglich, handliche Pakete aus Paintbrush, Sound-Recorder usw. zu schnüren. Diese Pakete können dann in anderen Programmen eingebettet werden (OLE).
 Zeichentabelle	**Zeichentabelle** Hierüber können solche Zeichen in die Zwischenablage kopiert werden, die sich nicht leicht über die Tastatur eingeben lassen (Sonderzeichen usw.).

Symbol	Programm
 Klangrecorder	**Klangrecorder** Sofern Sie über eine Soundkarte wie etwa Adlib oder Soundblaster verfügen, können Sie über die Eingänge dieser Karte Töne digitalisieren und auf der Festplatte als Datei speichern. Auch das Abspielen solcher Dateien ist hierüber möglich.
 Medien-Wiedergabe	**Media-Player** Ähnlich zum Soundrecorder ist auch für den Media-Player eine Soundkarte notwendige Voraussetzung. Dann allerdings können komplexe Anwendungen abgespielt werden. Die Filmspule deutet bereits an, daß umfangreiche Multi-Media-Anwendungen hierüber realisiert werden können. Die Synchronisierung erfolgt über das Standard-MIDI.

4.2.3 Gruppe *Anwendungen*

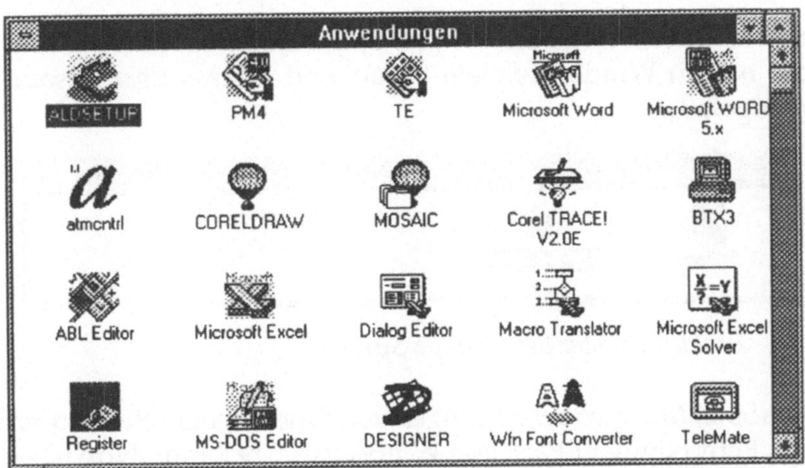

*Abb. 4.4 Das Fenster **Anwendungen** mit Beispielprogrammen*

In dem Fenster der Gruppe *Anwendungen* werden jene Programme zusammengefaßt, die zum Zeitpunkt der Installation von Windows auf Ihrer Festplatte verfügbar waren. Es können dabei sowohl typische DOS-Programme als auch spezielle für Windows programmierte Anwendungen integriert sein. Die Installationsprozedur von Windows 3.1 macht da keinen Unterschied mehr im Gegensatz zur Vorgänger-Version, die in Windows-Anwendungen und andere Anwendungen unterschied.

Den DOS-Programmen werden in vielen Fällen dabei Symbole zugeordnet, die der DLL (Dynamic Link Library) MORICONS.DLL aus dem Windows-Verzeichnis entnommen werden. Dies ist nötig, da im Gegensatz zu den Windows-Applikationen DOS-Programme über keine Symbole verfügen. Den Windows-Programmen sind dagegen meist eigene, typische Symbole zugewiesen.

✗ Hinweis
Sofern auf Ihrer Festplatte sehr viele Programme vorhanden sind, wird bei der Installation eine weitere Anwendungsgruppe mit Namen Anwendungen 2 angelegt. Dort finden Sie weitere Programme.

4.2.4 Die Gruppe *Spiele*

Schließlich sei noch die Gruppe *Spiele* aufgeführt. In ihr sind die beiden Windows-Spiele *Solitär* und *Minesweeper* zusammengefaßt.

*Abb. 4.5 Das Fenster der Gruppe **Spiele***

Das Spiel *Minesweeper* ist einigen von Ihnen sicher schon durch das Entertainment Pack von Windows 3.0 bekannt. Nun ist es fester Bestandteil von Windows 3.1. Das Spiel *Reversi* ist leider nicht mehr mit von der Partie. Aber es läßt sich nach Integration in eine der Gruppen nach wie vor aufrufen, sofern Sie es noch von der alten Windows-Version 3.0 her besitzen.
Zu den Spielen finden Sie einige Tips im Teil B dieses Buches.

4.2.5 Die Gruppe *Autostart*

Die Gruppe *Autostart* kann jene Programme beinhalten, die direkt nach dem Laden von Windows automatisch geladen werden sollen. Sie stellt somit so etwas ähnliches dar, wie die Datei AUTOEXEC.BAT für das Betriebssystem DOS. Standardmäßig sind keine Programme enthalten.

Wenn Sie wissen möchten, wie man Programme in eine Gruppe integriert, so lesen Sie die Ausführungen auf den nächsten Seiten.

4.3 Programme in den Gruppen aufrufen

Sämtliche in den Gruppen zusammengefaßte Programme lassen sich über die Menüs des Programm-Managers steuern und verwalten. Doch bevor wir uns diesen Menü-Optionen zuwenden, sollen grundlegende Vorgehensweisen erklärt werden, damit Sie bei den folgenden Prozeduren keine Probleme mit der Bedienung bekommen.

- **Programme aufrufen**
  Mit der Maus:
  Gruppe auswählen durch [Klick] auf einem beliebigen Element des Gruppenfensters, dann auf das Sinnbild der gewünschten Applikation zeigen,
  [Doppelklick]: Die Applikation wird aufgerufen.

- **Mit der Tastatur:**
  Gruppe auswählen: [Strg]+[Tab]
  Sinnbild wählen: Cursortasten
  Applikation aufrufen: [Return]

- Über den Befehl *Öffnen* aus dem *Datei*-Menü.

4.4 Die Task-Liste

Immer, wenn Sie im Programm-Manager eine Applikation aktivieren, wird diese in einer Liste eingetragen. Das ist die Task-Liste, die demnach sämtliche aktivierten Programme enthält. Als *Task* bezeichnet man jedes einzelne unter Windows laufende Programm (engl. task = Aufgabe).

- **Aktivieren der Task-Liste**
  Mit der Maus:
  [Doppelklick] außerhalb sämtlicher Fenster auf der leeren Arbeitsfläche (Standardfarbe ist Grau) öffnet die Task-Liste.

- **Mit der Tastatur:**
  [Strg]+[Esc] in jeder beliebigen unter Windows gestarteten Applikation öffnet die Task-Liste.

Die Task-Liste hat folgendes Aussehen:

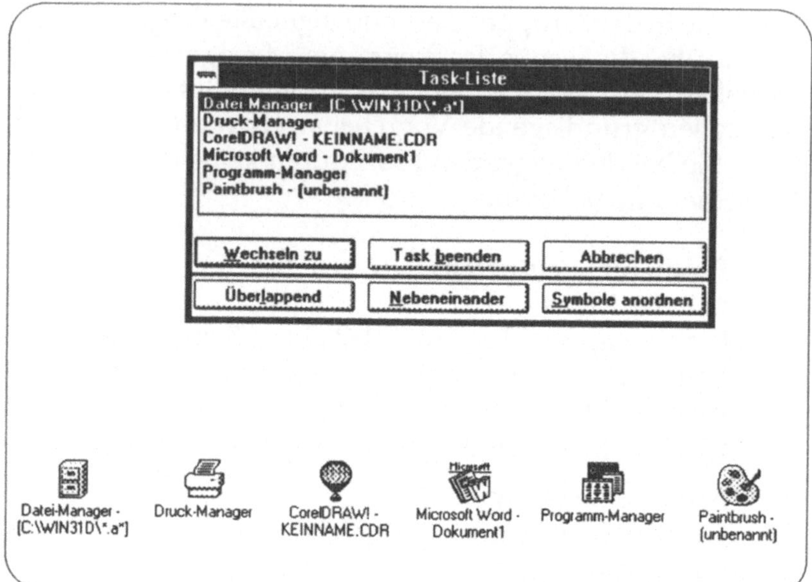

Abb. 4.6 Die Task-Liste auf der Arbeitsfläche

In Abbildung 4.8 sind alle zu einem bestimmten Zeitpunkt unter Windows aktivierten Programme (= Tasks) aufgeführt, der Task *Programm-Manager* ist invers dargestellt und damit der aktive Task. Auf der Arbeitsfläche sind die zu den in der Task-Liste aufgeführten Programmen gehörende Tasks als Symbole abgelegt.

In dieser Liste können Programme aktiviert (*Wechseln zu*) und gänzlich geschlossen werden (*Task beenden*).

- **Auswählen in der Task-Liste**
  Mit der Maus:
  [Klick] auf der gewünschten Applikation in der List-Box, [Klick] auf der Schaltfläche *Wechseln zu* aktiviert den entsprechenden Task.

- **Mit der Tastatur:**
  Mit den Cursortasten die gewünschte Applikation anwählen,
  [Leertaste] zum Markieren,
  [Return] ruft Task in den Vordergrund.

- **Schnelle Alternative:**
  [Doppelklick] auf der gewünschten Applikation in der List-Box der Task-Liste bringt den Task in den Vordergrund, so daß Sie mit ihm arbeiten können.

- **Umschalten zwischen Tasks**
  [Alt]+[Tab] oder [Alt]+[Esc] schaltet zwischen den in der Task-Liste aufgeführten Programmen um.
  [Alt]+[Shift]+[Tab] schaltet in umgekehrter Reihenfolge durch die Tasks.

- Das Schließen von Tasks erfolgt analog zum Öffnen mit der Schaltfläche *Task beenden*.

Wenn Sie DOS-Applikationen als Tasks unter Windows laufen haben, so können einige dieser Applikationen nur mit ihren eigenen, spezifischen Befehlen verlassen werden. Andere Applikationen können auch von Windows über die Task-Liste aus dem Speicher "herausgeworfen" werden, wenn Sie *Task beenden* wählen (Achtung: Datenverlust möglich!).

Weiterhin können mit den Befehlen *Überlappend* und *Nebeneinander* die zu den Tasks gehörenden Fenster entsprechend angeordnet werden.

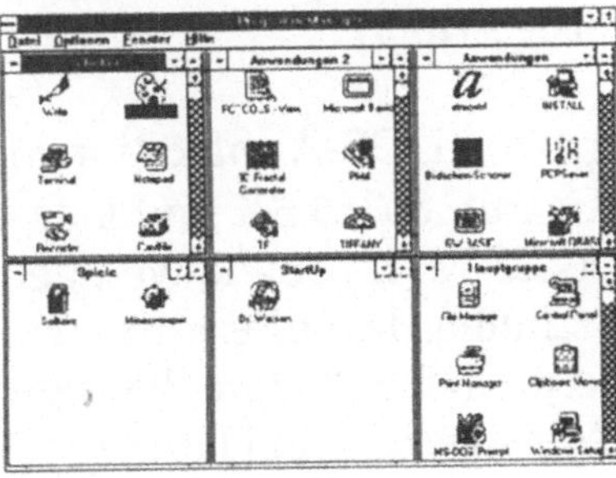

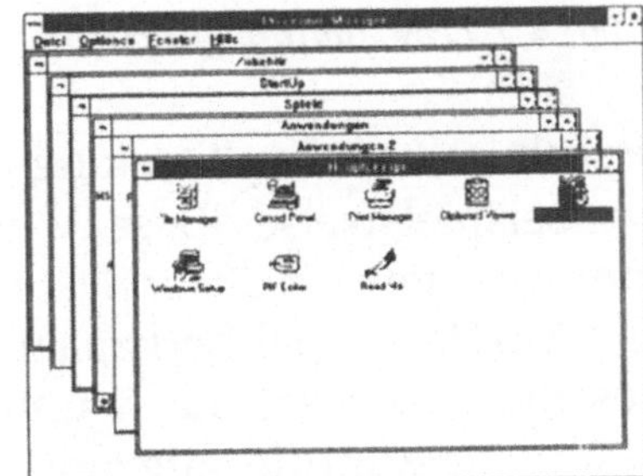

Nebeneinander   Überlappend

Alle zu Tasks gehörenden Sinnbilder werden auf der Arbeitsfläche neu geordnet mit *Symbole anordnen*. Diese Neuordnung der Sinnbilder wird allerdings nur dann sichtbar, wenn keine anderen Fenster überlagert sind.

Alle in der Task-Liste aufgeführten Applikationen sind geöffnet. Dies ist zwangsläufig nicht gleichbedeutend mit "laufen". Nur einige Applikationen können auch dann weiterlaufen, wenn ihr Fenster nicht das aktuelle Fenster ist. Nur dann handelt es sich um echtes Multitasking. Das Offenhalten von Applikationen im Speicher allein ist noch kein echtes Multitasking, da keine tatsächliche Abarbeitung von Tasks im Hintergrund stattfindet!

In Abhängigkeit vom Modus, in dem Windows läuft, können Sie sogar DOS-Programme im Multitaskingbetrieb laufen lassen. Diese Fähigkeit kann jedoch nur mit 80386er oder 80486er Prozessoren genutzt werden. Im Standard-Modus ist allerdings - wie auch im erweiterten Modus - das Umschalten zwischen solchen DOS-Programmen, die in der Task-Liste geführt werden, möglich. Dies nennt man auch Task-Switching.

Während des Umschaltens von einer zur anderen Applikation wird der Schaltvorgang durch das in Abbildung 4.7 exemplarisch dargestellte Fenster angezeigt.

Abb. 4.7 Umschalten (hier zur Systemsteuerung)

Jedoch ist vom Multitasking mit großen DOS-Applikationen wie beispielsweise dBase IV auf PCs mit 80386 SX und langsam getakteten 80386er Systemen (< 25 MHz) sowie weniger als 2 MB Hauptspeicherkapazität abzuraten, da die Performance des Systems stark nach unten geht. Insbesondere häufige Festplattenzugriffe aufgrund des Auslagerns von Hauptspeicher-Segmenten (File-Swapping) bewirken eine starke Verlang-

samung der Arbeitsgeschwindigkeit. Festplatten mit Zugriffs-
zeiten kleiner als 25 ms sind nicht empfehlenswert und für
professionelle Einsätze "nicht erträglich". Je mehr Tasks gleichzeitig abgearbeitet werden müssen, desto langsamer wird das
Gesamtsystem.

Wenn Sie häufiger Multitasking-Aufgaben zu erledigen haben, sollten Sie sich überlegen, ob nicht das Betriebssystem
OS/2 mit dem *Presentation Manager* eine vernünftigere Entscheidung wäre. Die Bedieneroberfläche des Presentation Managers ist der von MS-Windows 3.1 sehr ähnlich.

Wenn Sie wissen möchten, in welchem Modus Windows auf
Ihrem Rechner läuft, so starten Sie Windows unter Eingaben
von *win* ohne weitere Parameter. Dann wählen Sie im *Hilfe-*
Menü des Programm-Managers die Option *Info über Programm-*
Manager. Es werden Ihnen folgende Informationen angezeigt:
- Erweiterter Modus 386-PCs
  Freier Speicherplatz aller Speichermedien (Standard-Spei-
  cher, Erweiterungsspeicher, Expansionsspeicher je nach
  Konfiguration, Auslagerungsdatei)
  Freie System-Ressourcen in Prozent
- Standard-Modus
  Freier Speicherplatz (Standardspeicher, Erweiterungs- und
  Expansionsspeicher)

✗ Hinweis
Über den Menüpunkt *Hilfe* im Programm Manager las-
sen sich neben der Betriebsart auch die sog. System-
Ressourcen abfragen. Der dort angezeigt Wert gibt in
Prozent an, wie groß der noch zur Verfügung stehende
Speicher der Datenbereiche der Windows-Programmteile
GDI.EXE (Graphical Device Interface) und USER.EXE
(Ein-/Ausgabesystem für Anwender und Programme)
ist. Diese Speicherbereiche werden auch "local heap" (=
lokaler Speicherhaufen) genannt.
Es handelt sich also nicht (!) um den noch freien
Arbeitsspeicher, der meist noch größer ist als der dort
angezeigte Wert.

4.5 Die Menüs des Programm-Managers

4.5.1 Die Menüs im Überblick

Der Programm-Manager läßt sich über die in der Menüleiste aufgeführten Befehle *Datei, Optionen, Fenster* und *Hilfe* steuern.

Drop-Down-Menü	Kurzerklärung
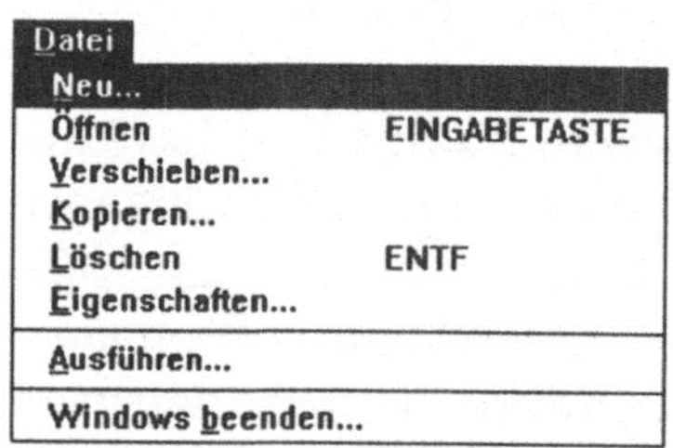	Das *Datei*-Menü steuert sämtliche datei- und gruppenbezogenen Funktionen des Programm-Managers wie Neuanlage, Öffnen, Verschieben, Kopieren von Gruppen und Applikationen.
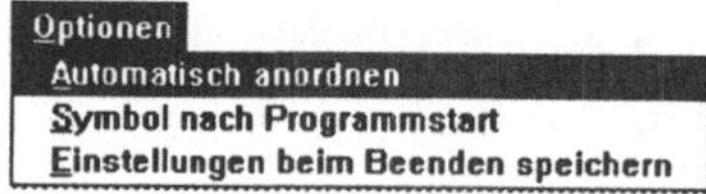	Das *Optionen*-Menü erlaubt zweierlei: - *Automatisch anordnen*: Jedesmal, wenn ein Sinnbild auf Fenstergröße erweitert wird, werden alle in diesem Fenster enthaltenen Sinnbilder neu angeordnet. - *Symbol nach Programmstart*: Das Programm-Manager-Fenster wird auf Sinnbildgröße geschrumpft, wenn ein Programm gestartet wird. Das spart Speicherplatz und erhöht die Übersichtlichkeit. - *Einstellungen beim Beenden speichern*: Wenn Veränderungen bei der Anordnung der Sinnbilder oder Fenster, Fenstergrößen oder Anmerkungen und Lesezeichen in Hilfedateien beim Verlassen von Windows auf der Festplatte

Drop-Down-Menü	**Kurzerklärung**

abgespeichert werden sollen, sollten Sie diese Option anklicken. Ist Sie aktiv, so erscheint ein kleines Häkchen vor ihr.

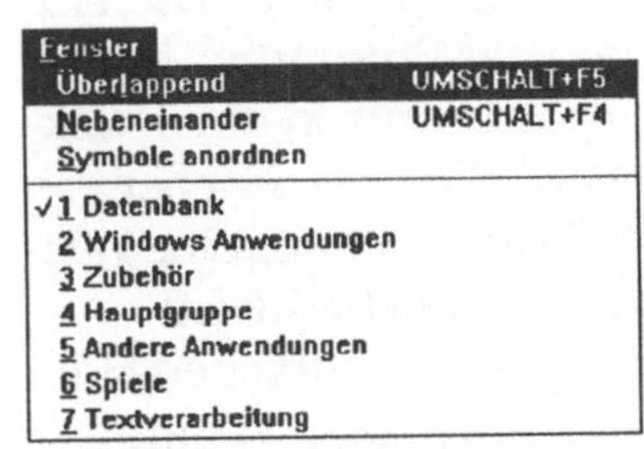

Mit der Menüoption *Fenster* stehen folgende Funktionen zur Auswahl:

Überlappend: Fenster hintereinander anordnen,

Nebeneinander: Fenster nebeneinander anordnen,

Symbole anordnen: Manuelles Neuordnen der Sinnbilder im aktuellen Fenster.

Darüber hinaus können die einzelnen Gruppen aus der Liste ausgewählt, d.h. zur aktuellen Gruppe gemacht werden. Das Fenster der Gruppe *Datenbank* ist hier das aktuelle Fenster, was durch den vorangestellten Haken gekennzeichnet ist.

Sind außer den aufgelisteten Fenstern weitere Fenster vorhanden, so wird über die Option *Weitere Fenster* eine Liste geöffnet, in der diese aufgeführt werden:

Drop-Down-Menü	Kurzerklärung

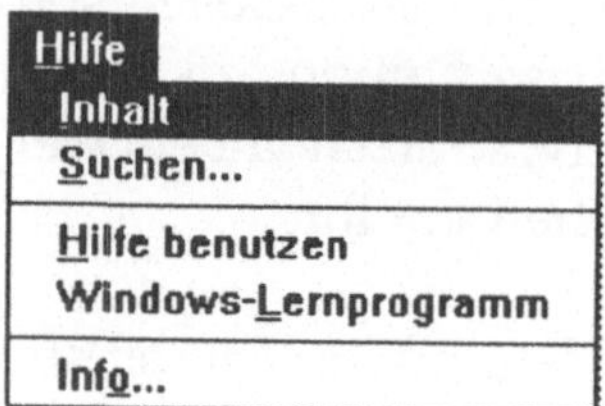

Das *Hilfe*-Menü erlaubt den Zugriff auf das umfangreiche Hilfesystem. Über *Info* kann der Modus abgefragt werden, in dem Windows derzeit läuft. Die Hilfe-Option des Programm-Managers wurde bereits in der 3. Lektion ausführlich beschrieben, so daß an dieser Stelle auf eine Wiederholung verzichtet wird.
Zusätzlich zur eigentlichen Hilfe läßt sich auch das Windows-Lernprogramm hierüber starten.

In sämtlichen Windows-Menüs werden zwei Arten von Befehlen unterschieden:
- Befehle, die sofort, ohne weitere Abfragen ausgeführt werden,
- Befehle, die weitere Eingaben und Spezifizierungen zulassen.

Die letztgenannten Befehlsoptionen sind in den Menüs durch drei Folgepunkte dargestellt (Beispiel: Option *Verschieben* ... im *Datei*-Menü).

Nach diesem groben Überblick wird im folgenden die Arbeit mit dem Programm-Manager an alltäglichen Problemen und Aufgaben dargestellt.

4.5.2 Das Datei-Menü

4.5.2.1 Die Befehle *Neu, Öffnen* und *Verschieben*

1. Problem: Neues Programm in Gruppe integrieren
Nachdem Sie soviel bei Ihrem Computerfreund bereits vom
Flugsimulator 4.0 gesehen haben, haben Sie ihn sich nun auch
gekauft. Natürlich möchten Sie den Flugsimulator auch in eine
Gruppe integrieren, um ihn schnell von Windows aus aufrufen
zu können. Es bietet sich die Gruppe *Spiele* an.

Problemlösung

1. Schritt: Gruppen-Fenster aktivieren
Klicken Sie das gewünschte Gruppen-Fenster an, in dem das
neue Programm eingebunden werden soll. Bei Vorgängen
dieser Art ist das immer der erste Schritt.

2. Schritt: Menü-Option aktivieren
Datei-Menüoption *Neu* aufrufen. Auf dem Bildschirm sehen
Sie zwei Auswahlmöglichkeiten: *Programmgruppe* und *Pro-
gramm.*

3. Schritt: Entscheidung neue Gruppe oder Programm
Sie müssen sich jetzt entscheiden, ob Sie eine neue Applikations-
Gruppe generieren oder ein neues Programm in eine bereits
bestehende Gruppe integrieren möchten.

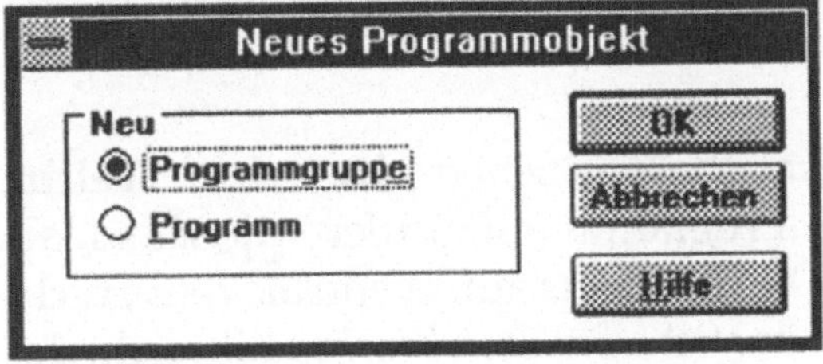

Abb. 4.8 Gruppe oder Programm?

In unserem Fall möchten Sie das Programm *Flugsimulator* in
die bestehende Gruppe *Spiele* einbinden.

Sie wählen demnach *Programm* durch Anklicken des Auswahl-
feldes. Hier reicht es auch aus, nur auf *OK* zu klicken, da die
Auswahl *Programm* bereits vorbesetzt ist.
Bestätigen Sie gegebenenfalls Ihre Angaben durch [Klick] auf
dem *Ok*-Feld.

Abb. 4.9 Festlegen der Programmeigenschaften

4. Schritt: Informationen für Windows eingeben
Jetzt ist es an der Zeit, jene Informationen einzugeben, die
später Windows in die Lage versetzen, das Programm auch
wirklich starten zu können.
In unserem Fall geben Sie zunächst im Feld *Beschreibung* die
Programmbeschreibung *Microsoft Flugsimulator 4.0* ein. Diese
Angabe erscheint später unter dem Symbol im Fenster *Spiele*.
Ist die Beschreibung relativ lang - wie in unserem Fall -, so wird
ein automatischer Zeilenumbruch durchgeführt, denn in Windows 3.1 sind auch mehrzeilige Symbolbeschriftungen möglich. Diese Angabe läßt sich später problemlos auch wieder
verändern.

Die zweite geforderte Eingabe wird schon schwieriger: Welche
Befehle sind nötig, das Programm aufzurufen - quasi so, als
riefen Sie es von der DOS-Ebene aus auf. Wenn Sie diese nicht
so genau kennen, so ist der Schalter *Durchsuchen* hilfreich, der
Ihnen sämtliche Programme des aktuellen Inhaltsverzeich-
nisses in einer List-Box anzeigt. In einer weiteren List-Box
Verzeichnisse: kann das aktuelle Verzeichnis gewechselt werden.

Sofern Sie mehrere Festplatten betreiben, können Sie das Laufwerk in der Listbox *Laufwerke* per [Doppelklick] auswählen. Dort werden auch Diskettenlaufwerke und Netzwerk-Laufwerke aufgelistet, sofern Sie in einem Netzwerk arbeiten. Weiterhin wird in dieser Listbox auch das sog. Volume Label (= Datenträgername; hier: *burberg*) angezeigt.

In der Liste *Dateiformat* haben Sie die Auswahl zwischen Programmen (*.COM, *.EXE und *.BAT) und allen Dateien, die Ihnen in der Box *Dateiname* aufgelistet werden.

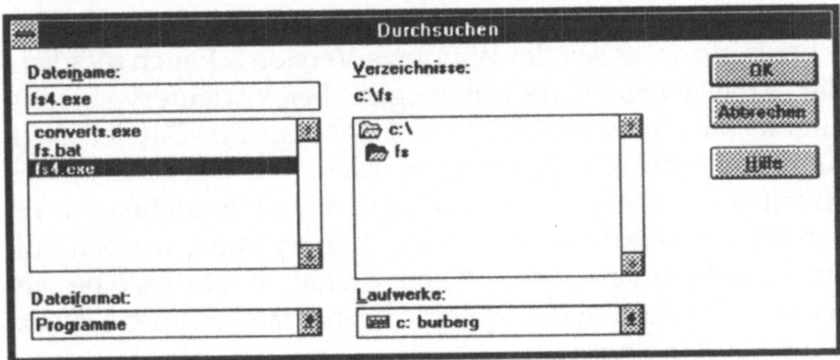

Abb. 4.10 Neues Programm in Gruppe integrieren

In der Abbildung 4.10 wurde das Verzeichnis *C:\FS* ausgewählt, was Sie am geöffneten "Aktendeckel" erkennen können.

Darin enthalten ist das Programm des Flugsimulators (mit einem schwarzen Balken markiert). Es hat den Namen *FS4.EXE*. Dieses wird ausgewählt entweder durch [Doppelklick] auf dem Programmnamen oder [Klick] auf dem Programmnamen gefolgt von [Klick] auf dem *Ok*-Schalter.

Die Folge: Die Laufwerksbezeichnung (C:), der komplette Pfad (\FS) und der Programmnamen (FS4.EXE) werden übergeben und als Befehl *C:\FS\FS4.EXE* in der *Befehlszeile* eingetragen. Das erspart Ihnen Tipp- und evtl. auch *Vertipp*-Arbeit.

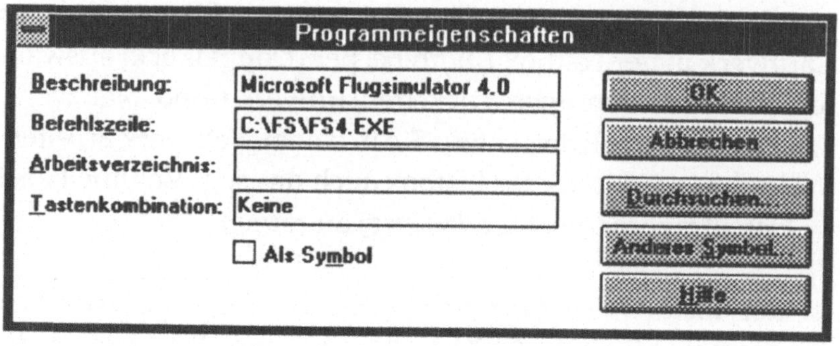

Abb. 4.11 Die genaue Programmbeschreibung

Neben der Eingabe der Befehlszeile und der Programmbeschreibung, ist es seit der Windows-Version 3.1 auch möglich, das Arbeitsverzeichnis festzulegen. Bei Vorläuferversionen konnte dies ausschließlich mit Hilfe von PIF-Dateien (vgl. Kapitel B-4 ab S. 438) gelöst werden. Die Definition eines Arbeitsverzeichnisses ist vor allem dann sehr brauchbar, wenn benutzerspezifische Verzeichnisses angesteuert werden sollen. Gerade in vernetzten PC-Landschaften ist dies eine wesentliche Forderung der Systemadministratoren an ein Werkzeug wie Windows.

5. Schritt: Sinnbild auswählen

Bei echten Windows-Programmen wird meist ein Symbol zugeordnet, das direkt in die Programm-Datei integriert ist. Diese Möglichkeit haben Sie beim Flugsimulator leider genauso wenig wie bei anderen DOS-Programmen, da in diesen Programmen keine Windows-Symbole enthalten sind. Klicken Sie dennoch "mutig" auf den Schalter *Anderes Symbol*, so erhalten Sie die Meldung "Für die angegebene Datei ist kein Symbol verfügbar". Weiterhin macht Ihnen Windows den Vorschlag, auf die Symbole des Programm Managers zurückzugreifen. Dieser Windows-interne Tip ist zwar gut gemeint, denn der Programm Manager enthält tatsächlich eine ganze Reihe brauchbarer Symbole. Allerdings befindet sich im Windows-Verzeichnis die Datei MORICONS.DLL, die zweifellos eine der schönen Bereicherungen von Windows 3.1 darstellt. Aus dieser Datei wollen auch wir das Symbol für den Flugsimulator entnehmen.

Klicken sie nun entweder auf den Schalter Durchsuchen oder geben Sie direkt C:\WINDOWS\MORICONS.DLL ein. Mit Hilfe des Schalter *Durchsuchen* können Sie auf der Festplatte nach solchen Dateien suchen, die Symbole beinhalten. Dies können EXE-, ICO- oder DLL-Dateien sein.

Abb. 4.12 Auswahl eines Symbols

Nachdem Sie die Auswahl getroffen haben, suchen Sie sich aus dem reichhaltigen Angebot das gewünschte Symbol heraus und klicken abschließend auf den *OK*-Schalter.

 **Hinweis**
Im Handel werden zahlreiche Sinnbild-Sammlungen als sog. Public Domain oder Shareware angeboten. Für wenig Geld erhält man meist recht schöne Symbole. Public Domain-Programme dürfen frei kopiert werden, wohingegen Shareware erst nach der Registrierung legal genutzt werden darf. Allerdings sind die Registrierungsgebühren meist sehr niedrig (<50 DM).

Nachdem Sie das Symbol ausgewählt haben, wird dieses im Fenster *Programmeigenschaften* unten links angezeigt.

6. Schritt: Tastenschlüssel vergeben
Wenn sie möchten, daß Sie Ihren Flugsimulator über einen Tastenschlüssel aktivieren können (hot key), dann sollten Sie im Feld *Tastenkombination* einen solchen definieren. Klicken Sie in das Feld hinein. Dann betätigen Sie die gewünschte Tastenkombination. Es sind Kombinationen mit der [Strg]+[Alt]-Taste sowie den Tasten [Shift]+[Strg]+[Alt] möglich. Die ge-

wünschte Kombination wird von Windows automatisch im Feld eingetragen. Beachten Sie jedoch, daß zur Aktivierung des Flugsimulators über die Tastenkombination die Gruppe *Spiele* geöffnet sein muß. Die Tastenschlüssel werden für jede Gruppe gesondert vergeben und in der entsprechenden Gruppendatei abgespeichert. So ist es auch möglich, den gleichen Tastenschlüssel für Programme in unterschiedlichen Gruppen zu vergeben, ohne daß es zu Kollisionen kommt.

7. Programm soll als Symbol laufen?

Sofern nach dem Aufruf des Programms per Doppelklick nur das zugeordnete Symbol auf der Arbeitsfläche von Windows erscheinen soll, können Sie das Feld *Programm als Symbol* ankreuzen. In unserem Beispiel soll dies nicht der Fall sein.

8. Angaben abschicken

Durch Anklicken des *Ok*-Schalters werden die Angaben zu Windows geschickt. Entsprechend Ihren Wünschen ist der Flugsimulator nun integraler Bestandteil der Gruppe *Spiele* (vgl. Abb. 4-13).

Abb. 4.13 In die Gruppe **Spiele** *integrierter Flugsimulator*

✗ **Achtung! Änderungen speichern!**
Die Position des Sinnbilds und eine eventuell definierte Fenstergröße werden nur dann abgespeichert, wenn Sie im Menü *Optionen* des Programm Managers *Einstellungen beim Beenden speichern* aktiviert haben.

2. Problem: Neue Gruppe einrichten und Programme integrieren

Gerade in der Anfangszeit Ihrer Arbeit mit MS-Windows tritt ein Problem sicher oft auf: Sie möchten nach Aufgabengebiet sortiert, alle relevanten Programme zu einer Gruppe zusammengefaßt haben.

Die von Windows durch die Installation vorgegebene Struktur der Gruppen-Fenster ist sicherlich am Anfang hilfreich, jedoch orientiert sich diese mehr an der Struktur von Windows als an der Denkungsart von uns Anwendern. Bei uns ist es bestenfalls von akademischem Interesse, ob ein Programm ein Windows-Zubehör oder eine DOS-Anwendung ist. Hauptsache ist doch wohl, daß wir bestimmte Aufgaben damit lösen können.

Dies bedeutet, daß zum einen neue Gruppen eingerichtet werden müssen und zum anderen, daß die vorhandenen Gruppen von Windows eventuell umgeordnet oder auch gelöscht werden müssen.

Wir wollen nun eine Gruppe einrichten, in der Textverarbeitungswerkzeuge, angefangen von *MS-Write* über *Word für Windows* bis hin zum Klassiker *MS-Word 5.0*, eingetragen werden sollen. Dabei stehen die genannten Werkzeuge natürlich nur als Synonyme für die schier unübersehbar große Palette an Programmen gerade im Bereich der Textverarbeitung.

Da die Lösung zu Beginn der zuvor geschilderten Problemlösung sehr ähnelt, wird der Lösungsweg zunächst nur grob skizziert.

Sie werden aber sicher keine Probleme haben, die Lösung am Rechner nachzuvollziehen.

Problemlösung

1. Schritt: Aufschreiben, welche Programme Sie haben

Überlegen Sie mal genau: Mit welchen Programmen möchten Sie eigentlich Ihre Textverarbeitungsprobleme lösen? Das Ergebnis dieser Überlegungen ist vielleicht eine kleine Liste mit den entsprechenden Textwerkzeugen.

In unserem Fall sind dies:

- Word für Windows 1.1
- MS-Write
- MS-Word 5.0

Vielleicht möchten Sie noch andere Programme einbinden - kein Problem. Was sich ändert, sind nur der Name des Programms, das Verzeichnis und damit der Befehl zum Aufrufen der Anwendung. Die Vorgehensweise ist stets die gleiche.

2. Schritt: *Datei --> Neu* in der Menüleiste des Programm-Managers auswählen.

Wählen Sie mit *Datei --> Neu* den entsprechenden Befehl aus. Entscheiden Sie sich dieses Mal für *Programmgruppe*, wenn Sie danach gefragt werden. Sie erhalten wieder die Anfrage nach der Beschreibung und der Befehlszeile. Hier geben Sie beispielsweise *Textverarbeitung* ein.

Weiterhin muß noch die Datei benannt werden, in der die Informationen über die neu angelegte Gruppe gespeichert werden sollen (*Gruppendatei*).

Gehen Sie mit [Tab] auf das Eingabefeld *Gruppendatei:* oder klicken Sie dort hinein, und geben Sie dort beispielsweise *TEXT* als Name dieser Datei ein.

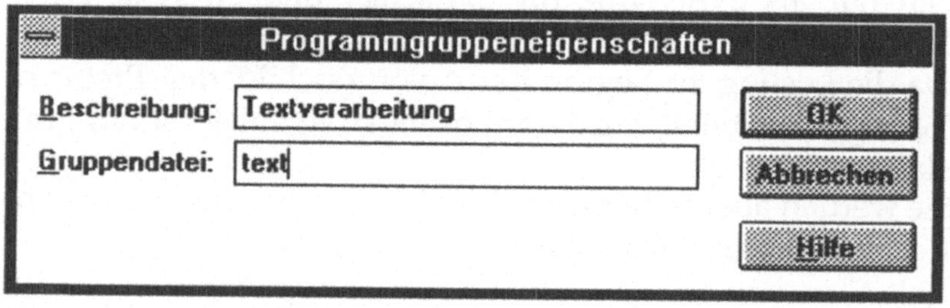

Abb. 4.14 Gruppe einrichten

Mit *Ok* wird die neue Gruppe *Textverarbeitung* angelegt. Dies zeigt sich darin, daß ein leeres Gruppen-Fenster auf den Bildschirm gebracht wird.

Das neu angelegte, leere Fenster befindet sich auf dem Fenster-Stapel ganz oben.

3. Schritt: Applikationen im Fenster eintragen
Im 3. Schritt ist es nun an der Zeit, das zunächst noch leere
Fenster "mit Leben" zu füllen - oder anders ausgedrückt, jetzt
müssen Sie angeben, welche Applikationen diesem Fenster
zugeordnet werden sollen.

Schauen Sie auf Ihre in Schritt 1 angefertigten Notizen. Sie
finden:
- Word für Windows 1.1
- MS-Write
- MS-Word 5.0

Integration von MS-Word 5.0

Wir beginnen mit MS-Word 5.0. Dieses Programm wurde - in
unserem Falle - bereits bei der Installation von Windows dem
Fenster *Anwendungen* zugeordnet. Aufgabe ist also nur, das
Programm von der Gruppe *Anwendungen* in die neue Gruppe
Textverarbeitung zu verschieben. Mit Hilfe derBefehlssequenz
Datei --> Verschieben ist dies leicht möglich.

Wie gehen Sie vor?

1.   Sie machen das Fenster *Anwendungen* zum aktuellen
        Fenster.

2.   Sie klicken das Sinnbild von MS-Word einmal kurz an.
        Sofern sich das Steuerungsmenü öffnet, klicken Sie das
        Symbol erneut an, damit das Menü wieder geschlossen
        wird.

3.   Sie wählen das *Datei*-Menü und dort den Befehl *Verschie-
        ben*.

4.   Sie geben an, wohin die Applikation bewegt werden soll
        (Zielgruppe), die man auch aus der Listbox auswählen
        kann. Vergleichen Sie dazu Abbildung 4.14 auf der näch-
        sten Seite.

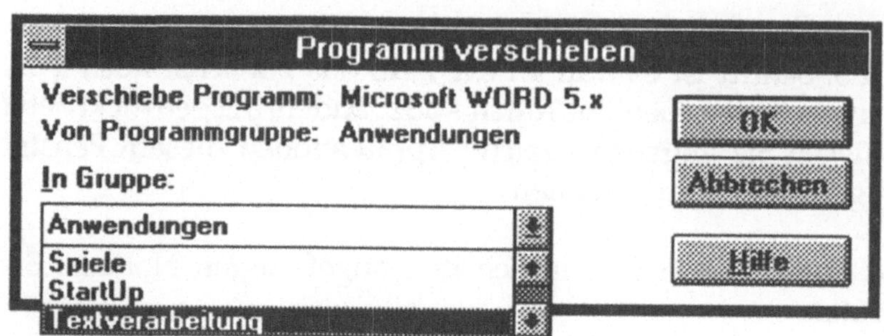

*Abb. 4.15 **Datei --> Verschieben** angewendet auf Word 5.0*

5.   Wählen Sie als Gruppe *Textverarbeitung*.

6.   *Ok* anklicken
       Das Sinnbild wird im Fenster *Anwendungen* entfernt und
       in das Fenster der Zielgruppe *Textverarbeitung* bewegt.

✗ **Sinnbild ändern**
Sie haben die Möglichkeit, über *Datei --> Eigenschaften*
der Applikation ein aussagekräftiges Sinnbild zuzuweisen. Solche Sinnbilder sind im Programm PROG-
MAN.EXE - also dem Programm-Manager selbst - und
vor allem in der Datei MORICONS.DLL abgespeichert,
die bereits bei der Integration des Flugsimulators genutzt wurde. Beide Dateien befinden sich im Windows-
Verzeichnis.

Geben Sie also den Dateinamen MORICONS.DLL an,
und wählen Sie mittels der waagrechten Bildlaufleiste
ein passendes Symbol aus.

Bei der Installation der Programme werden meistens
bereits aussagekräftige Symbole zugewiesen. Eine Änderung ist zwar nachträglich möglich, jedoch nicht immer sinnvoll.

Ihr Fenster *Textverarbeitung* hat dann folgendes Aussehen:

Abb. 4.16 **Textverarbeitung** *nach der Integration von Word*

Integration von Write

Bei der Verschiebung von Write wollen wir eine ganz schnelle Methode benutzen: die Verschiebemethode mit der Maus (Zieh-Methode).

1. Schritt: Fenster einrichten

Richten Sie die Gruppenfenster *Zubehör* und *Textverarbeitung* so ein, daß von beiden Fenstern größere Teile gut sichtbar auf der Oberfläche liegen und sich möglichst nur wenig überdecken.

2. Schritt: Zu verschiebende Applikation anklicken

[Dauerklick] (= linke Maustaste festhalten!) auf der zu verschiebenden Applikation Write.

3. Schritt: Zur Zielgruppe ziehen

Während des Dauerklicks ziehen Sie das Symbol von Write über den Bildschirm, bis es im Fenster der Gruppe *Textverarbeitung* zu sehen ist. Lassen Sie jetzt die Maustaste los: Write wird aus der Quellgruppe *Zubehör* entfernt und in der Zielgruppe *Textverarbeitung* eingetragen. Der Verschiebevorgang ist beendet.

Integration von Word für Windows

Wenn Sie Word für Windows in die Gruppe *Textverarbeitung* integrieren möchten, gibt es zwei unterschiedliche Methoden:
- Festplatte nach Applikationen absuchen mit *Setup*
- *Datei --> Neu* im Programm-Manager

Wie Sie die erste Methode nutzen, haben Sie prinzipiell bereits
während der Installation von MS-Windows kennengelernt.
Vergleichen Sie dazu auch die Ausführungen der ersten Lektion in diesem Buch. Weitere Informationen zu Setup finden
Sie im *Teil B Windows zum Nachschlagen*.

Wir wollen jetzt - quasi zur Vertiefung dessen, was Sie schon
können - mit Hilfe der Option *Datei —> Neu* das Programm in
die Gruppe *Textverarbeitung* integrieren.

1.   Gruppe *Textverarbeitung* wählen
       Machen Sie die Gruppe *Textverarbeitung* zur aktuellen
       Gruppe, denn dort soll das Programm *Word für Windows*
       integriert werden.

2   *Datei —> Neu* wählen
       Wählen Sie über *Datei Neu* und *Programm* aus, daß Sie ein
       neues Programm integrieren möchten.

3   Applikation suchen und auswählen
       Entweder geben Sie jetzt direkt das Verzeichnis an, in
       dem sich *Word für Windows* befindet, oder, wenn Sie nicht
       genau wissen, wo sich WINWORD.EXE auf der Festplat-
       te befindet, können Sie wieder mit Hilfe des Schalters
       Durchsuchen die einzelnen Directories durchsuchen.

4.   Wählen Sie in der List-Box WINWORD.EXE aus, entwe-
       der durch [Doppelklick] auf dem Programmnamen oder
       durch [Klick] auf dem Namen und [Klick] auf dem *Ok*-
       Schalter. Als Beschreibung könnte man beispielsweise
       Word für Windows eingeben.

Zum Abschluß Ihrer umfangreichen Einrichtungs- und
Verschiebearbeiten sollten Sie das auf der nächsten Seite dargestellte Fenster sehen:

*Abb. 4.17 Die Text-Werkzeuge in der Gruppe **Textverarbeitung***

Jetzt möchten Sie sicher Ihre Textverarbeitungswerkzeuge auch mal ausprobieren. Dazu muß man die entsprechende Programmdatei öffnen. Der Befehl dazu heißt *Öffnen* im *Datei*-Menü.

Am Beispiel von Word für Windows in der zuvor neu angelegten Gruppe *Textverarbeitung* soll dies dargestellt werden.

1   Gruppe und Programm-Sinnbild auswählen
Aktivieren Sie auf die bekannte Art und Weise zunächst die Gruppe *Textverarbeitung*. Dort wählen Sie das Sinnbild von Word für Windows per [Klick].

2   Befehl auswählen
Wählen Sie im *Datei*-Menü den Befehl *Öffnen*.
Die Folge: Das Programm WINWORD.EXE wird aufgerufen.

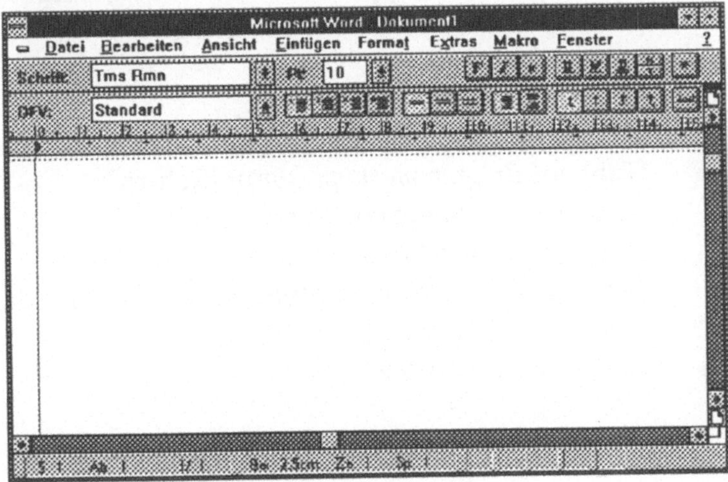

Abb. 4.18 Word für Windows aufgerufen

Sie können einen Text erfassen, bearbeiten und vieles andere mehr. Wenn Sie Word mit [Doppelklick] auf dem System-menüfeld oder [Alt]+[F4] verlassen, befinden Sie sich wieder an der gleichen Stelle in Windows, von der aus Sie Word aufgerufen haben, nämlich in der Gruppe *Textverarbeitung*.

✗ Als erfahrener Anwender der Maus kennen Sie natürlich eine schnelle Alternative zum Starten von Applikationen: [Doppelklick] auf dem Sinnbild der Anwendung, und schon wird das Programm aufgerufen.

4.5.2.2 Quick-Reference

Die folgenden Regeln sollen Ihnen im schnellen Überblick als Referenz dienen.

● **Gruppe neu anlegen (Neu)**
Mit der Maus:
Option *Datei*, dort Befehl *Neu* anklicken,
Option *Programmgruppe* anklicken,
Fenstername eingeben und
Dateiname für Gruppeninformation eingeben,
[Klick] auf *Ok*, Fenster wird angelegt.

● **Mit der Tastatur:**
Mit [Alt]+[D][N] den Befehl *Datei Neu* auswählen,
[Tab] auf *Programmgruppe*, dann [Return],
Fenstername eingeben, dann
[Tab] auf Dialog-Box*Befehlszeile:*,
Dateiname für Gruppeninformation eingeben, dann
[Tab] auf *Ok*, [Return],
Fenster wird angelegt.

● **Programm neu in Gruppe integrieren (Neu)**
  Mit der Maus: 
[Klick] auf gewünschtem Gruppen-Fenster,
Option *Datei*, dort Befehl *Neu* anklicken,
Option *Programm* anklicken,
Name des Programms eingeben, dann
Cursor auf Dialog-Feld *Befehlszeile*,
Laufwerk, Pfad und Name der Programmdatei genau
angeben,
   ... sollte der Name und das Verzeichnis nicht genau
       bekannt sein, mit Schalter *Durchsuchen* gesuchtes
       Programmrecherchieren,
   ... mit Schalter *Anderes Symbol* kann unter der Datei
       PROGMAN.EXE ein adäquates Sinnbild ausge-
       sucht werden
[Klick] auf *Ok*, Fenster wird angelegt.

● **Mit der Tastatur:** 
Mit [Strg]+[Tab] das gewünschte Gruppen-Fenster aus-
wählen,
mit [Alt]+[D][N] *Datei Neu* wählen,
[Tab] auf *Programm*, dann [Return],
Programmbeschreibung eingeben,
[Tab] auf *Befehlszeile:*,
Laufwerk, Pfad und Name der Programmdatei genau
angeben,
   ... sollte der Name und das Verzeichnis nicht genau
       bekannt sein, mit [Tab] auf Schalter *Durchsuchen*
       und gesuchtes Programm recherchieren,
   ... mit [Tab] auf Schalter *Anderes Symbol*;
       es kann unter der Datei PROGMAN.EXE ein
       adäquates Sinnbild ausgesucht werden,
[Tab] auf *Ok*, [Return].

- **Anwendung zwischen den Fenstern verschieben**
  (*Datei --> Verschieben*)
  Mit der Maus (Zieh-Methode):
  Das Gruppen-Fenster anklicken, welches die zu verschiebende Applikation enthält (= Quellgruppe),
  [Dauerklick] auf der zu verschiebenden Applikation,
  mit der Maus in Zielgruppe ziehen,
  Maustaste loslassen,
  Applikation wird aus Quellgruppe entfernt und in Zielgruppe neu angelegt.

- **Mit der Tastatur:**
  Mit [Strg]+[Tab] das gewünschte Gruppen-Fenster auswählen (= Quellgruppe),
  mit Cursortasten die zu verschiebende Applikation auswählen,
  mit [Alt]+[D][V] *Datei --> Verschieben* wählen,
  mit [Pfeil unten] im Dialogfeld *In Gruppe:* die Gruppe auswählen, wohin die Datei verschoben werden soll (= Zielgruppe),
  [Tab] auf *Ok* oder [Return]: Programm wird in Zielgruppe eingefügt und aus der Quellgruppe entfernt.

- **Anwendung öffnen (*Datei --> Öffnen*)**
  Mit der Maus:
  Das Gruppen-Fenster anklicken, welches das zu öffnende Programm enthält,
  [Klick] auf der Datei, die geöffnet werden soll,
  im *Datei*-Menü die Option *Öffnen* wählen: Programm wird gestartet.

- **Mit der Tastatur:**
  Mit [Strg]+[Tab] das gewünschte Gruppen-Fenster auswählen,
  mit Cursortasten die zu öffnende Datei anwählen,
  mit [Alt]+[D][F] aus dem *Datei*-Menü den Befehl *Öffnen* auswählen,
  Programm wird gestartet.

● **Schnelle Alternative (Programm starten):**
Mit der Maus:
Gruppen-Fenster anklicken,
[Doppelklick] auf zu öffnender Datei: Programm wird
gestartet.

● **Mit der Tastatur:**
Mit [Strg]+[Tab] Gruppen-Fenster auswählen,
mit Cursortasten die Applikation anwählen,
[Return]: Programm wird gestartet.

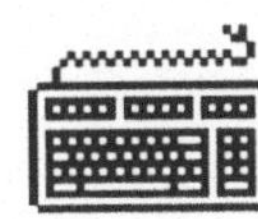

Übung zur Vertiefung
Als alter "DOS-Freak" möchten Sie doch nicht ganz auf den
"geliebten" EDLIN verzichten. Sie entschließen sich, dieses
PC-Fossil in Ihre Gruppe *Zubehör* einzubinden.
Führen Sie die nötigen Schritte dazu durch.

4.5.2.3 Anwendungen Kopieren und Löschen

Neben der im vorigen Kapitel beschriebenen Möglichkeit,
Applikationen zwischen Gruppen zu verschieben, kann man
sich auch vorstellen, daß eine Applikation nicht nur von einem
Fenster aus aufgerufen werden soll. Dann muß das Sinnbild in
all den Gruppen zu finden sein, von denen aus das Programm
aktiviert werden können soll. Mit Hilfe des Befehls *Datei
Kopieren* ist eine Duplizierung in mehr als einem Fenster
möglich.

1. Problem: Kopieren

Wir haben zuvor die Anwendung Write von der Gruppe
Zubehör in die neue Gruppe *Textverarbeitung* verschoben. Will
man jetzt Write aber nach wie vor auch aus der alten Gruppe
heraus aufrufen, so ist dies leider nicht möglich.

Problemlösung

1. Schritt: Fenster arrangieren und Quellgruppe auswählen

Der erste Schritt ist auch hier wieder das Anordnen der Fenster, so daß sowohl Quell- als auch Zielgruppe zumindest teilweise zu sehen sind. Die Zielgruppe kann auch als Sinnbild auf der Arbeitfläche des Programm-Managers liegen. Dann muß - wie beim Verschieben - die Gruppe ausgewählt werden, in der sich derzeit die zu kopierende Applikation befindet. Diese Gruppe wollen wir wieder *Quellgruppe* nennen. Hier soll dies die Gruppe *Textverarbeitung* sein, denn nur dort befindet sich derzeit das Programm Write.

2. Schritt: Datei auswählen

In dieser Gruppe muß nun die Applikation ausgewählt werden, die kopiert werden soll; dies ist die *Quelldatei*. In unserem Fall ist es die Applikation Write. Um schnell zu kopieren, drücken Sie zunächst [Strg] und dann mit [Dauerklick] die linke Maustaste.

3. Schritt: Symbol in die Zielgruppe ziehen

Nachdem die Datenquelle exakt bezeichnet wurde, kann jetzt der eigentliche Kopierprozeß gestartet werden. Ziehen Sie dazu das Sinnbild über die Bildschirmoberfläche, bis es über dem Fenster oder dem Symbol der Zielgruppe ist. Lassen Sie die Maustaste und [Strg] los: Das Programm befindet sich in beiden Fenstern.

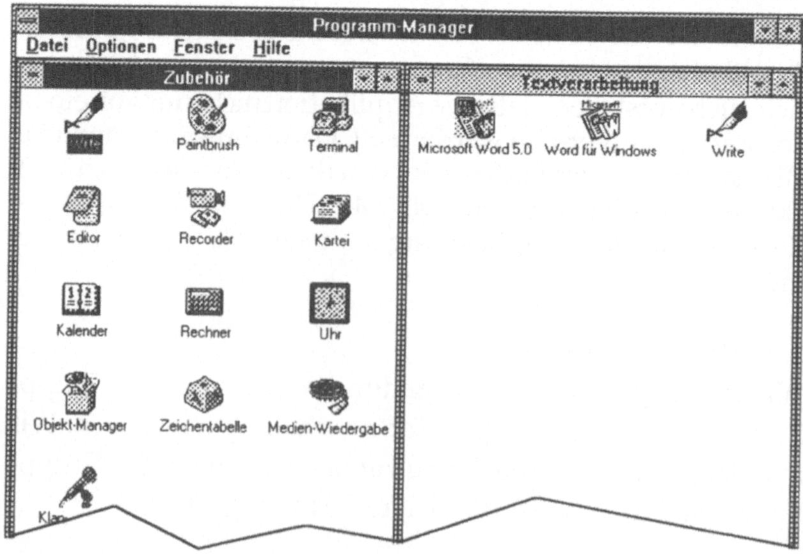

Abb. 4.19 Write in beiden Gruppen

Der Vorteil dieses Verfahrens ist, daß sich das Programm nur ein einziges Mal wirklich auf der Festplatte befindet, jedoch aus mehreren Gruppen aufgerufen werden kann. Dadurch wird sehr viel Platz gespart.

2. Problem: Löschen

Vielleicht werden Sie nach einiger Zeit feststellen, daß Sie den EDLIN nicht mehr benötigen, weil wesentlich komfortablere Werkzeuge in Windows selbst - wie etwa der Notizblock oder Write - zur Verfügung stehen. Aus diesem Grunde entschließen Sie sich, den EDLIN aus dem Fenster *Zubehör* wieder zu entfernen.

1. Schritt: Fenster und zu löschende Applikation auswählen

Dieser Schritt verläuft analog zum Schritt 1 beim Kopieren. Die zu löschende Applikation soll in diesem Fall EDLIN im Fenster *Zubehör* sein.

2. Schritt: Löschbefehl aufrufen

Wählen Sie im *Datei*-Menü den Befehl *Löschen*, oder drücken Sie die Taste [Entf].

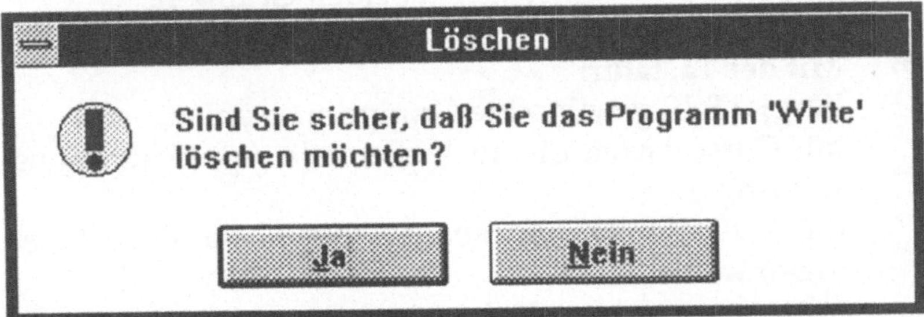

Abb. 4.20 Warnung beim Löschen

Die angezeigte Warnmeldung erscheint immer dann, wenn Sie eine Applikation aus der Gruppe entfernen wollen - zu Ihrer Sicherheit. An dieser Stelle können Sie durch die Wahl von *Nein* den *Löschen*-Befehl ohne böse Folgen abbrechen, die Applikation wird dann nicht aus der Gruppe gelöscht. Sonst klicken Sie auf *Ja*.

✗ **Wichtiger Hinweis zum Löschen**
Die markierte Anwendung wird nur aus der Gruppe gelöscht, **nicht** jedoch von der Festplatte!
Von der Festplatte kann nur im Datei-Manager gelöscht werden, der später behandelt wird.

Eine durchgeführte Löschung wird sofort aktiv. Selbst wenn Sie Windows verließen, ohne die Änderungen zu speichern, wäre die mit *Löschen* gelöschte Applikation nicht mehr in der Gruppe.

4.5.2.4 Quick-Reference

● **Applikation Kopieren (*Datei --> Kopieren*)**
   Mit der Maus (Zieh-Methode):
   [Klick] auf dem gewünschten Gruppen-Fenster,
   [Strg]+[Dauerklick] auf der zu kopierenden Applikation (Quelldatei),
   Sinnbild mit der Maus in Fenster der Zielgruppe ziehen,
   Maustaste loslassen,
   Applikation befindet sich in beiden Gruppen.

● **Mit der Tastatur:**
   [Strg]+[Tab] gewünschte Gruppe auswählen,
   mit Cursortasten die zu kopierende Applikation auswählen,
   mit [Alt]+[D][K] den Befehl *Kopieren* aus dem *Datei*-Menü wählen,
   mit Cursortasten im Dialogfeld *In Gruppe:* die Zielgruppe auswählen,
   mit [Tab] auf *Ok*-Feld,
   [Return] die Applikation wird kopiert.

● **Applikation Löschen (*Datei --> Löschen*)**
  Mit der Maus:
  [Klick] auf dem gewünschten Gruppen-Fenster,
  [Klick] auf der zu löschenden Applikation,
  Aus dem *Datei*-Menü den Befehl *Löschen* wählen,
  [Klick] auf dem *Ok*-Feld, wenn Sie wirklich löschen
  möchten, Applikation ist aus der Gruppe gelöscht.

● **Mit der Tastatur:**
  Mit [Strg]+[Tab] gewünschte Gruppe auswählen,
  mit den Cursortasten die zu löschende Applikation auswählen,
  mit [Alt]+[D][L] den Befehl *Löschen* aus dem *Datei*-Menü
  aktivieren,
  [Return], wenn Sie wirklich löschen möchten,
  andernfalls [Esc].

● **Schnelle Alternative:**
  Markieren Sie zunächst die zu löschende Applikation
  mit der Maus oder der Tastatur, dann [Entf] drücken.
  Nach Beantwortung der Warnungsabfrage wird die Datei
  aus der Gruppe entfernt.

4.5.2.5 Programm aufrufen mit *Ausführen*

Problem
Nachdem Sie den EDLIN aus der Gruppe *Zubehör* entfernt
haben, fällt Ihnen ein, daß Sie ihn doch nochmal kurz brauchen,
um die Datei AUTOEXEC.BAT zu verändern: Sie wollten
nämlich noch die Pfadangabe für das Verzeichnis von Word für
Windows ergänzen.

Problemlösung
Sie aktivieren aus dem *Datei*-Menü den Befehl *Ausführen*. In
der Dialog-Box *Befehlszeile* geben Sie einfach den folgenden
Befehl ein: [C:\DOS\EDLIN.COM C:\AUTOEXEC.BAT]

Dann schicken Sie den Befehl durch [Klick] auf dem *Ok*-Feld oder Drücken der [Return]-Taste ab. Der EDLIN wird geladen, Sie können Ihre Datei AUTOEXEC.BAT editieren, abspeichern und nach Verlassen des EDLIN sind Sie wieder dort in Windows, wo Sie es verlassen haben.

Der Befehl *Ausführen* des *Datei*-Menüs eignet sich sehr gut, um "mal schnell" ein Programm aufzurufen, das aber nicht unbedingt in einer der Gruppen aufgenommen sein muß.

✗ **Tip: "Kurz mal ins DOS"**
Sie können auch den Befehlsinterpreter COM-MAND.COM aufrufen. Dann sind Sie wieder auf der Betriebssystemoberfläche und können ganz normal mit dem DOS arbeiten. Mit der linken Maustaste kann über [Dauerklick] und Anwenden der Zieh-Methode auch im DOS und in einigen DOS-Programmen markiert werden. Die markierten Stellen können über [Strg]+[Einfg] in die Zwischenablage kopiert werden. Durch Drücken der **rechten** Maustaste schalten Sie vom Markieren-Modus wieder auf den Eingabemodus in DOS zurück. Wenn Ihre DOS-Arbeiten fertig sind, geben Sie einfach [EXIT] ein, und schon ist Windows wieder aktiv.

Sie werden bei der Behandlung des Datei-Managers weitere Möglichkeiten kennenlernen, Programme aufzurufen.

4.5.2.6 Windows verlassen

Windows kann auf drei verschiedene Arten verlassen werden:
- [Doppelklick] auf dem Systemmenüfeld des Programm-Managers
- Befehl *Windows Beenden* aus dem *Datei*-Menü
- [Alt]+[F4], wenn der Programm-Manager das aktive Programmfenster ist.

In allen drei Fällen werden Sie darauf aufmerksam gemacht,
daß diese Aktion Windows beendet.

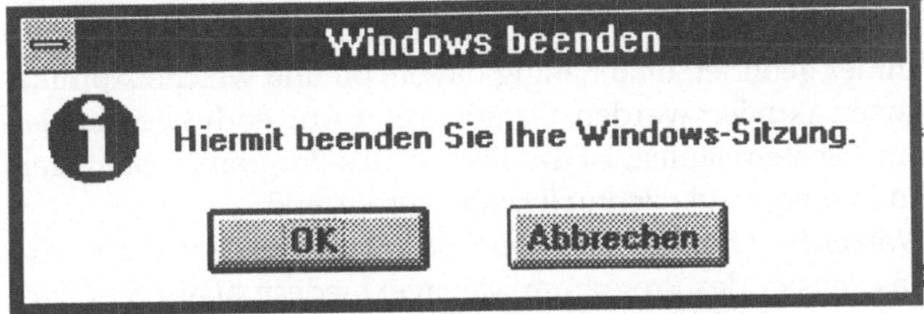

Abb. 4.21 Warnung beim Verlassen von Windows

Nur, wenn Sie *Einstellungen beim Beenden speichern* unter *Optionen* aktiviert haben, dann werden alle Änderungen wie
- Größe und Position der Fenster,
- Anordnung der Sinnbilder in den Fenstern und
- neue Gruppen und Applikationen

gespeichert, andernfalls wären sie verloren.

4.5.3 Das Menü *Optionen*

4.5.3.1 Automatisches Anordnen der Sinnbilder

Werden die Sinnbilder häufig verschoben, so bietet sich die
Auswahl *Automatisch Anordnen* des Menüpunktes *Optionen*
an.
Dies bewirkt, daß nach dem Öffnen eines Fensters die enthaltenen Sinnbilder automatisch neu sortiert werden, und dient
im wesentlichen der Übersichtlichkeit.
Sie müssen dann nicht per Hand die Sinnbilder einzeln verschieben und neu anordnen.

4.5.3.2 Programm-Manager als Symbol

Normalerweise bleibt das Fenster des Programm-Managers immer geöffnet, unabhängig davon, ob und welche Applikationen aktiviert werden. Gerade wenn Anwendungen in kleinen Fenstern laufen, ist das Fenster des Programm-Managers im Hintergrund eventuell etwas verwirrend.
Wählen Sie *Optionen --> Symbol nach Programmstart*, dann wird das Fenster des Programm-Managers jedesmal auf Sinnbildgröße verkleinert, wenn Sie ein Programm starten. Außerdem sparen Sie Systemressourcen, da das Fenster des Programm-Managers nicht im Bildschirmspeicher aufgebaut sein muß.

4.5.3.3 Einstellungen speichern

Sofern Beim Verlassen von Windows die Anordnung der Symbole in den Gruppenfenstern des Programm Managers und die individuell eingestellte Größe der Fenster gespeichert werden soll, muß die Option *Einstellungen beim Beenden speichern* aktiviert sein. Auf diese Weise läßt sich das individuelle Bildschirm-Layout im Programm Manager fest einstellen.

4.5.4 Das Menü *Fenster*

Im *Fenster*-Menü des Programm-Managers haben Sie die Möglichkeit, die Anordnung der Fenster zu verändern, die Sinnbilder neu zu ordnen - wenn Sie nicht ohnehin *Optionen Automatisches Anordnen* gewählt haben - sowie aus allen verfügbaren Gruppenfenstern eines auszusuchen. Die letztgenannte Möglichkeit ist insbesondere bei der Makro-Programmierung von Vorteil.

4.5.4.1 Fenster anordnen

Bereits in der 2. Lektion haben Sie mit den beiden Befehlen *Überlappend* und *Nebeneinander* gearbeitet. Zur Erinnerung sei hier nochmals der Unterschied in der Anordnung der Gruppenfenster tabellarisch gegenübergestellt.

Überlappend	**Nebeneinander**

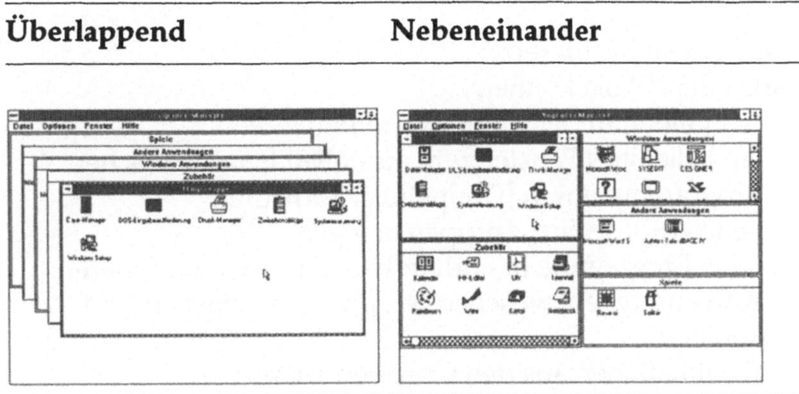

4.5.4.2 Anordnen der Sinnbilder

Manchmal sind die Sinnbilder eines Fensters bei der Arbeit ganz schön durcheinandergewirbelt worden. Dann empfiehlt es sich der Übersichtlichkeit halber, die Sinnbilder neu anzuordnen. Mit Hilfe von *Symbole anordnen* im *Fenster*-Menü ist dies in der aktuellen Gruppe möglich. Alle anderen Gruppen bleiben davon unberührt. Bedenken Sie, daß das neue Arrangement nur dann abgespeichert wird, wenn Sie *Einstellungen beim Beenden speichern* aktivieren; sonst ist das gleiche heillose Durcheinander beim nächsten Start von Windows gleich wieder genauso auf dem Bildschirm, wie Sie es verlassen haben.

4.6 Zusammenfassung

Damit haben wir alle Menüoptionen, Befehle sowie die Task-Liste einer recht genauen Betrachtung unterzogen - bis auf die Menü-Option *Hilfe*. Dieser wurde allerdings die gesamte Lektion 4 gewidmet, so daß hier nicht nochmals darauf eingegangen wurde.

Was können Sie bis jetzt?
Ganz einfach! Sie können ...
   ... Sinnbilder auf Fenstergröße maximieren.
   ... ein beliebiges Fenster zum aktuellen Fenster machen.
   ... Programme durch [Doppelklick] aufrufen.
   ... neue Applikationsgruppen anlegen.
   ... neue Programme in vorhandene Gruppen integrieren.
   ... Anwendungen zwischen Gruppen verschieben und
       kopieren.
   ... Applikationen aus den Gruppen entfernen.
   ... Windows auf verschiedene Art und Weise verlassen.
   ... die Task-Liste aufrufen und dort Tasks in den Vorder-
       grund bringen und beenden.

Das ist doch schon eine ganze Menge. Zugegeben, Sie können wahrscheinlich noch nicht so zielsicher alle auftretenden Probleme lösen, doch haben Sie schon eine recht gute Vorstellung, wie mit MS-Windows 3.1 gearbeitet wird.
Die am Schluß auch dieses Kapitels aufgelisteten Aufgaben sollen Ihnen Anregungen geben und dazu verleiten, ein wenig mit Windows zu experimentieren. Doch bedenken Sie, immer wenn Sie experimentieren, so tun Sie dies bitte mit unwichtigen Daten, Applikationen und Dateien. Vor Ihren Experimenten sollten Sie auf jeden Fall von den wichtigen Dateien und Programmen **Sicherungskopien anfertigen**. Wenn Sie das noch nicht in Windows können, tun Sie dies in der Ihnen bekannten DOS-Umgebung. Da sind Sie sicherer. So, und jetzt viel Spaß bei der Lösung der folgenden Aufgaben und Probleme.

4.7 Aufgaben und Übungen

Aufgabe 1
Legen Sie eine neue Gruppe für das Datenbankmanagement
an. Diese Gruppe könnte man *Datenbank* nennen.

Aufgabe 2
Verschieben Sie die Anwendung *Kartei* aus der Gruppe *Zube-
hör* in die neue *Datenbank*-Gruppe.
Sofern Sie Anwender von weiteren Datenverwaltungs- und
Datenbankprogrammen sind, so integrieren Sie diese Pro-
gramme ebenfalls in der Gruppe *Datenbank*.

Aufgabe 3
Damit Sie auch weiterhin die Anwendung *Kartei* aus der
Gruppe *Zubehör* aufrufen können - dort ist dieses Programm ja
auch standardmäßig eingetragen -, kopieren Sie *Kartei* in die
Gruppe *Zubehör*.

Aufgabe 4
Versuchen Sie doch mal, innerhalb der Gruppe *Textverarbeitung*
weitere Untergruppen anzulegen, z.B. eine Gruppe für DOS-
Textprogramme (MS-Word, PCText5, Word Perfect), eine an-
dere Gruppe für Windows-Textprogramme (Word für
Windows, Write). Was geschieht bei diesem Versuch?
Was passiert, wenn keine weiteren Gruppen-Fenster mehr
durch Kaskadierung überlagert werden können?

Aufgabe 6
Integrieren Sie die gelöschte Anwendung Editor wieder in die
Gruppe *Zubehör*. Das Programm befindet sich im gleichen
Verzeichnis, in dem Sie Windows installiert haben (z.B.
C:\WIN3) und hat den Namen NOTEPAD.EXE oder
NOTIZ.EXE. Ihre Windows-Installation ist dann wieder kom-
plett.

Aufgabe 7
Machen Sie doch mal eine "kreative" Pause zur Entspannung.
Versuchen Sie sich in dieser Pause mal an *Minesweeper* oder
Solitär aus der Gruppe *Spiele*. Im *Teil B Windows zum Nachschla-
gen* finden Sie einige Tips zu diesen Spielen.
Viel Spaß!

5. Der Datei-Manager

5.1 Allgemeines zum Datei-Manager

Datei-Manager
Auf der Festplatte befinden sich leicht mehrere Tausend Dateien. Damit diese übersichtlich geordnet bleiben, faßt man sie zu Komplexen zusammen, die den Charakter von Inhaltsverzeichnissen haben. Sämtliche Verzeichnisse bilden insgesamt eine baumartige Verzeichnisstruktur, die mit dem Datei-Manager verwaltet wird.

Die folgende Abbildung zeigt eine Baumstruktur, wie sie vielleicht auf einigen Rechnern zu finden ist.

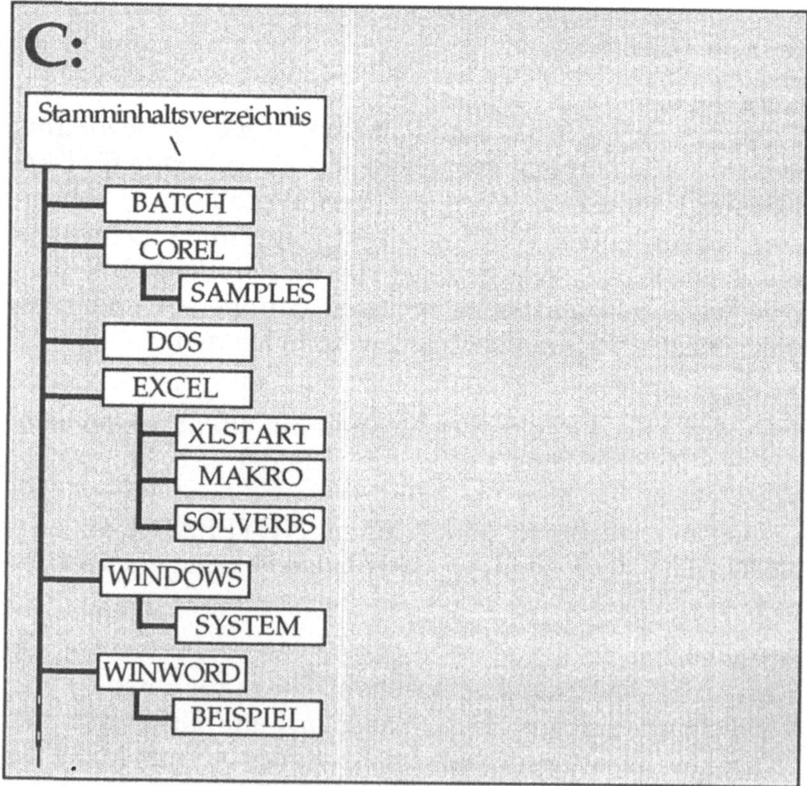

Abb. 5.1 Verzeichnisstruktur exemplarisch

Eine Baumstruktur wird nicht vom Hersteller des Rechners, der Festplatte oder des Betriebssystems festgelegt, das wäre viel zu unflexibel. Sie als Anwender eines Computers haben es in der Hand, solch eine Baumstruktur selbst genau so anzulegen, wie es Ihren Aufgaben und Tätigkeiten entspricht, denn diese kennen natürlich die Hard- und Software-Hersteller nicht.

In den einzelnen Bereichen der Baumstruktur - eben den Verzeichnissen - werden dann, nachdem die Struktur erst mal definiert ist, die einzelnen Dateien eingetragen. Es ergibt sich auf einer Festplatte also ein hoch organisiertes Dateisystem. Dieses Dateisystem wird mit dem *Datei-Manager* verwaltet und gepflegt.

Der Datei-Manager hat im wesentlichen folgende Aufgaben und Funktionen:
- Baumstruktur anzeigen und verwalten
- Innerhalb der Baumstruktur bewegen
- Verzeichnisse anlegen, wechseln, ansehen, löschen und umbenennen
- Verzeichnisinhalte sortiert anzeigen
- Dateien kopieren, verschieben, umbenennen, öffnen, drukken und löschen
- Disketten formatieren und benennen
- Programme aufrufen

Außerdem steht - wie von den anderen Applikationen von Windows bereits bestens bekannt - ein umfangreiches Hilfesystem zur Verfügung.

● **Regel: Datei-Manager aufrufen**
  Mit der Maus:
  Machen Sie die *Hauptgruppe* zur aktuellen Gruppe. Dann [Doppelklick] auf dem Symbol des Datei-Managers: Der Datei-Manager wird aktiviert, liest das Verzeichnissystem des aktuellen Laufwerks ein und zeigt dieses an.

● **Mit der Tastatur:**
Mit [Strg]+[Tab] Fenster der *Hauptgruppe* zum aktuellen
Fenster machen, mit [Tab] dort das Sinnbild des Datei-
Managers markieren.
[Return] ruft den Datei-Manager auf.

Der folgende Bildschirm zeigt den generellen Aufbau des
Datei-Managers:

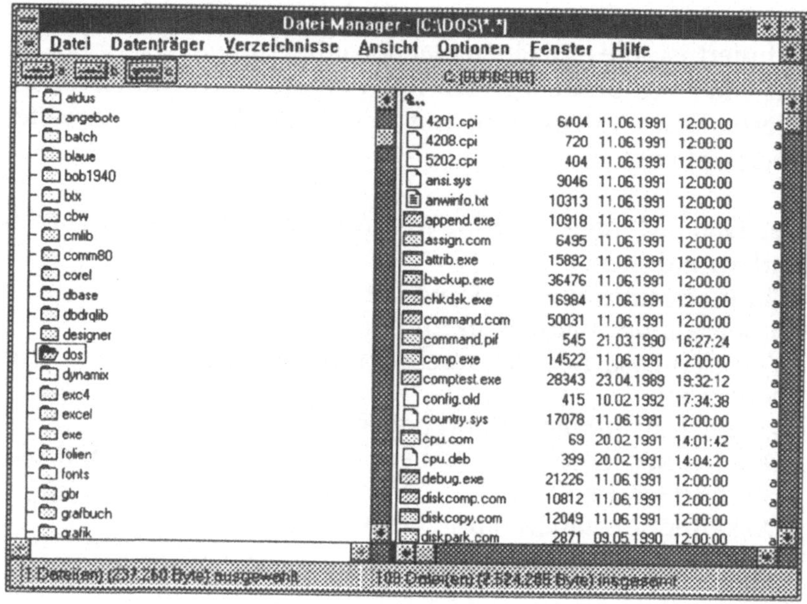

Abb. 5.2 Der Datei-Manager-Bildschirm

In Abb. 5.2 ist das Fenster des Datei-Managers gezeigt. Es ist im
wesentlichen zweigeteilt: Im linken Teil finden Sie einen leichten Überblick über die Baumstruktur des angezeigten Laufwerks, im rechten Teil wird Ihnen jeweils das Verzeichnis samt
aller Dateien angezeigt, das Sie im linken Teil per [Klick]
ausgewählt haben. Das ist das aktuelle Verzeichnis.

Mit Hilfe der Bildlaufleisten kann sowohl in der Verzeichnisstruktur der Festplatte als auch in den Dateien des gewählten
Directorys geblättert werden.

Im Fenster des Datei-Managers finden Sie außer den Standard-Angaben wie Titel und Menüoptionen, Bildlaufleisten und Symbol- oder Vollbildschalter usw. folgende Informationen.

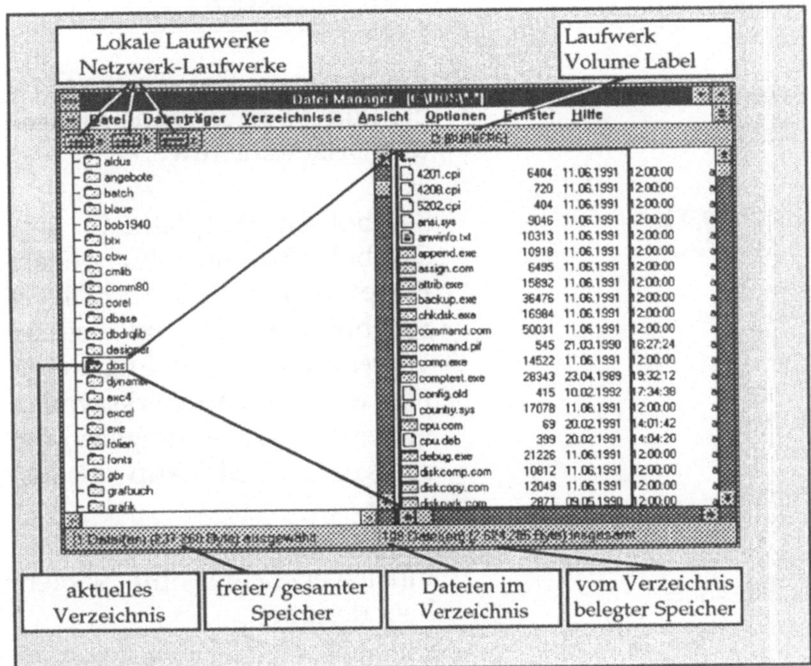

Abb. 5.3 Informationen des Datei-Managers

✗ **Hinweise zu den Informationen**
Das aktuelle Laufwerk (hier: C:) wird mit einem Rahmen umgeben.
Es werden sämtliche im Stammverzeichnis eingetragenen Unterverzeichnisse der ersten Ebene angezeigt. Andere Verzeichnisse müssen gesondert per [Doppelklick] aufgeklappt werden.

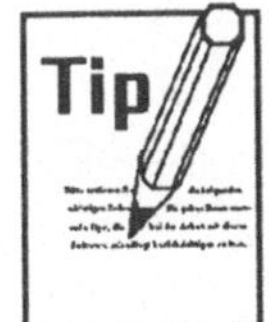

Je nachdem, welche Art der Anzeige gewählt wurde, werden neben den Verzeichnissen der ersten Ebene allerdings auch weitere Unterverzeichnisse angezeigt.

In den Fenstern des Datei-Managers werden folgende Symbole verwendet:

Symbol	Erklärung/Regel
	Laufwerk A:. Das gleiche Symbol findet Verwendung für weitere Diskettenlaufwerke.
	Symbol für Festplatte C:. Das Symbol wird auch für weitere Festplatten verwendet. Dieses Symbol wird nur im Fenster *Verzeichnisstruktur* angezeigt. Hier wird das Laufwerkssymbol von einem Rahmen umgeben, der es als das aktuelle Laufwerk ausweist.
designer	Inhaltsverzeichnis mit Namen; hier: designer. Das Symbol stellt einen geschlossenen Aktendeckel dar. Per [Klick] kann das Verzeichnis geöffnet werden.
dos	Geöffnetes Verzeichnis mit Namensangabe; hier: dos. Sämtliche Eintragungen (Subdirectories und Dateien) dieses Directorys werden im Verzeichnisfenster rechts daneben angezeigt (vgl. Abb. 5.3, S. 119). Der Hintergrund wird schwarz unterlegt.

Symbol	Erklärung/Regel
backup.exe	Symbol für Programme. Der Name wird direkt dahinter angezeigt. Hier: backup.exe. Als Programme werden von Windows solche Dateien verstanden, die die Erweiterung COM, EXE, BAT oder PIF haben. Durch [Doppelklick] auf dem Symbol kann das Programm aufgerufen werden.
anwinfo.txt	Symbol für Anwender-Dateien, die mit einem Programm verbunden sind. Durch [Doppelklick] auf dem Symbol kann diese Datei samt bearbeitendem Programm aufgerufen werden.
catalog.cat	Symbol für sonstige Dateien, die mit keinem bearbeitendem Programm verbunden sind. Solche Dateien können nicht vom Anwender per [Doppelklick] aktiviert werden.

Mit dem Datei-Manager sind wichtige elementare Datei-, Verzeichnis- und Diskettenoperationen durchführbar. Die meisten dieser Funktionen sind über die Optionen der Menüleiste aktivierbar. Sie werden daher im folgenden tabellarisch beschrieben. Sofern zusätzliche Angaben zur Ausführung eines Befehls nötig sind, werden die wichtigsten Dialog-Boxen dargestellt.

5.2 Das *Datei*-Menü

```
Datei
 Öffnen                  Eingabetaste
 Verschieben...          F7
 Kopieren...             F8
 Löschen...              Entf
 Umbenennen...
 Eigenschaften...        Alt+Eingabetaste

 Ausführen...
 Drucken...
 Verknüpfen...

 Verzeichnis erstellen...
 Suchen...
 Dateien auswählen...

 Beenden
```

Abb. 5.4 Das **Datei**-*Menü des Datei-Managers*

Das *Datei*-Menü enthält alle zum **Umgang mit Dateien** nötigen Befehle

Option	Beschreibung
Öffnen	Programme aufrufen, Anwender-Dateien und Verzeichnisse öffnen. Gleiche Funktion wie [Doppelklick] auf dem entsprechenden Symbol. Bei markiertem Symbol bewirkt die [Return]-Taste ebenfalls die Aktivierung der Applikation. Sofern auf dem Symbol ▤ ein Doppelklick ausgeführt wird, wird auch das mit dieser Datei verbundene Programm aufgerufen, so daß die Datei direkt bearbeitet werden kann. Vergleichen Sie dazu auch die Ausführungen zur Option *Verknüpfen* auf S.125.

Option	Beschreibung

Verschieben

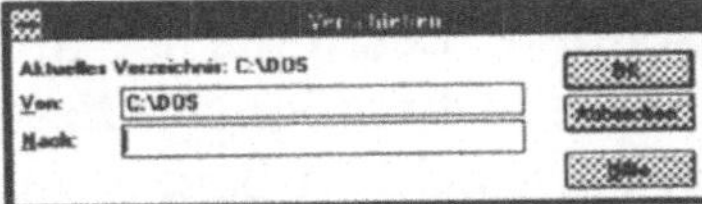

Ermöglicht das Verschieben von Dateien zwischen Verzeichnissen. Verschieben heißt dabei Neueintragung einer Datei im Zielverzeichnis und Löschung im Quellverzeichnis. Als schnelle Alternative bietet sich die Zieh-Methode per [Dauerklick] (vgl. S. 106).

Kopieren

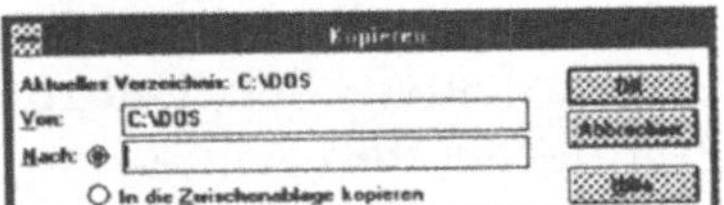

Kopiert sämtliche markierte Dateien. Ist ein Verzeichnis markiert, so werden sämtliche Dateien des Verzeichnisses kopiert. In der Dialogbox wird als Quelldatei automatisch die markierte Datei bzw. die Dateien eingetragen. Das Ziel muß von der Tastatur aus eingegeben werden. Dieser Befehl entspricht dem DOS-Befehl COPY. Weiterhin ist es auch möglich, die Datei in die Zwischenablage direkt zu kopieren. Kreuzen Sie dazu *In die Zwischenablage kopieren* an.

Löschen

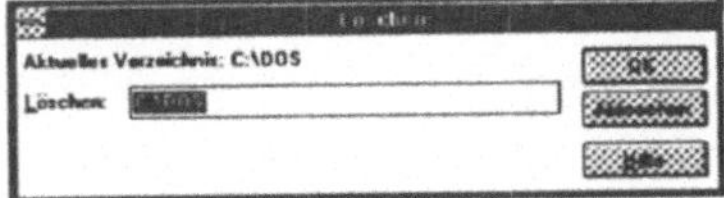

Erlaubt das Löschen von Dateien und Verzeichnissen. Je nach Angabe bei *Optionen Bestätigen* werden Sie bei jeder zu löschenden Datei um Bestätigung gebeten. Diese Option entspricht dem DOS-Befehl DEL oder ERASE. Diese Funktion kann auch über die Taste [Entf] durchgeführt werden.

Option	**Beschreibung**
Umbenennen 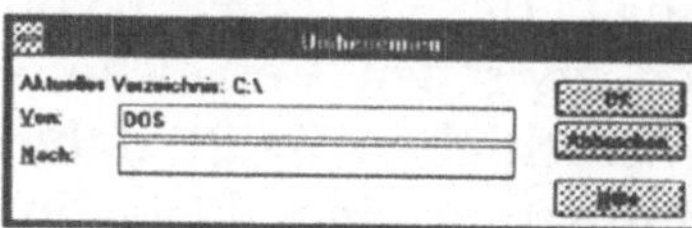	Es können Dateien oder Verzeichnisse umbenannt werden. Insbesondere Letzteres ist auf DOS-Ebene nicht möglich. Diese Option entspricht in Bezug auf Dateien dem DOS-Befehl REN.
Eigenschaften 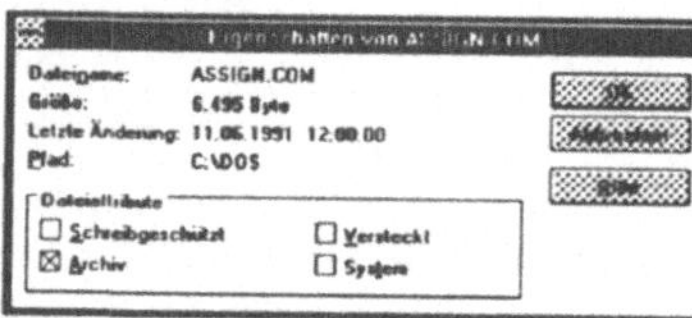	Hierüber können Dateieigenschaften einmal festgelegt werden. Jede Aktivierung der Datei im Datei-Manager greift dann immer auf die hier festgelegten Eigenschaften zurück. Außerdem können hier Dateigröße, Datum und Zeit der letzten Änderung, Dateiname und Verzeichnis abgelesen werden. Man erhält somit einen umfassenden Eindruck von einer Datei. Hier können auch die Dateiattribute verändert werden. Es sind folgende Attribute möglich: - Archiv - Schreibgeschützt (Read Only) - Versteckt - System oder Kombinationen aus diesen. Dieser Befehl entspricht dem DOS-Befehl ATTRIB.
Ausführen 	Programm aufrufen und laden, das nicht im angezeigten Verzeichnis eingetragen ist. Die dazu nötigen Befehle können in der *Befehlszeile:* der Dialog-Box eingegeben werden.

Option	Beschreibung
Ausführen (Fortsetzung)	Sofern Sie nicht genau den Programmnamen erinnern können, so ist dies nicht weiter tragisch. Soll das Programm direkt nach dem Aufruf als Symbol auf der Arbeitsfläche abgelegt werden, so kreuzen Sie *Als Symbol* an.
Drucken 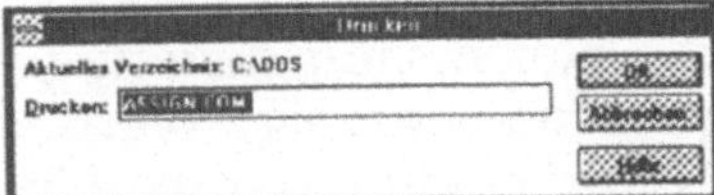	Mit der Option *Drucken* ist es möglich, Textdateien oder spezielle Druckdateien auf dem Drukker auszugeben.
Verknüpfen 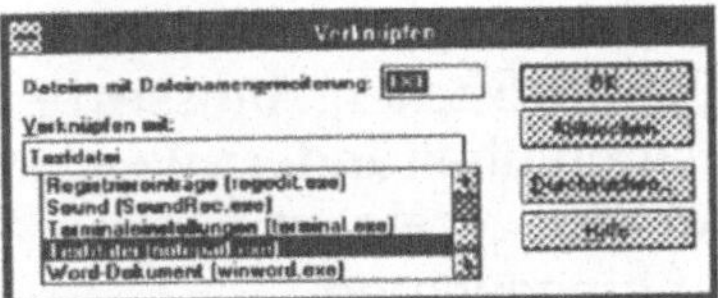	Hiermit ist es möglich, einer Anwenderdatei ein bestimmtes Programm zuzuordnen. Dieses zugeordnete Programm wird dann automatisch mit aufgerufen, wenn die so bezeichnete Datei aktiviert wird.
	Sofern Sie nicht mehr genau den Programmnamen erinnern können, so ist der Einsatz des *Durchsuchen*-Schalters hilfreich, mit dem Sie sämtliche Verzeichnisse durchsuchen können.
Verzeichnis erstellen 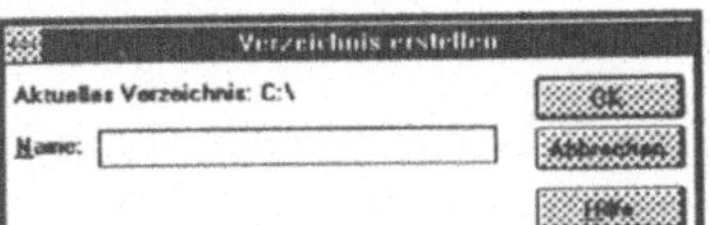	Neuanlage eines Inhaltsverzeichnisses. Geben Sie genau den gewünschten Pfad an. Wird kein kompletter Pfad, sondern nur der Directoryname angegeben, so wird das neue Verzeichnis unterhalb des aktuellen Directorys angelegt. Diese Option entspricht dem DOS-Befehl MD.

Option	**Beschreibung**
Suchen 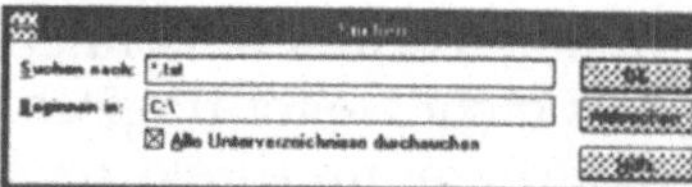 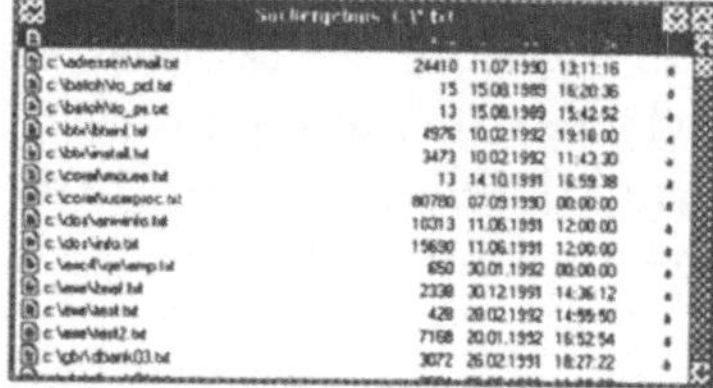 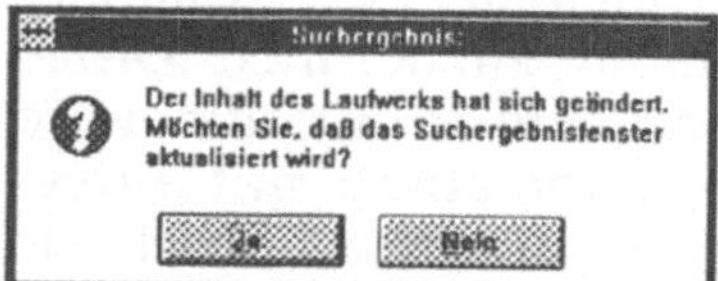	Erlaubt die gezielte Suche nach spezifizierbarer Datei. Standardwert ist *.* Ist *Alle Unterverzeichnisse durchsuchen* angekreuzt, wird in sämtlichen Verzeichnissen nach der spezifizierten Datei gesucht, andernfalls nur im aktuellen Verzeichnis. In einem speziellen Fenster *Suchergebnis* werden die gefundenen Dateien samt dem zugehörigen Pfad angezeigt. Werden keine Einträge gefunden, so wird die Meldung *Es wurden keine entsprechenden Dateien gefunden* ausgegeben. Sofern sich während der Anzeige des Suchergebnisses der Festplatteninhalt ändert, werden sie mit der gezeigten Meldung darauf hingewiesen.
Dateien auswählen 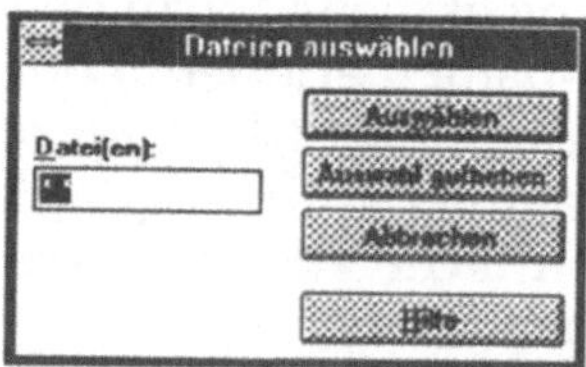	Mit Hilfe dieser Option ist es möglich, genau zu spezifizieren, welche Dateien ausgewählt bzw. markiert werden sollen - etwa für nachfolgende Dateioperationen wie Kopieren, Verschieben, Löschen oder ähnliches. Uber *Select* wählen Sie die Dateien aus, über *Deselect* heben Sie die Markierung wieder auf.
Beenden	Hiermit verlassen Sie den Datei-Manager. Sofern Sie über *Optionen* die Auswahl *Speichern bei Verlassen* aktiviert haben, wird das aktuelle Datei-Manager-Layout gespeichert. Es steht Ihnen beim nächsten Aufruf sofort wieder zur Verfügung.

5.3 Das Menü *Datenträger*

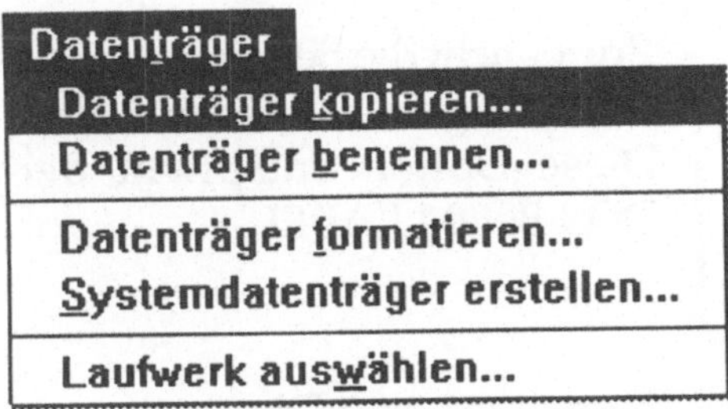

*Abb. 5.5 Das Menü **Datenträger** des Datei-Managers*

Das Menü *Diskette/Festplatte* enthält alle zum **Umgang mit Datenträgern** (Disketten, Festplatten und Netzwerk-Laufwerken) nötigen Befehle:

Option	Beschreibung
Datenträger kopieren 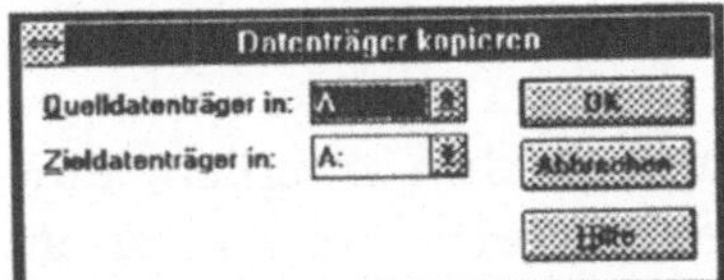	Ermöglicht das Kopieren von kompletten Disketten beispielsweise zur Sicherung und Duplizierung. Es ist **nicht** möglich, über diesen Menüpunkt den Inhalt einer Diskette komplett auf die Festplatte zu kopieren. Ebenfalls müssen Quell-Laufwerk und Ziel-Laufwerk kompatibel sein, d.h. dasselbe Format benutzen. Es können - sofern physikalisch vorhanden - die unterschiedlichen Formate von 360 kB, 1,2 MB (bei 5,25"), 720 kB, 1,44 MB und 2,8 MB (bei 3,5") ausgewählt werden. Diese Option entspricht dem DOS-Befehl DISKCOPY.

Option	Beschreibung

Datenträger benennen

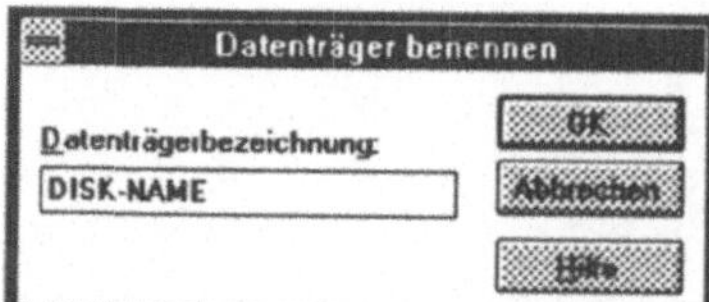

Ermöglicht die Benennung eines Datenträgers (Volume Label). Diese Option entspricht dem DOS-Befehl LABEL.

Datenträger formatieren

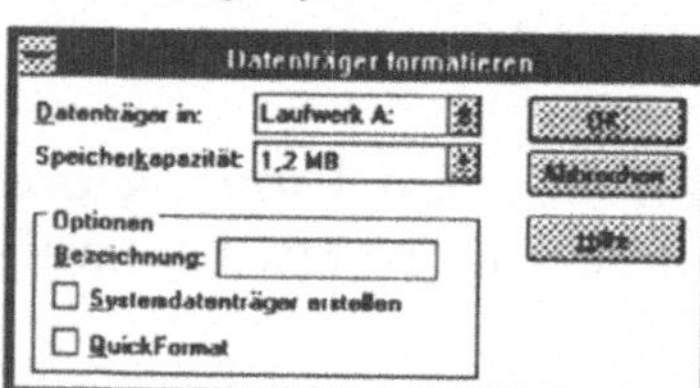

Formatiert eine Diskette im anzugebenden Laufwerk auf die anzugebende Speicherkapazität. Es kann angegeben werden, ob ein sog. Quick-Format durchgeführt werden soll. Dabei wird die Diskette nicht nach sog. *bad sectors* (fehlerhaften Sektoren) abgesucht. Es werden nur die Dateizuordnungstabelle (FAT) und das Stamminhaltsverzeichnis gelöscht.

Es ist weiterhin möglich, eine Systemdiskette herzustellen, wenn sie die Option *Systemdatenträger erstellen* ankreuzen.

Systemdatenträger erstellen

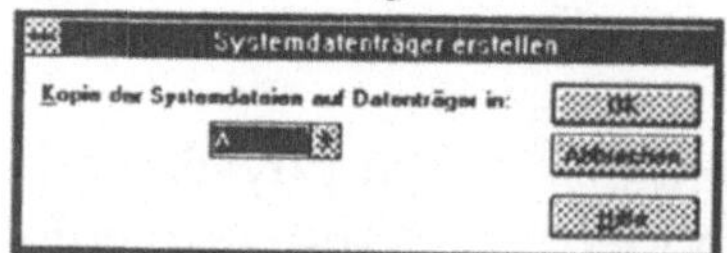

Ermöglicht die Herstellung einer Diskette mit Betriebssystem zum Starten des Rechners. Entspricht dem Parameter /S des DOS-Befehls FORMAT.

Laufwerk auswählen

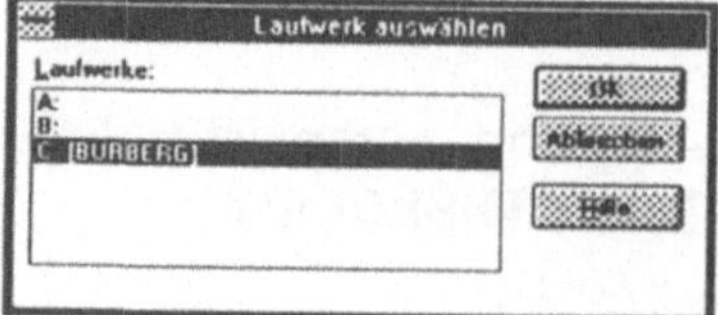

Erlaubt die Auswahl von lokalen und Netzwerk-Laufwerken, die mit Namen und Laufwerksbuchstaben angezeigt werden.

5.4 Das Menü *Verzeichnisse*

Verzeichnisse	
Nächste Ebene einblenden	+
Zweig einblenden	*
Alle Ebenen einblenden	Strg+*
Zweig ausblenden	-
Verzweigungen kennzeichnen	

*Abb. 5.6 Das Menü **Verzeichnisse** im Datei-Manager*

Das Menü *Verzeichnisse* enthält alle zur **Anzeige der Verzeichnisse** nötigen Befehle.

Option	Beschreibung
Nächste Ebene einblenden	Es wird neben der aktuellen Verzeichnis-Ebene eine weitere, darunter liegende Ebene angezeigt. Kann auch durch Betätigung der [+]-Taste auf dem Zehnerblock erreicht werden.
Zweig einblenden	Zeigt sämtliche Unterverzeichnisse eines Astes komplett an. Kann auch durch Betätigung der [*]-Taste auf dem Zehnerblock erzielt werden.
Alle Ebenen einblenden	Die gesamte Baumstruktur wird mit allen Verzeichnissen angezeigt. Besonders hilfreich beim Suchen, Verschieben und Kopieren. Kann auch durch Betätigung der Tastenkombination [Strg]+[*] auf der Zehnertastatur erreicht werden.

Option	Beschreibung
Zweig ausblenden	Hebt die erweiterte Anzeige eines Astes wieder auf und zeigt nur noch das oberste Directory an. Kann auch durch Betätigung der Taste [-] erreicht werden. Gleiche Wirkung wie [Klick] auf dem Directory-Symbol, wenn dort ein ''-'' eingetragen ist.

Verzweigung kennzeichnen

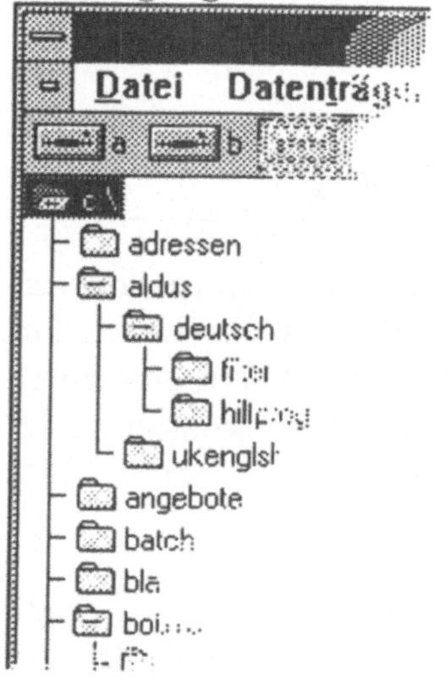

Zeigt durch ein Pluszeichen im Verzeichnissysmbol an, daß sich unterhalb weitere Directories befinden. So gekennzeichnete Verzeichnissymbole lassen sich durch [+] auf dem Zehnerblock erweitern.

Ist ein Ast eingeblendet, so erscheint im jeweils übergeordneten Verzeichnissymbol ein Minuszeichen. Dies zeigt an, daß durch [Klick] auf dem gewünschten Symbol und anschließender Betätigung der Minustaste des Zehnerblocks dieser Ast wieder ausgeblendet werden kann.

5.5 Das *Ansicht*-Menü

```
Ansicht
√ Struktur und Verzeichnis
  Nur Struktur
  Nur Verzeichnis

  Teilen

  Name
√ Alle Dateiangaben
  Bestimmte Dateiangaben...

√ Nach Name
  Nach Typ
  Nach Größe
  Nach Datum

  Angaben auswählen...
```

Abb. 5.7 Das **Ansicht**-Menü des Datei-Managers

Im *Ansicht*-Menü wird definiert, welche Dateien und Verzeichnisse angezeigt werden sollen.

Option	Beschreibung
Struktur und Verzeichnis	Zeigt sowohl den Verzeichnisbaum im linken Bildschirmfenster als auch das geöffnete Verzeichnis im rechten Bildschirmfenster an:

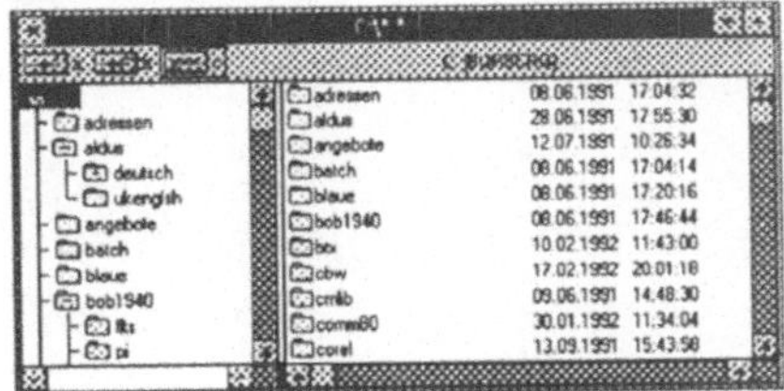

Option	Beschreibung

Nur Struktur

Zeigt nur den Verzeichnisbaum an:

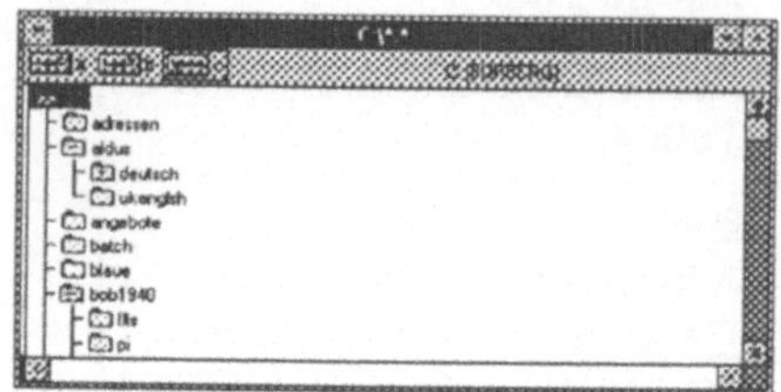

Nur Verzeichnis

Zeigt ausschließlich den Inhalt des aktuellen Verzeichnisses an:

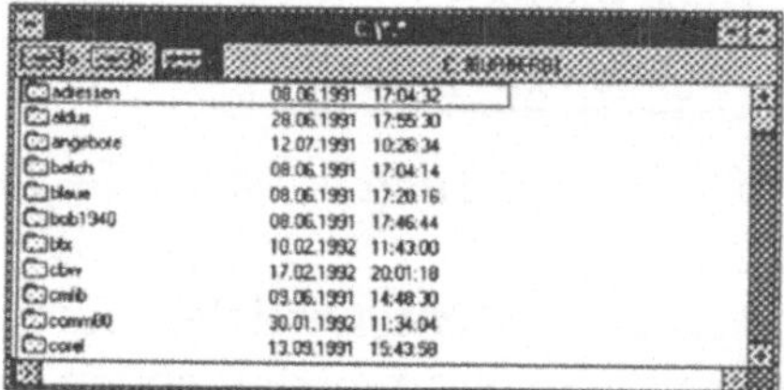

Diese Darstellungsform erinnert ein wenig an "alte Windows-Tage", denn sie entspricht dem alten DOS-Fenster der Windows-Versionen 1.* und 2.*.

Teilen

Die Teilung des Bildschirms ist im Datei-Manager variabel.

Bewegt man den Mauszeiger im unteren Teil des Bildschirms über den folgend dargestellten Bereich, . . .

Option	Beschreibung

... so verwandelt sich der Mauszeiger in folgendes Symbol:

Über [Dauerklick] läßt sich die
Teilungslinie horizontal verschieben.

Name

Datei- und Directorynamen werden angezeigt.

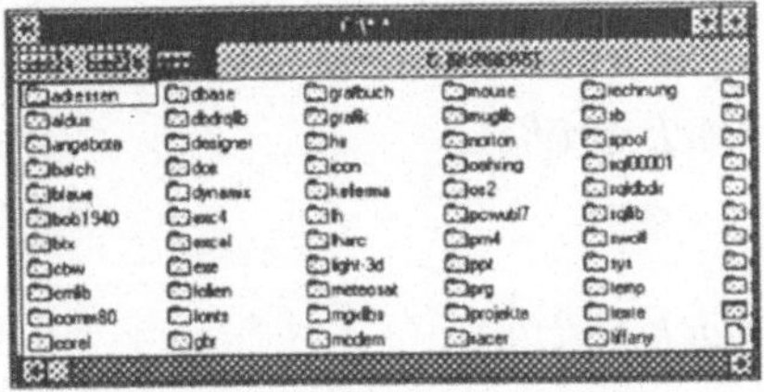

Ein Häkchen vor der Menüoption *Name* zeigt an, daß diese Option aktiv ist. Diese Auswahl entspricht dem Befehl DIR/W.

Diese Option ist immer dann empfehlenswert, wenn man auf einen
Blick die wesentlichen Informationen (Dateinamen oder Verzeichnisnamen) sehen möchte.

Alle Dateiangaben

Hierüber kann die Informationsmenge bestimmt werden, die in
einem Verzeichnisfenster angezeigt werden soll. Wird diese
Option aktiviert, so werden zusätzlich Dateigröße, Datum und
Zeitpunkt der letzten Änderung
und die Dateiattribute angezeigt.

Option	Beschreibung
Bestimmte Dateiangaben	Hier ist es möglich, andere Sortierkriterien zu vergeben. Auch Kombinationen sind möglich.
Nach Name	Dateien und Verzeichnisse werden nach Namen sortiert angezeigt.
Nach Typ	Die Dateien werden nach Erweiterung (= Dateityp) sortiert angezeigt.
Nach Größe	Dateien werden nach ihrer Größe sortiert.
Nach Datum	Dateien werden in der Reihenfolge ihres Erstellungs- bzw. Änderungsdatums aufgelistet.
Angaben auswählen 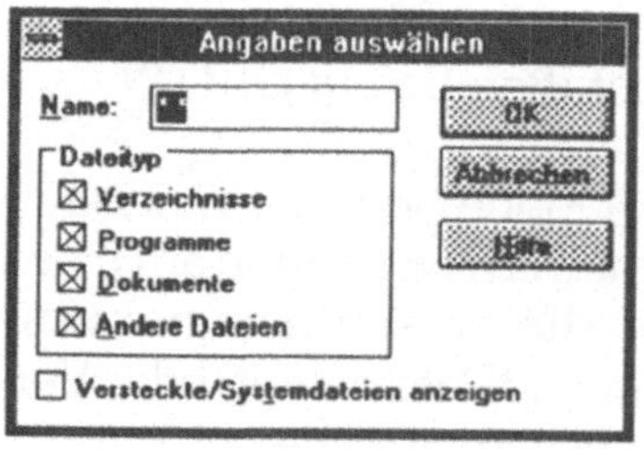	Hier legen Sie fest, welche Dateiarten im Verzeichnisfenster aufgelistet werden sollen. Sollen auch die geschützten Dateien und die Systemdateien angezeigt werden, so kreuzen Sie das Feld *Versteckte/Systemdateien anzeigen* an. Dabei bedeuten die Angaben folgendes: - *Verzeichnisse*: Subdirectories - *Programme*: COM, EXE, BAT, PIF - *Dokumente*: alle Anwender-Dateien - *Andere Dateien*: Systemdateien, nicht zugeordnete Dateien

5.6 Das *Optionen*-Menü

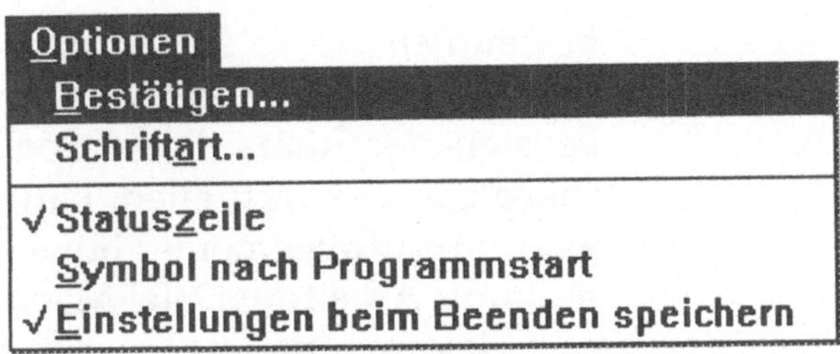

*Abb. 5.8 Das **Optionen**-Menü des Datei-Managers*

Im *Options*-Menü können zusätzliche Angaben definiert werden:

Option	Beschreibung
Bestätigen 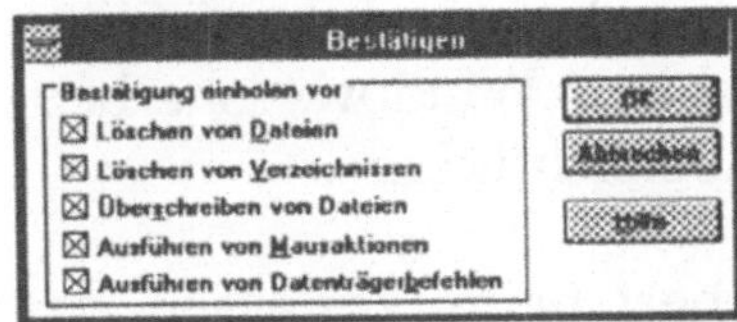	Hier können Sie festlegen, bei welchen Prozessen der Rechner um Bestätigung nachfragt: - beim Löschen von Dateien - beim Löschen eines Unterverzeichnisses - beim Ersetzen einer Datei durch Überschreiben - bei Maus-Operationen wie der Zieh-Methode
Schriftart 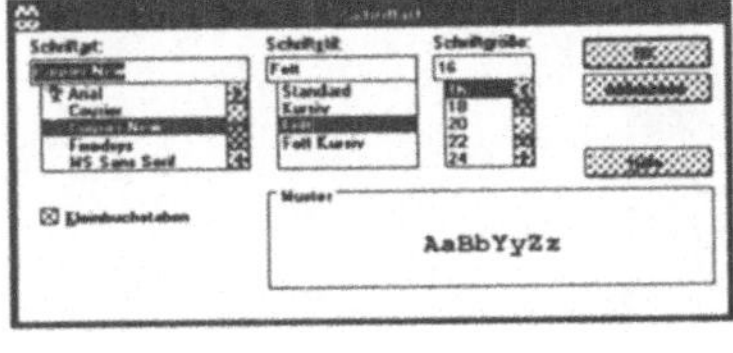	Alle Anzeigen erfolgen standardmäßig in Kleinbuchstaben. Wenn Sie alle Anzeigen des Datei-Managers in einer anderen Schriftart haben möchten, so können Sie diese hier auswählen. Befindet sich vor der Bezeichnung einer Schrift das Symbol ␢ , so handelt es sich um True-Type Fonts.

Option	Beschreibung
Statuszeile	Bestimmen Sie, ob in der untersten Zeile des Datei-Manager-Fensters der Status (Freier Speicherplatz des aktuellen Laufwerkes) und allgemeine Hinweise, die die Arbeit des Datei-Managers dokumentieren, angezeigt werden sollen oder nicht. Ein Haken markiert, daß die Statuszeile angezeigt wird.
Symbol nach Programmstart	Der Datei-Manager wird auf Symbolgröße verkleinert, wenn Sie aus dem Verzeichnissystem heraus ein Programm aufgerufen haben. Dadurch spart man Speicherplatz, und der Arbeitsbereich von Windows ist erheblich übersichtlicher.
Einstellungen beim Beenden speichern	Speichert beim Verlassen des Datei-Managers alle Einstellungen und Directories (Layout).

5.7 Das *Fenster*-Menü

```
Fenster
Neues Fenster
Überlappend          Umschalt+F5
Nebeneinander        Umschalt+F4
Symbole anordnen
Aktualisieren        F5
√ 1 C:\*.*
```

*Abb. 5.9 Das **Fenster**-Menü des Datei-Manager*

Im *Fenster*-Menü legen Sie fest, welche Fenster angezeigt und wie sie auf der Arbeitsfläche des Datei-Managers dargestellt werden sollen:

Option	Beschreibung
Überlappend 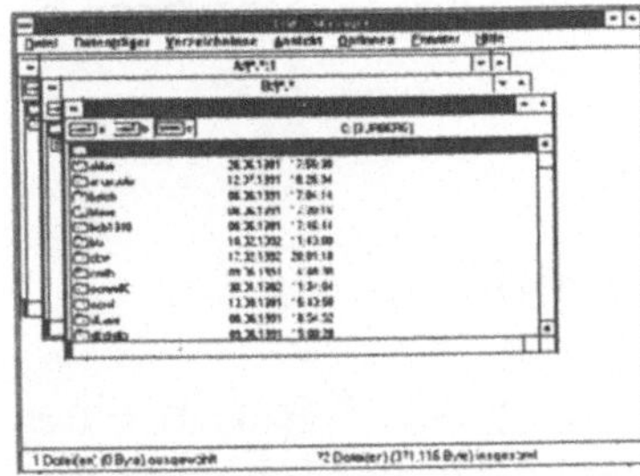	Die Fenster werden überlagert. Dies kann auch mit der Tastenkombination [Shift]+[F5] erzielt werden. Vergleichen Sie auch die Ausführungen in der 2. und 4. Lektion.
Nebeneinander 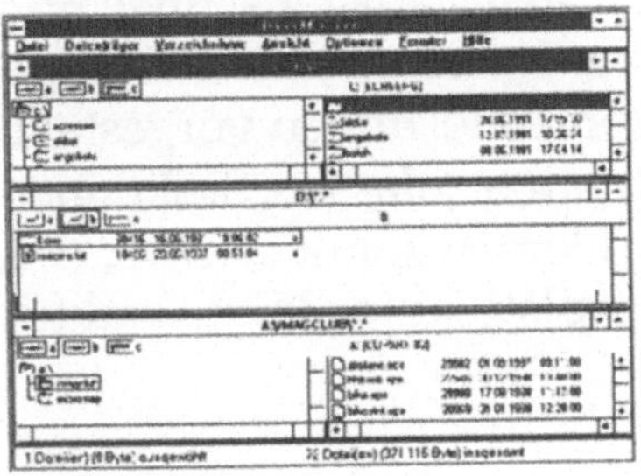	Die Fenster werden übereinander dargestellt, so daß sämtliche Fenster sichtbar sind. Dies kann auch mit der Tastenkombination [Shift]+[F4] erzielt werden. Vergleichen Sie auch die Ausführungen in der 2. und 4. Lektion.
Aktualisieren	Aktualisierung des Fensterinhaltes beispielsweise nach umfangreichen Kopier- oder Löscharbeiten. Dies kann auch durch [F5] erreicht werden und bezieht sich nur auf das Verzeichnis, welches im aktuellen Fenster dargestellt ist.

Weiterhin werden in diesem Menü alle Verzeichnis-Fenster und Sinnbilder des Datei-Managers mit ihrem Namen angezeigt und können selektiert werden.

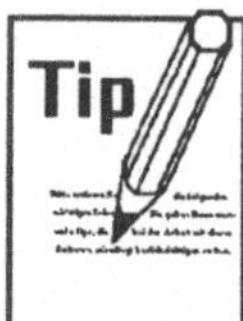

✗ Hinweis zur Option *Hilfe*
Die Möglichkeiten des *Hilfe*-Menüs werden hier nicht näher beschrieben, da die Vorgehensweise hier vergleichbar ist mit der im Programm Manager. Bitte sehen Sie in die 3. Lektion, um die Möglichkeiten der Hilfe-Funktion zu erlernen.
Über *Hilfe --> Info* läßt sich ähnlich wie im Programm Manager auch der noch freie Arbeitsspeicher, der Windows-Modus und die noch freien Systemressourcen erfragen.

5.8 Die Arbeit im Datei-Manager

Nachdem Sie sich in den vorangegangenen Kapiteln einen schnellen Überblick über die Menüs des Datei-Managers verschaffen konnten, werden in diesem Kapitel Regeln vorgestellt, mit denen Sie Ihre Arbeit im Datei-Manager schnell und effektiv abwickeln können. Darüber hinaus werden an typischen Beispielen aus der Praxis Problemlösungen vorgestellt, die den Transfer auf Ihre Alltagssituation zulassen. Sie können diese Beispiele nachvollziehen und lernen somit schnell, den Datei-Manager auf Ihre eigene Festplatte und Baumstruktur anzuwenden.

5.8.1 Regeln für den Datei-Manager

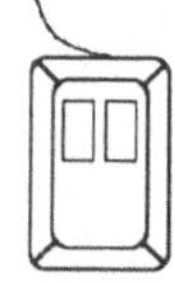

● **Directory auswählen und ansehen**
Mit der Maus:
[Klick] auf dem Symbol vor dem entsprechenden Verzeichnisnamen oder dem Namen selbst. Im rechten Teil des Datei-Manager-Fensters werden die Dateien des Verzeichnisses sowie weitere Subdirectories angezeigt. Voraussetzung dafür ist, daß über *Anzeigen* die entsprechenden Auswahlen getroffen wurden.

[Doppelklick] auf Directory-Symbol oder -Name öffnet die nächste Verzeichnisebene.

● **Mit der Tastatur:**
Mit [Tab] auf die Baumstruktur im linken Fenster umschalten, mit den Cursortasten bzw. den Tasten [Bild
oben]/[Bild unten] das gewünschte Verzeichnis lokali-
sieren. Der Verzeichnisname wird invers dargestellt, im
rechten Bildschirmteil werden Subdirectories und Datei-
en unmittelbar angezeigt.

✗ Wenn Sie den Verzeichnisnamen kennen, können Sie in
der Baumstruktur den Anfangsbuchstaben eingeben.
Das erste Verzeichnis, das mit dem eingegebenen Buchstaben beginnt, wird invers dargestellt und ist ausgewählt.

Die angezeigte Informationsmenge und -art kann über die
Menüpunkte *Anzeige* und *Optionen* beeinflußt werden.

● **Directory-Fenster als Sinnbild ablegen**
Mit der Maus:
[Klick] auf dem Symbolschalter. Diese Schaltfläche befin-
det sich rechts neben der Titelleiste. Das Fenster wird als
Sinnbild abgelegt.

● **Mit der Tastatur:**
[Alt]+[-] ruft das Steuerungsmenü des aktuellen Ver-
zeichnis-Fensters auf. Dort wählen Sie die Option *Symbol*.

Der Datei-Manager verwendet ein eigenes Symbol, um
die Verzeichnisfenster auf seiner Arbeitsfläche
abzulegen. Das Symbol wird jeweils durch den
Directory-Namen betitelt. In der rechten Spalte ist das
Verzeichnis-Fenster des Stamminhaltsverzeichnisses als
Symbol dargestellt.

Über *Fenster --> Neues Fenster* kann vom gleichen Verzeichnis
ein zweites Verzeichnis geöffnet werden. Dieses zweite
Verzeichnis bekommt als Namenszusatz dann ":2" angehängt;

das erste Fenster erhält automatisch den Zusatz ":1".
In den beiden Fenstern lassen sich entweder unterschiedliche
Informationen desselben Verzeichnisses oder unterschiedliche
Verzeichnisse darstellen.

**✗ Grundlage für alle Datei-, Verzeichnis- und Lauf-
werksoperationen:**
Zuerst müssen sämtliche Dateien, Verzeichnisse und
Laufwerke markiert werden, auf die eine Funktion an-
gewendet werden soll, bevor irgendein Befehl aus den
Menüs ausgeführt werden kann!

Es gilt - wie überall in Windows - immer das Prinzip
"Selection --> Action" (Erst auswählen/markieren, dann
einen Befehl auf ausgewählte Objekte anwenden)!

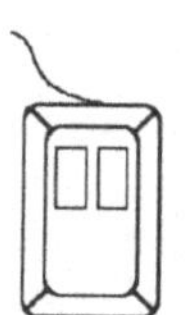

● **Eine Datei markieren**
Mit der Maus:
[Klick] auf dem entsprechenden Dateinamen, das Symbol samt Dateinamen wird invers dargestellt als Hinweis, daß die Datei markiert ist.

● **Mit der Tastatur:**
Bewegen Sie mit Hilfe der Cursortasten und der Tasten
[Bild oben]/[Bild unten] die Markierung so lange, bis die
gesuchte Datei invers dargestellt ist, oder geben Sie im
entsprechenden Verzeichnisfenster den Anfangsbuchstaben ein.

● **Mehrere Dateien markieren**
Man unterscheidet die beiden Fälle
- mehrere, direkt hintereinander aufgeführte Dateien
  markieren
- mehrere, nicht zusammenhängende Dateien markieren (selektiv markieren).

● **Mit der Maus:**
Mit [Klick] die erste Datei markieren, dann mit [Shift]-[Klick] die letzte der zusammenhängend aufgelisteten Dateien anklicken. Der gesamte Dateiblock wird schwarz unterlegt (= markiert).
Jede der selektiv zu markierenden Dateien mit [Strg]+[Klick] markieren.

● **Mit der Tastatur:**
Wie zuvor beschrieben die erste Datei markieren, [Strg]+[Cursor] markiert weitere Dateien in direkter Folge. Sollen mehrere nicht zusammenhängende Dateien ausgewählt werden, so betätigen Sie [Shift]+[F8], steuern dann mit Hilfe der Cursortasten die nächste Datei an. Mit der Leertaste wird die entsprechende Datei zusätzlich markiert.

● **Aktuelles Laufwerk wechseln**
Mit der Maus:
[Klick] auf dem Symbol des gewünschten Laufwerks. Das Stamminhaltsverzeichnis des entsprechenden Laufwerkes wird im rechten Fensterbereich angezeigt.

● **Mit der Tastatur:**
[Strg]+[Laufwerksbuchstabe] schaltet auf das Laufwerk um. Die Verzeichnisse der obersten Ebene des angewählten Laufwerks werden im linken Teil des Fensters, rechts werden die darin enthaltenen Unterverzeichnisse und Dateien angezeigt.

● **Verzeichnis öffnen**
Mit der Maus:
[Klick] auf dem Symbol des gewünschten Verzeichnisses. Im rechten Fensterbereich werden alle enthaltenen Unterverzeichnisse und Dateien aufgelistet. Das Directory-Symbol wird als geöffneter Aktendeckel angezeigt.

● Mit der Tastatur:
Mit [Tab] in den linken Fensterbereich wechseln (Baumstruktur), dann mit den Cursortasten das gewünschte Verzeichnis ansteuern. Der Verzeichnisinhalt wird automatisch im rechten Fensterteil (Verzeichnisinhalt) angezeigt.

Häufig arbeitet man im Datei-Manager schneller mit einer Kombination aus Maus-Bedienung und Gebrauch der Tastatur.

Welche Funktionen Sie über die Tastatur schnell erreichen können, wird in der folgenden Tabelle auf den nächsten Seiten übersichtlich dargestellt.

Taste/Tastenkombination	Beschreibung, Funktion
[Tab]	Wechselt zwischen den Laufwerkssymbolen, der Baumstruktur und dem Directory-Fenster.
[↑] [↓]	Bewegt die Markierung zwischen den Verzeichnissen (Baumstruktur) und den Directory-Einträgen (Verzeichnisfenster) auf und ab.
[←] [→]	Auswahl der Laufwerke oder der Optionen in der Menüleiste oder Wechsel zwischen den Verzeichnisebenen in der Baumstruktur.
[Strg] [↑]	Auswahl des vorherigen Verzeichnisses auf gleicher Ebene.
[Strg] [↓]	Auswahl des nächsten Verzeichnisses auf gleicher Ebene.

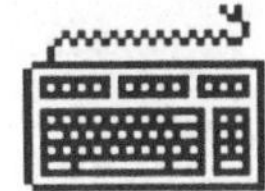

Taste/Tastenkombination	Beschreibung, Funktion
[Strg] [↑] [←] [↓] [→]	Läßt die Auswahl mehrerer zusamenhängender Dateien oder Verzeichnisse zu.
[Bild ↑]	Eine Fensterseite nach oben.
[Bild ↓]	Eine Fensterseite nach unten.
[Pos1]	Wählt das Stamminhaltsverzeichnis im Fenster der Baumstruktur oder den ersten Eintrag im aktuellen Verzeichnis-Fenster.
[Ende]	Wählt den letzten Eintrag im aktuellen Verzeichnis bzw. in der Baumstruktur.
[Strg] [#]	Markiert sämtliche Einträge im Fenster. Sollte das bei Ihrer Tastatur nicht funktionieren, so benutzen Sie [Strg]+[\].
[Strg] [^]	Nimmt Gesamtmarkierung zurück. Sollte das nicht auf Ihrer Tastatur funktionieren, so versuchen Sie die Kombination [Strg]+[/].
[⇑] [F8]	Schaltet in die Betriebsart "Selektives Markieren". In Verbindung mit der Leertaste können einzelne Dateien markiert werden.
[Buchstabentaste]	Markiert ersten Eintrag im aktuellen Verzeichnis-Fenster, der mit diesem Zeichen beginnt.

Taste/Tastenkombination	Beschreibung, Funktion
[Leertaste]	Markiert nach Drücken der Tastenkombination [Shift]+[F8] eine Datei bzw. nimmt eine vorhandene Markierung wieder zurück. Der Eintrag, auf dem der Cursor steht, wird von einer blinkenden, gepunkteten Linie umgeben. Dort kann mit der Leertaste markiert werden oder eine vorhandene Markierung aufgehoben werden.
↵	Schaltet nächst tiefere Verzeichnisebene ein, wechselt ein Laufwerk, öffnet eine Datei (siehe auch *Datei --> Verknüpfen*) oder ruft ein Programm auf.
F1	Ruft die Hilfe-Funktion auf.
F5	Aktualisiert das aktuelle Verzeichnisfenster. Beim Wechsel des Verzeichnisfensters werden sämtliche Fenster des Datei-Managers automatisch aktualisiert.
F7	Ruft die Funktion *Datei --> Verschieben* auf.
F8	Ruft die Funktion *Datei --> Kopieren* auf.
F10	Gleiche Wirkung wie die [Alt]-Taste: Wechselt in die Menüleiste, wo dann mit den Cursortasten die Menüpunkte gewählt werden können.

Taste/Tastenkombination	Beschreibung, Funktion
[⇧] [F4]	Ordnet die Verzeichnisfenster übereinander an.
[⇧] [F5]	Überlagert die Verzeichnisfenster.
[⇧] [F10]	Gleiche Wirkung wie [F10].
[Alt] [F4]	Datei-Manager verlassen.
[Alt] [Leertaste]	Ruft Steuerungsmenü des Datei-Managers auf.
[Alt] [—]	Ruft das Steuerungsmenü des aktuellen Verzeichnisfensters auf.

5.8.2 Typische Problemlösungen mit dem Datei-Manager

Im folgenden werden einige wesentliche Funktionen exemplarisch dargestellt, damit Sie bei Ihrer eigenen Arbeit die Möglichkeit haben, durch Nachvollziehen auch auf Ihrem eigenen Rechner zu dem gewünschten Ergebnis zu kommen.

5.8.2.1 Dateien verschieben

Das Problem
Es sollen die Dateien BOERSE.XLC, BOERSE.XLS und DAX.XLS von dem Verzeichnis \EXCEL in ein Verzeichnis \USER\BOERSE verschoben werden. Eine Schwierigkeit dabei ist, daß die beiden Verzeichnisse \USER und \USER\BOERSE noch nicht angelegt sind. Die

Problemlösung wird so dargestellt, daß Sie mit Hilfe einer Kombination von Tastatur- und Mausbedienung die effektivste Lösung kennenlernen und sich nicht um unnötigen Ballast kümmern müssen.

Die Problemlösung
MS-Windows 3.1 erlaubt sowohl beim Kopieren als auch beim Verschieben von Dateien und Verzeichnissen verschiedene Möglichkeiten:
- mit Tastatur oder Maus über die Menüs
- durch [Dauerklick] auf der entsprechenden Datei bzw. dem Verzeichnis und Verschiebung des Symbols zum Ziel (Zieh-Methode)

Sie sollen beide Möglichkeiten kennenlernen. Zuerst der langsame Weg über die Menüs zum Kennenlernen und leichten Nachvollziehen.

---

1. Schritt: Datei-Manager aufrufen

---

1.   Aktivieren Sie im Programm Manager das Fenster der *Hauptgruppe* durch [Klick] auf einem beliebigen Element dieses Fensters oder über [Doppelklick] auf dem Symbol der Hauptgruppe.

Abb. 5.10 Datei-Manager in der Hauptgruppe aufrufen

2.   [Doppelklick] auf dem Symbol des Datei-Managers. Der Datei-Manager wird geladen (vgl. Abb. 5.11 auf der nächsten Seite).

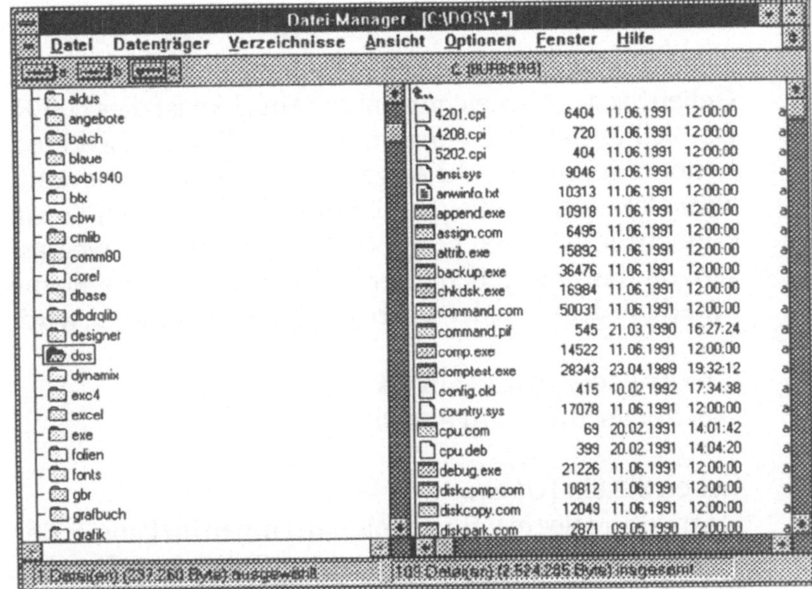

Abb. 5.11 Der Datei-Manager ist geladen

Da weder das Verzeichnis \USER noch das darunter eingetragene Verzeichnis \USER\BOERSE auf der Festplatte existieren, müssen beide zunächst angelegt werden.

2. Schritt: Zielverzeichnisse anlegen

1.   Sie wählen die Option *Verzeichnis erstellen* aus dem *Datei*-Menü.
     Es öffnet sich eine Dialog-Box, in der Sie den Namen des neu anzulegenden Verzeichnisses eingeben können:

Abb. 5.12 Abfrage des Verzeichnisnamens

Zielverzeichnisse anlegen (Fortsetzung)

2.   Geben Sie den Verzeichnisnamen ein.; hier ist dies USER.
      Da die Festplatte C: ohnehin Ihr aktuelles Laufwerk ist,
      können Sie auch auf die Angabe C: verzichten. Sofern Ihr
      aktuelles Verzeichnis das Stamminhaltsverzeichnis ist,
      können Sie auch den führenden Backslash " \ " weglas-
      sen, da das angegebene Verzeichnis USER eine Ebene
      unterhalb des aktuellen Verzeichnisses eingetragen wird.

3.   [Return] oder [Klick] auf *Ok.*
      Das Verzeichnis wird angelegt.

4.   Geben Sie ein [U] ein.
      Das neu angelegte Verzeichnis wird Ihnen im Fenster der
      Baumstruktur aktiviert. Im rechten Teil sehen Sie, daß
      das Verzeichnis noch leer ist.

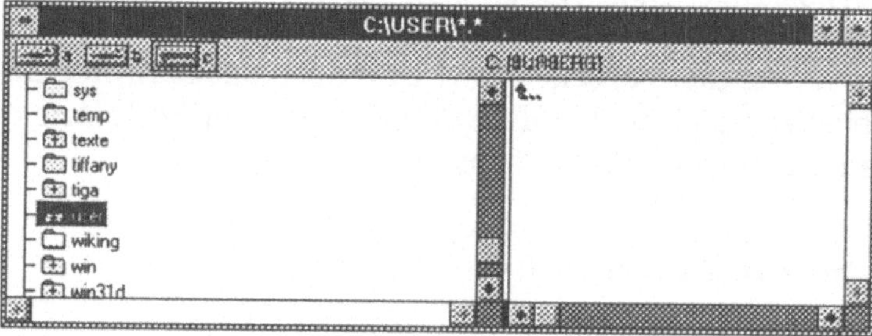

Abb. 5.13 Neues, leeres Verzeichnis

Wie Sie bereits vom DOS her wissen, wird in jedem neu
angelegten Verzeichnis der Eintrag *[. .]* vermerkt.

Die beiden Punkte sind ein Kurzzeichen für das Mutterverzeichnis. Das Mutterverzeichnis ist das Directory, von dem
aus das aktuelle Verzeichnis angelegt wurde. Es befindet sich
immer eine Ebene oberhalb des aktuellen Levels.

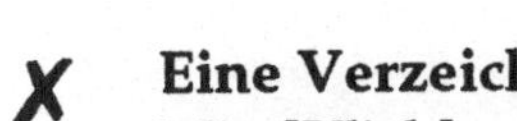 **Eine Verzeichnisebene nach oben wechseln**
Mit [Klick] auf dem Eintrag 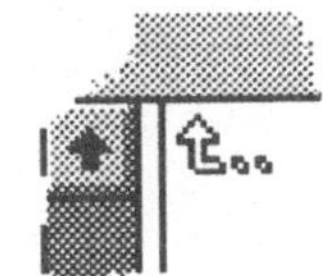 kann man eine Verzeichnisebene zurück - in Richtung auf das Stamm-
inhaltsverzeichnis - wechseln.

Im Stamminhaltsverzeichnis ist dieser Eintrag nicht vorhanden, da es bereits die oberste Ebene darstellt.

Jetzt muß im nächsten Schritt das Verzeichnis
C:\USER\BOERSE angelegt werden.

1. Wählen Sie analog zur Erstellung von \USER wieder
    Datei --> Verzeichnis erstellen.

2. [BOERSE]
    Geben Sie in der Dialog-Box den Namen BOERSE ein.
    Sie sollten auf den Gebrauch von Umlauten (z.B. Ö) bei
    Datei- und Verzeichnisnamen verzichten, da dies in
    einigen Programmen zu Problemen führen könnte.

3. [Return] oder [Klick] auf *OK*.
    Das Unterverzeichnis wird angelegt.

3. Schritt: Quell-Verzeichnis öffnen

1. [Klick] auf dem Verzeichnis, in dem sich die gesuchten
    Dateien BOERSE.XLS, BOERSE.XLC und DAX.XLS be-
    finden. Dies ist das Verzeichnis \EXCEL auf der Fest-
    platte.

    Es öffnet sich im rechten Fensterteil das Verzeichnis
    \EXCEL.

    Es ist auf der nächsten Seite als Hardcopy dargestellt.

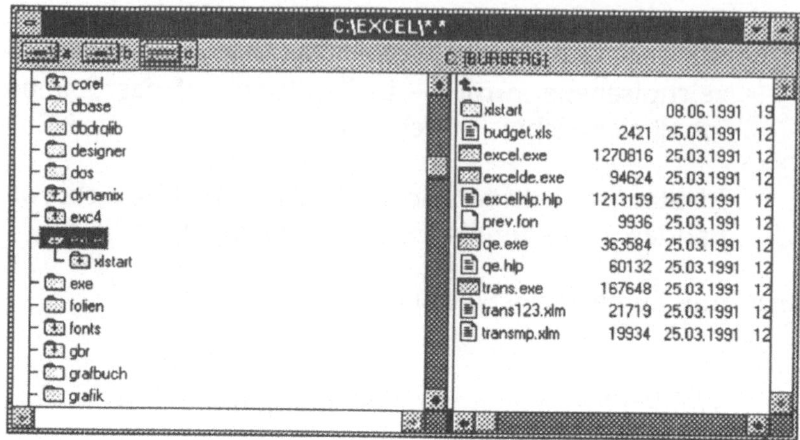

Abb. 5.14 Das Excel-Verzeichnis als Quell-Verzeichnis

---

4. Schritt: Dateien markieren

---

1.   [Strg]+[Klick] auf den gewünschten Dateien.
      Die Dateien BOERSE.XLS, BOERSE.XLC und DAX.XLS
      müssen nach der Markierung invers dargestellt sein:

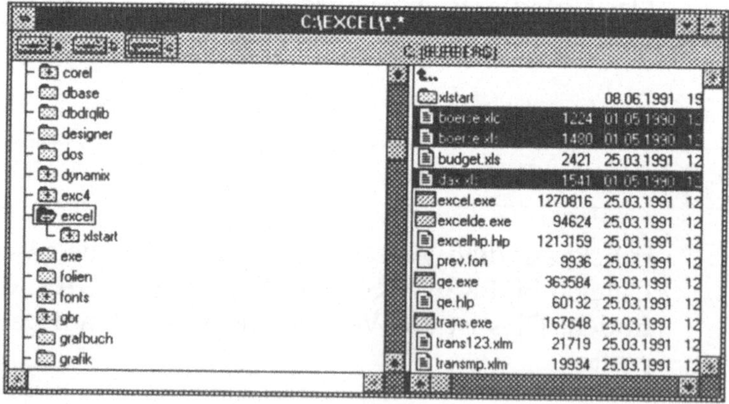

Abb. 5.15 Die markierten Dateien

2.   Sie geben mit [F7] die Anweisung *Verschieben* aus dem
      Datei-Menü. Das geht über die Tastatur wesentlich schnel-
      ler, als jeden Einzelschritt über die Menüoptionen aufzu-
      rufen.

Es öffnet sich die Dialogbox, in der Sie eintragen können,
wohin Sie die Dateien, die Sie zuvor markiert haben,
verschieben möchten.
Tragen Sie hier \USER\BOERSE ein:

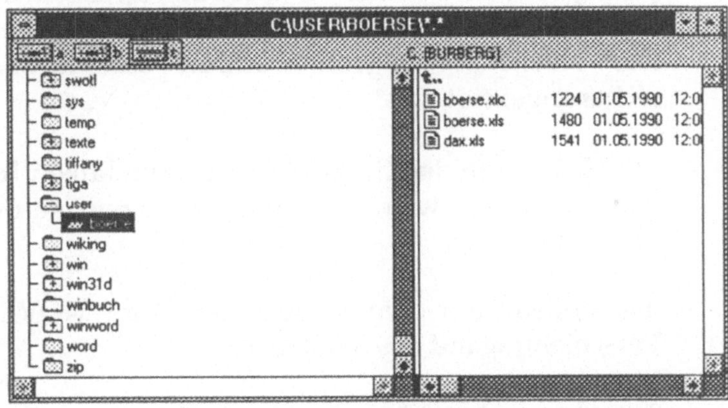

Abb. 5.16 Eingabe des Ziel-Verzeichnisses

3. [Return] oder [Klick] auf *OK*.
Die Dateien werden verschoben. Vergewissern Sie sich
davon, indem Sie das Verzeichnis C:\USER\BOERSE
per [Klick] öffnen:

Abb. 5.17 Dateien nach dem Verschieben

5.8.2.2 Dateien schnell verschieben

Problem
Sie stellen fest, daß bei Ihren umfangreichen Arbeiten mit
Word für Windows eine Datei versehentlich in ein Verzeichnis
\BATCH geraten ist. Diese Datei gehört aber eigentlich in das
Verzeichnis \TEXTE. Die Textdatei hat den bezeichnenden
Namen MOVE.TXT.

Problemlösung

Damit Sie neben der oben vorgestellten Methode auch die schnelle "Nur-Maus-Methode" oder Zieh-Methode (engl. Drag-Methode) zum Nachvollziehen in diesem Buch nachschlagen können, wird diese schnellste aller Methoden im folgenden zur Problemlösung herangezogen.

Bei Anwendung dieser Methode wird das Verschieben ganz augenfällig. Sie kennen das Prinzip bereits von Ihrer Arbeit mit dem Programm-Manager (vgl. 4. Lektion).

Wir gehen bei der folgenden Lösung davon aus, daß Sie den Datei-Manager bereits geöffnet haben.

Dateien mit der Maus verschieben

---

1.   [Klick] auf dem Verzeichnis \BATCH, da sich in diesem Beispiel die Datei MOVE.TXT darin befindet (Quelle). Das Verzeichnis wird geöffnet und im Verzeichnisbereich rechts angezeigt.

2.   Mit Hilfe der Bildlaufleiste blättern Sie im linken Teil der Baumstruktur soweit, bis Sie das Zielverzeichnis (\TEXTE) sehen.

3.   [Dauerklick] auf dem Symbol der Datei MOVE.TXT. Verschiebung auf das Symbol texte .

4.   Die Abfrage bestätigen Sie durch [Klick] auf dem *Ok*-Feld.

     Damit ist die Verschiebung der Datei MOVE.TXT schon abgeschlossen.

Wenn Sie Dateien zwischen Verzeichnissen verschieben oder kopieren möchten, die sich auf verschiedenen Datenträgern befinden, so müssen Sie zusätzlich zur Maustaste noch vorher die [Alt]-Taste betätigen.

Es muß genau zwischen Verschieben und Kopieren unterschieden werden.

Wenn Dateien von einem Verzeichnis in ein anderes oder von einem Datenträger auf einen zweiten verschoben werden, so erfolgt nach dem Kopieren der Dateien ein automatisches Löschen im Quellverzeichnis. Der reine Kopiervorgang beläßt hingegen die Dateien auch im Quellverzeichnis.

Hinweis

Beim Verschieben von Dateien mit Hilfe der Maus ([Dauerklick]) werden während des Verschiebe-Vorgangs die Sinnbilder vor den Dateinamen entfernt.

Beim Kopieren mit Hilfe der Maus ([Strg]+[Dauerklick]) bleiben diese jedoch vor den Namen erhalten.

5.8.2.3 Diskette kopieren

Das Problem

Ein ebenfalls alltägliches Problem ist das Duplizieren einer Diskette "in einem Rutsch". Immer, wenn auf einer Diskette wichtige Daten vorhanden sind, sollte man zu Sicherungszwecken ein Duplikat dieser Diskette besitzen und an einem sicheren Ort aufbewahren. Nun könnte man Datei für Datei zunächst von der Diskette in ein spezielles Verzeichnis der Festplatte kopieren, dann die neue Diskette einlegen, formatieren und die Dateien von der Festplatte wieder auf die Diskette kopieren. Das wäre allerdings ein langwieriger Prozeß. Eine schnellere Alternative, die DOS-Kenner sicher bereits parat haben, wird in der folgenden Problemlösung vorgestellt und ist auch mit Windows möglich.

Die Problemlösung

Beim Kopieren von Disketten unterscheidet man zwischen der Quelldiskette und der Zieldiskette.

1. Schritt: Befehl zum Kopieren auswählen

1. *Datenträger --> Datenträger kopieren* auswählen.
    Es öffnet sich eine Dialog-Box, in der Sie Quell- und
    Ziellaufwerke bestimmen können.

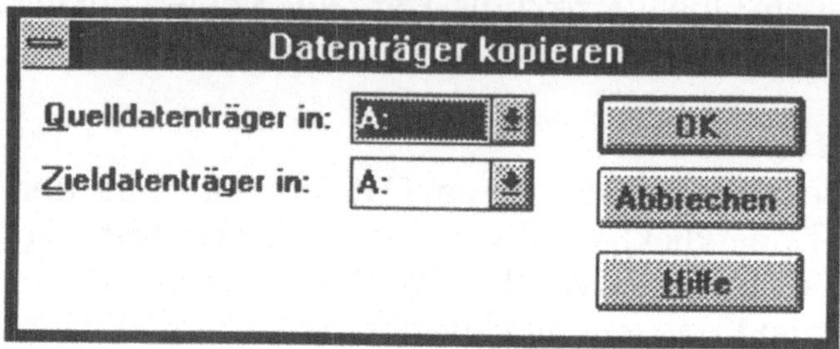

Abb. 5.18 Auswahl der Laufwerke

2. [Klick] jeweils auf dem kleinen Pfeil rechts neben den
    Laufwerksbuchstaben öffnet eine kleine Drop-Down-Liste,
    in der Sie den gewünschten Laufwerksbuchstaben aus-
    wählen können.
    Die folgende Meldungsbox warnt Sie nochmals davor, daß
    auf der Zieldiskette sämtliche Daten gelöscht werden, so-
    fern dort welche vorhanden wären:

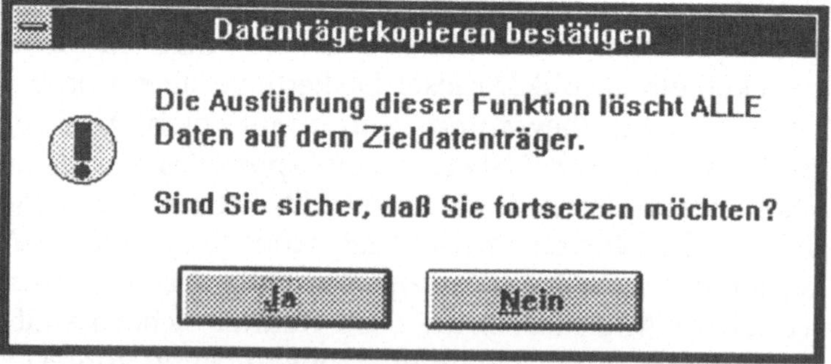

Abb. 5.19 Sicherheitsinformation vor dem Kopieren

3. [Klick] auf *Ja*, wenn Sie sicher sind, daß keine Dateien auf
    der Zieldiskette vorhanden sind, oder [Klick] auf *No*,
    wenn Sie nicht ganz sicher sind, ob die Dateien auf dem
    Ziellaufwerk überschrieben werden können. Der Ko-
    piervorgang findet dann nicht statt. Sie hätten dann
    beispielsweise Gelegenheit, sich die Dateien der entspre-
    chenden Diskette anzusehen.

Folgen Sie nun den in den Meldungsboxen erscheinenden
Aufforderungen, indem Sie an entsprechender Stelle Ziel- und
Quelldiskette austauschen, sofern Sie mit einem einzigen
Diskettenlaufwerk kopieren.

Abb. 5. 20 Quelldiskette einlegen

Wenn Sie mit zwei Diskettenlaufwerken arbeiten, so schaltet
Windows automatisch zwischen Quell- und Ziellaufwerk hin
und her.

Während des Kopierens wird der Fortgang der Prozedur
ständig angezeigt:

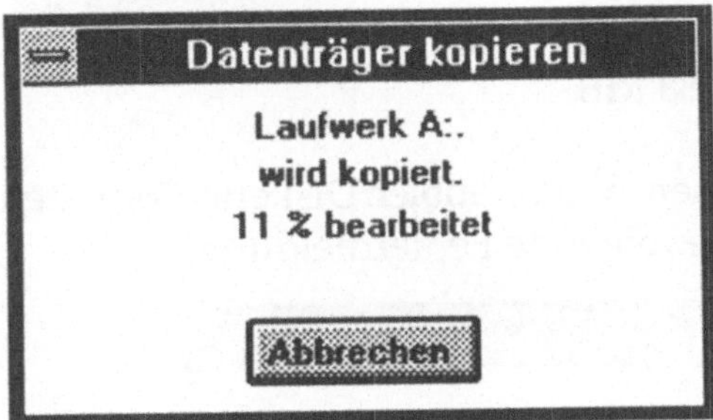

Abb. 5.21 Fortgang des Kopiervorgangs

✗ Achtung! Inkompatibilitäten
Es ist nur möglich, zwischen gleichartigen Laufwerken
zu kopieren. Insbesondere sind folgende Kombinatio-
nen **nicht möglich**:
Diskettenlaufwerk 5¼-Zoll <--> Festplatte
Diskettenlaufwerk 3½-Zoll <--> Festplatte
Diskettenlaufwerk 5¼-Zoll <--> Diskettenlaufwerk 3½-Zoll

✗ **Nicht möglich** sind auch folgende Kombinationen von disketten-Laufwerken::

Quelle	Ziel
360 kB	720 kB und umgekehrt
360 kB	1,2 MB und umgekehrt
1,2 MB	720 kB und umgekehrt
1,2 MB	1,44 MB und umgekehrt
1,2 MB	2,88 MB und umgekehrt
720 kB	1,44 MB und umgekehrt
720 kB	2,88 MB und umgekehrt
1,44 MB	2,88 MB und umgekehrt

✗ **Regel**
Disketten müssen gleiche Speicherkapazitäten haben. Folgende Kombinationen sind **möglich**:

Quelle	Ziel
360 kB	360 kB
720 kB	720 kB
1,2 MB	1,2 MB
1,44 MB	1,44 MB
2,88 MB	2,88 MB

Falls Sie versuchen, zwischen inkompatiblen Diskettenformaten zu kopieren, erscheint die folgende Fehlermeldung:

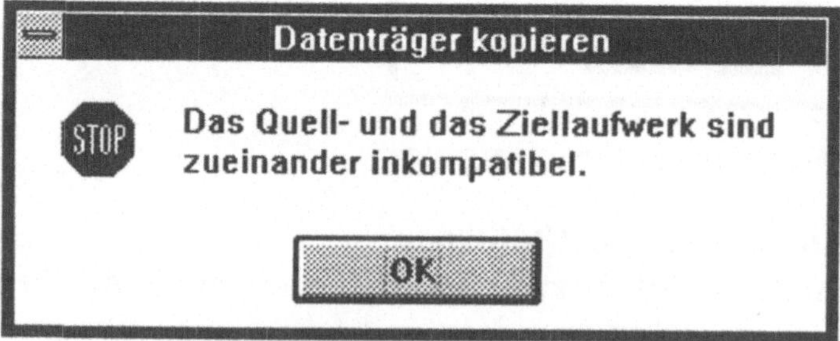

Abb. 5.22 Fehlermeldung bei Inkompatibilitäten

Mit [Klick] auf OK teilen Sie Windows mit, daß Sie die Meldung gelesen haben.

Wenn die Diskette komplett kopiert ist, haben Sie ein exaktes Duplikat Ihrer Quelldiskette hergestellt. Selbst der Datenträgernamen (Volume Label) ist derselbe. Sofern auf der Quelldiskette fehlerhafte Sektoren vorhanden waren, werden diese Sektoren auch auf der Zieldiskette nicht verwendbar sein. Es ist eigentlich wie beim Fotokopieren: Befindet sich auf dem Original ein Tintenfleck, so ist dieser auch auf der Kopie! Der einzige Unterschied zwischen beiden Disketten ist die Datenträgernummer, die individuelle für jede Diskette, die mit DOS oder Windows formatiert oder kopiert wird, vergeben wird.

5.8.2.4 Dateiattribute vergeben

Das Problem
Auch das dritte Problem, das wir mit dem Datei-Manager lösen, ist ein alltägliches: Vergeben von Dateiattributen.

Wir wollen davon ausgehen, daß die Datei BOERSE.XLS im Verzeichnis C:\USER\BOERSE wichtige Daten enthält, die niemals überschrieben werden sollen. Um diese Datei vor versehentlichem Überschreiben oder gar Löschen zu schützen, soll sie das Attribut *Schreibgeschützt* (= Read Only) erhalten.

✗ Leider ist das Attribut *Read-Only* nur in den seltensten Fällen ein wirksamer Schutz gegen Virenbefall. Viele Viren sind unangenehmerweise so programmiert, daß sie selbst bei gesetztem Read-Only-Attribut Dateien verändern und manipulieren können.

Ihre wertvollen Programme werden so allerdings vor versehentlichem Löschen und Überschreiben geschützt.

Vor Formatierungen schützt die Vergabe des Attributes *Schreibgeschützt* jedoch auch **nicht**.

Die Problemlösung

Laden Sie zunächst den Dateimanager. Gehen Sie so vor, wie bei der Lösung von Problem 1 zuvor bereits beschrieben.

2. Schritt: Verzeichnis öffnen

1. [Klick] auf dem Verzeichnisnamen USER im Fenster der Baumstruktur.
    Im rechten Teil sehen Sie die dort eingetragenen Dateien und weiteren Unterverzeichnisse.

2. [Klick] auf dem Namen der Datei, die mit den neuen Attributen versehen werden soll; hier ist dies BOERSE.XLS.

3. Dann wählen Sie *Eiogenschaften* aus dem *Datei*-Menü.
    Es erscheint eine Dialogbox mit den folgenden Auswahl-möglichkeiten:

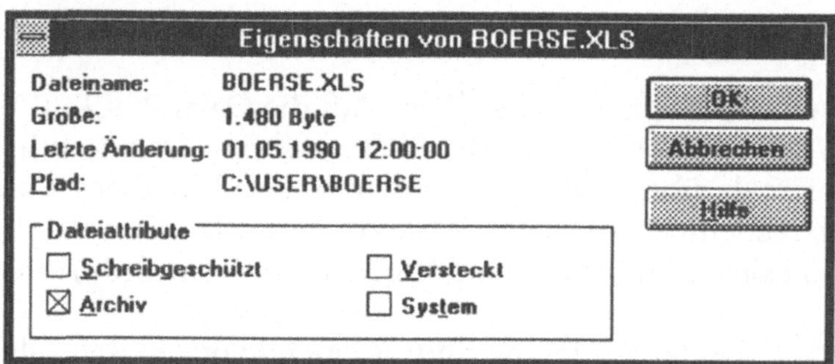

Abb. 5.23 Dateieigenschaften

4. [Klick] auf der Auswahl *Schreibgeschützt*.

Abb. 5.24 Vergabe des Read-Only-Attributes

5. [Return] oder [Klick] auf *Ok*.
    Das Attribut wird wie gewünscht verändert.

Je nach Einstellung des Datei-Managers sehen Sie bereits jetzt im Fenster des Verzeichnisses, daß das Attribut der Datei entsprechend verändert wurde.

5.8.2.5 Dateien mit Attributen anzeigen

Das Problem

Nachdem Sie zuvor das Attribut *Schreibgeschützt* vergeben haben, können Sie nun alle Dateien des entsprechenden Directorys mit den vergebenen Attributen zur Anzeige bringen und sich dabei davon überzeugen, daß die Datei BOERSE.XLS auch tatsächlich das Attribut *Schreibgeschützt* besitzt.

Die Problemlösung

1.   *Ansicht --> Bestimmte Dateiangaben*
   Es erscheint eine Dialog-Box, in der die verfügbaren Anzeigeoptionen angekreuzt werden können:

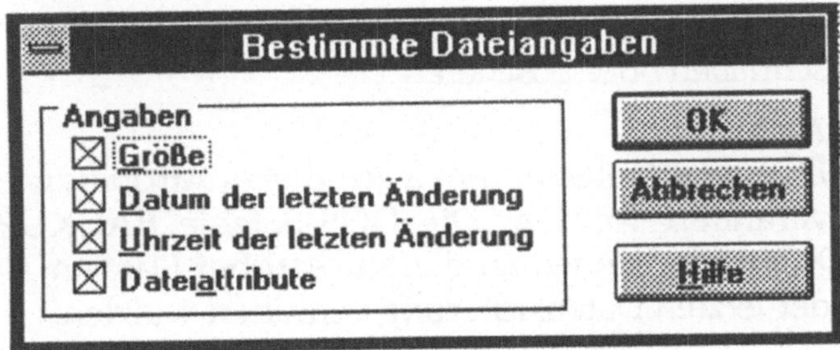

Abb. 5.25 Abfrage der Detailinformationen

2.   Sie kreuzen die Auswahl *Dateiattribute* an.

3.   [Return] oder [Klick] auf *Ok*.
   Die Dateien werden nun einschließlich der gesetzten Attribute angezeigt. Bei der Datei BOERSE.XLS ist das Attribut *R* für *Read Only* (= *Schreibgeschützt*) eingetragen. Vergleichen Sie dazu den Bildschirm auf der nächsten Seite.

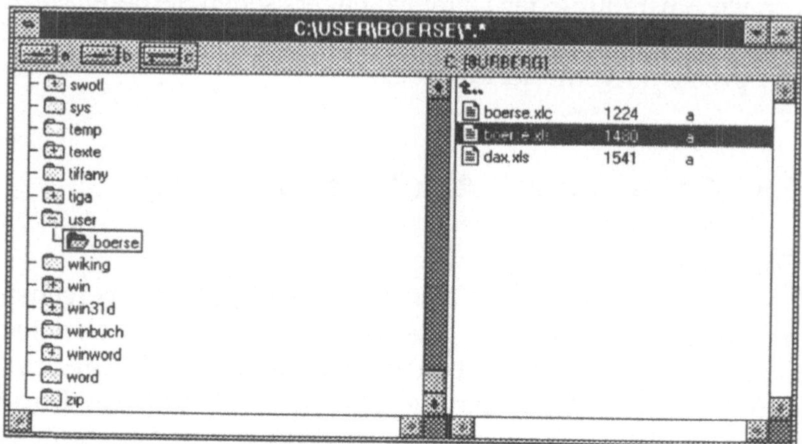

*Abb. 5.26 Anzeige des geänderten Datei-Attributes **Read-Only***

Folgende Dateiattribute können im Datei-Manager angezeigt werden:

R   Read-Only (Schreibgeschützt)
Dateien, die dieses Attribut tragen, können nicht verändert werden. Sicherer Schutz vor versehentlichem Überschreiben oder Löschen.

A   Archiv
Dateien erhalten automatisch dieses Attribut, wenn sie verändert werden. Die DOS-Befehle BACKUP und XCOPY erkennen an diesem Attribut Dateien, die seit der letzten Datensicherung verändert wurden.

H   Hidden (Versteckt)
Dateien, die dieses Attribut tragen, werden nicht in Inhaltsverzeichnissen angezeigt. Sie werden nur dann in Windows angezeigt, wenn über Ansicht --> Angaben auswählen bestimmt wird, daß auch versteckte und Systemdateien angezeigt werden sollen.

S   System-Dateien
Dieses Attribut dient allgemein dazu, Betriebssystemdateien zu identifizieren. Als "normaler" Anwender sollten sie dieses Attribut möglichst nicht vergeben.

5.8.2.6 Diskette formatieren

Umfangreiche Problemformulierung und Hinweise
Immer wenn Sie neue Disketten kaufen, können Sie diese zunächst nicht benutzen. Unabdingbare Voraussetzung ist die Einteilung der Diskette in Spuren und Sektoren, damit Ihr IBM-kompatibler Rechner Daten darauf speichern kann. Bei DOS-Rechnern unterscheidet man folgende Formate:

Größe	Spuren	Sektoren	Kapazität
5¼-Zoll	40	8	320 kByte
5¼-Zoll	40	9	360 kByte
5¼-Zoll	80	15	1,2 MByte
3½-Zoll	80	9	720 kByte
3½-Zoll	80	18	1,4 MByte
3½-Zoll	80	36	2,8 MByte

Neben der rein physikalischen Unterscheidung der Disketten in der Größe bestehen demnach auch logische Unterschiede (Anzahl der Spuren und Sektoren). Die möglichen Formate hängen darüber hinaus auch von den Eigenschaften des Diskettenlaufwerkes ab, das in Ihren Rechner eingebaut ist. Sollten Sie nicht genau wissen, welche Laufwerke in Ihrem PC eingebaut sind, so schauen Sie entweder in das Handbuch Ihres Rechners oder experimentieren Sie ein bißchen beim Formatieren - **aber bitte nur mit absolut leeren Disketten**.

✗ **Regel für den Kauf von Disketten**
Es gibt mehrere Dinge, auf die Sie achten sollten. Die wichtigsten Merkmale sind hier aufgeführt:

Wollen Sie die hohe Kapazität (1,2 MB oder 1,44 MB) nutzen, so wählen Sie Disketten mit der Bezeichnung DS/HD (double sided/high density).

Wollen Sie nur die geringe Kapazität (360 kB oder 720 kB) nutzen, so reichen Disketten mit der Bezeichnung DS/DD (double sided/double density). Solche Disketten sind preiswerter als DS/HD-Disketten.

X Grundsätzlich sollten Sie Disketten von namhaften Herstellern verwenden, da diese aufwendigen Prüfprozeduren unterzogen werden und im allgemeinen sehr zuverlässig sind. Allerdings sollte nicht verschwiegen werden, daß man auch mit sog. "No-name"-Disketten durchaus gute Ergebnisse erzielen kann.
Aber bedenken Sie immer: **Bei Disketten sollten Sie nicht sparen!**

Also: Jetzt soll unter Windows eine Diskette so formatiert werden, daß Sie darauf Ihre Daten speichern können.

Diskette formatieren

---

1. Wählen Sie aus dem Menü *Datenträger* die Funktion *Datenträger formatieren*.
    Es öffnet sich eine Dialogbox, in der Sie die Parameter der zu formatierenden Diskette wählen können:

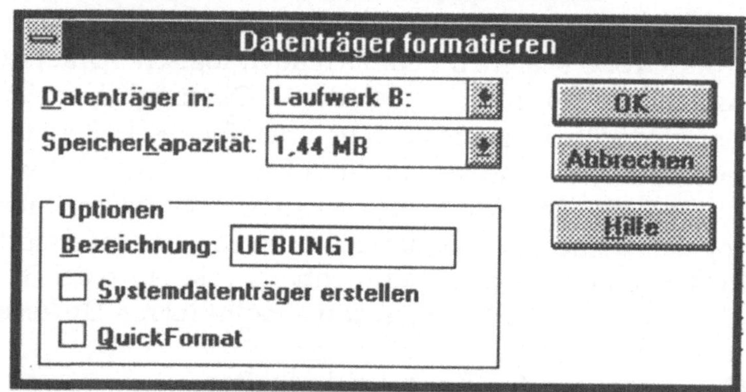

Abb. 5.27 Eingabe der Laufwerks-Parameter

2. Machen sie beispielsweise folgende Angaben:
    - Laufwerk B:
    - Hohe Dichte 1,44 MB
    - Name: UEBUNG1
    Die Diskette soll kein Betriebssystem enthalten, so daß *Systemdatenträger erstellen* nicht angekreuzt wird.
    Da die Diskette vollständig formatiert werden soll, wird auch *QuickFormat* nicht angekreuzt.

Diskette formatieren (Fortsetzung)

3.   [Return] oder [Klick] auf *Ok*.
      Es öffnet sich ein Info-Fenster:

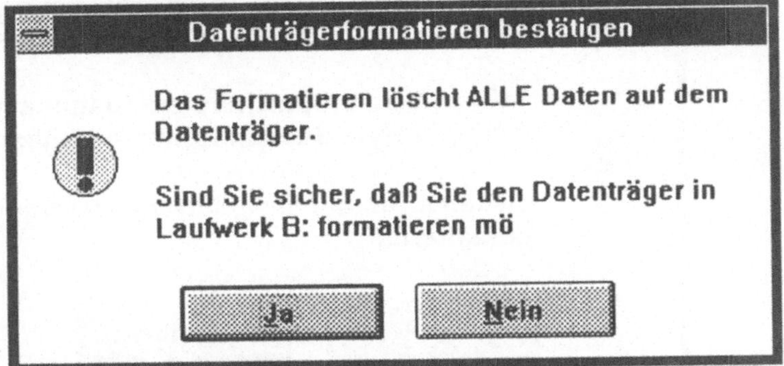

Abb. 5.28 Wichtige Information vor dem Formatieren

Sie werden nochmals darauf hingewiesen, daß durch das Formatieren alle Daten, die sich eventuell auf der Diskette befinden endgültig gelöscht werden.

4.   Wenn Sie wirklich formatieren möchten, wählen Sie *Ja*, andernfalls können Sie hier mit *Nein* (= [Esc]-Taste) abbrechen, ohne daß die Diskette formatiert wird.

5.   [Klick] auf *Ja*.
      Die Formatierung beginnt.
      Eine Info-Box zeigt Ihnen an, wieviel Prozent bereits formatiert sind:

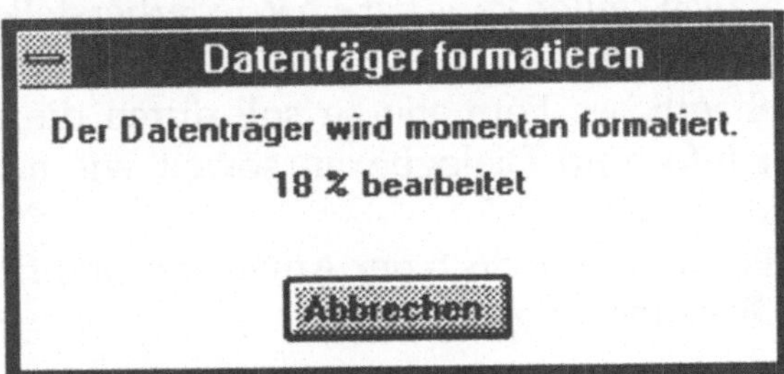

Abb. 5.29 Fortgang der Formatierung

Diskette formatieren (Fortsetzung)

Nach einer kurzen Wartezeit ist die Formatierung beendet.

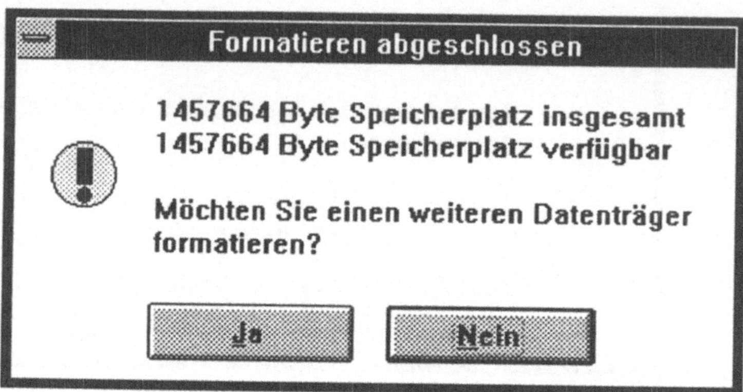

Abb. 5.30 Diskette ist formatiert

6.   [Klick] auf der entsprechenden Auswahl.
     Sie gelangen wieder in das Fenster *Datenträger formatie-
     ren* (vgl. Abb. 5.26 auf S. 162).

7.   Wählen Sie dort *Abbrechen*, um zum Datei-Manager
     zurückzukehren.

✗ Achtung beim Formatieren!
Durch die Formatierung werden alle eventuell bereits
auf der Diskette vorhandenen Daten restlos entfernt.
Auch mit Hilfe der *Norton Utilities* oder der *PC-Tools*, die
man zusätzlich kaufen kann, ist ein Wiederherstellen der
Daten **nicht** möglich.
Ein versehentliches Formatieren soll durch die zuvor
gezeigten Info- und Dialogboxen soweit wie möglich
verhindert werden.
Letztendlich sind Sie jedoch der Anwender und für Ihre
eigenen Disketten verantwortlich.

✗ **Schreib- und Formatschutz**
Damit Disketten mit wichtigen Daten nicht versehentlich formatiert werden können, sollten Sie den Schreibschutz aktivieren. Bei einer 5¼-Zoll-Diskette kleben Sie dazu die Kerbe am Rand mit den beigelegten Klebestreifen zu. Bei einer 3½-Zoll-Diskette schieben Sie den kleinen Schieber auf der Rückseite der Diskette in eine Position, so daß das sonst verdeckte Loch sichtbar wird.

✗ **Quick Format**
Mit der Windows Version 3.1 ist es möglich, eine sog. Quick Formatierung vorzunehmen sofern Sie Anwender der MS-DOS-Version 5.0 sind. Dabei wird nicht die gesamte Diskette neu in Spuren und Sektoren eingeteilt, sondern nur die Dateizuordnungstabelle und das Stamminhaltsverzeichnis werden gelöscht und neu hergestellt.
Diese Option entspricht dem Prameter /Q beim FORMAT-DOS-Befehl der Version 5.0.

Sehr interessant wird die Formatierung von Disketten unter Windows dadurch, daß die Formatierung, ist sie erst einmal angestoßen, im Hintergrund auch dann weiterläuft, wenn Sie ganz andere Dinge im Vordergrund machen. Dadurch kann man "mal nebenher" ein paar Disketten formatieren, ohne daß der Rechner dadurch die ganze Zeit über blockiert wird.

5.9 Zusammenfassung

Sie haben in dieser Lektion gelernt, mit dem Datei-Manager wichtige Organisations- und Verwaltungsaufgaben zu lösen. Dabei haben Sie neben der reinen Sortierarbeit auch aktives Arbeiten kennengelernt. Man könnte die Tätigkeiten im Datei-Manager unterscheiden in die aktiven (= schreibenden, verändernden) und passiven (= lesenden, anzeigenden) Arbeiten. Generell läßt sich sagen, daß die rein passiven Tätigkeiten die ungefährlichsten sind, da sie nichts an Dateien verändern.

Anders sieht es da schon bei den aktiven Arbeiten aus. Sie verändern tatsächlich Informationen auf der Festplatte oder der Diskette. Aus diesem Grunde ist bei den aktiven Arbeiten auch immer besondere Vor- oder doch wenigstens Umsicht geboten, um nicht versehentlich etwas zu löschen, zu überschreiben oder so zu verändern, daß ein Herstellen des alten Zustandes nicht mehr möglich ist. Es gibt zwar eine ganze Reihe von zusätzlichen Werkzeugen (Norton Utilities, PC Tools), die selbst versehentlich gelöschte Dateien wieder zurückholen können, doch sollte Sie dies nicht von der Verantwortung für Ihre eigenen Daten und Datenträger in der Weise entbinden, daß Sie sorglos "mal einfach so drauflos-löschen". Aber das tun Sie als PC-Profi ja ohnehin nicht!

Die folgenden ergänzenden Aufgaben sollen wieder Anregung sein, mit dem Datei-Manager "herumzuspielen"; doch denken Sie an die Warnung: **Wichtige Dateien müssen (!) immer als Duplikat vorhanden sein.**

5.10 Aufgaben zum Datei-Manager

Aufgabe 1

Nehmen Sie eine neue (und damit absolut leere) Diskette zur Hand. Formatieren Sie diese auf das maximal mögliche Format, das auf Ihrem Rechner und bei der vorhandenen Diskette möglich ist.

Aufgabe 2

Kopieren Sie alle wichtigen Dateien - vor allem die, mit denen Sie experimentieren möchten - auf diese Diskette. Sollte der Speicherplatz auf der Diskette nicht ausreichen, so formatieren Sie eine weitere Diskette.

Nachdem Sie dies gemacht haben, können Sie beruhigt experimentieren.

Beachten Sie bitte, daß Sie Programme, die Sie gekauft haben, nur zu eigenen Sicherungszwecken kopieren dürfen. Das Urheberrecht ist da ganz streng!!

Aufgabe 3

Rufen Sie doch mal über den Datei-Manager verschiedene Programme auf. Beobachten Sie, wie sich die Applikationen verhalten.

Wenn Sie mit Windows 3.1 in der 386er Betriebsart arbeiten, versuchen Sie mal bei den DOS-Programmen, mit [Alt]+[Return] in den Fenstermodus umzuschalten.

Beachten Sie dabei genau die Meldungen in den Informationsfenstern!

Aufgabe 4

Legen Sie Verzeichnisse an, und wechseln Sie zwischen diesen hin und her. Wenn Sie bereits DOS-Kenner sind, dürfte Ihnen dies nicht schwerfallen.

Löschen Sie nach Ihren Navigationsversuchen alle Verzeichnisse, die Sie nur zu Übungszwecken angelegt haben.

Sollten Sie nicht ganz sicher sein, so können Sie diese Experimente ja auch auf einer Diskette durchführen.

Aufgabe 5

Beobachten Sie die Task-Liste ([Strg]+[Esc]), nachdem Sie mit dem Datei-Manager Programme aufgerufen haben.

Aufgabe 6

Versuchen Sie mal, ein komplettes Directory von der Festplatte auf eine Diskette zu verlagern, indem Sie die schnelle Zieh-Methode benutzen.

Beachten Sie dabei, daß der Inhalt des Directorys nicht die Kapazität der Zieldiskette übersteigen darf.

Betrachten Sie sich danach die Verzeichnisstruktur Ihrer Diskette.

6. Die Druckerei in MS-Windows: Der Druck-Manager

6.1 Allgemeines

In den vorangegangenen Lektionen haben Sie erste wichtige Grundlagenkenntnisse für den Umgang mit MS-Windows 3.1 erhalten. Diese Lektion beschäftigt sich mit der Art und Weise, wie in Windows Druckaufträge vom Programm zum Drucker gelangen. Kenntnisse darüber sind wichtig, da man sich bei richtiger Einstellung des Druck-Managers viel Zeit und Arbeit ersparen kann.

Die Kommunikation mit dem Drucker kann bei Windows vollständig im Hintergrund ablaufen, solange keine ernsthaften Störungen auftauchen. Erst, wenn der Druck-Manager ohne die Hilfe des Anwenders nicht mehr weiterkommt, tritt er in den Vordergrund, indem er eine Meldung anzeigt.

Abb. 6.1 Der Druck-Manager hat ein Problem

Ob eine Meldung direkt beim Auftauchen des Problems gemeldet wird oder erst später, hängt von Ihnen als Benutzer ab und läßt sich im *Optionen*-Menü einstellen.

Doch der Druck-Manager hat weitere Vorteile. Mußte bei jeder DOS-Anwendung eine eigene Druckroutine geschrieben werden, so erledigt der Druck-Manager den Ausdruck für sämtliche Windows-Applikationen. Das erspart den Programmierern viel Arbeit und Ihnen viel Speicher, denn ein Programm ohne Druck-Routine ist eben kleiner als eines mit einer solchen Routine.

Mit anderen Worten, immer wenn Sie aus einer Windows-Applikation über den programmspezifischen Befehl (z.B. *Datei --> Drucken* im PageMaker und MS-Excel) drucken, wird zunächst eine spezielle Druckdatei hergestellt.

Datei: KAP-6.PM4; Drucker: PCL / HP LaserJet an LPT1:

Status: Seite wird übertragen 166, Band 37.

Abb. 6.2 Herstellung der Druckdatei im PageMaker als Beispiel

Diese Druckdatei wird an den Druck-Manager geschickt, der für das sendende Programm (hier *PageMaker*) die Erledigung des Druckauftrages übernimmt (Client-Server-Konzept). Es ist etwa so, als würden Sie eine Diskette mit Dateien zum Drucken nicht selbst auf Ihrem Drucker ausgeben, sondern einer spezialisierten Druckerei in die Hand drücken mit den Worten "dann druckt mal schön" und wieder nach Hause gehen. Dort könnten Sie in aller Ruhe Ihre Arbeit weiter machen, während in der Druckerei Ihr Disketteninhalt zu Papier gebracht wird.

Ähnlich wie bei der Druckerei, wird auch beim Druck-Manager jeder neue Druckauftrag in eine Warteschlange eingereiht. Das verhindert, daß etwas durcheinandergerät.

Je nachdem, ob Sie in einem Netzwerk mit Windows arbeiten oder nicht, muß auch der Druck-Manager seine Fähigkeiten an die verfügbaren Drucker anpassen. Der Druck-Manager unterscheidet im wesentlichen zwei Druckerarten:

- lokale Drucker
- Netzwerk-Drucker

Lokale Drucker sind solche Drucker, die direkt an Ihrem PC angeschlossen sind und ausschließlich von Ihnen benutzt werden.

Netzwerk-Drucker befinden sich irgendwo im Netzwerk und können von den Netzwerk-Usern verwendet werden.

Normalerweise ist es nicht notwendig, während eines Ausdrucks den Druck-Manager im Vordergrund laufen zu lassen. Wenn Sie jedoch in den Ablauf des Ausdruckes eingreifen möchten (Anhalten, Abbrechen), dann muß der Druck-Manager im Vordergrund aktiviert werden. Dies kann durch [Alt]+[Tab], über die Task-Liste oder per [Doppelklick] auf dem Symbol des geladenen Druck-Managers auf der Windows-Arbeitsfläche geschehen.

Es öffnet sich dann das Fenster des Druck-Managers.

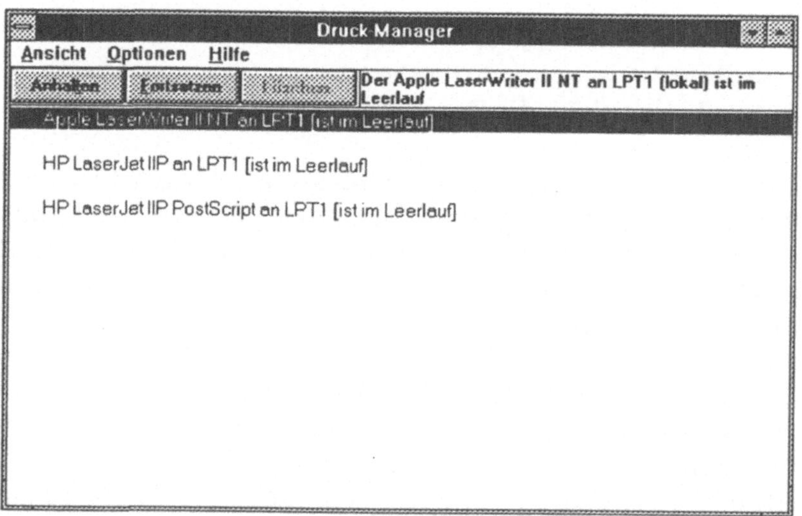

Abb. 6.3 Fenster des Druck-Managers

Im Druck-Manager ist es möglich,
- den Ausdruck anzuhalten, etwa um Papier zu wechseln,
- den Ausdruck abzubrechen,
- gezielt einzelne Druckaufträge zu löschen,
- die Reihenfolge innerhalb der Warteschlange der installierten Drucker (hier: Apple LaserWriter II NT, HP LaserJet IIP Postscript und HP LaserJet IIP) zu verändern,
- den Status des Druckauftrags zu überprüfen.

Dies gilt sowohl für lokale als auch für Netzwerk-Drucker. Natürlich können Sie Netzwerk-Drucker nur dann überprüfen, wenn Sie an ein Netzwerk angeschlossen sind, d.h. die Netzwerktreiber-Software aktiviert ist. Andernfalls kann Windows nicht erkennen, daß es ein Netzwerk gibt; der Einbau einer Netzwerkkarte allein reicht dazu nicht aus.

Ausdrucken ohne den Druck-Manager
Ausdrucken ist auch ohne den Druck-Manager möglich. Dazu muß in der *Hauptgruppe* des Programm Managers über die *Systemsteuerung* das Sinnbild für die Drucker per [Doppelklick] ausgewählt werden. Das Kreuz bei *Druck-Manager verwenden* durch nochmaliges Anklicken zurücknehmen. Allerdings ist dann kein Ausdrucken im Hintergrund mehr möglich.

Unterhalb der Menüleiste befinden sich drei Schaltflächen: *Anhalten*, *Fortsetzen* und *Löschen*. Mit diesen Schaltern läßt sich der gerade aktuelle Druckauftrag steuern. Dabei bedeuten *Anhalten* das kurzzeitige Pausieren, *Fortsetzen* das Wiederaufnehmen des Druckauftrags und *Löschen* das endgültige Beenden des Ausdruckes und Herausnahme des Druckauftrages aus der Druckerwarteschlange. Wird die *Anhalten*-Taste betätigt, so wird der Zustand in der darunter aufgeführten Druckauftragsliste angezeigt.

Druckauftrag löschen
● **Mit der Maus:**
[Klick] auf dem gewünschten Druckauftrag, dann [Klick] auf. **Löschen** und bei der folgenden Abfrage den *Ok*-Schalter anklicken.

● **Mit der Tastatur:**
Mit den Cursortasten den entsprechenden Druckauftrag markieren, dann die [Entf]-Taste drücken und die folgende Abfrage mit [Return] bestätigen.

Der folgende Bildschirmausdruck zeigt exemplarisch einen typischen Zustand des Druck-Managers während des Druckens.

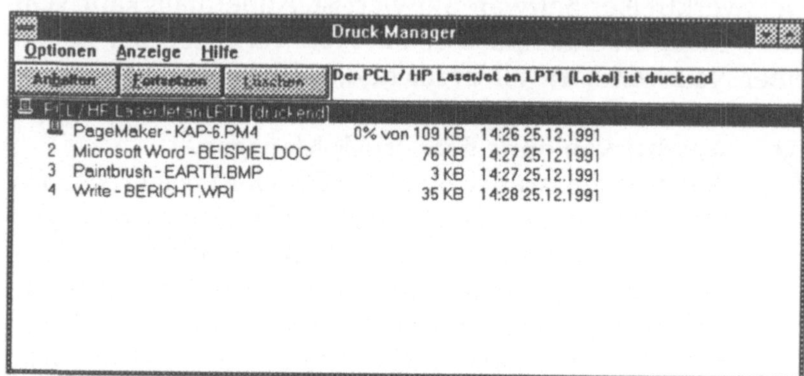

Abb. 6.4 Fenster des Druck-Managers während des Ausdrucks

In Abb. 6.4 wird gerade eine Reihe von vier Dateien der unterschiedlichsten Quellprogramme (PageMaker, Word für Windows, Paintbrush und Write) ausgedruckt. Noch ist nichts wirklich zum Drucker geschickt worden (0% der 109 kB der ersten Datei [PageMaker-Publikation "KAP-6.PM4"]). Die anderen Dateien sind in der Warteschlange eingereiht. Der Drukker ist ein HP LaserJet, der lokal an der Schnittstelle LPT1: betrieben wird. Zeitpunkt und Datum des Einstellens in die Warteschlange werden ebenfalls angezeigt (z.B. 14:26 25.12.91). Das Anzeigeformat von Datum und Zeit legen Sie in der *Systemsteuerung* über die Option *Ländereinstellungen* fest.

Für jeden installierten Drucker wird der Zustand der zugeordneten Warteschlange angezeigt. Um alle Druckaufträge zu sehen, benutzen Sie gegebenenfalls die Bildlaufleisten.

Damit Sie sich einen schnellen Überblick über den Druck-Manager verschaffen können, sind im folgenden die beiden Menüs *Ansicht* und *Optionen* kurz beschrieben. Die Hilfe wird hier nicht beschrieben, da Sie bereits in der 3. Lektion gelernt haben, wie man mit der Hilfe in Windows umgeht. Vielleicht erinnern Sie sich noch, wie Sie nachgesehen haben, wie man einen Drucker nachträglich installieren kann.

6.2 Das *Ansicht*-Menü

```
┌─────────────────────────────────────────────┐
│ ▄▄▄▄▄▄▄                                      │
│ Ansicht                                      │
│ √ Uhrzeit/Datum anzeigen                     │
│ √ Dateigröße anzeigen                        │
├─────────────────────────────────────────────┤
│   Aktualisieren                        F5    │
├─────────────────────────────────────────────┤
│   Ausgewählte Netzwerkwarteschlange...       │
│   Andere Netzwerkwarteschlange...            │
├─────────────────────────────────────────────┤
│   Beenden                                    │
└─────────────────────────────────────────────┘
```

*Abb. 6.5 Das **Ansicht**-Menü des Druck-Managers*

Außer Datum, Zeit und Dateigröße können Sie hier den Umgang mit den Warteschlangen im Netzwerk bestimmen.

Uhrzeit/Datum anzeigen

Zeigt im Druck-Manager Datum und Zeit an, zu welcher die Datei in die Warteschlange gestellt wurde (vgl. Abb. 6.4, S. 170). Das Ein- oder Ausschalten hat keine meßbare Auswirkung auf die Geschwindigkeit des Ausdruckes.

Dateigröße anzeigen

Soll neben dem Dateinamen auch die Dateigröße im Druck-Manager-Fenster angezeigt werden, so sollten Sie diese Option aktivieren. Ganz sinnvoll ist diese Option, da Sie so kontrollieren können, wieviel Prozent der Datei bereits ausgedruckt sind. Gerade bei sehr umfangreichen Grafikdateien ist dies von Vorteil, um etwa abschätzen zu können, wie lange man noch auf den Ausdruck warten muß. Allerdings erscheint diese Option nur in Verbindung mit Seitendruckern oder Druckern in Netzwerk-Warteschlangen sinnvoll, da bei allen anderen Druckern ja direkt auf dem Papier zu sehen ist, wie weit der Ausdruck bereits gediehen ist.

Aktualisieren

Um die Warteschlangen der Netzwerkdrucker auf den aktuellen Stand zu bringen, klicken Sie diese Auswahl an. Der Druck-Manager aktualisiert die Warteschlangen der Netzwerkdrucker automatisch in gleichen Zeitabschnitten. Um jedoch einen unmittelbaren aktuellen Stand zu sehen, ist diese Option von Vorteil.

Ausgewählte Netzwerk-Warteschlange
Hierüber wird die Warteschlange für den ausgewählten Netzwerk-Drucker angezeigt. Die Informationen, die in der Dialogbox angezeigt werden, hängen von der Netzwerk-Software ab. Folgende Informationen könnten angezeigt werden:
- den Druckaufträgen werden die Identifizierungen des Netzwerk-Users zugeordnet, der diesen Auftrag in die Warteschlange gestellt hat.
- ähnlich dem Ausdruck auf dem lokalen Drucker können Datum und Zeitpunkt angezeigt werden, zu dem der Druckauftrag in die Warteschlange gestellt wurde.
- ist ein Druckauftrag in Arbeit, d.h., wird er gerade ausgedruckt, so besteht die Möglichkeit, daß angezeigt wird, wieviel Prozent bereits ausgedruckt sind.
- weitere Detailangaben zum Zustand des Netzes bzw. der Druckwarteschlange.

Andere Netzwerk-Warteschlange
In Abhängigkeit von dem eingesetzten Netzwerk ist es eventuell möglich, außer dem direkt zugewiesenen Netzwerkdrucker auch andere Warteschlangen anzeigen zu lassen. Voraussetzung dafür ist jedoch, daß der Drucker auch in der Druckerliste aufgeführt ist. Sollte dies nicht der Fall sein, so wählen Sie in der *Systemsteuerung* das Netzwerk-Sinnbild, und fügen Sie dort die gewünschten Netzwerkdrucker hinzu. Geben Sie dann den Namen der Netzwerk-Druckerwarteschlange ein, und wählen Sie *Anzeige*. Beachten Sie bitte, daß die Statusinformationen, die oberhalb des Texteingabefeldes angezeigt werden, nicht automatisch aktualisiert werden.

Beenden
Mit *Beenden* verlassen Sie den Druck-Manager. Sofern noch Dateien in der Warteschlange stehen, werden Sie um Bestätigung gebeten. Wenn Sie *Ok* anklicken, wird der Ausdruck sämtlicher in der Druckerwarteschlange befindlichen Dateien beendet.

6.3 Das Optionen-Menü

*Abb. 6.6 Das **Optionen**-Menü des Druck-Managers*

Im *Optionen*-Menü kann die Priorität, die der Druckauftrag genießt, eingestellt werden. *Niedrige Priorität* bedeutet, daß dem Druck-Manager wenig Zeit im Vergleich zu anderen im Vordergrund laufenden Anwendungen zur Verfügung gestellt wird. *Hohe Priorität* bedeutet, daß der Druckauftrag sehr schnell erledigt wird, allerdings auf Kosten der Zeit, die für andere Anwendungen vom PC zur Verfügung gestellt wird.

Folgende Einstellung ist zu empfehlen:
- *Niedrige Priorität*
  Wenn Sie im Vordergrund mit einer Applikation aktiv arbeiten möchten und dafür die meiste Rechnerzeit zur Verfügung gestellt bekommen möchten. Der Ausdruck dauert dann etwas länger.
- *Mittlere Priorität*
  Standardeinstellung. Die Anwendung im Vordergrund wird nicht sehr verlangsamt.
- *Hohe Priorität*
  Wenn Sie schnell einen Druckauftrag erledigt haben möchten, sollten Sie diese Einstellung wählen. Allerdings werden Anwendungen im Vordergrund dadurch merklich langsamer. Wenn Sie aber ohnehin erst auf den Ausdruck warten müssen, bevor Sie mit Korrekturen auf der Basis des Ausdruckes fortfahren können, bietet sich diese Einstellung an.

Kommen wir zurück zum eingangs erwähnten Beispiel mit der Druckerei. Nehmen wir an, während der Aufbereitung Ihrer Diskettendaten hat die Druckerei Fragen zu Ihrer Diskette, weil eine Datei nicht ordentlich ausgedruckt werden kann. Während Ihrer Arbeit am häuslichen Schreibtisch klingelt plötzlich das Telefon: Es ist die Druckerei mit einer Frage. Sie klären das Problem bereits am Telefon, so daß der Druckauftrag fortgesetzt werden kann.

Dies geschieht auch beim Ausdruck mit dem Druck-Manager. Ist beispielsweise die Datenübertragung zum Drucker gestört oder liegt schlicht und ergreifend kein Papier mehr im Drukker, so meldet dies der Druck-Manager dann sofort, wenn Sie im *Optionen*-Menü die Auswahl *Immer warnen* gewählt haben.

Haben Sie hingegen *Blinken, falls inaktiv* ausgewählt, so blinkt das Sinnbild oder die Titelleiste, wenn das Fenster nicht aktiv ist und der Drucker Probleme beim Ausdruck hat. Es blinkt so lange, bis Sie das Fenster des Druck-Managers zum aktuellen Fenster machen oder aber das Sinnbild auf Fenstergröße erweitern. Wählen Sie *Ignorieren, falls inaktiv*, so werden sämtliche Nachrichten übergangen, solange das Druck-Manager Fenster nicht das aktuelle ist oder es als Sinnbild abgelegt ist. Um eingegangene Meldungen zu sehen, müssen Sie das Fenster zum aktuellen Fenster machen oder das Sinnbild auf Fenstergröße erweitern.

Nur wenn Sie im Netzwerk arbeiten, können Sie mit der Option *Netzwerkeinstellungen* die Kommunikation mit den angeschlossenen Netzwerk-Druckern kontrollieren. Andernfalls ist diese Option grau gerastert, d.h. nicht verfügbar. Hier können Sie auch bestimmen, daß Sie am Druck-Manager vorbei direkt auf die Netzwerkdrucker zugreifen möchten. Wählen Sie dazu *Netzwerkauftrag direkt drucken*. Im allgemeinen ist der Ausdruck im Netz ohne den Druck-Manager schneller. Egal, ob Sie mit oder ohne den Druck-Manager im Netz drucken, auf jeden Fall können Sie die Druckerwarteschlange auch für Netzwerk-Drucker von hier aus kontrollieren.

Über *Netzwerkverbindung* stellen Sie eine Verbindung zu einem Netzwerkdrucker her.

Seit der Windows-Version 3.1 ist es auch möglich, aus dem Druck-Manager heraus weitere Drucker zu installieren bzw. die Druckeigenschaften von bereits vorhandneen Druckern zu verändern. Dazu müssen Sie *Druckerinstallation* wählen.

6.4 Tastaturbedienung des Druck-Managers

Folgende Tastenkombinationen können zur Steuerung des Druck-Managers eingesetzt werden:

Tastenkombination	Erklärung
Alt L	Löscht den markierten Druckauftrag aus der Druckerwarteschlange.
Alt T	Hält Ausdruck an.
Alt F	Setzt angehaltenen Ausdruck fort.
Strg ↑ / Strg ↓	Bewegt markierten Druckauftrag in der Warteschlange nach oben bzw. unten.

Da die Hilkfefunktion bereits in Kapitel 3 intensiv besprochen wurde, sollen an dieser Stelle keine weiteren Erläuterungen zu diesem Thema erfolgen.

Über *Hilfe --> Info* können auch im Druck-Manager der Windows-Modus, der freie Arbeitsspeicher und die freien Systemressourcen angezeigt werden.

7. DOS-Programme unter Windows

Wahrscheinlich werden Sie nicht ausschließlich mit den meist
teuren Windows-Programmen arbeiten. Oft ist es so, daß man
noch einen größeren Vorrat an Programmen besitzt, die eigentlich nicht für die Arbeit unter Windows gedacht sind. Manchmal ist es sogar so, daß man sich mit den alten DOS-Klassikern
besonders gut auskennt und diese auf keinen Fall missen
möchte.
Obwohl Windows wirklich eine große Menge an Operationen
und Funktionen zur Verfügung stellt, können doch nicht
sämtliche Möglichkeiten des MS-DOS direkt von Windows
aus aufgerufen und aktiviert werden.

Folgende Befehle sind Beispiele:

DOS-Befehl	Funktion
FC	Dateivergleich
FDISK	Anzeige der Partitionsdaten ei-ner Festplatte
BACKUP/RESTORE	Sicherungskopien herstellen bzw. zurückspielen.
COMP	Dateien vergleichen.
DISKCOMP	Disketten vergleichen

Darüber hinaus ist das gesamte Handling der Stapelverarbeitungsdateien nur im DOS sinnvoll. Es zeigt sich demnach, daß
der fortgeschrittene DOS-Benutzer nicht umhin kommt, manchmal auf das Betriebssystem direkt zuzugreifen.

Außerdem ist es denkbar, daß Sie immer noch gerne mit MS-Word 5.0, dBase IV oder anderen leistungsstarken DOS-Werkzeugen arbeiten und diese auch zukünftig unter Windows zur Verfügung haben möchten.

Es bieten sich verschiedene Wege an, dies zu tun:
Einmal können Sie MS-Windows vollständig verlassen, Ihre Arbeiten im DOS erledigen und dann Windows wieder normal aufrufen, oder Sie bedienen sich des temporären Wechselns auf die Betriebssystemebene über die im folgenden dargestellte Methode, oder Sie integrieren das gewünschte DOS-Programm in einer Gruppe des Programm Managers wie in der 4. Lektion ab S. 89 beschrieben. Dazu benötigen Sie manchmal sog. PIF-Dateien. Im Teil B-4 lernen Sie, wie man solche Dateien herstellt und editiert.

Der Zugriff auf das Betriebssystem ist über das Sinnbild *MS-DOS-Eingabeaufforderung* in der Hauptgruppe möglich.

✗ Zum DOS wechseln
Aktivieren Sie das Sinnbild *MS-DOS-Eingabeaufforderung*, das standardmäßig in der *Hauptgruppe* integriert ist, um ins DOS zu wechseln.

Bei dieser Methode wird Windows nicht wirklich verlassen, sondern es verbleibt auch weiterhin im Speicher, allerdings in einer Minimalkonfiguration, die die spätere Rückkehr zu Windows ermöglicht. Es wird nur der DOS-Befehlsinterpreter COMMAND.COM zusätzlich in den Speicher geladen, so daß die vertraute DOS-Oberfläche auf dem Bildschirm sichtbar ist und alle DOS-Befehle wie gewohnt eingegeben werden können.

Wenn Sie mit Windows 3.1 im Standard-Mode arbeiten, so wird nach dem Aktivieren des Sinnbilds *DOS-Eingabeaufforderung* der Windows-Bildschirm gelöscht, und es stellt sich Ihnen die bekannte DOS-Oberfläche dar. Wenn Sie mit Windows im erweiterten Modus arbeiten, so haben Sie die

Möglichkeit, die DOS-Oberfläche sowohl in der Vollbilddarstellung als auch im Fenster laufen zu lassen. Alle DOS-Programme können im erweiterten Modus - d.h. auf allen 386er Rechnern - exklusiv oder im Hintergrund laufen. *Exklusiv* bedeutet dabei, daß keine weiteren Applikationen außer dem DOS laufen kann.

An diesen Ausführungen kann man bereits erkennen, daß es möglich ist, mittels Windows auch mehrere DOS-Programme scheinbar gleichzeitig laufen zu lassen. So etwas nennt man dann Multi-Tasking.

✗ DOS im Fenster
Nur im erweiterten Modus (386er Modus) können Sie die DOS-Oberfläche in einem Fenster innerhalb der Windows-Oberfläche laufen lassen, das dann *COMMAND-Fenster* heißt.

Zwischen der Vollbild- und der Fensterdarstellung kann mit [Alt]+[Return] umgeschaltet werden, sofern das DOS-Fenster das aktuelle Fenster ist.

In der Fensterdarstellung können sämtliche DOS-Anwendungen wie gewohnt gestartet werden.

Innerhalb der DOS-Anwendungen kann mit Hilfe der Maus markiert und in die Zwischenablage kopiert werden. Diese Daten können in anderen Applikationen eingefügt werden (vgl. Datenaustausch in der 8. Lektion ab S. 186).

Mit der rechten Maustaste wird die Markierung wieder aufgehoben, und man kehrt zum normalen textorientierten Eingabemodus des DOS zurück.

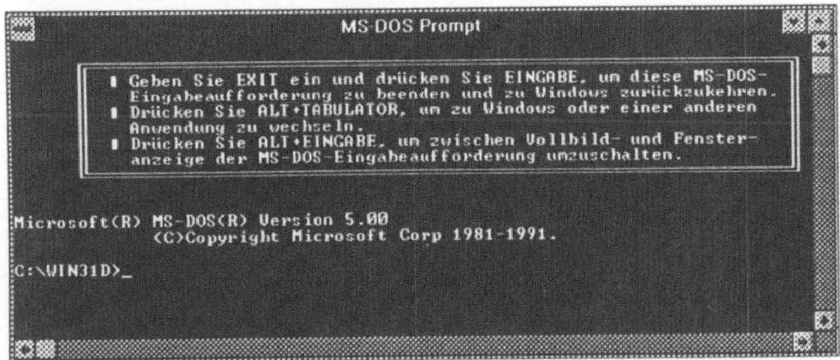

Abb. 7.1 DOS im Fenster

Das *COMMAND-Fenster* weist alle Merkmale eines "normalen" Windows-Fensters auf. Das Systemmenü erlaubt außer den normalen Funktionen auch die Einstellung der Multitaskingeigenschaften im erweiterten 386er-Modus.

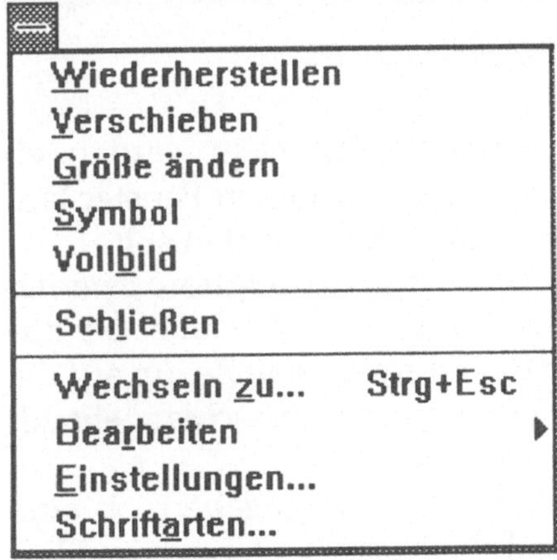

Abb. 7.2 Systemmenü des DOS-Fensters

Über ⊟ --> *Einstellungen* können die in der folgenden Abbildungen dargestellten Multitaskingeigenschaften eingestellt werden (vgl. Abb. 7.3, S. 182).

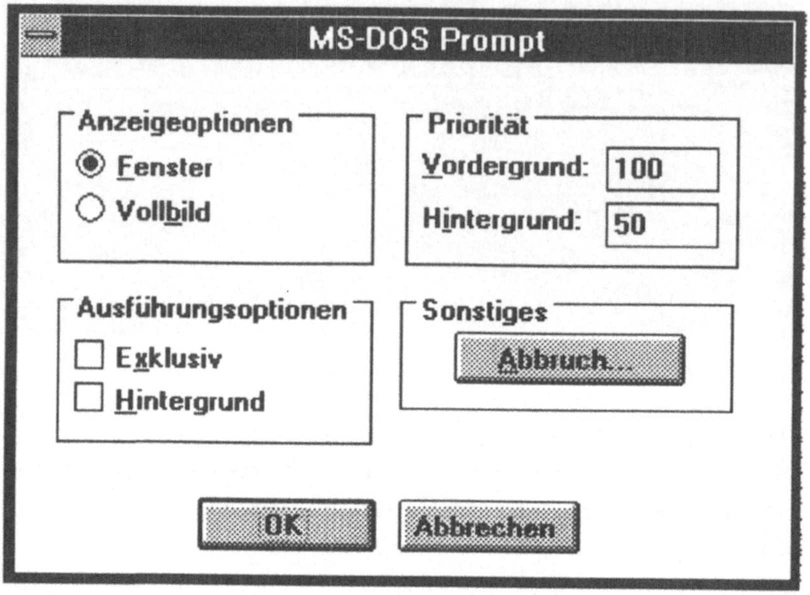

Abb. 7.3 Einstellungen zu DOS-Applikationen

Im einzelnen kann mit *Anzeigeoptionen* festgelegt werden, ob
die zum Fenster gehörende DOS-Applikation im Fenster laufen oder nur im Vollbildmodus dargestellt werden soll.
Die zugeteilte Prozessorzeit kann mit der Option *Priorität
Vordergrund : Hintergrund* bestimmt werden. Dabei ist das
Verhältnis von Vordergrund zu Hintergrund in Bezug auf die
für alle Programme zugeteilte Prozessorzeit ausschlaggebend.

Mit Hilfe der *Ausführungsoptionen* wird angegeben, ob eine
DOS-Anwendung ausschließlich (*Exklusiv*) oder auch im Hintergrund laufen können soll. Häufig ist es zu empfehlen, daß
umfangreichere DOS-Anwendungen möglichst exklusiv im
Vordergrund als Vollbild laufen. Nur wenn ausreichend Hauptspeicher zur Verfügung steht (> 4 MB), können auch mit DOS-
Applikationen im Hintergrund gute Ergebnisse erzielt werden. Normalerweise wird der DOS-Mode mit *EXIT* bzw. den
für die entsprechende Anwendung typischen Ende-Befehlen
verlassen.
Sollte dies nicht mehr möglich sein, so kann über *Unterbrechen*
eine DOS-Anwendung "abgewürgt" werden.

Da das System damit zum Absturz gebracht werden kann, ist dies höchstens ein "Rettungsanker" für sonst unlösbare Störfälle.

Im Falle des "unsanften" Abbruchs erscheint die folgende Warnung.

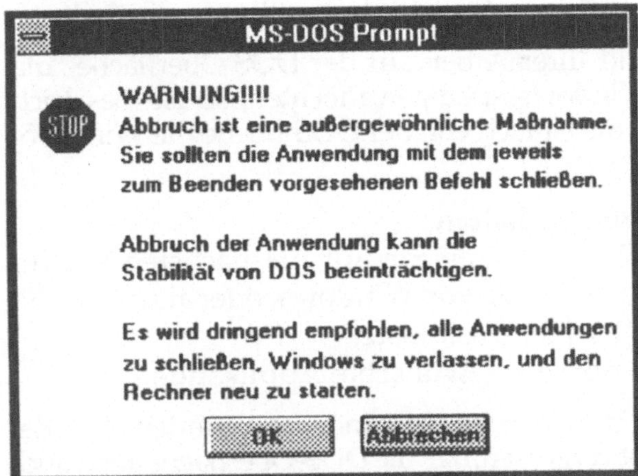

Abb. 7.4 Warnung bei Programm-"Rausschmiß"

Im DOS-Fenster kann wie gewohnt gearbeitet werden. Viele DOS-Anwendungen können auch im Fenster gestartet werden.

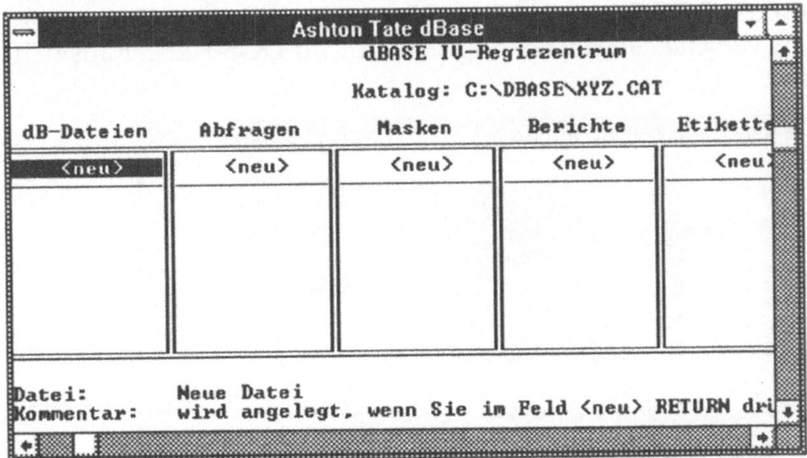

Abb. 7.5 dBASE IV im Fenster

 **Hinweis**

Über die Anpassung der Starteigenschaften der DOS-Anwendungen über PIF-Dateien erfahren Sie mehr im *Teil B-4 Windows zum Nachschlagen*. Wird keine spezielle PIF-Datei definiert, so benutzt Windows die Datei _DEFAULT.PIF, die Standardeinstellungen enthält.

Wenn Sie während Ihrer Arbeit auf der DOS-Oberfläche "mal kurz" etwas in Windows erledigen möchten, so ist dies leicht möglich: Schalten Sie einfach von der DOS-Ebene die Windows-Applikation ein.

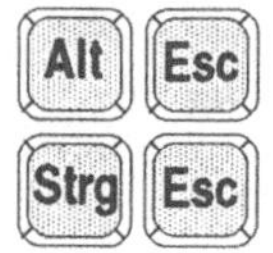

Nach Windows schalten

Mit [Alt]+[Esc] schalten Sie auf die nächsten aktiven Programme innerhalb von Windows, oder aktivieren Sie mit [Strg]+[Esc] die Task-Liste.
Wählen Sie dort die gewünschte Applikation.

Obwohl Sie sich nun wieder in Windows befinden, hat der Rechner noch nicht vergessen, daß die DOS-Oberfläche auch noch aktiv ist. Wie Sie ja bereits aus der 5. Lektion wissen, merkt sich Windows sämtliche Applikationen, die Sie gestartet, aber noch nicht beendet haben. Diese aktiven Applikationen werden in der Task-Liste geführt. Das Betriebssystem-Fenster wird in der Task-Liste als *DOS-Prompt* aufgeführt.

Ab der Windows-Version 3.1 ist die Veränderung der Schriftarten für das DOS-Fenster möglich. Über [-] --> *Schriftarten* können Sie die verschiedensten Schriftgrößen für Ihr DOS-Fenster auswählen:

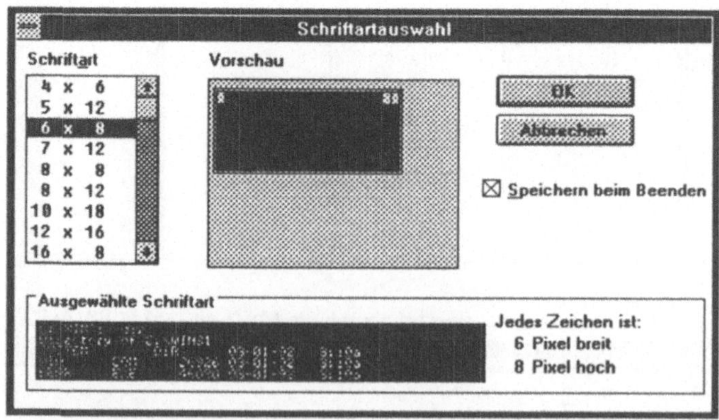

Abb. 7.6 Schriftarten für das DOS-Fenster

Je nach gewählter Schriftgröße wird auch das DOS-Fenster in seinen äußeren Abmessungen der Auswahl angepaßt.

Nachdem Sie Ihre Arbeiten auf der DOS-Ebene getan haben, können Sie diese wieder verlassen.

✗ DOS verlassen und schließen
Aktivieren Sie die DOS-Ebene, und geben Sie dort *EXIT* ein. Die Folge: DOS wird verlassen, und Sie arbeiten wieder in Windows. DOS wird auch aus der Task-Liste gestrichen.

Auch zwischen DOS- und Windows-Anwendungen können Daten über die Zwischenablage ausgetauscht werden. Man bedient sich dabei der Betriebsart *Markieren*. In dieser Betriebsart, die automatisch bei [Klick] im Fenster einer DOS-Anwendung eingeschaltet wird, kann ein Bereich des Fensters markiert werden. Über ▭ --> *Bearbeiten* --> *Kopieren* kann der markierte Bereich in die Zwischenablage kopiert werden. Von dort ist das Einfügen in einer Windows-Applikation kein Problem mehr. Um im Vollbild-Mode einen kompletten Bildschirminhalt in die Zwischenablage zu kopieren, betätigen Sie die Tastenkombination [Alt]+[Druck]. Sollte dies in Ihrer DOS-Applikation nicht funktionieren, versuchen Sie auch die Kombination [Strg]+[Druck] oder die [Druck]-Taste allein. Auf einigen älteren und auf englischen Tastaturen wird die [Druck]-Taste auch [PrtSc]-Taste genannt. Das ist eine Abkürzung von *Print Screen* und bezeichnet die Möglichkeit, einen gesamten Bildschirminhalt auszudrucken (Drucke Schirm).

Zusammenfassung

Ihre Windows-Kenntnisse haben nun schon ein beachtliches Niveau. Nachdem Sie zunächst vielleicht noch Mühe hatten, per [Doppelklick] eine Applikation zu aktivieren oder die Task-Liste aufzurufen, können Sie jetzt schon recht professionell mit Windows arbeiten. Die 7. Lektion hat sich zentral der Arbeit mit den "guten alten" DOS-Programmen gewidmet. Sie können nun mit sämtlichen auf Ihrem Rechner verfügbaren Programmen arbeiten, ohne Windows verlassen zu müssen.

8. Datenaustausch

Eines der wesentlichsten Merkmale von Windows ist die Möglichkeit des Datenaustausches zwischen den unterschiedlichsten Programmen. Es spielt meist überhaupt keine Rolle, ob die Programme, die am Datenaustausch beteiligt sind, etwas voneinander wissen oder gar vom gleichen Software-Hersteller kommen. Der Austausch der Daten ist unter Windows "genormt", so daß er auch zwischen Programmen der unterschiedlichsten Couleur funktioniert.

Im wesentlichen unterscheidet man dabei zwischen dem statischen und dem dynamischen Datenaustausch (DDA; engl. dynamic data exchange = DDE) sowie dem Einbetten von Datenobjekten in "Fremdprogrammen" (OLE; engl. object linking and embedding). Unter dem statischen Datenaustausch ist dabei der Austausch von solchen Daten gemeint, die einen unveränderlichen Momentanzustand eines Systems beschreiben (Hardcopy, unveränderlicher Tabelleninhalt, Grafik). Im Gegensatz dazu ist es beim dynamischen Datenaustausch möglich, die Daten ständig an sich ändernde Situationen anzupassen. Eine besondere Art des dynamischen Datenaustausches ist die Eigenschaft von Windows 3.1, Objekte eines Programms in Dateien anderer Programme einzubetten, sofern diese dazu in der Lage sind. Solche integrierten Datenbestände werden sogar aktualisiert, wenn sich die Ursprungsdaten ändern.
Die Programme, die am Datenaustausch beteiligt sind, müssen teilweise jedoch für die entsprechende Austausch-Methode ausgerüstet sein. Allerdings gilt dies nur für die beiden komplizierteren Austausch-Methoden des dynamischen Datenaustausches und dem Einbetten von Dateiteilen in anderen Dokumenten.

Der Austausch von Daten zwischen verschiedenen Computersystemen gehört nicht direkt in das Kapitel Datenaustausch, sondern mehr in das Kapitel *Datenfernübertragung mit Terminal*, das Sie in der Lektion B-5 im zweiten Teil dieses Buches finden.

Wir werden uns in den folgenden Ausführungen mit allen drei
Methoden beschäftigen.

8.1 Statischer Datenaustausch

Der statische Datenaustausch erfolgt mit Hilfe
der sog. *Zwischenablage*. In der *Zwischenablage*
Zwischenablage können temporär Daten in den unterschiedlichsten Formaten abgespeichert werden. Das können Texte,
Grafiken oder auch Teile einer Excel-Tabelle sein. Selbst komplette Hardcopies vom aktuellen Bildschirm können sehr schnell
in die *Zwischenablage* kopiert werden.

✗ Hinweis
Das Programm *Zwischenablage*, das über [Doppelklick]
auf dem oben dargestellten Symbol aus der Hauptgruppe
aufgerufen werden kann, ist eigentlich nur ein Be-
trachtungswerkzeug für den Inhalt der Zwischenablage.

Die folgenden Datenformate können von der Zwischenablage
in Windows verarbeitet werden.

Zunächst die Textformate:
- Text
- OEM-Text
- Rich Text

Neben der Möglichkeit, textorientierte Daten in der Zwischen-
ablage abzulegen, können auch Daten in typischen Formaten
aus Tabellenkalkulations- und Datenbankanwendungen
transferiert werden:
- BIFF
- WK1
- SYLK
- DIF
- CSV

Gerade die Möglichkeit, auch Grafiken zwischen den Programmen auszutauschen, macht den eigentlichen Reiz von Windows aus.
Diese Grafik-Formate können über die Zwischenablage ausgetauscht werden:
- Bitmap
- Picture
- Link
- Palette

Wenn Sie mehr über diese Datenformate wissen möchten, so lesen Sie bitte die Ausführungen dazu im *Teil B Windows zum Nachschlagen*.

Außer den standardisierten Formaten benutzen einige Programme eigene, spezielle Formate. Dies sind häufig solche Programme, die am Ende der Datenaufbereitungskette stehen. Sie können zwar die unterschiedlichsten Datenformate aufnehmen und verarbeiten, die Daten jedoch nicht an andere Programme zur Weiterverarbeitung übergeben.
Von besonderem Interesse sind in diesem Zusammenhang das DTP-Programm *PageMaker* von Aldus und das einfache Textprogramm *MS-Write*. Beide Programme benutzen sehr individuelle Formate zum Datenaustausch, die von keinem anderen Programm derzeit interpretiert werden können, sind auf der anderen Seite aber in der Lage, die unterschiedlichsten Datenformate aus der Zwischenablage einzulesen.

Darüber hinaus können diese Programme aber durchaus die Zwischenablage für den Austausch in eigenen Datenformaten nutzen. So kann man aus dem PageMaker die unterschiedlichsten Daten (Text, Grafiken und Tabellen) in die Zwischenablage kopieren, um sie etwa an anderer Stelle wieder im PageMaker-Dokument einzufügen.

Der Inhalt der Zwischenablage stellt demnach den aktuellen Stand einer Datei dar, einer Momentaufnahme gleich. Dieser momentane Stand kann in die Zwischenablage kopiert werden.

Daten in Zwischenablage kopieren

● **Mit der Maus:**

Auswahl der zu kopierenden Daten durch [Klick] oder mit [Dauerklick] über den Datenbereich fahren oder durch [Dauerklick] zu kopierenden Bereich umfahren (je nach Applikation). Auswahl von *Bearbeiten (Edit) --> Kopieren (Copy)* oder *Bearbeiten (Edit) --> Ausschneiden (Cut)*.

● **Mit der Tastatur:**

Mit den Cursortasten nach Maßgabe der Regeln für die entsprechende Applikation den zu kopierenden Bereich markieren und auswählen. Dann [Strg]+[Einfg]: Daten wurden in die Zwischenablage kopiert.
Oder: Auswahl von *Bearbeiten (Edit) --> Kopieren (Copy)* oder *Bearbeiten (Edit) --> Ausschneiden (Cut)* über die Menüleiste.

Der Inhalt der Zwischenablage wird nicht automatisch aktualisiert, wenn sich die Ursprungsdaten verändern. Dies muß per Hand jedesmal neu durchgeführt werden, wenn aktualisierte Daten in der Zieldatei vorhanden sein sollen.

Daten aus Zwischenablage in Zieldatei einfügen

● **Mit der Maus:**

Positionieren Sie den Cursor dort, wo die Daten aus der Zwischenablage eingefügt werden sollen. Wählen Sie dann *Bearbeiten (Edit) Einfügen (Paste)*.

● **Mit der Tastatur:**

Mit den Cursortasten positionieren Sie den Cursor dort, wo der Inhalt der Zwischenablage eingefügt werden soll. Dann: [Shift]+[Einfg], um die Daten aus der Zwischenablage einzufügen. Oder: Wählen Sie *Bearbeiten (Edit) --> Einfügen (Paste)* aus der Menüleiste.

✗ **Hinweis**
Bei einigen Programmen entfällt beim Einfügen von Grafiken das Positionieren des Cursors. Der Inhalt der Zwischenablage wird immer in der Bildschirmmitte (PageMaker) oder in der oberen linken Ecke (Paintbrush) eingefügt.

Die Arbeit mit der Zwischenablage läuft prinzipiell immer nach dem gleichen Schema ab. Dieses Schema ist in der folgenden Abbildung dargestellt.

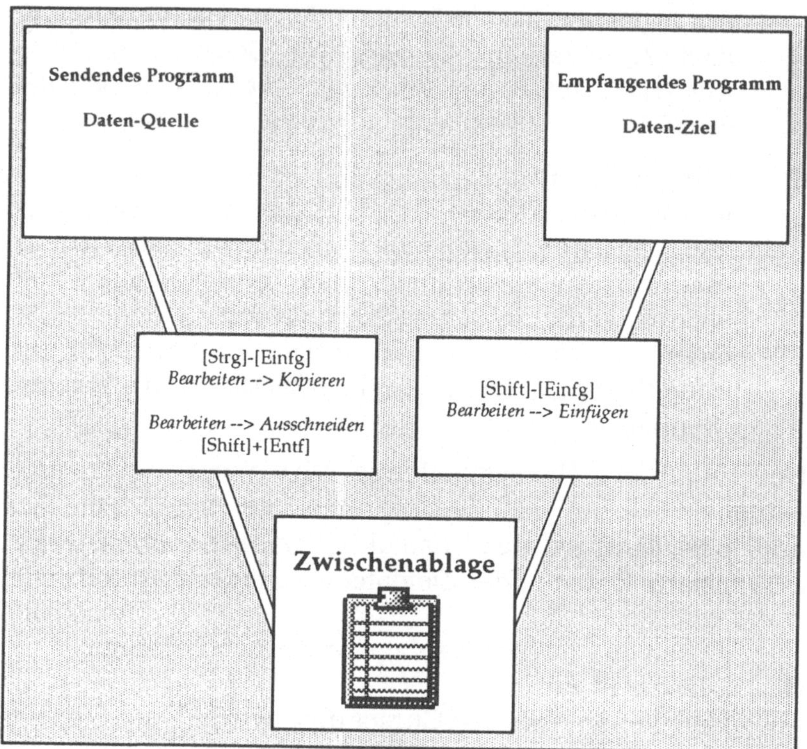

Abb. 8.1 Arbeit mit der Zwischenablage

Befinden sich in der Zwischenablage Daten, so werden diese angezeigt, wenn die Zwischenablage aufgerufen wird. Dabei werden nicht unbedingt alle Daten so dargestellt, wie man es vermutet. Will man die Darstellung ändern, so kann man dies über *Anzeige* tun.

Einige Programme können Daten in der Zwischenablage speichern, die überhaupt nicht angezeigt werden können. So gelingt es nicht, Grafiken, die im PageMaker erstellt wurden (Linien, Kästchen, gerasterte Flächen) mit Hilfe des Programms Zwischenablage darzustellen. Teilweise wird nur eine Palette von Farben angezeigt.

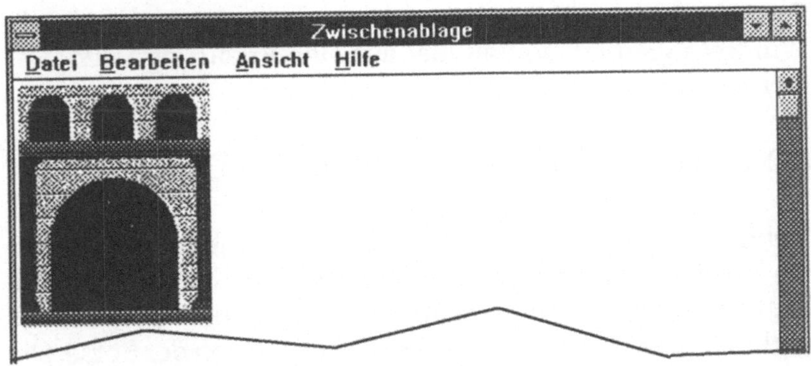

Abb. 8.2 Grafik in der Zwischenablage

Die folgenden Menü-Optionen stehen in der Zwischenablage
zur Verfügung:

Menü	Beschreibung
Datei / Öffnen... / Speichern unter... / Beenden	Mit dem *Datei*-Menü sind die üblichen Aktionen möglich: Öffnen einer Datei, Speichern einer Datei (*Speichern unter*) und Beenden der Zwischenablage.
Bearbeiten / Löschen ENTF	Das Menü *Bearbeiten* bietet nur die Möglichkeit, den Inhalt der Zwischenablage zu löschen. Bei Auswahl dieser Option erfolgt eine Sicherheitsabfrage.
Ansicht / Automatisch / √ Bitmap	Je nach Inhalt der Zwischenablage kann dieser Inhalt in den verschiedenen Formaten dargestellt werden, die vom sendenden Programm zur Verfügung gestellt werden. Wird *Automatisch* gewählt, erfolgt die Anzeige im günstigsten Format. In diesem Beispiel ist das sendende Programm Paintbrush. Es stellt beispielsweise die Formate *Bitmap* und *Palette* zur Verfügung.

Das Hilfe-Menü wird analog zu den anderen Anwendungen in Windows genutzt, so daß hier auf eine Erklärung verzichtet werden kann.

8.2 Dynamischer Datenaustausch (DDE)

Nehmen wir mal an, Sie möchten aus einer Tabelle mit aktuellen Börsendaten eine ständig aktualisierte Grafik erzeugen. Die Daten erhalten Sie direkt mit Hilfe des Terminalprogramms (vgl. Teil B-5 *Kommunikation*) über DATEX-P von der Börse. Die Tabelle mit den Börsendaten wird ständig auf dem laufenden gehalten. Ganz schön kompliziert! Stimmt. Aber wenn Sie als Windows-User beispielsweise auch Anwender des Programms MS-Excel sind, kein Problem. MS-Windows stellt eine direkte Verbindung zwischen dem Terminalprogramm und dem Kalkulationsprogramm MS-Excel her. Dabei sind die Aufgaben etwa so verteilt, wie die folgende Grafik dies zeigt.

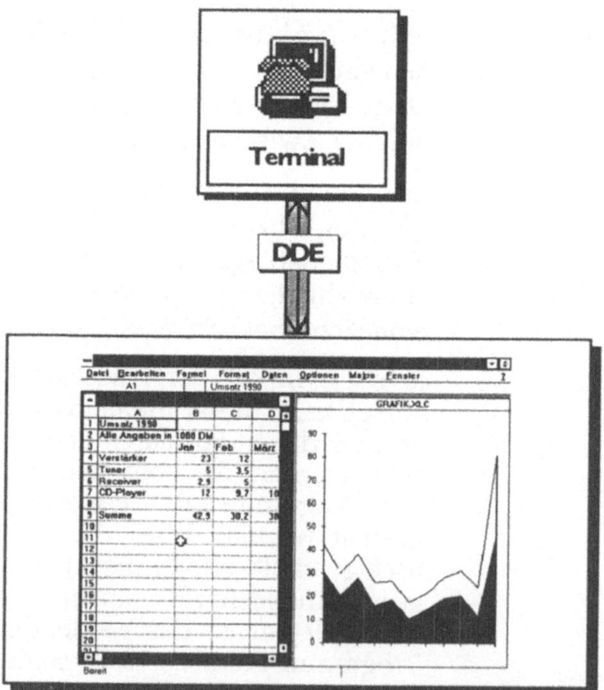

Abb. 8.3 Dynamischer Datenaustausch (DDE)

 **Word für Windows und DDE**
Im Textverarbeitungsprogramm Word für Windows sind für den dynamischen Datenaustausch unter Windows die beiden Felder DDE und DDEAUTO vorgesehen. Über *Einfügen --> Feld* können diese im Text positioniert werden.

MS-Excel und DDE
Übrigens werden in MS-Excel die Daten zwischen der Tabelle und dem Diagramm auch dynamisch ausgetauscht. Dies hat zur Folge, daß bei einer Änderung der Tabelle unmittelbar auch ein Diagramm angepaßt wird, sofern es auf Daten der Tabelle basiert

Das Prinzip des dynamischen Datenaustausches beruht im wesentlichen darauf, daß sich verschiedene Applikationen unter Windows den Speicher so teilen, daß sie gemeinsam auf seinen Inhalt zugreifen können.
Dieses nennt man *Shared Memory* oder auf deutsch *Speicher mit gemeinsamem Zugriff*.

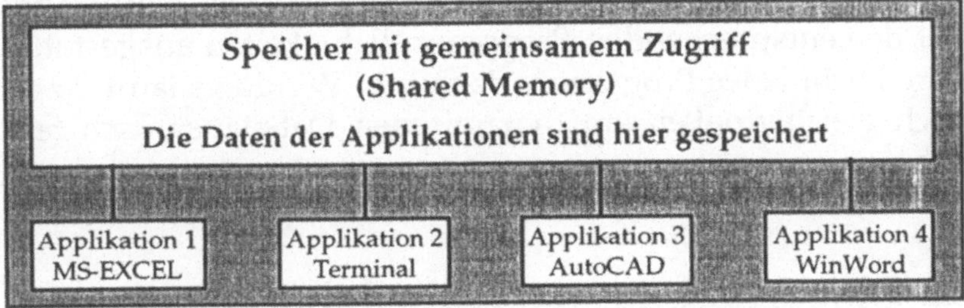

Abb. 8.4 Shared Memory

Windows kommuniziert intern über sog. *Windows Messages* mit den Applikationen und den angeschlossenen Einheiten (Maus, Bildschirm, COM1:). Es bestehen im wesentlichen zwei Elemente: Client und Server. Der Client ist dabei für den Aufbau der Kommunikation verantwortlich. Er kommuniziert mit den Fenstern, indem er an alle Fenster die Mitteilung WM_DDE_INITIATE - also Window Message, initialisiere den dynamischen Datenaustausch - sendet. Als Parameter wird der Name des entsprechenden Serverprogramms übergeben.

Jede Applikation, die dazu fähig ist, überprüft nun laufend die eingehenden Meldungen. Findet die Applikation etwas passendes, so sendet sie als Ok-Meldung WM_DDE_ACK zurück. Jetzt ist eine Verbindung, ein Übertragungskanal aufgebaut, und Daten können ausgetauscht werden. Im Windowskonzept spricht man auch von sog. *Transaktionen*. Auch der Client kann aktiv Daten abfragen, indem er die Message WM_DDE_REQUEST sendet. Als Parameter dieser Messages wird im wesentlichen das Datenformat mit übergeben.

Mit Hilfe weiterer Nachrichten und Meldungen kann somit eine komplette Datenübertragung laufend abgefragt werden, und zwar im Hintergrund, während im Vordergrund die Applikationen ihren "ganz normalen" Dienst versehen. Die Anforderung der ständigen Aktualisierung der Daten erfolgt ebenfalls über bestimmte Anweisungen (WM_DDE_ADVISE). Die Kommunikation zwischen Client und Server wird durch WM_DDE_TERMINATE beendet.

Programme, die sich des dynamischen Datenaustausches bedienen können, müssen jedoch von Ihrer Programmierung her mit den entsprechenden Programm-Fähigkeiten ausgestattet sein. Nicht jedes Programm, das unter Windows läuft, kann auch gleichermaßen am dynamischen Datenaustausch teilnehmen.

8.3 Object Linking and Embedding (OLE)

Zu den außerordentlich interessanten Möglichkeiten von MS-Windows 3.1 gehört zweifellos das Einbetten von Dateien oder Teilen davon in anderen Dateien.
Dabei werden die Daten so in einem Dokument eingefügt, daß man per [Doppelklick] die erzeugende Applikation aktivieren kann.
Eine weitere Bearbeitung der Daten ist dann problemlos möglich.

Damit Sie sich vorstellen können, was man unter dem Einbetten und Verbinden von Daten zu verstehen hat, sollen im folgenden die Fragen
- Was ist *OLE*?
- Was bedeutet *Object*?
- Was heißt *linking*?
- Was heißt *embedding*?
beantwortet werden.

Was ist OLE?
Unter OLE versteht man etwa folgenden Zusammenhang:

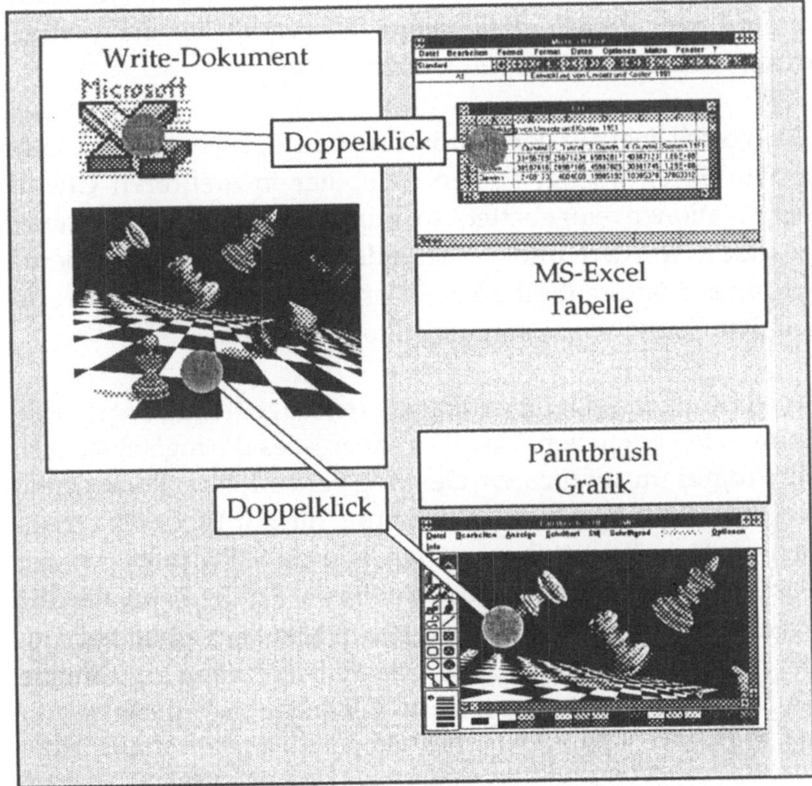

Abb. 8.5 Object Linking and Embedding - das Prinzip

Das eigentlich faszinierende an OLE ist, daß Daten ganz unterschiedlicher Programme so nicht nur ausgetauscht werden können, sondern daß beispielsweise Daten von Excel in einen

Text eingebunden werden können, der in Write geschrieben wurde. Außerdem gelingt es, Paintbrush-Grafiken im selben Write-Dokument einzubetten. Dabei wird das Programm, in dem ein Objekt (Text, Tabelle, Grafik usw.) erstellt wird auch als *Server* bezeichnet. Das Programm, in dem die unterschiedlichen Objekte später dann zusammengefaßt werden, bezeichnet man hingegen oft als *Client*.

Es ist wichtig, daß man von der herkömmlichen Art, eine fertige Grafik oder Tabelle über die Zwischenablage einzufügen, unterscheidet. Die eingebettete Grafik oder Tabelle kann nämlich per Doppelklick weiterbearbeitet werden, weil das Grafik- oder Tabellenprogramm (Server) durch die Verbindung automatisch geladen werden kann.

Der Vorteil liegt auf der Hand: Wird beispielsweise eine Tabelle von Excel erzeugt (= Server) später in mehreren Client-Applikationen eingebettet, so muß die Tabelle nur einmal geändert werden und ist trotzdem in sämtlichen Clients gleichzeitg automatisch aktualisiert. Der Änderungsaufwand kann auf diese Weise stark minimiert werden.

Auch kann man sich einen schnelleren Zugriff auf Programme kaum noch vorstellen. Vor allem aber ist es die logischste Art, ein Programm aufzurufen. Der Weg geht offenbar konsequent weg von der Programm-Orientierung hin zur Ergebnis-Orientierung. Dabei ist mit *Ergebnis* das eigentliche Produkt, d.h. der Text, die Grafik oder die Tabelle, gemeint. Leider kann man die Objekte noch nicht in den Programm Manager einbetten, um sie von dort aus den Gruppen heraus aktivieren zu können. Vielleicht ist das einer späteren Version von Windows vorbehalten.

Das langwierige Suchen nach Programmen in Directories auf der Festplatte war bereits mit den Vorgängerversionen von Windows 3.1 nicht mehr nötig. Bereits in Windows 3.0 wurde die Verknüpfbarkeit von Datei und Programm ermöglicht. Jetzt endlich haben es die Programmierer fertiggebracht, das eigentliche Programm mehr in den Hintergrund treten zu lassen. Was zählt, ist das Produkt. Und genau darüber läßt sich die Werkzeugebene nunmehr direkt ansprechen.

Was bedeutet "Object"?

Unter Objekten versteht man in Windows jegliche Art von Dateien oder auch Teile davon, also Texte, Grafiken und Tabellen sowie ganze Multi-Media-Anwendungen. Ja sogar Batch-Dateien lassen sich über zugeordnete Symbole aufrufen. Schlichtweg jede Information, die auf dem Computer verarbeitet wird, kann als "object" verstanden werden. Dokumente oder Teile davon können auch hinter einem Symbol "verborgen" werden. Eine ganz zentrale Rolle bei der Objekt-Erstellung und Verwaltung spielt der Objekt-Manager. Er ist eine Art Verpacker für Dokumente aller Art. Außerdem kann mit Hilfe des Objekt-Managers einem Dokument auch ein individuelles Symbol zugeordnet werden.

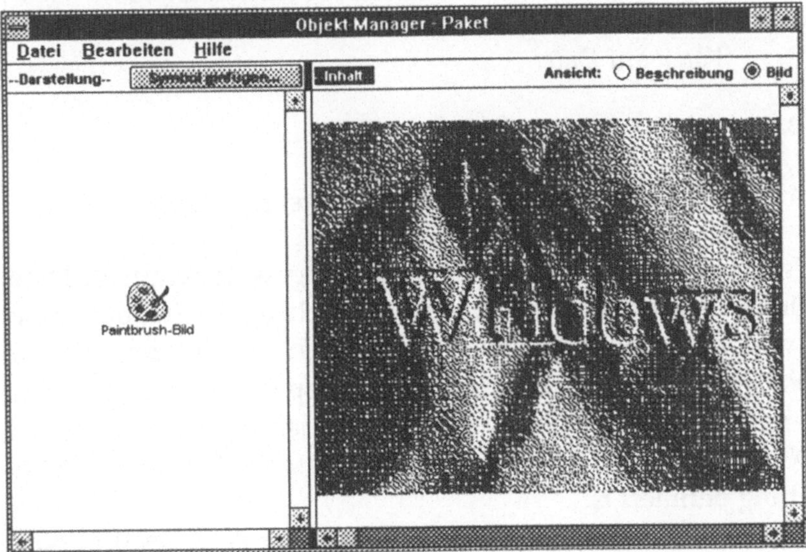

Abb. 8.6 Der Objekt-Manager

Ein im Objekt-Manager geschnürtes Paket kann über die Zwischenablage in jedem Windows-Programm eingebettet wer-

den, das OLE unterstützt. Von dort aus kann es über [Doppel-
klick] auf dem Paket-Symbol zur Bearbeitung "aufgeschnürt"
werden.

Sie "schnüren" ein Paket

1.   Rufen Sie per [Doppelklick] den Objekt-Manager aus der
      Gruppe Zubehör auf.
      Es öffnet sich das folgendeFenster:

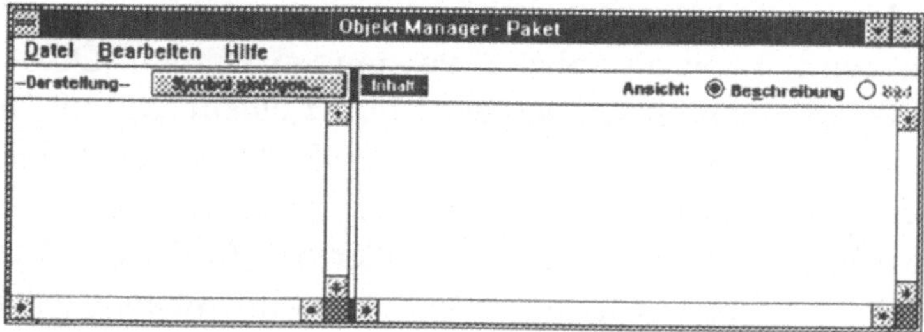

Abb. 8.7 Die beiden Fenster des Objekt-Managers

2.   Klick auf *Datei*.

3.   Klick auf *Importieren*.

4.   Wählen Sie Verzeichnis und Datei per [Doppelklick].

Im rechten Teil *Inhalt* des Objekt-Managers wird nun die Datei
benannt, im linken Teil *Darstellung* erscheint ein Symbol. Dabei
wird unterschieden zwischen solchen Dateitypen, die mit
Programmen verbunden sind wie beispielsweise DOC-Datei-
en mit Word für Windows, BMP-Dateien mit Paintbrush und
XLS-Dateien mit Excel und solchen Dateien, für keine Verbindung definiert ist.
Bei verbundenen Dateien wird im linken Fensterteil *Darstellung* das Symbol des erzeugenden Programms (Server) angezeigt, ist keine Verknüpfung vorhanden, erscheint das allge-
meine Symbol des Objekt-Managers (siehe links).

Objekt-Manager

Sie packen weiter

5.   *Bearbeiten --> Paket kopieren*
      Das Paket wird in die Zwischenablage kopiert.

6.   Rufen Sie das Programm auf, in dem das Paket eingebettet
      werden soll.

7.   Markieren Sie nun die Stelle der Zieldatei (Client), an der
      das Paket eingebettet werden soll.

8.   In der Client-Anwendung wählen *Bearbeiten --> Einfü-*
      gen.

Ganz analog gehen Sie vor, wenn Sie nur einen Teil eines
Dokuments zu einem Paket schnüren möchten. Statt eine Datei
im Objekt-Manager zu importieren, fügen Sie sie über *Bearbei-*
ten --> Einfügen im Objekt-Manager ein. Voraussetzung ist
dafür natürlich, daß Sie in der Server-Applikation den Teil des
Dokuments zunächst markiert und dann in die Zwischenablage kopiert haben.

Sie können dann in dem rechten Teil *Inhalt* zwischen den
Ansichten *Beschreibung* und *Bild* hin- und herschalten. In Abbildung 8.6 auf Seite 195 wurde die Ansicht *Bild* eingeschaltet.
Gerade bei großen Dateien sollten Sie jedoch aus Speicher-
platzgründen nicht auf Bild schalten, sondern den beschrei-
benden Text wählen. Bei umfangreichen Grafiken kann es
auch vorkommen, daß diese nicht mehr exakt, sondern ver-
zerrt dargestellt werden.

Die Befehle der Menüleiste beziehen sich jeweils auf die beiden
Fensterseiten und die gewählte Ansicht.

Was bedeutet "linking"?
Linking heißt nichts anderes als *Verbinden* oder *Verknüpfen.*
Verbunden werden bei diesem Verfahren zum einen Dateien
mit anderen Dateien, zum anderen aber auch Dateien mit den

erzeugenden Programmen. Verbundene Objekte können Daten dynamisch über die Windows-Kanäle austauschen. Die Folge: Ändert sich die Ausgangslage in einer Datei, so erfährt es der Anwender sofort innerhalb des Dokumentes, in dem die verschiedenen Objekte versammelt sind (Client). Das gesonderte Aufrufen über die Gruppen des Programm Managers oder den Datei Manager entfällt.

Verbundene Dokumente können entweder vom Client-Dokument oder dem Objekt-Manager bearbeitet werden. Es genügt jeweils ein [Doppelklick] auf dem Objekt selbst oder dem zugeordneten Symbol, um das Server-Programm zu laden und eine Bearbeitung dort zu ermöglichen.

Was heißt "embedding"?
Embedding bedeutet *Einbettung*. Damit ist die Einbettung von Dateien oder Dateiteilen des einen Programms in ein anderes Dokument gemeint. Von großem Vorteil dabei ist, daß die Dokumente nicht mit Programmen erzeugt werden müssen, die sich "kennen" oder vom selben Hersteller kommen.

Der Idee von Microsofts Chef Bill Gates von der Information auf Tastendruck ("Information at your fingertip") ist man sicher mit Hilfe von OLE einen großen Schritt nähergerückt.

Auch bei dieser Methode, Daten zu integrieren und auszutauschen müssen sämtliche beteiligte Programme bereits bei der Programmierung dazu befähigt worden sein. Nicht jedes unter Windows 3.1 lauffähige Programm ist gleichermaßen auch in der Lage, sich an dieser Art des Datenaustausches zu beteiligen. Häufig findet man in OLE-fähigen Programmen im Menü *Bearbeiten* Optionen wie *Objekt einfügen* oder *Einfügen Spezial*. Damit können dann Objekte so in einem Dokument eingefügt werden, daß ein entsprechender Datenaustausch möglich ist.

X   **Beispiel**
MS-Excel 3.0 war eines der ersten Programme, die sich -
ohne daß es explizit gesagt wurde - der OLE-Methode
bedienten. Es ist dort möglich, eine Geschäftsgrafik in
einer Tabelle so einzubetten, daß bei einer Änderung der
Tabelle das Diagramm unmittelbar aktualisiert wird
(object linking).
Darüber hinaus kann per [Doppelklick] auf der Grafik
der Teil von Excel aktiviert werden, in dem es möglich ist,
die Grafik zu bearbeiten (object embedding).

8.4 Zusammenfassung

In diesem Kapitel haben Sie interessante Leistungsmerkmale
von Windows 3.1 in Bezug auf den Austausch ganz unterschiedlicher Daten kennengelernt.

So kennen Sie die Unterschiede zwischen dem statischen Datenaustausch über die Zwischenablage und den dynamischen
Datenaustausch zwischen Programmen die DDE-fähig sind.
Darüber hinaus haben Sie sich mit dem Objekt-Manager vertraut gemacht. Sie können jetzt Ihre eigenen Datenpakete
schnüren und in anderen Programmen so einbetten, daß diese
per Doppelklick wieder bearbeitbar werden.

Bei der Behandlung des OLE-Konzeptes sind Sie mit den
Begriffen Client und Server sowie dem eigentlichen Einbetten
und Verknüpfen von Objekten vertraut gemacht worden.

9. Die Windows-Werkzeugkiste: Das Zubehör

Zahlreiche Probleme und Problemchen, die im Büroalltag anfallen, können mit den sog. Zusatzprogrammen der Gruppe *Zubehör* gelöst werden. Angefangen von der Terminverwaltung, über das schnelle Anlegen von Karteikarten und Notizzetteln bis hin zu den komplexeren Aufgabenstellungen einer kleinen Textverarbeitung oder eines Zeichenprogramms. All dies können Sie mit den Zusatzwerkzeugen erledigen, die Sie mit Windows erworben haben. Häufig wird die Leistungsfähigkeit dieser kleinen Werkzeuge unterschätzt. Zugegeben, professionellen Ansprüchen an die Textverarbeitung wird *Write* nicht genügen, genauso wenig, wie man bei *Kartei* von einer Datenbank sprechen kann. Doch nicht jedes Problem erfordert im Alltag gleich den Einsatz von Word für Windows, dBASE IV oder Lotus 1-2-3. Da bieten sich beim Schreiben einer einfachen Rechnung, einer nicht allzu umfangreichen Adreßdatei oder dem schnellen Erstellen einer einfachen Grafik schon die leicht erlernbaren Windows-Zusatzprogramme an.

In dieser Lektion werden Sie diese Tools (= Werkzeuge) kennenlernen.

9.1 Die Uhr

Das einfachste Zusatzprogramm in Windows ist die Uhr. Sie zeigt im Fenster die aktuelle Uhrzeit analog an, d.h. mit "richtigen" Zeigern oder in großen Ziffern wie eine Digitaluhr. Die Uhr ist ein echtes Multitaskingprogramm, denn sie läuft auch dann weiter, wenn sie als Sinnbild abgelegt ist; ja sie zeigt sogar auch als Sinnbild die Uhrzeit an.

Voraussetzung für die richtige Zeit ist allerdings, daß Sie entweder mit dem DOS-Befehl TIME, der Diagnose-Diskette (für ältere IBM-Rechner) oder über die *Systemsteuerung* die richtige Zeit eingestellt haben.
Über *Einstellungen* schalten Sie zwischen analoger und digitaler Darstellung um. Außerdem läßt sich dort die Schriftart festlegen, in der die digitale Zeit angezeigt werden soll. Ob neben den Stunden und Minuten auch noch Sekunden und das aktuelle Dateum angezeigt werden sollen, können Sie ebenfalls über den Menüpunkt *Einstellungen* festlegen.

Möchte man die Uhr ständig auf der Arbeitsfläche von Windows sehen, so läßt sich die Titelleiste und die Menüleiste sowie die anderen Fensterelemente (Symbol- und Vollbildschalter, Steuerungsmenüfeld) vollkommen ausschalten (*Einstellungen --> Titelleiste*). Per Doppelklick innerhalb der Uhr kann die Titelleiste dann wieder eingeschaltet werden.

Abb. 9.1 Die Uhr, analog und digital

Bei ausreichend großer Schrift wird die Zeit in einem netten 3D-Effekt dargestellt.
Sofern die Uhr nicht im aktuellen Fenster im Vordergrund liegt, so läuft sie manchmal etwas ruchweise. Das läßt darauf schließen, daß der Prozessor nicht seine ganze Aufmerksamkeit der Uhr zuwenden kann, sondern oft auch mit anderen Dingen beschäftigt ist.

9.2 Die Terminverwaltung mit dem Kalender

Verwechseln Sie den Kalender nicht mit einem professionellen Projektplanungswerkzeug wie MS-Project oder gar Superproject. Nicht jeder Gesprächstermin erfordert gleich ein umfangreiches Terminmanagement mit Hilfe der Netzplantechnik. Denken Sie an folgende Situation: Ihrer Frau wollen Sie zum Valentinstag ein paar Blumen schenken. Ihre Vergeßlichkeit gerade für solche Anlässe ist Ihnen ja hinlänglich bekannt. Vielleicht denken Sie noch an den enttäuschten Blick, als Sie am letzten Hochzeitstag zwar mit den Worten "War das wieder anstrengend", jedoch so ganz ohne Blumen nach Hause kamen. Diese Zeiten sind endgültig vorbei, wenn Sie den Terminplaner von MS-Windows nutzen.

Man unterscheidet zwei verschiedene Darstellungsarten in der Terminplanung: die Tages- und die Monatsansicht.

Abb. 9.2 Tages- und Monatssicht in des Kalenders

Durch [Doppelklick] auf den gewünschten Tag wechseln Sie in die Tagesdarstellung dieses Tages. Umgekehrt können Sie durch [Doppelklick] auf der Datumsanzeige der Tagesdarstellungen wieder zurück in Monatssicht schalten.

Damit Sie einen schnellen Überblick bekommen, sind im folgenden die Menüs in der Kurzübersicht dargestellt. Danach lernen Sie, wie man wichtige Termine nicht vergißt.

9.2.1 Die Menüs im Überblick

Menü	Beschreibung

Das *Datei*-Menü des Kalenders erlaubt neben der Neuanlage (*Neu*) auch das Laden (*Öffnen*) und Speichern (*Speichern* und *Speichern unter*) von Kalenderdateien. Darüber hinaus ist der Ausdruck der aktuellen Kalenderdatei (*Drucken*) und die Gestaltung der Seite (*Seite einrichten*) möglich. Möchten Sie Ihren Terminkalender auf einem anderen installierten, jedoch zur Zeit nicht aktiven Drucker ausdrukken, so können Sie diesen auswählen (*Druckerinstallation*). Als letztes ist noch das Verlassen des Kalenders möglich (*Beenden*).

Das *Bearbeiten*-Menü erlaubt die Arbeit mit der Zwischenablage. Es ist möglich, Texte in die Zwischenablage zu kopieren (*Kopieren*), in die Zwischenablage zu löschen (*Ausschneiden*) und aus der Zwischenablage einzufügen (*Einfügen*).
Des weiteren ist es möglich, die Termine eines oder mehrerer Tage zu löschen (*Löschen*).

Über dieses Menü schalten Sie zwischen der Tagesansicht (*Tag*) und der Monatsansicht (*Monat*) hin und her.

Menü	**Beschreibung**

Das gleiche erreichen Sie auch mit Hilfe der dort angezeigten Funktionstasten [F8] und [F9].

Über das *Aufschlagen*-Menü bewegen Sie sich durch den Kalender, indem Sie das heutige Datum auswählen (*Heute*), monats- oder tageweise - je nach gewählter Darstellung - zurück- (*Vorhergehender*) oder weiterblättern (*Nächster*) oder ein bestimmtes Datum direkt anspringen (*Datum*).

Mit Hilfe von *Wecker* stellen Sie den Wecker. Über *Stellen* schalten Sie den Weckton ein oder aus. Weiterhin ist es möglich, den Wecker bereits bis zu 10 Minuten vor dem eigentlichen Termin läuten zu lassen (*Optionen*-Menü).

Über das *Optionen*-Menü können Sie Tage des Kalenders mit speziellen Markierungen versehen (*Markieren*). Sie können Termine zu solchen Zeiten legen, die nicht im Zeitraster vorgesehen sind (*Besondere Zeit*). Letztlich definieren Sie hier die Zeitintervalle, in denen die Tagesdarstellung aufgelöst werden sollen, ob Sie mit einer 12- oder 24-Stunden-Anzeige arbeiten möchten und zu welchem Zeitpunkt der früheste Termin an jedem Tag angezeigt werden soll. Vorgabe ist 7 Uhr (*Tageseinstellungen*).

9.2.2 Kalender einrichten

Im folgenden werden Sie lernen, wie man die Terminverwaltung an die individuellen Bedürfnisse anpaßt und wie man mit ihr arbeitet. Auch in diesem Fall wird schrittweise vorgegangen, damit Sie später bei Ihrer eigenen Terminplanung leicht das Erlernte anwenden können. Wir wollen davon ausgehen, daß es individuelle Termine gibt, die man lange im voraus eintragen kann wie Geburtstage, Familienfeiertage, Weihnachten, Ostern, Pfingsten oder der lange im voraus geplante Urlaub.

Sie richten den Kalender ein

1.   Kalender aufrufen
     Rufen Sie das Zusatzprogramm *Kalender* aus der Gruppe *Zubehör* auf. Auf dem Bildschirm sehen Sie:

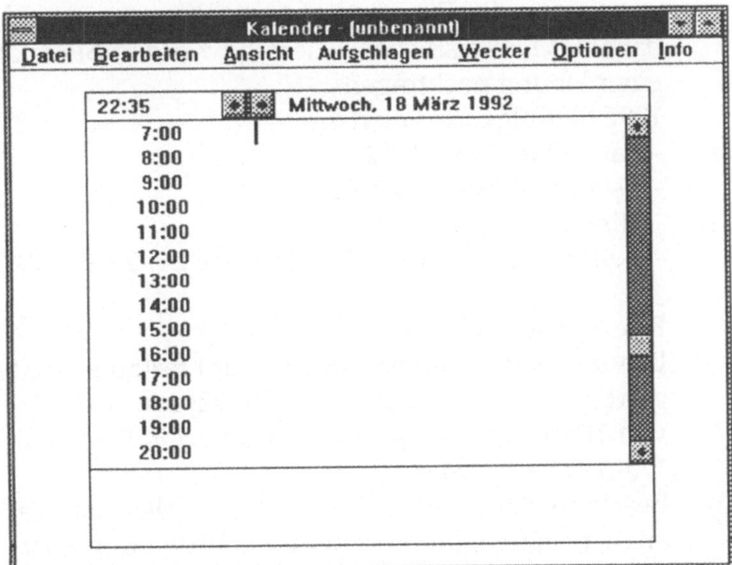

Abb. 9.3 Kalender nach der Aktivierung

Sie befinden sich in der als Standard voreingestellten Tagessicht.

✗ Anzeige von Datum und Zeit
Es wird stets der aktuelle Tag angezeigt bzw. der Tag, der in der Systemzeit eingestellt ist. Sollten Sie feststellen, daß es hier Abweichungen zum tatsächlichen Datum gibt, rufen Sie die *Systemsteuerung* aus der *Hauptgruppe* auf. Stellen Sie dort über das *Datum/Uhrzeit*-Sinnbild die Systemzeit und das Systemdatum richtig ein. Erst nachdem der Kalender völlig neu gestartet wurde, wird das neue Datum und die neue Zeit auch tatsächlich übernommen. Schließen Sie dafür den eventuell noch aktivierten Kalender und rufen ihn dann erneut auf.

Kalender einrichten (Fortsetzung)

2.   Feiertage raussuchen
        Nehmen Sie einen Kalender "aus Papier" zur Hand, und suchen Sie die Feiertage Ostern, Pfingsten und Weihnachten. Die restlichen Feiertage werden Sie später in einer Übung nachtragen.
        1992 hat folgende Feiertage:
        - Karfreitag: 17.04.1992
        - Ostern: 19.04.-20.04.1992
        - Pfingsten: 07.-08.06.1992
        - Heiliger Abend und Weihnachten: 24.-26.12.1992

3.   Feiertag auswählen
        Um den ersten Feiertag (Karfreitag) festzulegen, betätigen Sie [F4] und geben dann [17.4.92] ein. Nach Drücken von [Return] bzw. [Klick] auf dem *Ok*-Feld, wird der 17.4.1992 angezeigt.
        Beachten Sie bitte, daß es nicht möglich ist, Termine anzuspringen, die vor dem 1.1.1980 oder nach dem 31.12.2099 liegen.

4.   Tagesbemerkung eintragen
        Unterhalb des Kalenderblattes befindet sich ein Feld, in dem Bemerkungen zu diesem Tag eingetragen werden können, die später immer dann sichtbar sind, wenn dieser Tag zum aktuellen Tag gemacht wird.

Kalender einrichten (Fortsetzung)

Positionieren Sie den Cursor mit der Maus durch [Klick] in diesem Bereich. Hier tragen Sie jetzt beispielsweise *Karfreitag --> Keine Termine machen!* ein.

5.   Feiertag markieren

Damit man auch in der Monatsdarstellung Feiertage auf einen Blick erkennen kann, sollte man sie markieren. Bewährt hat sich ein Rahmen um den Monatstag.

6.   Rufen Sie mit [F6] die Auswahlmöglichkeiten für Markierungen auf.
Es wird die Auswahl für die Markierungen angezeigt:

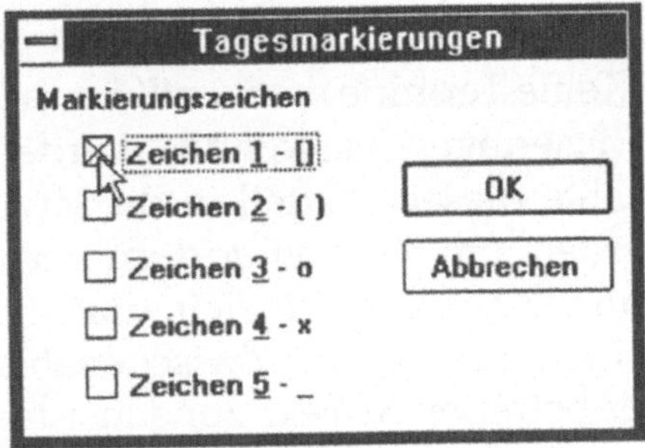

Abb. 9.4 Auswahl der Markierung

7.   Kreuzen Sie die erste Zeile mit den eckigen Klammern an. Diese Klammern stehen als Symbol für einen rechteckigen Rahmen.

8.   [Klick[auf *OK* oder [Return]

9.   [F9] schaltet in die Monatssicht um.

In der Monatssicht stellt sich ein markierter Tag dar.

Vergleichen Sie dazu die Abbildung 9.5 auf der nächsten Seite.

Abb. 9.5 Markierter Karfreitag in der Monatssicht

✗ Wiederkehrenden Text in Zwischenablage kopieren
Der Textteil " –> Keine Termine machen!" kann ja auch
bei den anderen Feiertagen verwendet werden. Aus
diesem Grunde sollte dieser Textteil in die Zwischenablage kopiert werden, um ihn von dort immer wieder
einfügen zu können. Man spart sich dadurch viel
Tipparbeit. Um einen Text in die Zwischenablage zu
kopieren, muß der betreffende Text zunächst markiert
werden.

Text markieren
● **Mit der Maus:**
Bewegen Sie den Cursor an den Anfang des zu markie-
renden Textes, mit [Dauerklick] bewegen Sie den Cursor
an das Ende des zu markierenden Textes. Die markierten
Zeichen werden invers dargestellt.
[Doppelklick] auf einem Wort markiert dieses.

● **Mit der Tastatur:**
Bewegen Sie mit den Cursortasten den Cursor vor das
Zeichen, welches als erstes markiert werden soll. Drük-
ken Sie die [Shift]-Taste und dann gleichzeitig die Cur-

sortasten nach rechts. Während der Cursor durch den Text fährt, wird dieser zeichenweise markiert. Mit [Ende] bewegen Sie den Cursor an das Zeilenende, mit [Pos1] an den Zeilenanfang. Halten Sie gleichzeitig die [Shift]-Taste gedrückt, so werden alle Zeichen ab der Cursorposition markiert.

- Mit der Tastenkombination [Strg]+[Einfg] wird der markierte Text in die Zwischenablage kopiert, von wo aus er jederzeit an der Cursorposition wieder eingefügt werden kann.

Kalender einrichten (Fortsetzung)

9. Nächsten Feiertag eintragen
   Gehen Sie jetzt vor, wie bei den Schritten 3 und 4 bereits beschrieben. Im Gegensatz dazu tragen Sie bei Feiertag nur *Ostern* ein.

10. Danach betätigen Sie einfach die Tastenkombination [Shift]+[Einfg], um den Inhalt der Zwischenablage wieder an der Cursorposition einzufügen.

11. Tragen Sie nun auch noch Ostermontag, Pfingsten, Weihnachten und Silvester als Feiertage nach dem geschilderten Muster in Ihren Kalender ein.
    Nach Ihren Eintragungen sieht der Dezember so aus:

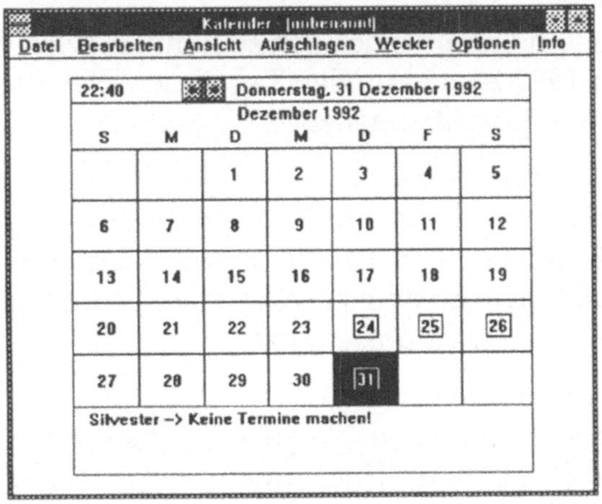

Abb. 9.6 Der Dezember 1992 mit allen Feiertagen

Kalender einrichten (Fortsetzung)

11.   Kalender speichern
Damit Sie den Kalender immer wieder verwenden können, ist es ratsam, ihn jetzt zu speichern. Dazu wählen Sie *Datei --> Speichern unter*. Geben Sie als Kalendername beispielsweise *1992* ein. Dieser Name erhält automatisch die Erweiterung CAL.

9.2.3 Individuelle Termine eintragen

Nachdem Sie nun nicht mehr versehentlich einen Termin auf einen Feiertag legen können, ist es an der Zeit, bestimmte Termine in Ihren Kalender einzutragen. Nehmen wir an, Sie hätten am 30. Dezember 1992 um 14.15 einen Gesprächstermin mit Herrn Willy Wichtig in Ihrem Büro. Sie möchten 10 Minuten vorher von Windows an diesen Termin erinnert werden, damit Sie noch ausreichend Zeit haben, sich die nötigen Unterlagen anzuschauen.

Sie tragen Ihre Termine ein

1.   Tag festlegen
Um den ersten Termin eintragen zu können, wird der 30. Dezember 1992 zum aktuellen Tag, indem Sie über [F4] dieses Datum gezielt angeben.

2.   Auf Tagessicht umschalten
Schalten Sie jetzt entweder über *Anzeige --> Tag* oder durch Drücken von [F8] auf die Tagesansicht um. Auch mit [Doppelklick] auf dem gewünschten Datum können Sie auf die Tagessicht umschalten.

3.   Auf gewünschte Zeit bewegen
Mit Hilfe der Cursortasten [Pfeil oben]/[Pfeil unten] bzw. der Tasten [Bild oben]/[Bild unten] stellen Sie die gewünschte Zeit ein.

Zeitintervall umstellen
Als Standardvorgabe ist das Zeitintervall auf 60 Minuten
eingestellt. Sollten Sie eine höhere Auflösung wünschen,
stellen Sie über *Optionen --> Tageseinstellungen* 30 oder 15
Minuten ein.

Termine eintragen (Fortsetzung)

4. Termin eintragen
    Setzen Sie mit der Maus den Cursor hinter den ge-
    wünschten Zeitpunkt von 14.15 Uhr, und tragen Sie über
    die Tastatur beispielsweise *Willy Wichtig* ein.

5. Wecker stellen
    Stellen Sie für den ausgewählten Termin durch Drücken
    von [F5] den Wecker. Es besteht auch die Möglichkeit,
    über *Wecker --> Stellen* den Wecker zu stellen.
    Ein Glockensymbol vor dem Termin zeigt einen gestell-
    ten Wecker an.

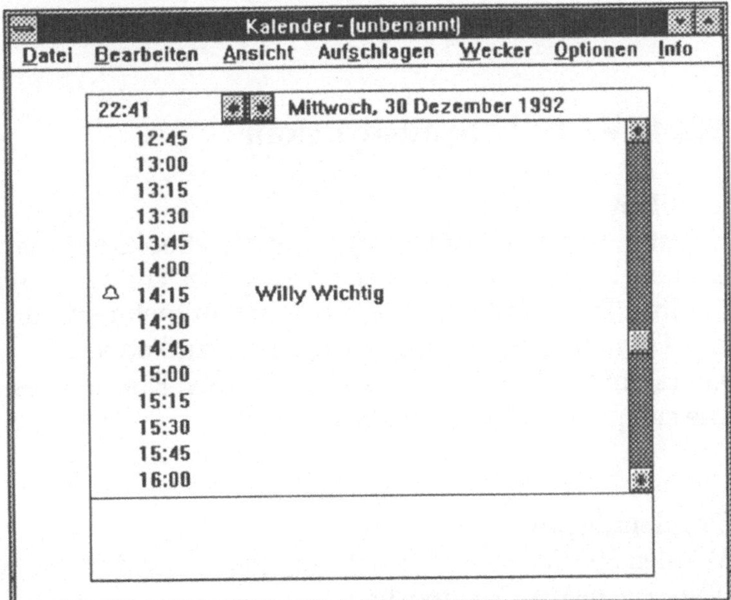

Abb. 9.7 Termineintragung mit gestelltem Wecker

Termine eintragen (Fortsetzung)

6. Zeitvorlauf definieren
    Über *Wecker --> Optionen* geben Sie einen Vorlauf des
    Weckers von 10 Minuten an.
    Das bedeutet, daß Sie 10 Minuten vor dem eigentlichen
    Termin von Windows daran erinnert werden. Diese
    Erinnerung besteht darin, daß drei kurze Piepstöne den
    Termin anzeigen, wenn Sie bei *Wecker --> Optionen* die
    Auswahl *Akustisches Signal* angekreuzt haben.

Eine Anzeigebox gibt auf dem Bildschirm den Text des Termins aus. Das ist der Text, den Sie hinter der entsprechenden
Zeit eingetragen haben.

Sofern der Kalender nicht das aktive Fenster ist, blinkt bei
Erreichen eines Termins die Titelleiste. Ist der Kalender als
Sinnbild abgelegt, blinkt dieses bei Erreichen eines Termins.

9.2.4 Terminliste ausdrucken

Problem
Selbst in der Zeit von Laptops und Notebooks hat man nicht
immer einen PC griffbereit zur Verfügung. Trotzdem möchten
Sie Ihre Terminliste zu Ihrem Kunden mitnehmen, um sofort
auf Terminwünsche adäquat reagieren zu können.
Ganz einfach: Drucken Sie, bevor Sie Ihren Kunden besuchen,
die entsprechenden Listen aus.

Problemlösung
Wählen Sie *Datei --> Drucken*, und geben Sie dort an, welche
Tage Sie ausdrucken möchten.

Abb. 9.8 Angabe der Druckmodalitäten

Wenn Sie nur einen einzigen Tag ausdrucken möchten, tragen Sie bei *Von:* diesen Tag ein; andernfalls geben Sie bei *Von:* den ersten und bei *Bis:* den letzten Tag an, der ausgedruckt werden soll.
Windows schlägt als ersten Tag immer den aktuellen Tag vor. Sie können diese Angabe überschreiben, wenn Sie als Druckbeginn ein anderes Datum wünschen.

Um Platz und Papier zu sparen, werden übrigens nur solche Zeiten eines Tages ausgedruckt, an denen auch wirklich Termine eingetragen sind. Alle anderen Zeiten werden beim Ausdruck nicht berücksichtigt. Weiterhin wird auch die Tagesbemerkung ausgedruckt, sofern Sie sie eingetragen haben.

9.3 Sie zeichnen mit Paintbrush

Paintbrush ist ein leistungsfähiges Malprogramm. Es ist "pixelorientiert". Pixel ist dabei ein Kunstwort, das von den Begriffen *Picture* und *Element* abgeleitet ist. Pixelorientierung bedeutet, daß Sie beim Zeichnen einzelne Bildpunkte setzen. Eine Linie setzt sich demnach aus vielen kleinen Punkten zusammen. Jeder dieser Punkte kann einzeln manipuliert werden, indem seine Farbe verändert wird.
In Abhängigkeit von Ihrer Hardwareausstattung stehen Ihnen in Paintbrush bis zu 256 Farben zur Verfügung, die Sie zur Erstellung Ihrer Zeichnung nutzen können. Allerdings werden nur wenige teure Drucker diese Farbenpracht auch zu Papier bringen können. Solche aufwendigen Gemälde können aber sicher häufig zur professionellen Präsentation genutzt

werden. Auch eine Ausgabe über Diabelichter (Polaroid Palette System und vergleichbare Systeme) zur Produktion von Dias im Kleinbildformat und Overhead-Folien ist denkbar.

Für Ihre Publikation, die mit einem Laserdrucker ausgegeben werden soll, reichen sicher in vielen Fällen auch die schwarzweißen Bitmap-Grafiken.

Mit Paintbrush können auch solche Dateien bearbeitet werden, die mit dem Zeichenprogramm MS-Paint hergestellt wurden, welches mit den Windows-Versionen 1.x und 2.x ausgeliefert wurde. Die Paint-Dateien sind durch die Erweiterung MSP gekennzeichnet. Bevor man diese Grafik-Dateien in Paintbrush weiterverwenden kann, müssen sie konvertiert werden. Eine Konvertierung erfolgt automatisch beim Laden der entsprechenden Paint-Datei.

Die Dateien von Paintbrush werden standardmäßig als *Bitmapped Picture* (BMP) abgespeichert. Solche Dateien können von vielen Programmen importiert werden (PageMaker ab Version 4.0). Der Austausch der Grafiken kann auch über die Zwischenablage erfolgen oder über das OLE-Verfahren (vgl. 8. Lektion) in andere Programme eingebunden werden.

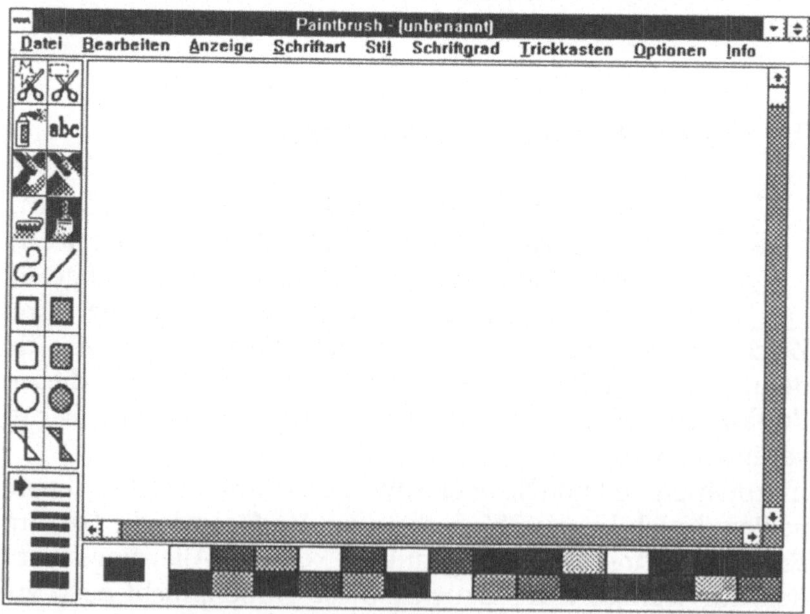

Abb. 9.9 Der Bildschirm in Paintbrush

Der Bildschirmaufbau in Paintbrush unterscheidet sich etwas von dem der anderen, Ihnen bis dato bekannten Programmen dadurch, daß an der linken Fensterseite die Zeichenwerkzeuge und an der unteren Fensterseite die zur Verfügung stehende Palette (Farben oder Grauwerte) dargestellt werden. Werkzeuge und Farben wählen Sie durch [Klick] aus.
Die folgende Tabelle erklärt, was Sie mit den Zeichenwerkzeugen machen können. Dabei sind in der linken Tabellenspalte die Symbole, in der rechten die Möglichkeiten aufgeschrieben.

Vielleicht möchten Sie ja bereits jetzt ein wenig experimentieren. Wählen Sie zunächst eine Ihnen angenehme Farbe durch [Klick] auf der gewünschten Farbe in der Palette am unteren Fensterrand. Alle anderen Einstellungen (Pinselbreite, Pinselform) belassen Sie zunächst in ihrer voreingestellten Größe. Sollte Ihnen ein Mißgeschick widerfahren, so heben Sie die letzte Aktion mit der Tastenkombination [Alt]+[Rücktaste] wieder auf. Alle bewegungsorientierten Aktionen (Zeichnen von Linien, Rechtecken, Kreisen, Polygonen, Radieren, Sprayen) werden über [Dauerklick] und Verschieben des Werkzeuges auf der Zeichenoberfläche realisiert. Bei anderen Funktionen (Text und Auffüllen) reicht ein [Klick] nach der Positionierung.

9.3.1 Die Zeichenwerkzeuge

Zunächst jene Werkzeuge, die Sie zum Erstellen einer Zeichnung benötigen:

Zeichenwerkzeug	Beschreibung
	Die Sprühdose erlaubt das feine Verteilen von Farbe.
	Mit der Rolle legen Sie größere Flächen gleichmäßig mit der ausgewählten Farbe an. Dabei wird die gesamte Fläche der glei-

Zeichenwerkzeug	Beschreibung
	chen Hintergrundfarbe bis zum Auftauchen einer begrenzenden Linie aufgefüllt. Jede beliebige geschlossene (!) Fläche kann damit mit einer Farbe gefüllt werden. Sollten Verbindungen durch ein Loch in der Grenzlinie nach außen vorhanden sein, so wird auch der gesamte angrenzende Bereich mit dieser Farbe gefüllt.
	Der Pinsel ist ein wenig irreführend, denn mit dem sehr schmalen Pinsel kann man wie mit einem Stift arbeiten. Das freie Zeichnen beliebiger Linien ist nur hiermit möglich.
	Mit diesem Werkzeug werden sog. Polygone gezeichnet. Das ist ein Linienzug, der sich aus zahlreichen geraden Einzelstücken zusammensetzt. Die Folgelinie beginnt dabei jeweils am Endpunkt der zuvor gezeichneten Linie automatisch. Das Zeichnen des Polygons wird durch Druck auf die rechte Maustaste beendet.
	Mit dem Linienwerkzeug können Sie von einem genau definierten Anfangspunkt bis zu einem ebenfalls genau definierten Endpunkt eine gerade Linie zeichnen.

Zeichenwerkzeug	Beschreibung

Hiermit zeichnen Sie Rechtecke und Quadrate. Eine Ecke des Rechtecks an der richtigen Position anwählen, dann mit [Dauerklick] zum gegenüberliegenden Eckpunkt ziehen. Nach Loslassen der Maustaste ist ein Rechteck gezeichnet.

Die Rechteckfläche kann über das Füll-Symbol (Farbrolle) mit einer Farbe oder einem Grauwert aufgefüllt werden. Der Rand des Rechtecks wird aus der Farbe gebildet, die aus der Palette mit [Klick] gewählt wurde. Wird vor dem ersten [Klick] die [Shift]-Taste festgehalten, so zeichnen Sie ein exaktes Quadrat.

Ähnlich wie das zuvor beschriebene Werkzeug, mit dem Unterschied, daß hier der Innenraum des Rechtecks gleich mit der aus der Palette gewählten Farbe aufgefüllt wird. Die Füllfarbe wird mit [Klick], die Randfarbe mit [Klick rechts] aus der Palette gewählt.

Hierüber zeichnet man ein Rechteck mit abgerundeten Ecken. Das Werkzeug funktioniert ansonsten genauso wie das zum Zeichnen leerer Rechtecke.

Wie das Werkzeug zum Zeichnen von ausgefüllten Rechtecken, hier jedoch mit abgerundeten Ecken.

Zeichenwerkzeug	Beschreibung
	Ähnlich wie das Werkzeug zum Zeichnen der leeren Rechtecke; allerdings zeichnen Sie hierüber eine Ellipse. Halten Sie vor dem ersten [Klick] die [Shift]-Taste fest, so zeichnen Sie darüber einen exakten Kreis.
	Hierüber wird die gezeichnete Ellipse gleich mit der in der Palette gewählten Farbe aufgefüllt. Mausknopf rechts: Randfarbe Mausknopf links: Füllung Sonst gleiche Funktion wie das leere Kreis-Werkzeug.
	Dreiecksstrukturen können mit diesem Werkzeug erzeugt werden. Allgemein werden hierüber geschlossene Linienzüge (Polygone) hergestellt. Sonst ähnelt diese Funktion ein wenig der Polygon-Funktion.
	Ähnlich wie das Werkzeug zum Zeichnen von geschlossenen Polygonen. Jedoch wird hierüber jede geschlossene Struktur mit der in der Palette gewählten Farbe aufgefüllt. Die Randfarbe wählen Sie mit dem linken Mausknopf, die Füllfarbe mit dem rechten Mausknopf.

Neben der reinen Grafik ist es auch möglich, Texte in eine Grafik einzufügen. Dazu steht das Textwerkzeug zur Verfügung.

Textwerkzeug	Beschreibung
abc	Mit dem Text-Werkzeug veranlassen Sie Paintbrush dazu, Text im aktuellen Font auszugeben. Der Font wird über *Schriftart* ausgewählt, die Größe der Schrift wird über *Schriftgrad* bestimmt. Besondere Auszeichnungen der Schrift können über *Stil* definiert werden. Es stehen sämtliche unter Windows verfügbare Schriften zur Verfügung.

Außer den Werkzeugen, die dazu dienen, eine Grafik zu erstellen, existieren auch solche Tools, mit denen eine Grafik nachträglich bearbeitet werden kann.

Radierwerkzeug	Beschreibung
	Farbradierer. Hierüber werden Flächen der Füllfarbe (Vordergrundfarbe, mit der linken Maustaste ausgewählt) mit der ausgewählten Randfarbe (Hintergrundfarbe, mit der rechten Maustaste ausgewählt) übermalt. [Doppelklick] auf diesem **Werkzeug** (nicht innerhalb der Zeichnung!) bewirkt, daß überall in der aktuellen Zeichnung die Randfarbe mit der Füllfarbe überschrieben wird. Kurz: *Innen wird ersetzt durch Außen!*

Radierwerkzeug	Beschreibung
	Alle Farbflächen werden mit der Vordergrundfarbe (Füllfarbe) übermalt, die per rechtem Mausknopf aus der Palette ausgewählt wird.

Einige der zuvor geschilderten Werkzeuge können in verschiedenen Breiten und mit verschiedenen Farben malen. Um sowohl die Strichstärke als auch die Farbe für Rand und Füllung auszuwählen, stellt Ihnen Paintbrush die folgenden Werkzeuge zur Auswahl:

Werkzeug	Beschreibung
	Unterhalb der Zeichenwerkzeuge befindet sich links neben der Palette die Einstellfläche für die Strichstärke. Die Auswahl wirkt auf alle Werkzeuge, die die Ausgabe von Linien zur Folge haben (Rechteck, Ellipse, Linie, Radieren). Zur Auswahl einer Linienbreite wird einfach die gewünschte Breite angeklickt. Der kleine Pfeil zeigt die ausgewählte Strichbreite an.
	Anzeige der ausgewählten Farben. Die Randfarbe (Hintergrundfarbe, Außen; hier: weiß) wählen Sie mit dem rechten Mausknopf, die Füllfarbe (Vordergrundfarbe, Innen; hier: schwarz) mit dem linken Mausknopf aus der Palette.

Mit Paintbrush können ganze Bereiche einer Zeichnung einer "Spezialbehandlung" unterzogen werden. Dazu muß der entsprechende Bereich allerdings zunächst genau bezeichnet werden, damit Paintbrush weiß, welcher Bereich bearbeitet werden soll.

Die folgenden Werkzeuge stehen dafür zur Verfügung.

Selektionswerkzeug	Beschreibung
	Der später zu bearbeitende Bereich wird durch [Dauerklick] und Bewegen der Maus mit einer unregelmäßigen Linie umfahren bis diese sich wieder schließt. Darüber lassen sich auch unregelmäßig geformte Grafikbereiche markieren.
	Dieses Werkzeug funktioniert ähnlich, wie das zuvor beschriebene. Hiermit wird allerdings immer rechtwinklig markiert.

9.3.2 Die Menüs in Paintbrush

Nachdem Sie nun wissen, welche Werkzeuge Ihnen fürs Zeichnen in Paintbrush zur Verfügung stehen, werden Ihnen in der folgenden Übersicht die Menüs von Paintbrush beschrieben, damit Sie lernen, was man mit einer erstellten Zeichnung machen kann.

Menü	**Beschreibung**

Die üblichen Datei-Funktionen stehen Ihnen auch im Paintbrush-*Datei*-Menü zur Verfügung, um Dateien zu öffnen, zu speichern und neu anzulegen. Darüber hinaus kann man hier eine Seite einrichten (*Seite einrichten*), Drukken und einen Drucker auswählen. Mit *Beenden* verlassen Sie Paintbrush.

Das *Bearbeiten*-Menü erlaubt die Bearbeitung markierter Bereiche der Zeichnung. Sie können den markierten Bereich in die Zwischenablage löschen (*Ausschneiden*) und in die Zwischenablage kopieren (*Kopieren*). Über *Einfügen* fügen Sie den Inhalt der Zwischenablage ein, sofern das Format von Paintbrush unterstützt wird. Weiterhin ist es möglich, den Inhalt einer Grafikdatei in die aktuelle Grafik einzufügen (*Einfügen von*, Import-Funktion) und den markierten Grafikbereich in eine gesonderte Grafikdatei zu speichern (*Kopieren nach*, Export-Funktion).

Im *Ansicht*-Menü legen Sie die Darstellung Ihrer Zeichnung auf dem Bildschirm fest. Sie können einzelne Bereiche vergrößern, verkleinern oder als Ganzseitengrafik ohne störende Fensterelemente ansehen. Wenn Sie ohne

Menü	Beschreibung

Ansicht (Fortsetzung)

Ihre "Werkzeugkiste" und die Linienstärke-Skala arbeiten möchten, klicken Sie *Untensilien und Strichbreiten* an. Wenn Sie beides wieder sichtbar machen möchten, klicken Sie erneut diese Option an. Die Farbpalette können Sie über *Palette* ein- und ausschalten. Wenn Sie mit der Tastatur den Cursor positionieren möchten, ist für eine saubere Ausrichtung der Grafikelemente die Anzeige der Cursorposition unerläßlich (*Cursorposition*).

Hier wählen Sie die Schriftart für das Textwerkzeug. Je nach Drukker werden die verfügbaren Fonts aufgelistet. Die einzelnen Schriftarten lassen sich über das Standard-Schriftarten-Fenster auswählen.

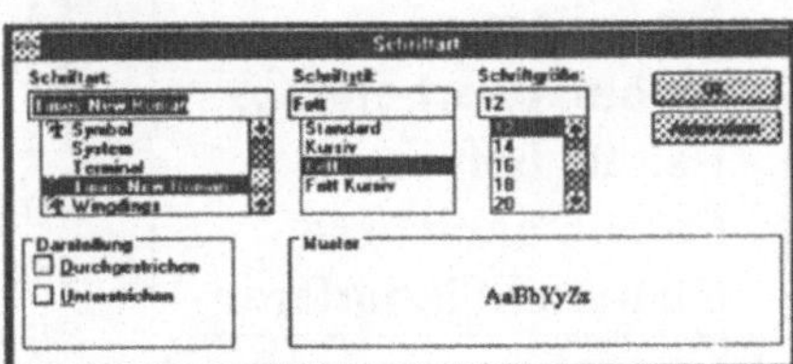

Dort wählen Sie die einzelnen Schriftarten und -größen aus. Man sollte vor allem zwischen TrueType-Schriften und Nicht-TrueType-Schriften unterscheiden. In der Randspalte ist die TrueType-Schrift *Arial* und die nicht-TrueType-Schrift *Roman* gegenübergestellt.

Arial

Roman

Menü	Beschreibung

Trickkasten
Horizontal spiegeln
Vertikal spiegeln
Invertiert

Kleiner und größer
Kippen

Löschen

Nur wenn Sie Grafikbereiche markiert haben, ist der *Trickkasten* verfügbar.
Hier können Sie den markierten Bereich horizontal und vertikal spiegeln.
Farben bzw. Grauwerte können Sie über *Invertiert* umkehren.
Kleiner und Größer bewirkt eine Änderung der Größe. Beim Vergrößern vermindert sich meist die Auflösung.
Den markierten Bereich schräg stellen können Sie mit *Kippen*.
Über *Löschen* wird aus dem markierten Bereich ein Stück herausgeschnitten, wodurch die Hintergrundfarbe sichtbar wird.

Optionen
Bildattribute...
Pinselformen...
Farben bearbeiten...
Palette laden...
Palette speichern...
Bildformat ignorieren

Die Größe der Zeichnung wird über *Bildattribute* eingestellt, die Pinselart legen Sie fest mit *Pinselformen*. Die vorgegebenen Farben können Sie mit *Farben bearbeiten* Ihren Wünschen anpassen. Über *Palette laden* können Sie eine Datei mit anderen Farben (Palette; *.PAL) laden oder die neu definierten Farben über *Palette speichern* auf der Festplatte speichern.

Über das *Optionen*-Menü ist die Beeinflussung der Bildschirmattribute (vgl. Abb. 9.13, S. 228) und der Pinselformen möglich.

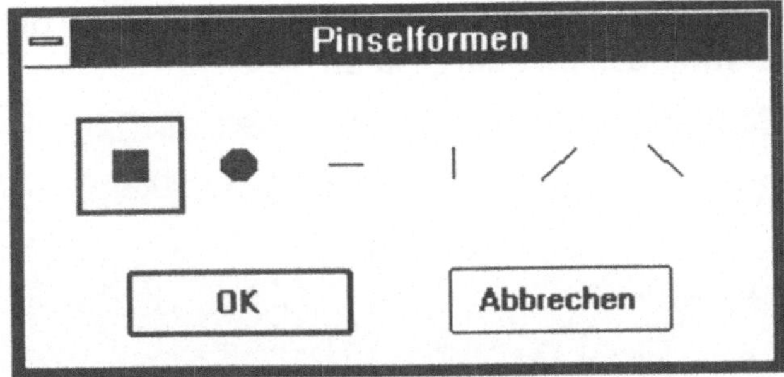

Abb. 9.10 Pinselformen in Paintbrush

Weiterhin kann jede angezeigte Farbe individuell gemischt
werden.

Abb. 9.11 Farben mischen

Da die Möglichkeiten bei der Erstellung von Grafiken mit Hilfe
so unglaublich groß sind, kann Sie in diesem Buch nur ein
einfaches Beispiel mit den Möglichkeiten dieses Grafikeditors
vertraut machen.
Letztlich ist es Ihrer eigenen Phantasie überlassen, wie Sie mit
Paintbrush Ihre Zeichnung erstellen und gestalten.

9.3.3 Ein einfaches Beispiel: Haus mit Garten

In 13 Schritten entsteht in diesem Beispiel eine einfache Zeichnung. Es wurde bewußt kein "Kunstwerk" hergestellt, das
später dann doch niemand mehr nachvollziehen kann, sondern eine wirklich einfache Struktur gewählt.

Damit Sie wissen, worauf das Ganze hinausläuft, ist in der folgenden Abbildung das Ziel dargestellt.

Abb. 9.12 Die fertige Zeichnung

Auf Ihrem Bildschirm wird das Haus mit Garten allerdings noch sehr viel schöner aussehen, da die Zeichnung in Farbe erstellt werden soll. Doch das kann der Drucker leider nicht zu Papier bringen.

1. **Bildattribute festlegen**
    Das ist immer der erste Schritt vor jeder neuen Zeichnung. Legen Sie über *Optionen --> Bildattribute* Maßeinheit und Größe Ihrer Zeichnung fest.

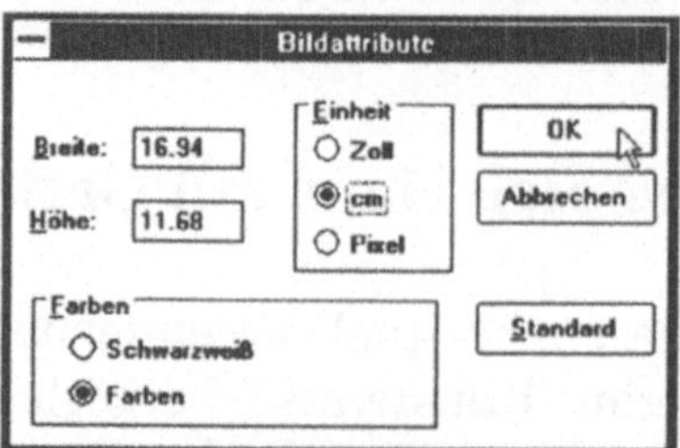

Abb. 9.13 Festlegung der Bildattribute

In Abbildung 9.14 sind typische Maße dargestellt.
Sofern Sie DIN A4 festlegen möchten, wählen Sie:
- Breite: 21 cm
- Höhe: 29,7 cm

2. *Datei --> Neu,*
um die ausgewählten Attribute auch für die neue Zeichnung zu übernehmen.

3. Rechteck zeichnen
Sie malen das Rechteck für das Haus. Wählen Sie dazu das Symbol zum Zeichnen von leeren Rechtecken.

4. Linien für das Dach
Zeichnen Sie die Linien, die das Hausdach markieren, mit Hilfe des Linienwerkzeuges.

5. Fenster, Türen und der Schornstein
Jetzt zeichnen Sie durch [Shift]+[Dauerklick] quadratische Fensterrahmen, die möglichst gleichmäßig ausgerichtet sein sollten. Die Türe ist nicht quadratisch, wird also ohne [Shift]-Taste gezeichnet. Beim Schornstein gehen Sie analog vor. Eventuell sollten Sie für den Schornstein eine etwas dünnere Linie aus der Linienstärke-Box per [Klick] auswählen.

6. Der Weg

Mit dem Pinselwerkzeug und einer möglichst dünnen Linie zeichnen Sie den Weg ganz frei und ungebunden an rechteckige oder runde Formen. Achten Sie dabei darauf, daß sich die Linien, die den Weg markieren, nahtlos an das Haus und den unteren Bildschirmrand anfügen. Andernfalls werden Sie später beim großflächigen Anlegen mit einer Farbe Ihr "blaues Wunder" erleben.

Jetzt sollte Ihr Bild etwa so aussehen wie auf der folgenden Seite dargestellt.

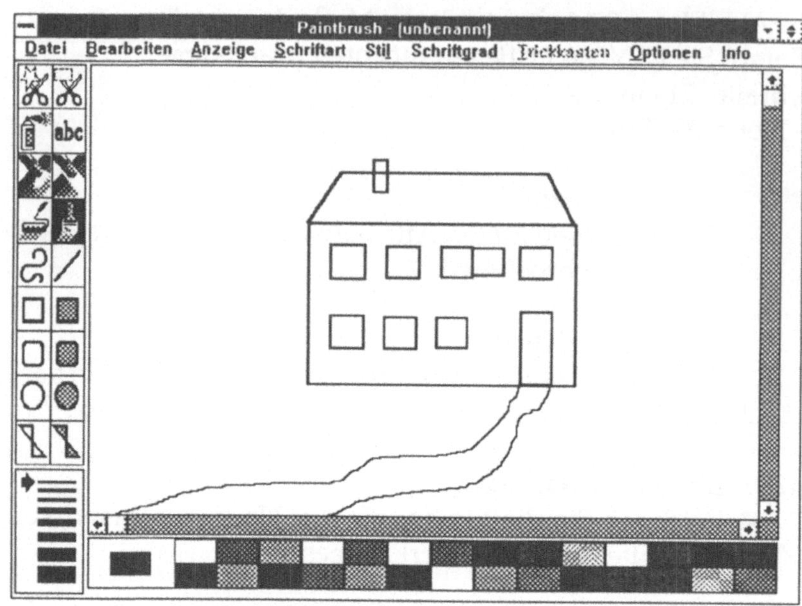

Abb. 9.14 Zeichnung in Arbeit

7.   Horizontlinie zeichnen

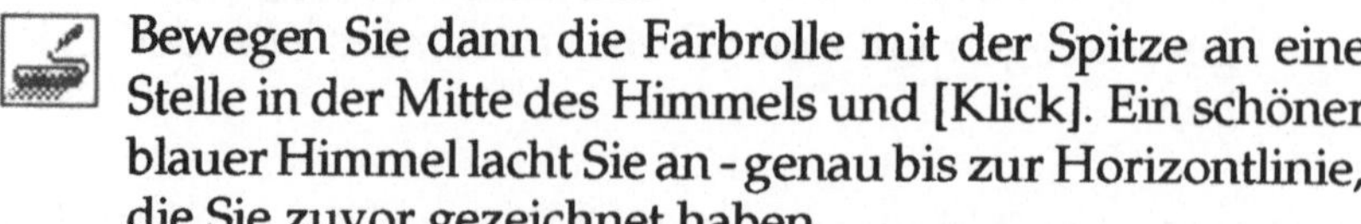

Um die Farbe des Himmels später von der des Bodens
einfach trennen zu können, zeichnen Sie eine Trennlinie
dort, wo der Horizont liegen soll.

8.   Farbflächen anlegen

War bisher alles noch Schwarzweiß, so kommt jetzt
Farbe ins Spiel. Mit Hilfe der Farbrolle wird der Himmel
in einem kräftigen Blauton angelegt.
Diese Farbe wählen Sie durch [Klick] an der entsprechenden Stelle in der Palette.

9.   Der Himmel wird blau

Bewegen Sie dann die Farbrolle mit der Spitze an eine
Stelle in der Mitte des Himmels und [Klick]. Ein schöner
blauer Himmel lacht Sie an - genau bis zur Horizontlinie,
die Sie zuvor gezeichnet haben.

 **Hinweis**

Sollte die blaue Farbe sich mehr oder wenig gleichmäßig über den gesamten Bildschirm ergießen, betätigen Sie einfach [Alt]+[Rücktaste], um den Fehler rückgängig zu machen. Versuchen Sie's dann nochmal.

Der Fehler könnte darin liegen, daß die Horizontlinie nicht genau an den Linien des Hauses oder des Bildschirmrandes anschließt.

10. Weitere Farbflächen erzeugen

 Jetzt vergeben Sie auch für Ihre Landschaftselemente *Weg* und *Hausumgebung* entsprechend Farben. Es bietet sich für die Hausumgebung grün und den Weg braun an. Streichen Sie nun auch noch das Haus, die Fenster und die Eingangstür in ansprechenden Farben an.

11. Der Garten entsteht

 Nun ist die Zeit reif, um Bäume und Sträucher im Garten auf die Wiese zu pflanzen. Dazu eignet sich gut die Spraydose. Wählen Sie einen Braunton für den Stamm eines Baumes, und sprayen Sie drauflos. Wenn Ihnen der Baumstamm nicht gefällt, einfach [Alt]+[Rücktaste] und nochmal versuchen. Wenn Sie das Astwerk gesprayt haben, wählen Sie einen Grünton für die Blätter Ihrer Bäume und Sträucher.

12. Wolken

 Ein Sommertag wird noch schöner, wenn das Auge sich an schönen Wolkengebilden erfreuen kann. Nutzen Sie wieder die Spraydose und weiße und graue Farbtöne sowie unterschiedliche Strichstärken, um die Wolken an den Himmel zu bringen. Dicke Cumulus-Wolken werden am besten mit den ganz dicken Strichstärken, Schattierungen mit mittleren Strichstärken erzeugt.

13. Die Sonne scheint

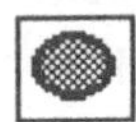 Mit Hilfe des Kreiswerkzeuges mit Füllung zeichnen Sie noch eine lachende Sonne.

Wählen Sie Gelb sowohl als Randfarbe ([Klick-Rechts]) als auch als Füllfarbe ([Klick]). Mit [Shift]+[Dauerklick] zeichnen Sie den Kreis der Sonne.

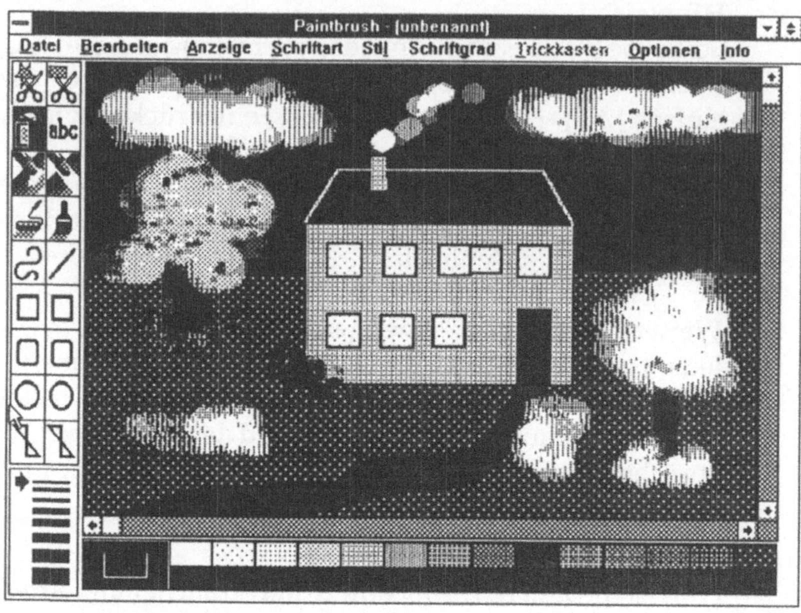

Abb. 9.15 Die fertige Zeichnung

Jetzt können Sie noch Schönheitsfehler beseitigen.

Bedenken Sie aber bitte, daß dieses schöne Gemälde nicht über normale Drucker, sondern nur über Farbdrucker ausgegeben werden kann.

9.4 Sie machen sich Notizen

Stellen Sie sich folgende Situation vor: Sie arbeiten gerade mit Windows, beispielsweise in der Terminplanung und bereiten sich auf den Besuch eines wichtigen Kunden vor. Die wesentlichen Stichwörter für das Kundengespräch möchten Sie sich schnell notieren. Der klassische Weg: Man nehme ein Schmierpapier und kritzele die eigenen Gedanken darauf. Die Gefahr dieser Methode ist, daß man häufig während des Kundengesprächs die eigene Schrift nicht mehr lesen kann. Wichtige Argumente können dann nicht im richtigen Moment eingebracht werden, und das Timing der Unterhaltung kommt durcheinander. Wie schön wäre es, hätte man alles sauber ausgedruckt. Die eigenen Notizen hätten dann wirklich genutzt.

Nun ist es nicht immer nötig, gleich die "ganz große" Textverarbeitung zu bemühen, eigentlich reicht ein kleiner aber schneller Editor für derartige Zwecke.

MS-Windows bietet hier das Werkzeug *Editor* an. Mit dem Notizblock ist es möglich, Texte zu erfassen, in gewissen Grenzen zu bearbeiten, zu speichern und auszudrucken. Man darf von dem integrierten Editor nicht die Leistungen erwarten, die ein modernes Textverarbeitungswerkzeug bietet. Doch reichen seine Fähigkeiten dann aus, wenn keine umfangreichen Textbearbeitungen durchgeführt werden sollen. Insbesondere sind außer dem automatischen Zeilenumbruch und der Bestimmung der Seitenränder keinerlei Formatierungsmöglichkeiten -wie etwa Unterstreichung, Fettschrift oder ähnliches - vorgesehen.

Wie zuvor bei der Terminplanung werden auch hier wieder zunächst die Befehle zur besseren Übersicht dargestellt. Danach wird die Arbeit mit dem Notizblock an einem typischen Alltagsproblem verdeutlicht.

9.4.1 Die Menüs des Notizblockes

Menü	Beschreibung
Datei Neu Öffnen... Speichern Speichern unter... Drucken Seite einrichten... Druckereinrichtung... Beenden	Hierüber werden alle dateibezogenen Aktionen durchgeführt wie Öffnen einer vorhandenen Datei, Speichern einer Datei mit und ohne Angabe des Namens. Weiterhin kann über das *Datei*-Menü auch ausgedruckt und der Ausdruck in gewissen Grenzen gestaltet werden. Die Möglichkeit, einen Drucker auszuwählen, besteht ebenfalls. Als letztes kann der *Editor* über *Beenden* verlassen werden.

Menü	Beschreibung
	Im *Bearbeiten*-Menü rufen Sie solche Befehle auf, die sich auf den Text selbst beziehen: Sie können Text löschen, in die Zwischenablage kopieren, von der Zwischenablage wieder an der Cursorposition einfügen. Außerdem können Sie den gesamten Text der Datei auf einmal markieren (*Alles markieren*). Datum und Zeit können an der Cursorposition über die Funktionstaste [F5] oder den Befehl *Uhrzeit/Datum* eingefügt werden. Letztlich kann hier auch der bildschirmbezogene Zeilenumbruch ein- und ausgeschaltet werden.
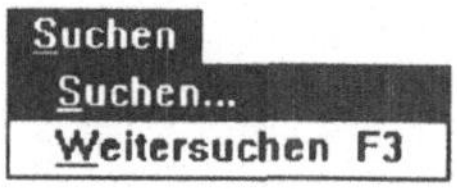	Die gezielte Suche nach Textstellen wird über das *Suchen*-Menü eingeleitet. Dabei können Sie den Suchbegriff über die *Suchen*-Option definieren. Nach diesem Begriff kann dann erneut gesucht werden über *Weitersuchen* oder die Funktionstaste [F3].

Die Hilfefunktion wird nicht beschrieben, da diese in der 4. Lektion intensiv am Beispiel des Programm-Managers behandelt wurde.

9.4.2 Sie schreiben eine Notiz und speichern sie

Zur Vorbereitung auf Ihr Gespräch mit Willy Wichtig am 30.12.92 machen Sie sich einige Notizen.
Diese Notizen nehmen Sie dann in ausgedruckter Form zu Ihrem Besuch mit Herrn Wichtig mit. Sie können dann sicher sein, keines der wichtigen Themen auszulassen.

Ihr Text:

```
MEMO
Gesprächsvorbereitung: Willy Wichtig, Fotokram & Kunst,
30.12.91, 14,15

Folgende TOPS sollten unbedingt angesprochen werden:

TOP 1: Gestaltung der neuen Corporate Identity
Das neue Logo sollte unbedingt die Lässigkeit und Seriosität
darstellen. Eventuell sollte man über die verwendete Schrift
reden, da diese natürlich sehr viel zum Firmenimage beiträgt.
Darüber hinaus kann man zweifelsfrei auch die Diskussion der
letzten beiden Termine mit der Geschäftsleitung einbeziehen
und die Ergebnisse darstellen. Diese Ergebnisse zeigen
deutlich die Bereitschaft, eine neue Corporate Identity zu
generieren, die auch neue Akzente setzen kann, ohne jedoch
bewährte Traditionen zu vernachlässigen, die gerade für das
Gelingen des Geschäftes unabdingbare Voraussetzung sind. Dr.
von Schoten meint dazu, daß die Mitarbeiter aus den
verschiedensten Unternehmensbereichen in die Entscheidungs-
prozesse eingebunden werden müssen, um eine möglichst hohe
Akzeptanz der zu treffenden Entscheidung sicherzustellen.

TOP 2: Einführung des neuen Wide Area Network von BänjenWeins
Die strategische Informationsplanung hat ergeben, daß Infor-
mation unternehmensweit als Produktionsfaktor wie die anderen
auch gesehen werden muß, um auch zukünftig auf dem Laufenden
und konkurrenzfähig zu sein. Die betriebswirtschaftliche
Abteilung hat in Absprache mit dem Netzwerkspezialisten R.
Sauer von der Firma V. Vichére nun die weltweite Vernetzung
empfohlen. Die Geschäftsleitung hat diesen Vorschlag bisher
allerdings als vollkommenen Unsinn verworfen. Heute ist
Überzeugungsarbeit zu leisten!
```

Abb. 9.16 Das Memo

Diesen Text geben Sie bitte ein, damit Sie die Merkmale des Notizblockes kennenlernen.
Sollten Sie dazu keine Lust verspüren, so ist dieser Text auf der Begleitdiskette zu diesem Buch unter dem Namen MEMO.TXT gespeichert.

Über *Datei --> Öffnen* können Sie Datei laden, wenn Sie als Dateinamen A:MEMO.TXT eingeben.

Beim Eingeben des Textes haben Sie vielleicht auf den automatischen Zeilenumbruch gewartet. Der Zeilenumbruch ist jedoch als Standardvorgabe ausgeschaltet, so daß Sie so lange in derselben Zeile schreiben, bis Sie die [Return]-Taste betätigen. Erst dadurch wird eine neue Zeile begonnen.

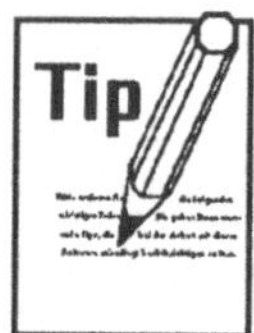

Zeilenumbruch aktivieren

Über den Befehl *Zeilenumbruch* des Menüs *Bearbeiten* aktivieren Sie den automatischen Zeilenumbruch.

Der sichtbare Zeilenumbruch bezieht sich immer auf die aktuelle Fenstergröße und nicht auf den ausgewählten Drucker.

Über *Datei --> Layout* können Sie die Seitenränder setzen, die dann für den Ausdruck gelten.

Trennungen müssen manuell vorgenommen werden. Eine Trennhilfe gibt es im Notizblock nicht.

Wenn Sie mit *Bearbeiten --> Zeilenumbruch* den Zeilenumbruch ein- bzw. ausschalten, sehen Sie zwei unterschiedliche Darstellungen desselben Textes.

Zeilenumbruch ausgeschaltet   Zeilenumbruch eingeschaltet

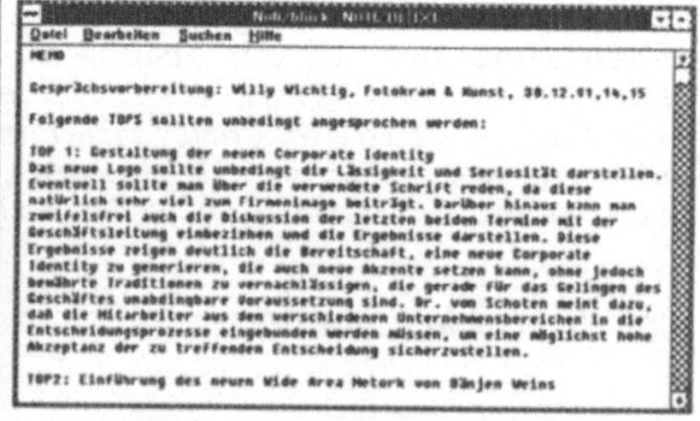

Damit Sie den Text dauerhaft zur Verfügung haben, sollten Sie ihn jetzt auf der Festplatte (oder Ihrer Übungsdiskette) speichern. Wählen Sie dazu den Befehl *Speichern unter* aus dem *Datei*-Menü.

Geben Sie entweder nur den Namen an, wenn Sie die Datei im aktuellen Inhaltsverzeichnis auf der Festplatte speichern möchten, oder komplettieren Sie den Dateinamen noch durch das vorangestellte Laufwerk (A: oder B:) und/oder den Pfad in das gewünschte Inhaltsverzeichnis.

Klicken Sie jetzt entweder das *Ok*-Feld an oder drücken Sie die [Return]-Taste, um die Datei zu speichern.

9.4.3 Sie stellen Text um

Vielleicht stellen Sie während Ihrer Gesprächsvorbereitungen fest, daß TOP 1 und TOP 2 in der Reihenfolge ausgetauscht werden sollten.
Dies ist über die Zwischenablage leicht zu realisieren.

Text umstellen

1. Text markieren
    Hier gilt - wie in anderen Windows-Applikationen auch - zuerst markieren, dann bearbeiten. Wir wollen davon ausgehen, daß Sie den Text, der zu TOP 2 gehört, verschieben möchten.

2. Bewegen Sie den Cursor vor das erste Zeichen des zu markierenden Textes.
    Mit [Dauerklick] ziehen Sie den Mauszeiger solange über den Text, bis der gesamte zu markierende Bereich invers dargestellt ist.
    In unserem Fall beginnen Sie mit dem *T* von *TOP* 2 und hören hinter dem Punkt von *leisten.* auf.

3. Text in Zwischenablage löschen/Ausschneiden
    Der markierte Text muß jetzt an dieser Stelle entfernt werden, um danach an anderer Stelle eingefügt zu werden. Über *Bearbeiten* --> *Ausschneiden* oder die Tastenkombination [Strg]+[X] führen Sie dies durch.
    Die Folge: Der Text wird zunächst aus Ihrer Notiz entfernt. Er befindet sich jetzt in der Zwischenablage, die Sie ja bereits kennengelernt haben.

Text umstellen (Fortsetzung)

4. Text an neuer Position einfügen
    Bewegen Sie jetzt den Cursor an die Textstelle, ab der der
    Text dann erscheinen soll; in unserem Fall ist das vor das
    T von *TOP 1*.

5. Um den Inhalt der Zwischenablage hier einzufügen,
    wählen Sie entweder den Befehl *Einfügen* aus dem *Bear-
    beiten*-Menü oder die Tastenkombination [Strg]+[V].

6. Fügen Sie noch die entsprechenden Leerzeilen ein, damit
    der Text wieder ein vernünftiges Aussehen hat.

7. Vergessen Sie nicht, die Numerierung der TOPs zu
    ändern.

Der Notizblock ist nicht in der Lage, Grafiken in den Text zu
integrieren. Er kann ausschließlich textorientiert arbeiten. Selbst,
wenn in der Zwischenablage eine Bitmap-Grafik liegt, kann
diese nicht in den Text eingefügt werden.

9.4.4 Sie drucken die Notiz aus

Damit Sie - wie eingangs gefordert - Ihre Notizen während
Ihres Gespräches mit Herrn Wichtig auch zur Hand haben,
müssen Sie jetzt noch die Datei mit den Notizen ausdrucken.

Notiz drucken

1. Seitenränder festlegen
    Um die richtigen Seitenränder für den Ausdruck zu
    erhalten, müssen diese zunächst mit *Datei --> Seite ein-
    richten --> Ränder links/rechts* gesetzt werden.
    Geben Sie beispielsweise die folgenden Werte ein:
    - 2,5 cm für den rechten und linken Seitenrand
    - 2 cm für den oberen und unteren Rand

Notiz drucken (Fortsetzung)

2. Kopf- und Fußzeilen bestimmen
   Nichts wäre schlimmer, als eine Verwechslung von wichtigen Gesprächsnotizen. Also schnell in der Kopfzeile den Namen der Datei und als Fußzeile die Seitennummer festlegen. Auch vertauschte Reihenfolgen können sich später im Gespräch als problematisch herausstellen.

Es besteht im *Editor* die Möglichkeit, unterschiedlichste Angaben in Kopf- und Fußzeile einzufügen. Folgende Abkürzungen werden dafür verwendet:

Inhalt der Kopf-/Fußzeile	Kürzel
Aktuelles Datum	&d
Aktuelle Zeit	&t
Seitenzahl/Paginierung	&p
Name der Notiz-Datei	&f
Kopf-/Fußzeile linksbündig ausgerichtet	&l
Kopf-/Fußzeile rechtsbündig ausgerichtet	&r
Kopf-/Fußzeile zentriert	&c

Aus den oben genannten Kürzeln sind natürlich auch Kombinationen möglich, etwa für eine rechtsbündig ausgerichtete Seitenzahl in der Fußzeile (&r&p).

 **Position von Kopf- und Fußzeilen**
Unabhängig davon, wie groß Sie den unteren und oberen Seitenrand definiert haben, erscheinen Kopfzeilen immer 2 cm vom oberen Papierrand. Fußzeilen werden immer 2 cm vom unteren Papierrand aus ausgedruckt.

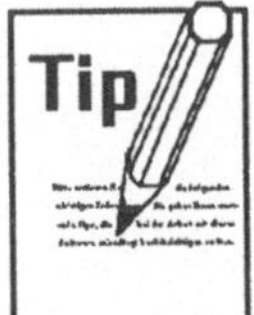

Notiz drucken (Fortsetzung)

3.   Notizen ausdrucken
      Last but not least drucken Sie über *Datei --> Drucken* Ihre
      Notizen aus. Wenn Sie verschiedene Drucker zur Aus-
      wahl haben, wählen Sie zuvor über *Datei --> Drucker-
      einrichtung* den entsprechenden Drucker. Auch, wenn
      Sie beispielsweise abweichend von der Standard-
      einstellung ausdrucken möchten, machen Sie die dazu
      nötigen Angaben über *Datei --> Druckereinrichtung*.

Wenn Sie komplexere Probleme aus dem Bereich der Textverarbeitung lösen möchten, so ist der Notizblock damit über-
fordert. Sie müssen dann auf leistungsfähigere Werkzeuge
umsteigen. Beispielsweise bietet Write bereits beachtliche
Möglichkeiten der Textbearbeitung. Selbst Grafiken lassen sich
in Write in den Text integrieren.

9.5 Texte schreiben mit *Write*

Sie haben zuvor sicher auch festgestellt, daß umfangreichere Textprobleme nicht mit dem Notizblock-
programm zu bewältigen sind. Wenn Sie beispielsweise an Herrn Wichtig ein Angebot schreiben möchten, in dem auch Unterstreichungen und unterschiedliche
Schriftarten genutzt werden sollen, so müssen Sie entweder
auf ein "richtiges" Textverarbeitungsprogramm wie MS-Word,
Word für Windows, Word Perfect oder andere Profi-Werkzeu-
ge umsteigen, oder Sie nutzen das zum Lieferumfang von MS-
Windows gehörende Write.

Übrigens können Sie Ihre Datei, die Sie zuvor im *Notizblock*
erstellt haben einfach in Write laden oder über die Zwischenablage einfügen und dort nach Ihren Wünschen gestalten und
bearbeiten.

9.5.1 Die Menüs in Write

Den schnellen Überblick über die Menüs können Sie sich wieder durch die folgende tabellarische Aufstellung verschaffen:

Menü	**Beschreibung**
Datei **Neu** Öffnen... Speichern Speichern unter... Drucken... Druckerinstallation... Seitenumbruch... Beenden	Das *Datei*-Menü erlaubt das Öffnen, Speichern und Drucken des Textes. Weiterhin können Sie einen Drucker installieren bzw. die Eigenschaften des Druckers spezifizieren. *Seitenumbruch* bewirkt einen Seitenwechsel mit Aktualisierung der Seitennummern. Über *Beenden* verlassen Sie *Write*.
Bearbeiten Rückgängig Strg+Z Ausschneiden Strg+X Kopieren Strg+C Einfügen Strg+V Inhalte einfügen... Verknüpfung einfügen Verknüpfungen... Objekt Objekt einfügen... Bild verschieben Bildgröße ändern	Über das *Bearbeiten*-Menü läßt sich Text in die Zwischenablage einfügen (*Ausschneiden, Kopieren*) bzw. aus dieser an der Cursorposition einfügen (*Einfügen*). Darüber hinaus läßt sich auch Grafik aus der Zwischenablage einfügen, verschieben (*Bild verschieben*) und in der Größe ändern (*Bildgröße ändern*). *Widerrufen* macht die letzte Bearbeitung ungeschehen. Weiterhin sind seit der Version 3.1 die OLE-Optionen *Verknüpfungen / Verknüpfungen einfügen* sowie *Objekt / Objekt einfügen* hier vorhanden. Wenn Sie darüber mehr wissen möchten, schauen Sie bitte nochmal in das 9. Kapitel.

Menü	Beschreibung

Suchen
Suchen...
Weitersuchen   F3
Ersetzen...
Gehe zu Seite... F4

Im Menü *Suchen* können Sie nach Textstellen suchen (*Suchen* und *Weitersuchen*), Text gegen anderen austauschen (*Ändern*) und eine bestimmte Seite direkt anspringen (*Gehe zu Seite*).

Schrift
Standard   F5
Fett   Strg+F
Kursiv   Strg+K
Unterstrichen   Strg+U
Hochgestellt
Tiefgestellt
Schrift verkleinern
Schrift vergrößern
Schriftart...

Das Menü *Schrift* läßt eine Fülle von Einflußnahmen auf die Darstellungsart der Zeichen zu. Dazu gehört die Vergabe von Zeichenattributen (fett, kursiv, unterstrichen, hochgestellt und tiefgestellt), die Auswahl der Standard-Schriftart (Helvetica, Courier und LinePrinter) in Abhängigkeit vom aktiven Drucker (hier: HP LaserJet). Sie können die gewählte Schriftart vergrössern und verkleinern. Über *Schriftarten* wählen Sie spezielle Schriftarten und Schriftgrade aus, die allerdings von den Möglichkeiten Ihres Druckers abhängen. Vergleichen Sie auch die Abbildung auf S. 225.

✗ Hinweis: TrueType-Schriften

Mit Windows 3.1 sind die sog. TrueType-Fonts verfügbar geworden. Diese Fonts verwenden eine spezielle Technik, mit der es möglich ist, auf dem Bildschirm die Zeichen frei zu vergrößern und zu verkleinern (freie Skalierbarkeit) und auf den meisten Druckern können die Schriftarten exakt ausgegeben werden. Auch die "Treppeneffekte" gehören bei TrueType der Vergangenheit an. TrueType-Schriftarten werden durch das Zeichen **Ͳͳ** gekennzeichnet.

Menü	**Beschreibung**

Das Menü *Absatz* bezieht sich auf alle Einstellungen der Absätze, also solchen Textabschnitten, die zwischen zwei [Return]-Tasten stehen. Dazu gehören die Ausrichtung (Standard, links, zentriert, rechts und Block), Zeilenabstand (1-, 1,5- oder 2-zeilig) und die Festlegung der Einzüge.

Alle den gesamten Text betreffenden Angaben werden über das *Dokument*-Menü definiert. Dieses sind die Festlegung von Kopf- und Fußzeilen, die Einstellung des Zeilenlineals (*Lineal ein/aus)*) und die Bestimmung der Tabulatoren. Wichtige Einstellungen wie beispielsweise die Seitenränder und die Seitennumerierung werden ebenfalls über dieses Menü vorgenommen (*Seite einrichten*).

Die Idee von Write ist, daß Sie zunächst den Text eingeben und ihn erst danach so herrichten, daß er "ansehnlich", d.h. formatiert wird.

9.5.2 Sie schreiben, speichern und gestalten einen Brief

Um die Möglichkeiten von Write besser kennenzulernen, sollten Sie das im folgenden beschriebene Erstellen eines einfachen Briefes nachvollziehen.

Im zweiten Schritt lernen Sie dann die Bearbeitung eines mehrseitigen Textes mit allen "Schikanen", wie Text umstellen, unterschiedlich formatieren und das Einbinden einer Grafik kennen.

```
Fotokram & Kunst
Herrn Willy Wichtig
Im Oehring 43

6500 Mainz                                      27.01.1992


Angebot: Planung und Installation eines Wide Area Networks


Sehr geehrter Herr Wichtig,

wir bedanken uns für Ihre Anfrage bezüglich der Planung und
Installation eines Wide Area Networks in Ihrem Unternehmen
Fotokram & Kunst.
Wie während unseres Gesprächs in Ihrem Hause vereinbart,
übersenden wir Ihnen in der Anlage unser verbindliches Ange-
bot. Das Angebot ist zweigeteilt: Im ersten Teil finden Sie
die Teile des Projektes, die die Planung betreffen, im zweiten
Teil sind sämtliche Hard- und Software-Komponenten sowie die
nötige Installationsdienstleistung aufgeführt.
Das Angebot ist bis zum 31.12.1993 gültig. Nach Ablauf dieser
Frist würden wir Ihnen auf Anfrage ein neues Angebot zukommen
lassen, in dem ggf. eine Anpassung der Leistungsbeiträge an
die allgemeine Kostensituation  zum tragen käme.

Wir uns freuen, für Sie tätig werden zu können und stehen für
Rückfragen jederzeit gern zur Verfügung.

Mit freundlichen Grüßen

BuConsult GmbH

Franz Peter Schnudl

Anlagen
```

Abb. 9.17 Brieftext

Wir wollen bei der Erstellung und Bearbeitung des Brieftextes wieder schrittweise vorgehen, damit Sie alle Arbeitsgänge leicht nachvollziehen können.

Sie schreiben einen Text

---

1   Write aufrufen
     Aktivieren Sie das Sinnbild von *Write* aus der Gruppe *Zubehör*.

Sie schreiben einen Text (Fortsetzung)

Sollten Sie Write in der 4. Lektion auch in einer Gruppe *Textverarbeitung* abgelegt haben, so können Sie es natürlich auch von dort per [Doppelklick] auf dem Sinnbild aufrufen.

Nachdem Sie Write aufgerufen haben, sehen Sie folgenden Bildschirm:

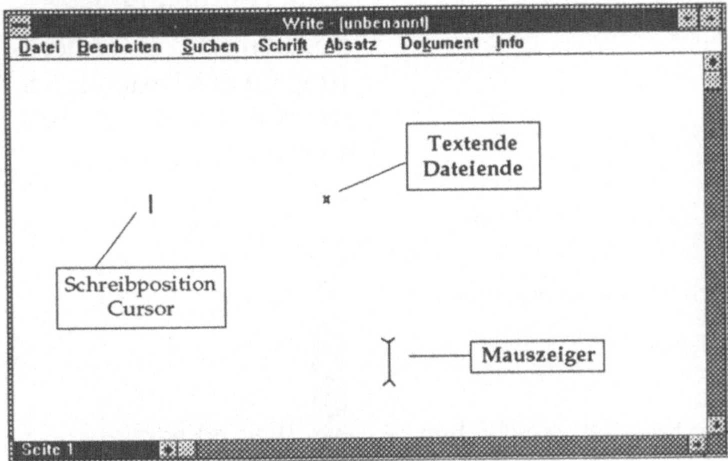

Abb. 9.18 Das Write-Fenster

2.	Text eingeben
	Write ist jetzt schon bereit für Ihre Texteingaben.
	Schreiben Sie also drauflos.

Dabei werden Sie feststellen, daß im Gegensatz zum einfachen Notizblock, Write über einen ständig aktiven, automatischen Zeilenumbruch verfügt. Am Ende einer jeden Zeile wird in Abhängigkeit der eingestellten Seitenränder ein Wort dann in die nächste Zeile gezogen, wenn es nicht mehr vollständig in die Zeile hineinpaßt. Weiterhin werden Sie bemerken, daß bei Erreichen des unteren Fensterendes der Text automatisch um etwa eine dreiviertel Seite nach oben geschoben wird, damit Sie weiteren Platz zum Schreiben haben, ohne jedoch den Anschluß an den vorherigen Text zu verlieren.

Bewegen im Text
Wie man sich innerhalb des Textes bewegt, können sie
nachfolgender Übersicht entnehmen.

Bewegung im Text	Maus-Aktion
Cursor positionieren	Bewegen Sie den Write-Mauszeiger an die gewünschte Stelle, dann [Klick] und der Cursor ist positioniert. Hinter der Markierung für das Textende " ﬨ " kann der Cursor nicht positioniert werden.
Zeilenweise nach oben	[Klick]
Seitenweise nach oben	[Klick]
Text gezielt verschieben	[Dauerklick]
Seitenweise nach unten	[Klick]
Zeilenweise nach unten	[Klick]

Die horizontale Verschiebung des Textes im Fenster erfolgt
analog mit der waagrechten Bildlaufleiste.

Auch über die Tastatur ist ein Blättern und Bewegen im Text
möglich. Manchmal ist diese Art der Bedienung sogar schneller
als die Maus-Methode.

Bewegung im Text	Taste/Tastenkombination
Zeilenweise nach oben	↑
Zeilenweise nach unten	↓
Zeichenweise nach rechts	←
Zeichenweise nach links	→
Seitenweise nach oben	5 Bild↑
Seitenweise nach unten	5 Bild↓
Fensterweise nach oben	Bild↑
Fensterweise nach unten	Bild↓
Satzweise zurück	5 ←
Satzweise vorwärts	5 →
Absatzweise nach oben	5 ↑
Absatzweise nach unten	5 ↓

 **Hinweis**

 bezeichnet die Taste [5] auf der Zehnertastatur!

Text korrigieren

Natürlich macht man Fehler bei der Texteingabe. Diese Fehler müssen korrigiert werden. Den Vorgang der Bearbeitung von bereits vorhandenem Text nennt man *Editieren*. Bei Programmen, die der Textbearbeitung dienen, spricht man daher häufig auch von *Text-Editoren*.

Die folgenden Regeln helfen beim Editieren und korrigieren:

✗ Text markieren
Den Cursor mit der Maus vor dem ersten zu markierenden Zeichen positionieren,
[Dauerklick] und Ziehen bis zum letzten zu markierenden Zeichen,
Maustaste loslassen. Der so markierte Text (invers dargestellt) kann jetzt bearbeitet werden.
Mit der Tastatur kann durch Kombination der [Shift]-
Taste mit den Pfeiltasten oder den Tasten [Bild oben]
oder [Bild unten] der Text zeichen-, zeilen-und fenster-
weise markiert werden.

 **✗ Markierten Text in Zwischenablage löschen**
Betätigen der Taste [Shift]+[Entf] oder über *Bearbeiten -->
Ausschneiden.*

 **✗ Markierten Text in Zwischenablage kopieren**
Betätigen der Tastenkombination [Strg]+[Entf] oder über
Bearbeiten --> Kopieren.

 **✗ Text aus Zwischenablage einfügen**
Text, der in der Zwischenablage zwischengespeichert ist,
kann mit der Tastenkombination [Shift]+[Einfg] an der
aktuellen Schreibposition eingefügt werden.
Ebenso verfährt man bei Grafiken.

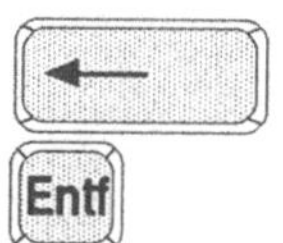 **✗ Text zeichenweise löschen**
Mit der Rücktaste löschen Sie das Zeichen links von der
aktuellen Schreibposition, mit der [Entf]-Taste löschen
Sie das Zeichen rechts von der aktuellen Schreibposition.
Ein so gelöschtes Zeichen kann nicht über die Zwischen-
ablage eingefügt werden.

Sollten Sie versehentlich Text gelöscht haben, so besteht die
Möglichkeit, entweder über die Tastenkombination [Alt]+[Rück-
taste] oder *Bearbeiten --> Widerrufen* dies wieder ungeschehen
zu machen.

Text speichern
Nachdem Sie jetzt einen (hoffentlich) fehlerfreien Text vorliegen haben, sollten Sie diesen erst einmal auf der Festplatte
speichern, damit er Ihnen nicht durch einen dummen Zufall
verloren geht.
Gehen Sie wie folgt vor:

1.   Wählen Sie zunächst über das *Datei*-Menü den Befehl
     Speichern unter.

2.   Sie geben in einer Dialogbox den Dateinamen und das
     Verzeichnis an, unter dem Ihr Text gespeichert werden
     soll.

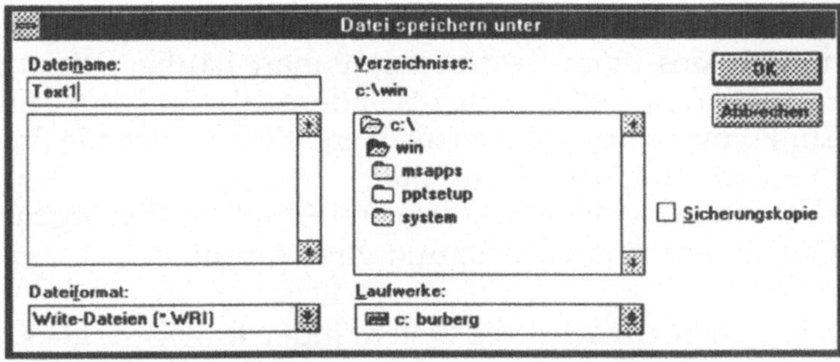

Abb. 9.19 Text speichern, Vergabe des Dateinamens

Sie können hier weitere Eigenschaften des gespeicherten
Textes festlegen:
- wenn Sie eine Sicherungskopie Ihres ursprünglichen
  Textes abspeichern möchten, kreuzen Sie *Sicherungskopie*
  an,
- möchten Sie Ihren Text ohne jegliche Formatierung
  (Zeichenattribute, Seitenränder, Tabulatoren, Absatzmerkmale, Einzüge) speichern, kreuzen Sie *Nur Text*
  an.
- wenn Sie Ihren Write-Text später in MS-Word weiter
  verwenden möchten, können Sie dies bereits beim Speichern durch Ankreuzen von *Microsoft-Word-Format* angeben.

Bei der Auswahl des reinen Textformates oder des MS-Word-Formates werden allerdings eventuell im Text vorhandene Grafiken nicht mit abgespeichert.

Wenn Sie später, während oder nach der Bearbeitung Ihres Textes speichern möchten, können Sie dazu auch den Befehl *Datei --> Speichern* wählen. Die Abfrage des Dateinamens entfällt dann. Write geht davon aus, daß Sie unter dem gleichen Namen speichern möchten. Die alte Version Ihres Textes (ohne Änderungen) wird dabei überschrieben.

Text formatieren

Nachdem Sie nunmehr Ihren richtigen Text auf der Festplatte gesichert haben, können Sie sich daran machen, das äußere Erscheinungsbild zu verändern. Jede Änderung des Erscheinungsbildes eines Textes nennt man häufig *Formatierung*. Formatierung bedeutet nichts anderes als "in Form bringen". Zur Formatierung gehören im wesentlichen folgende Prozesse:
- Veränderung der Seitenränder
- Veränderung der Merkmale von Absätzen (Einzüge usw.)
- Veränderung der Schrift und ihrer Attribute

Wir wollen zunächst die Seitenränder festlegen. Dies ist ein Vorgang der das gesamte Dokument betrifft. Er kann daher auch über den Menüpunkt *Text* durchgeführt werden.

Seitenränder festlegen

1.   Wählen Sie die Option *Seitenlayout* aus dem *Text*-Menü.

2.   Wählen Sie als Maßeinheit *cm*.

3.   Geben Sie dann den unteren, oberen, linken und rechten Seitenrand an:
      - Oberer Rand: 5,3 cm,
        dann paßt die Anschrift gleich in einen Fensterum-
        schlag.
      - Unterer Rand: 2 cm
      - Linker Rand: 2,5 cm,
        dann paßt die Anschrift gleich in einen Fensterum-
        schlag.
      - Rechter Rand: 2 cm

Die Seitenränder bestimmen auch das Aussehen des Briefes auf dem Bildschirm, denn der Zeilenumbruch wird den Rändern entsprechend durchgeführt. Auf dem Bildschirm sehen Sie das, was Sie später ausdrucken. Das nennt man WYSIWYG-Prinzip (What You See Is What You Get).

Im nächsten Schritt werden wir die Attribute der einzelnen Schriftzeichen verändern.
Welche Attribute Sie Ihrem Text zuordnen können, ist in ganz erheblichem Umfang von Ihrem Drucker abhängig.
Die folgenden Aussagen beziehen sich auf einen Laserdrucker LaserJet IIP von Hewlett Packard.

Wichtige Regel
Vor jeder Vergabe von Textattributen (= Formatierung) muß der entsprechende Text markiert werden!
Es gilt - wie in den meisten Windows-Anwendungen das Prinzip **Selection --> Action!**

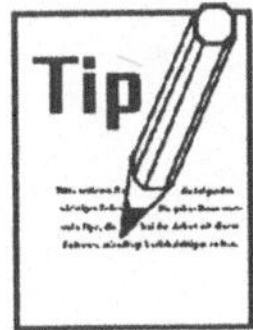

Formatierung der Schrift

In unserem Fall soll der gesamte Text in der Schriftart Courier geschrieben werden. Diese Schrift eignet sich in besonderem Maße für Briefe.

1. Markieren Sie den gesamten Text, indem Sie links neben dem ersten Zeichen des Textes (Anfangsbuchstabe von *Fotokram*) mit [Strg]+[Klick] hinklicken.
    Dort befindet sich das Zeichen "»".
    Der gesamte Text wird invers dargestellt. Dies ist für uns der Hinweis, daß der Text insgesdamt markiert wurde (= *Selection*).

2. Schriftart auswählen
    Nach der Textmarkierung wählen Sie *Schrift --> Schriftarten*.

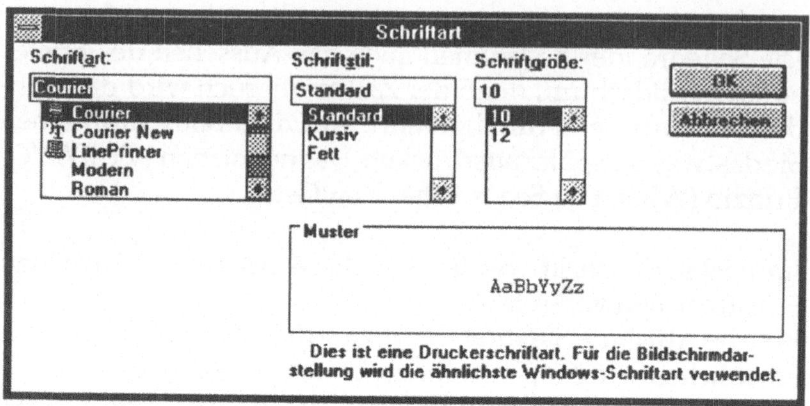

Abb. 9.20 Auswahl von Schriftart und -größe

3.   In der Listbox *Schriftarten* können Sie nun den Font
     Courier bestimmen.
     Es wird dort zwischen drei verschiedenartigen
     Schriftarten unterschieden:
     - Windows-Standardschriften (nur mit Namen benannt),
     - Druckerschriften (mit dem Symbol  bezeichnet)
     - TrueType-Schriften (mit dem Symbol ᵀᵀ bezeichnet.)

     Als weitere Angabe wird noch die Größe der Schrift
     (= Schriftgrad) benötigt.

X

Schriftgrade und Schriftgrade
Die Größe der Schrift wird in der Maßeinheit *Punkt*
gemessen. Dabei gilt, daß 72 Punkt = 1 Zoll = 2,54 cm.

Im folgenden sind Beispiele für Schriftarten (= Fonts)
und für verschiedene Schriftgrößen dargestellt:

- Helvetica, Arial oder Swiss 8 Punkt
- `Courier 12 Punkt`
- Times 14 Punkt
- Palatino 18 Punkt
- Optima 24 Punkt

Hinweis

Schriften (= Fonts) können entweder in Ihren Drucker direkt eingebaut sein (z.B. Courier bei den meisten Laserdruckern) oder können per ladbarer Schrift in den Speicher des Druckers geladen werden (Softfont) oder in einem ROM-Baustein in Form einer Kassette in den Drucker integriert werden.

Formatierung der Schrift (Fortsetzung)

4. Wählen Sie in der Dialog-Box, die in Abbildung 9.20 dargestellt ist, die Schriftart *Courier* und unter *Grad* die Größe *12* Punkt.
Der gesamte markierte Text wird nun in der gewählten Schriftart auch auf dem Bildschirm dargestellt.
Sofern sie einen TrueType-Font ausgewählt haben, wird der ausgedruckte Text identisch zu der Bildschirmanzeige aussehen.

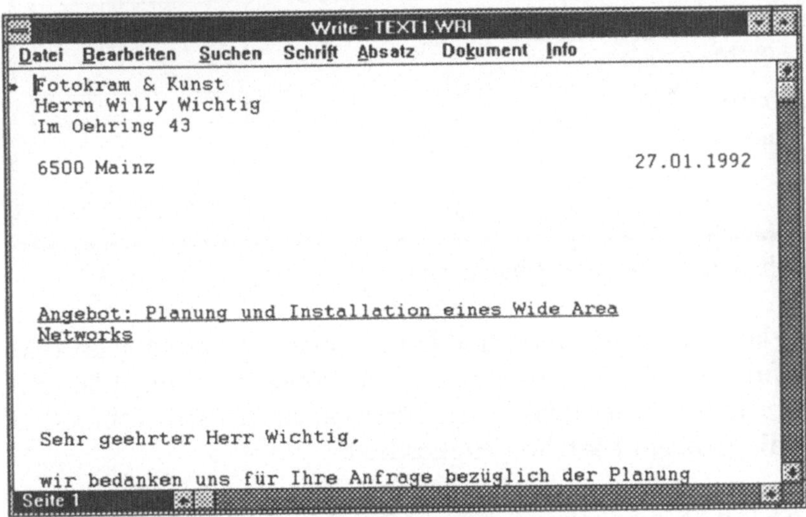

Abb. 9.21 Text nach der Zeichenformatierung

In der Adresse sollten Postleitzahl und Ort fett geschrieben werden, damit die Post beim Sortieren schnell erkennt, wohin mit dem Brief.

Gehen Sie wie folgt vor:

1. Markieren Sie per [Dauerklick] die Postleitzahl und den Ort.

2. Wählen Sie dann über *Schrift --> Fett* den Schriftschnitt fett.
    Noch schneller erreichen Sie das über die Tastenkombination [Strg]+[F].

Tabulatoren setzen
Damit das Datum an der richtigen Position steht, sollte man einen Tabulator entsprechend setzen.

1. Wählen Sie *Text --> Tabulatoren.*
    Es öffnet sich folgende Dialog-Box

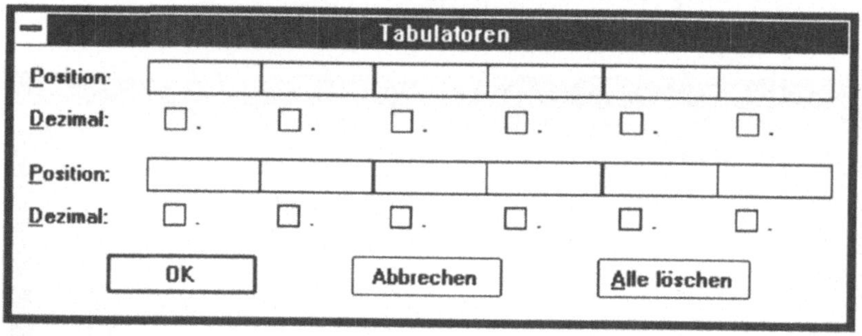

Abb. 9.22 Setzen von Tabulatoren

Sie können bis zu 12 verschiedene Tabulatorpositionen im Text definieren. Mehr werden Sie in aller Regel auch nicht benötigen. Jeder dieser zwölf Positionen ist in der sich öffnenden Dialogbox ein Kästchen zugeordnet.

Die Tab-Stopps haben für den gesamten Text Gültigkeit. Man sollte sich daher sehr genau überlegen, an welchen Positionen Tabulatoren gesetzt werden sollen.

Tabulator setzen (Fortsetzung)

2. In das erste Kästchen tragen Sie beispielsweise *12* ein, um den ersten Tab-Stopp auf 12 cm zu setzen.

Abb. 9.23 Gesetzter Tabulator auf 12 cm

Dieser Tabulator könnte dazu dienen, das Datum immer an die richtige Position zu setzen.

Wo das Datum allerdings letztendlich stehen muß, hängt auch von eventuell bereits eingedruckten Firmenzeichen ab.

Versuchen Sie Leitlinien in bereits vorgedruckten Briefbögen zu finden, an denen Sie Ihren Text ausrichten können. Das gesamte Erscheinungsbild Ihres Textes wird dadurch ruhiger.

In der Dialogbox (vgl. Abb. 9.23) können Sie auch festlegen, ob es sich um einen Dezimaltabulator handeln soll. Ein Dezimaltabulator positioniert Zahlen so, daß die Dezimalkommata stets untereinander stehen.

Die Tabulatoren werden auch im Zeilenlineal angezeigt, sofern Sie dieses über *Dokument --> Lineal ein* eingeschaltet haben. Sie sehen den zuvor gesetzten Tabulator in der freien Zeile unterhalb der Zahlenmarkierungen *12* als kleines Häkchen. 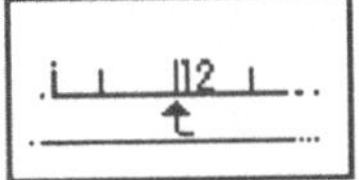

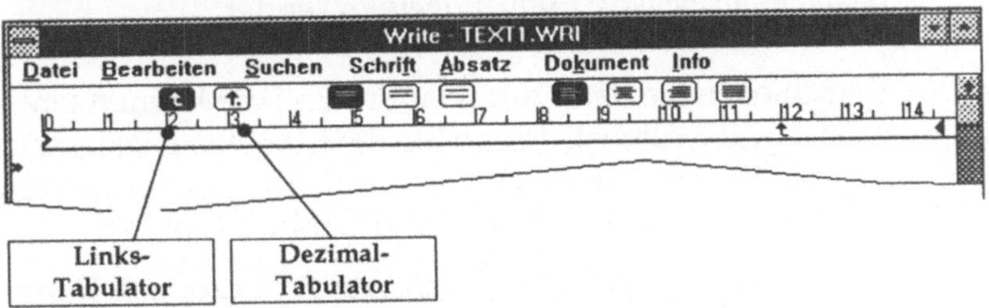

Abb. 9.24 Symbole zum Setzen von Tabulatoren

Sollte der Tabulator nicht an der richtigen Position sitzen, so können Sie ihn einfach durch [Dauerklick] verschieben und damit neu positionieren.

Bei eingeschaltetem Zeilenlineal können auch neue Tabulatoren gesetzt werden, indem eines der in der Abbildung 9.24 dargestellten Symbole angeklickt wird und dann in der Tabulatorzeile per [Klick] an die gewünschte Position gesetzt wird.

Tabulatoren werden bei eingeschaltetem Zeilenlineal entfernt, indem man die zugeordneten Häkchen per [Dauerklick] nach oben wegschiebt.

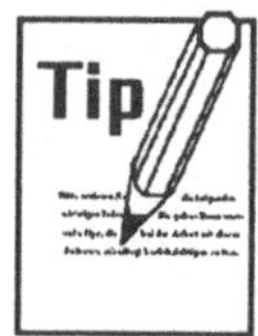

Rechts-Tabulatoren

Write sieht keine rechtsbündige Tabulatoren vor. Setzen Sie einfach an der gewünschten Position einen Dezimal-Tabulator so, daß das Dezimalkomma an der Position steht, an der Text rechtsbündig ausgerichtet werden soll. So lange kein Komma eingegeben wird, richtet sich dort eingegebener Text rechtsbündig aus.

Als letzte Einflußnahme auf unseren Text steht jetzt noch die Veränderung der Absatzmerkmale an.

Unter einem Absatz versteht man normalerweise solchen Text, der zwischen zwei "Returns" steht. Eine gedanklich in sich geschlossene Einheit bildet stets einen Absatz.

Absätze formatieren

---

1.   Absätze einziehen
Markieren Sie zu Übungszwecken den Textabsatz, der mit *Wie während unseres Gespräches* beginnt und mit *Installationsdienstleistung aufgeführt.* endet.

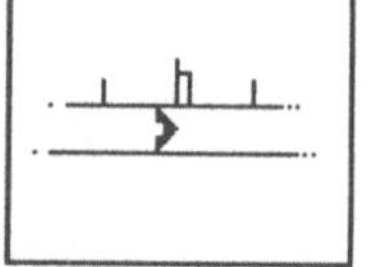

2.   Verschieben Sie dann mit [Dauerklick] die kleinen Dreiecke im Zeilenlineal. Wenn Sie die Maustaste loslassen, werden Sie bemerken, daß sich nur für den markierten Textbereich (= Absatz) der Rand verändert hat.

Diese ausschließlich auf einen Absatz bezogene Randänderung nennt man auch *Absatzeinzug.* Man darf sie nicht mit der Festlegung der Seitenränder verwechseln!

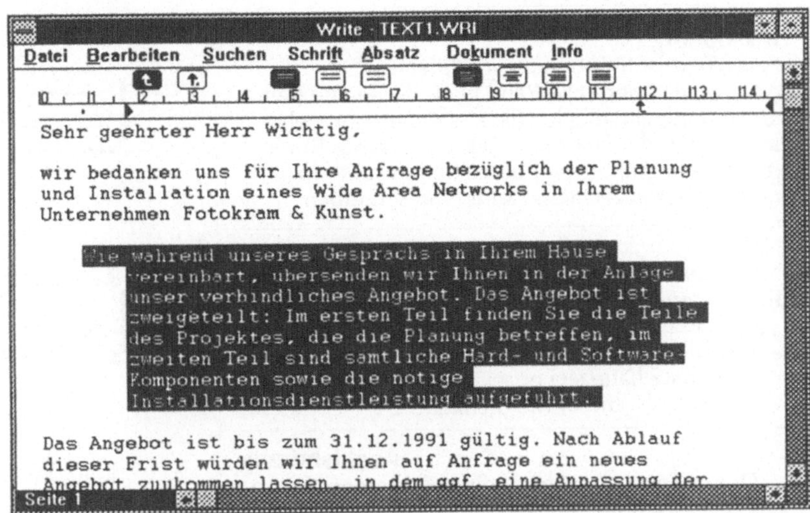

Abb. 9.25 Absatzeinzug und negativer Erstzeileneinzug

Wenn Sie genau hinsehen, stellen Sie fest, daß das linke Dreieck genaugenommen aus einem kleinen Punkt und dem Dreieck besteht. Beide Zeichen können getrennt voneinander bewegt werden. Dabei wird der Absatz insgesamt nach der Position des Dreiecks, die erste Zeile allerdings nach dem kleinen Punkt ausgerichtet. In Abbildung 9.25 ist der Absatz mit einem negativen Erstzeileneinzug ausgestattet.

Neben der Festlegung von absatz-bezogenen Einzügen, können Absätze unterschiedlich justiert oder ausgerichtet werden.

Absätze ausrichten

Absätze können in 4 verschiedenen Arten ausgerichtet werden: linksbündig, rechtsbündig, zentriert und Blocksatz.
Über die Symbole im Zeilenlineal können diese Ausrichtungen gewählt werden:

<table>
<tr><td>

B   l   o   c   k   s   a   t   z
Dies ist ein Textabsatz, der im Blocksatz formatiert wurde. Dabei sind sowohl der linke als auch der rechte Rand glatt, d.h. ausgeglichen. Der Blocksatz wird häufig im Buchdruck und in Zeitungen angewendet. In Briefen sollte er nicht verwendet werden, da er das Lesen eigentlich erschwert.

</td><td>

</td></tr>
</table>

Linksbündig

Dieser Text ist linksbündig geschrieben. Das bedeutet, daß der linke Rand glatt, der rechte Rand jedoch unregelmäßig ist. Einen solchen unregelmäßigen Rand nennt man auch Flatterrand. Briefe, Prospekte und ähnliche Publikationen sollte man linksbündig mit rechtem Flatterrand schreiben.

Zentriert

Zentrierter Text ist in Briefen, Protokollen oder Büchern nur höchst selten zu finden. Überschriften auf Folien zur Präsentation auf dem Overhead-Projektor können so ausgerichtet werden. Ringelnatz hätte sicher seine wahre Freude an dieser Möglichkeit.

Rechtsbündig

Dieser Text ist rechtsbündig geschrieben. Das ist etwas ungewohnt und nur in wenigen Sonderfällen eine sinnvolle Ausrichtung von Text. Text kann so beispielsweise an der linken Seiten einer Grafik angelehnt werden, was die Zugehörigkeit zu dieser Grafik auch äußerlich bereits verdeutlicht.

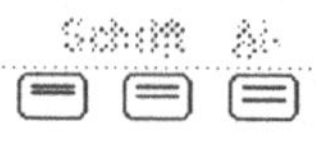

Wenn Sie eine Rede verfassen und so ausdrucken möchten, daß auch in einigem Abstand der Text noch gut sichtbar gelesen werden kann, so empfiehlt es sich, neben einer größeren Schrift auch einen größeren Zeilenabstand zu wählen. In Write haben Sie die Möglichkeit, 1-zeilig, 1½-zeilig und 2-zeilig auszudrucken. Dies können Sie im Zeilenlineal wählen, aber auch über das Menü *Absatz*. Die Optionen *Einzeilig*, *1,5zeilig* und *Zweizeilig* sind die entsprechenden Befehle dazu.

Nachdem sämtliche Formatierungen beendet sind, steht zum Abschluß der umfangreichen Textbearbeitungen noch der Ausdruck an.

Text drucken

---

1.   *Datei --> Drucken* leitet den Ausdruck ein.
   Es öffnet sich die auf der nächsten Seite dargestellte Dialogbox.

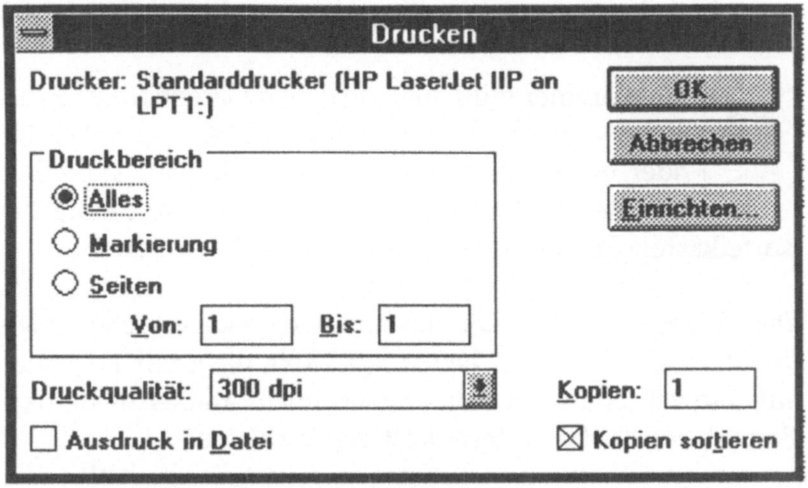

Abb. 9.26 Angabe der Druckmodalitäten

Sie können in der Dialogbox die Anzahl der Kopien, den Druckumfang und die Druckqualität angeben. Bei der Angabe von *Ausdruck in Datei* werden sämtliche Steuerzeichen für den Druck mit ausgegeben. Eine solche Datei kann später auch mit dem DOS-Befehl PRINT ausgedruckt werden.

2.   Machen Sie die entsprechenden Angaben, und klicken Sie dann die *Ok*-Box an. Der Ausdruck selbst wird dann vom Druck-Manager durchgeführt (vgl. 6. Lektion).

Es gibt noch viele weitere Möglichkeiten, wie man mit Write arbeitet. Beispielsweise ist es möglich, aus der Zwischenablage Grafiken einzufügen. Wie das funktioniert, erfahren Sie in der 11. Lektion, wenn es darum geht, eine komplexere Aufgabe zu lösen.

Sie haben jetzt einen guten Eindruck von den Fähigkeiten und der Arbeitsweise von Write. Alle anderen Funktionen werden in einer vergleichbaren Art und Weise verwendet. Experimentieren Sie ein wenig mit Write, dann lernen Sie unter Nutzung dieses Buches den sicheren Umgang mit Write.

9.6 Daten verwalten mit der Anwendung *Kartei*

Nicht immer muß man gleich ein Datenbankproblem wittern, wenn man mehr als drei Ideen pro Tag hat oder die Adressen des Bekanntenkreises verwalten möchte. Häufig reicht auch schon ein relativ einfaches Karteikasten-Programm wie *Kartei* von MS-Windows.

Die Lösungen mit dem Karteikasten sind genauso vielfältig wie die Ideen, die Sie haben. Die Möglichkeit, nicht nur Textdaten auf Karteikarten zu sammeln, sondern auch Grafiken im Bitmap-Format, zeichnet den Karteikasten positiv aus.

Darüber hinaus ist es möglich, beispielsweise Paintbrush-Grafiken über das OLE-verfahren (vgl. 8. Lektion) so auf einer Karteikarte einzubinden, daß per [Doppelklick] auf der Karte Paintbrush gleich mit aufgerufen wird. Eine schnelle Bearbeitung der Grafik ist dann sogar aus dem Karteikasten heraus möglich.

Karteikarten eignen sich in besonderem Maße, nicht allzu umfangreiche Datensammlungen (Schallplattensammlung, Adreßlisten) festzuhalten. Da Adressen im allgemeinen sicher nicht alphabetisch sortiert eingegeben werden, ist es hilfreich, daß *Kartei* das Sortieren übernimmt.

Allerdings darf man auch bei diesem Windows Zusatzprogramm keine Wunder erwarten, die etwa in Richtung auf Hypertext-Anwendungen gehen. Es ist halt "nur" ein Karteikartenprogramm.

Wenn Sie den Karteikasten aus der Gruppe *Zubehör* gestartet haben, sehen Sie auf dem Bildschirm die erste noch leere Karte einer neuen Kartei.

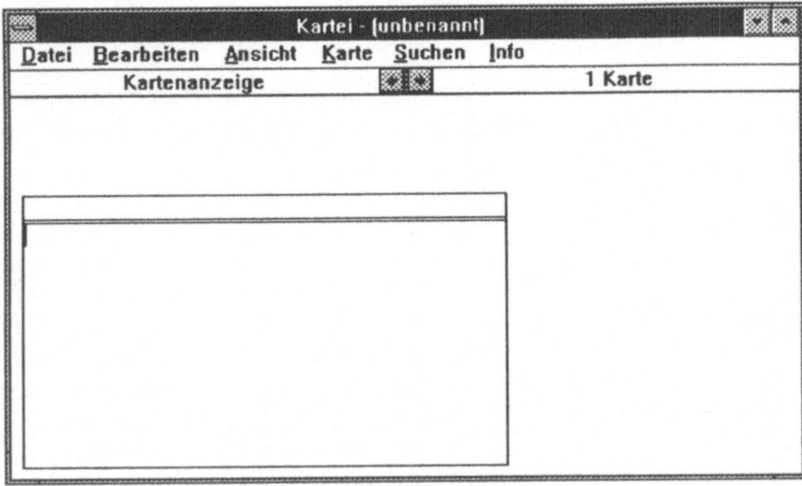

Abb. 9.27 Leere Karteikarte eines neuen Karteikastens

Die Karteikarte ist prinzipiell in zwei Bereiche eingeteilt: Stichwortzeile und Informationsbereich:

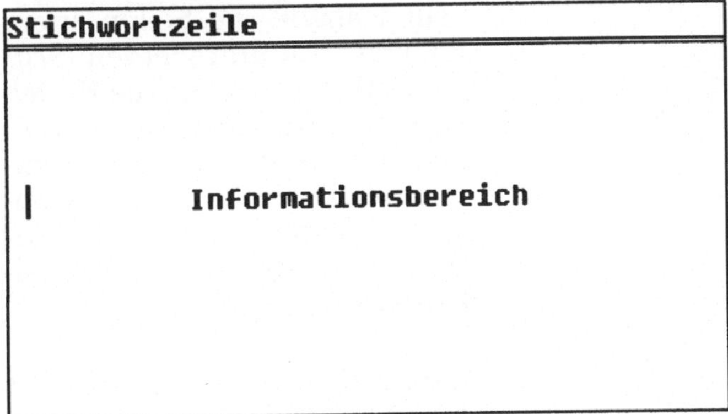

Abb. 9.28 Einteilung der Karteikarte

Diese leere Karte ist der Anfang zu Ihrer neuen Karteikartensammlung. An einem Beispiel soll der Umgang mit dem Karteikasten erlernt werden, nachdem Sie sich einen schnellen Überblick über die Menüs des Karteikartenprogramms verschafft haben.

9.6.1 Die Menüs des Karteikastens

Alle Befehle und Funktionen, die Sie über die Menüs auswählen, wirken stets nur auf die vorderste Karteikarte; dies ist die aktuelle Karteikarte.

Menü

```
Datei
  Neu
  Öffnen...
  Speichern
  Speichern unter...
  Drucken
  Alles drucken
  Seite einrichten...
  Druckereinrichtung...
  Zusammenführen...
  Beenden
```

Beschreibung/Erklärung

Über das *Datei*-Menü laden (*Öffnen*), speichern (*Speichern, Speichern unter*) und drucken (*Drukken*) Sie ihre Karteikarten. Bei Letzterem ist es möglich, sowohl eine einzelne Karte (*Drucken*) als auch alle Karten (*Alles Drucken*) des Kastens zu drucken. Weiterhin können Sie aus den Drukkern denjenigen aktivieren, mit dem Sie drucken möchten (*Drukkereinrichtung*). Fuß- und Kopfzeilen sowie die Seitenränder können bestimmt werden (*Seite einrichten*). Wenn Sie die Karteikarten eines anderen Kastens mit denen des aktuellen Kastens zusammenwerfen möchten, wählen Sie *Zusammenführen*. Mit *Beenden* verlassen Sie das Karteikartenprogramm.

```
Bearbeiten
  Rückgängig              Strg+Z
  Ausschneiden            Strg+X
  Kopieren                Strg+C
  Einfügen                Strg+V
  Verknüpfung einfügen
  Inhalte einfügen...
  Stichwort...            F6
  Wiederherstellen
  √ Text
  Bild
  Verknüpfung...
  Objekt
  Objekt einfügen
```

Das *Bearbeiten*-Menü erlaubt den gezielten Zugriff auf die Stichwortzeile (*Stichwort*) und den Informationsbereich. Dort können Text (*Text*) und Grafik (*Bild*) bearbeitet werden. Weiterhin ist der Zugriff auf Daten in der Zwischenablage möglich (*Einfügen*). Das gesamte Handling mit OLE wird über dieses Menü abgewikkelt.

Menü	Beschreibung/Erklärung
Bearbeiten (Fortsetzung)	Mit *Ausschneiden* entfernen Sie markierte Daten in die Zwischenablage, mit *Kopieren* kopieren Sie solche dort hinein. Schließlich stellt *Wiederherstellen* den Zustand Ihres Karteikastens wieder her, der direkt nach dem letzten Speichern bestand. Mit *Widerrufen* machen Sie die letzte Änderung an der aktuellen Karte rückgängig.

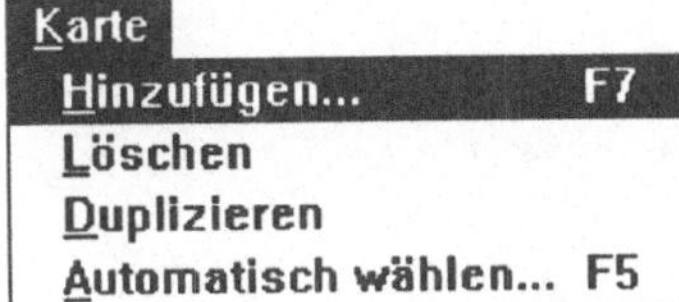

Mit *Ansicht* schalten Sie zwischen der Darstellung in Form der Karteikarten (*Karten*) und der Liste (*Liste*) hin- und her.

Über die Option *Karte* fügen Sie neue Karteikarten hinzu (*Hinzufügen*), duplizieren bereits vorhandene (*Duplizieren*) oder löschen die aktuelle Karte (*Löschen*). Mit der Funktion *Automatisch wählen* können Sie bei Vorhandensein eines Modems bzw. entsprechenden Interfaces eine Telefonnummer von einer Karteikarte dazu benutzen, um automatisch von Windows dort anrufen zu lassen. Eine Anpassung an die Übertragungshardware (Modem) ist dort möglich.

Gezielt nach Stichwörtern im Informationsbereich suchen können Sie mit der *Suchen*-Option des *Suchen*-Menüs. Die erneute Suche nach demselben Stichwort leiten Sie über *Weitersuchen* ein. Eine spezielle Karte können Sie ansteuern über *Gehe zu*.

Bedienung des Karteikastens über die Tastatur

Funktion	Taste/Tastenkombination
Zur ersten Karte	Strg Pos1
Zur letzten Karte	Strg Ende
Erste Karte, deren Stichworteintrag mit dem eingegebenen Buchstaben beginnt (hier: X)	Strg X
Vorherige Karte	Bild ↑
Nächste Karte	Bild ↓
Letzte Aktion rückgängig	Alt ←
Text in Pfeilrichtung markieren	⇧ ↑ ← ↓ →
Markierten Text oder Grafik in die Zwischenablage **löschen**.	⇧ Entf
Markierten Text oder Grafik in die Zwischenablage **kopieren**.	Strg Entf
Text oder Grafik aus Zwischenablage einfügen an der Cursorposition.	⇧ Einfg
Hilfe von Windows	F1

Funktion	Taste/Tastenkombination
Gleichen Begriff erneut suchen	F3
Anzeigen einer angebbaren Karte.	F4
Automatisch Wählen	F5
In die Stichwortzeile wechseln	F6
Neue Karte hinzufügen	F7

Die weiteren Tastenfunktionen zum Aufruf der Menüs sind identisch mit denen anderer Windows-Applikationen.

9.6.2 Sie arbeiten mit dem Karteikasten

Auch in diesem Kapitel stehen wieder typische Arbeitsgänge im Vordergrund. Ein späteres Übertragen der Ergebnisse auf Ihre eigenen Anwendungen sollte dann kein Problem mehr sein.
Anhand einer Kartei, in der Angaben zu einer Schallplattensammlung stehen, wird die Arbeit mit *Kartei* verdeutlicht.

1. Problem: Karteikarte neu anlegen
Die Neuanlage ist natürlich das, was Sie zuerst machen müssen, um mit *Kartei* arbeiten zu können.

Problemlösung
Nachdem Sie die Applikation *Kartei* aus der Gruppe *Zubehör* aktiviert haben, sehen Sie bereits eine neue Karteikarte. In die Stichwortzeile soll zunächst der Name eingetragen werden, für

den dann im Informationsbereich weitere Daten vermerkt werden. Weitere leere Karteikarten werden nicht mehr automatisch angelegt, sondern müssen über die Funktionstaste [F7] neu erzeugt werden.

Mit der Kartei arbeiten

1. Eingabe in der Stichwortzeile
   Sie wechseln dazu mit [F6] in die Stichwortzeile.
   Dort geben Sie ein: *Mozart, Wolfgang Amadeus*

2. Mit [Return] schließen Sie die Eingabe ab.
   Auf Ihrer ersten Karteikarte befindet sich nun der zuvor eingegebene Namen.

3. Eingabe im Informationsbereich
   Nun geben Sie die Informationen, die zu dieser Platte von Mozart gehören, im Informationsbereich der Karteikarte ein.
   Hier die Beispieldaten:

```
A Symphonie Nr. 40, KV 550
        1. Motto Allegro              7'21"
        2. Andante                    7'42"
        3. Menuetto, Allegretto       4'33"
        4. Finale Allegro assai       4'45"
B Eine kleine Nachtmusik, KV 525
        1. Allegro                    5'47"
        2. Romanze (Andante)          6'00"
        3. Menuetto (Allegretto)      2'13"
        4. Rondo (Allegro)            2'47"
Gesamtspieldauer: 41'19"
```

Fertig. Ihre Karteikarte Nummer 1 ist angelegt.

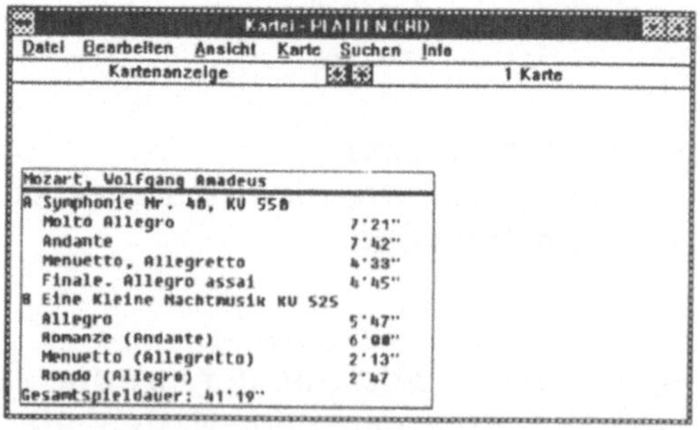

```
Kartei - PLATTEN.CRD
Datei  Bearbeiten  Ansicht  Karte  Suchen  Info
        Kartenanzeige                              1 Karte

Mozart, Wolfgang Amadeus
A Symphonie Nr. 40, KV 550
  Molto Allegro                7'21"
  Andante                      7'42"
  Menuetto, Allegretto         4'33"
  Finale. Allegro assai        4'45"
B Eine kleine Nachtmusik KV 525
  Allegro                      5'47"
  Romanze (Andante)            6'00"
  Menuetto (Allegretto)        2'13"
  Rondo (Allegro)              2'47
Gesamtspieldauer: 41'19"
```

Abb. 9.29 Karteikarte angelegt

Damit Sie etwas Übung bekommen, können Sie nun weitere
Karteikarten zu Ihrer Platten- und CD-Sammlung anlegen.
Sollten Sie dazu keine Lust verspüren, so befindet sich auf Ihrer
Begleitdiskette die Datei PLATTEN.CRD mit weiteren Kartei-
karten.
Diese Datei können Sie laden über *Datei --> Öffnen*. Als Datei-
name geben Sie A:PLATTEN.CRD an.

Kartei ansehen
Jetzt haben Sie entweder noch weitere Karten mit den Daten
Ihrer Sammlung angelegt oder aber die Datei PLATTEN.CRD
von der Begleitdiskette geladen. Dann stehen Ihnen jetzt 10
Karteikarten zur Verfügung.
Damit Sie den Überblick nicht verlieren, stellt Kartei Ihnen den
List-Modus zur Verfügung. Damit werden die Eintragungen
der Stichwortzeile als Liste untereinander angezeigt.

Wählen Sie dazu *Anzeige --> Liste*.

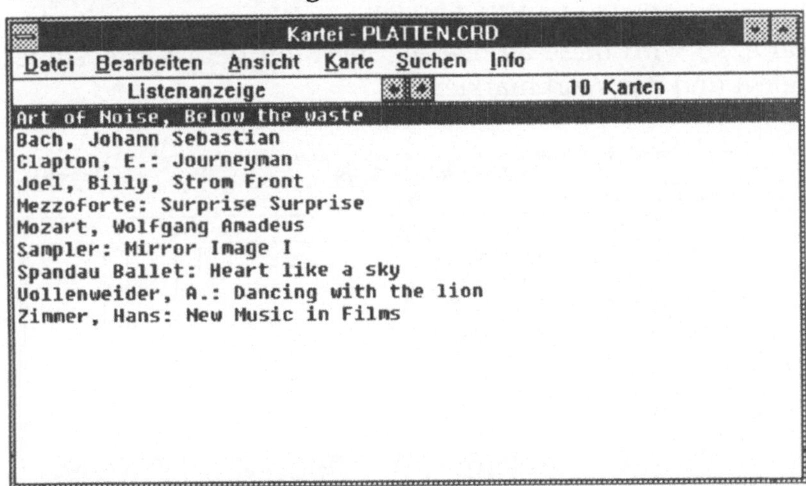

Abb. 9.30 List-Modus in Kartei

2. Problem: Nach bestimmten Inhalten suchen
Nehmen wir an, Ihre Kartei bestünde aus mehr als 10 Karten.
Das Auffinden bestimmter Informationen ist dann nicht mehr
durch einfaches Durchblättern möglich. Selbst der List-Modus
wäre da schon unübersichtlich.

Problemlösung

Wählen Sie aus dem *Suchen*-Menü die Option *Suchen*. Sie
können dort den gesuchten Begriff eingeben. Groß- und
Kleinschreibung wird nicht unterschiedlich behandelt, das
bedeutet, daß der gesuchte Begriff unabhängig von seiner auf
der Karteikarte tatsächlichen Schreibweise gefunden wird.
In unserem Fall wollen wir nach einem Musikstück suchen,
das genau 4 Minuten lang ist.

Abb. 9.31 Eingabe des Suchbegriffs

Mit [Return] oder [Klick] auf dem *Ok*-Feld wird der Suchbegriff
"abgeschickt". Findet Windows dieses Wort auf einer Karteikarte, so wird diese an oberste Stelle auf dem Kartenstapel
gelegt und das Wort markiert.

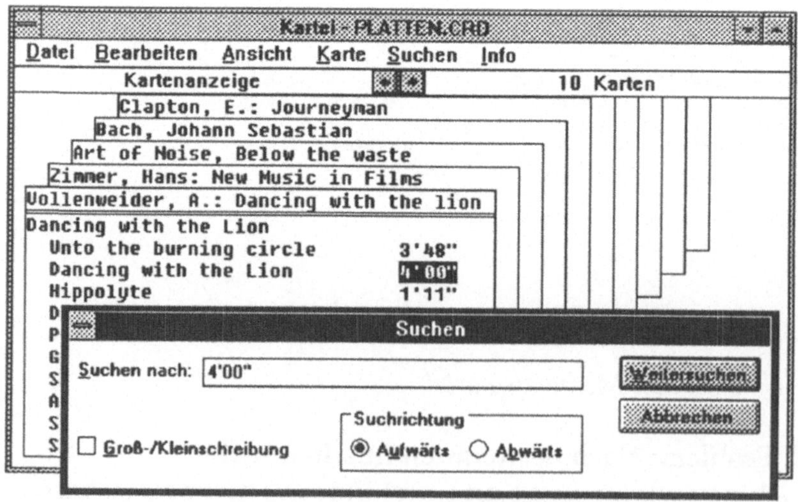

Abb. 9.32 Suchbegriff gefunden

Wenn Sie die Datei auf Ihrer Begleitdiskette genutzt haben, so werden Sie die Platte *Heart like a Sky* von *Spandau Ballet* finden. Der Titel *Motivator* ist exakt 4 Minuten lang.

 **Weitersuchen**
Wenn Sie nicht auf Anhieb die gewünschte Information gefunden haben, können Sie durch Betätigen des Schalters *Weitersuchen* in Ihrer Kartei weitersuchen.

Wenn Sie in der Datei PLATTEN.CRD weitersuchen, finden Sie noch das Stück *Dancing with a Lion* auf der gleichnamigen Platte von *Andereas Vollenweider*, das ebenfalls genau 4 Minuten lang ist.

3. Problem: Grafik einfügen

Zu Beginn dieser Lektion haben Sie bereits gelernt, wie man mit Paintbrush umgeht. Ihre Plattensammlung besteht nun aus unterschiedlichen Datenträgern: die gute alte Schallplatte und die CD. Um auf der Karteikarte zu vermerken, um welche Art von Platte es sich handelt, wird die entsprechende Karte mit dem Logo für CDs gekennzeichnet:

Abb. 9.33 CD-Logo zum Einfügen auf der Karteikarte

Dieses Logo können Sie ganz einfach selbst in Paintbrush erzeugen oder von Ihrer Begleitdiskette unter dem Namen CDLOGO.BMP in Paintbrush laden und eventuell weiterbearbeiten.
Dieses Logo ist natürlich nur ein kleines Beispiel, denn die Grafik könnte genausogut eine sehr detaillierte Skizze eines technischen Gerätes oder sogar ein gescanntes Foto sein. Diese Grafik soll auf einer Karteikarte den Text illustrieren und weitere Informationen beinhalten.

Problemlösung

Grafik auf Karteikarte einfügen

1. Grafik in die Zwischenablage kopieren
   Zunächst bringen Sie den Teil der Grafik, den Sie auf der
   Karteikarte einfügen möchten, in die Zwischenablage.
   Das können Sie nur im erzeugenden Grafik-Programm
   (= Quellprogramm).

2. Karteikarte wählen
   Dann wechseln Sie beispielsweise über die Task-Liste
   zur Applikation *Kartei*.

3. Wählen Sie die Karteikarte aus, auf der die Grafik plaziert
   werden soll.
   In unserem Übungsbeispiel ist dies *Storm Front* von *Billy
   Joel*, da es sich dabei um eine CD handelt.

4. Grafikmodus einschalten
   Über *Bearbeiten --> Bild* weisen Sie das Karteikartenprogramm an, daß Sie eine Grafik bearbeiten möchten.

4. Grafik einfügen und positionieren
   Jetzt können Sie über [Strg]+[V] oder über *Bearbeiten -->
   Einfügen* die Grafik auf der aktuellen Karteikarte plazie-
   ren.

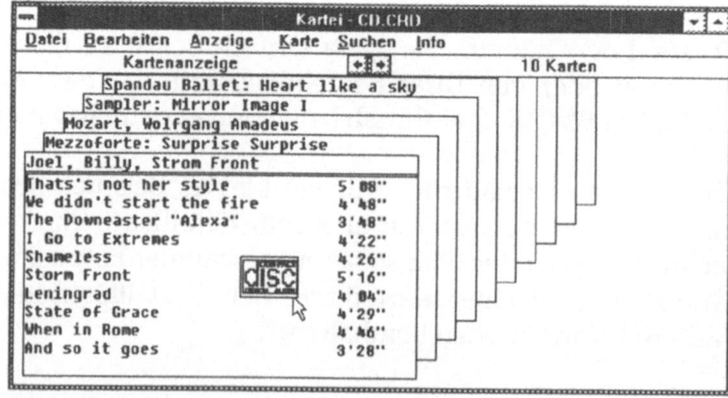

Abb. 9.34 CD-Logo auf der Karteikarte

Sie können jetzt die Grafik auf Ihrer Karteikarte verschieben, bis sie die von Ihnen gewünschte Position erreicht hat. Sollte die Grafik nicht ganz auf die Karte passen, so können Sie sie ruhig soweit nach unten schieben, bis gerade noch ein kleiner Rest zu sehen ist. Es paßt nämlich mehr Grafik auf eine Karte, als zu sehen ist. Wenn Sie später diese Grafik wieder sehen möchten, so wählen Sie einfach wieder den Grafikmodus und verschieben die Grafik solange, bis Sie sie wieder sehen.

9.6.3 OLE in Kartei

Die Anwendung Kartei ist gemeinsam mit Write und Paintbrush eine OLE-fähige Anwendung in Windows. Das bedeutet, daß Sie Grafiken so auf einer Karteikarte plazieren können, daß Sie per [Doppelklick] Paintbrush aktivieren können.

Einbetten und Verbinden von Grafiken

1.   Rufen Sie Paintbrush aus der Gruppe *Zubehör* auf.

2.   Erstellen Sie eine Grafik oder laden Sie eine von der Festplatte.

3.   Markieren Sie mit Hilfe des Scheren-Werkzeugs in Paintbrush den Teil der Grafik, den sie auf der Karteikarte einfügen möchten.

4.   Kopieren Sie über *Bearbeiten --> Kopieren* den markierten Grafikteil in die Zwischenablage.

5.   Rufen Sie Kartei aus der Gruppe Zubehör per [Doppeklick] auf dem Symbol auf.

6.   Bringen Sie die Karte nach vorne, auf der Sie die Grafik einfügen möchten.

7.   Schalten Sie mit *Bearbeiten --> Bild* auf die Möglichkeit, Bilder zu bearbeiten.

Einbetten und Verbinden von Grafiken

8.   Wählen Sie *Bearbeiten --> Einfügen*, um das Bild auf der Karteikarte einzubetten.
     Wählen Sie *Bearbeiten --> Verknüpfung einfügen*, um die eingefügte Grafik mit dem Original zu verbinden.

9.   Speichern Sie Ihre Kartei ab über *Datei --> Speichern*.

Um eine eingebettete Grafik zu bearbeiten, wählen Sie zunächst *Bearbeiten --> Bild*. Danach machen Sie einen [Doppelklick] auf der Grafik oder wählen Sie aus dem *Bearbeiten*-Menü die Option *Objekt Paintbrush-Bild bearbeiten*.
Um eine verbundene Grafik zu bearbeiten, schalten Sie zunächst wieder über *Bearbeiten --> Bild* in den Grafikmodus von Kartei. Dann führen Sie entweder einen [Doppelklick] auf der Grafik aus oder wählen Sie *Bearbeiten --> Verknüpfung* oder *Bearbeiten --> Objekt Paket* (bei eingefügtem Paket aus dem Objekt-Manager). Paintbrush wird dann automatisch geladen, und Sie können dort Ihre Grafik weiterbearbeiten. Speichern Sie in Paintbrush Ihre veränderte Grafik ab.

✗ Hinweis
Wenn Sie Änderungen an der Ursprungsdatei einer verbundenen Grafik vornehmen, so werden diese auch auf der Karteikarte sichtbar, sobald diese aktiviert wird.

Jetzt haben Sie bereits fundierte Kenntnisse im Umgang mit dem Zusatzprogramm *Kartei*.
Probieren Sie ein wenig mit dieser Applikation. Insbesondere das Zusammenspiel zwischen den verschiedenen Applikationen und deren Datenaustausch über die Zwischenablage ist sehr schön an der Karteikasten-Applikation zu sehen.

9.7 Rechenarbeiten

Als weiteres Werkzeug der Gruppe *Zubehör* wird der Rechner beschrieben. Ein außergewöhnlich umfangreiches und leistungsstarkes mathematisches Werkzeug steht zur Verfügung. Nur dem mathematisch-naturwissenschaftlich Vorgebildeten wird sich die ganze Welt dieses Rechenwerkzeuges erschließen. Da dieses Buch aber keine Einführung in die Statistik bzw. numerische Mathematik sein kann, werden diese Funktionen nur kurz im Teil B dieses Buches beschrieben.

Zuerst wieder der Überblick, dann ein Alltagsbeispiel.

9.7.1 Die Menüs des Taschenrechners

Menü	Beschreibung/Erklärung
Bearbeiten Kopieren Strg+C Einfügen Strg+V	Der Datenaustausch mit der Zwischenablage und damit mit den anderen Programmen wird über das *Bearbeiten*-Menü geregelt. Mit *Kopieren* oder [Strg]+[C] kopieren Sie das angezeigte Ergebnis einer Rechnung in die Zwischenablage, mit *Einfügen* bzw. [Strg]+[V] fügen Sie den Inhalt der Zwischenablage ein.
Ansicht Wissenschaftlich √ Standard	Mit der *Ansicht*-Option schalten Sie zwischen den beiden Taschenrechnermodellen *Standard* und *Wissenschaftlich* um.

Um gleich beim zuletzt genannten Menü zu bleiben: es stehen in MS-Windows 3.1 zwei weitgehend unterschiedliche Rechnermodelle zur Verfügung:

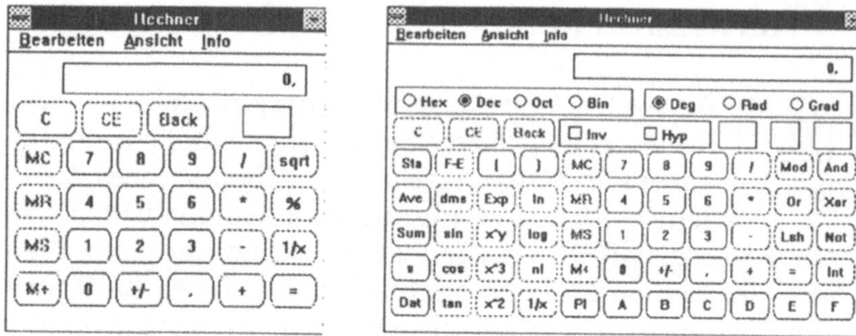

Abb. 9.35 Die beiden Modelle des Taschenrechners

Die Größe der beiden Taschenrechnermodelle ist nicht veränderbar; sie verfügen über keinen Fensterrand und sind damit im eigentlichen Sinne auch kein Fenster.

9.7.2 Der Standard-Rechner

Der Standardrechner verfügt über die folgenden Funktionen:
- Grundrechenarten (+, -, *, /),
- Prozentrechnung (%),
- Quadratwurzel (sqrt),
- Kehrwert (1/x)

Eine einfache Speicherverwaltung erlaubt das Speichern (MS), das Addieren der Zahl im Display zum Speicherinhalt (M+), das Löschen des Speichers (MC) und das Anzeigen des Speicherinhaltes im Display (MR). Darüber hinaus kann die letzte Eingabe mit *CE* und die gesamte Anzeige mit *C* gelöscht werden. Schließlich läßt sich über *Back* die ganz rechte Ziffer löschen. Mit der Pfeiltaste links ist das auch zu erreichen.
Im *Teil B Windows zum Nachschlagen* finden Sie eine Tabelle, in der die Rechnerfunktionen den Tasten der Tastatur gegenübergestellt sind. Das ist sinnvoll, da die Bedienung des Rechners über die Tastatur gewohnter und meiner Meinung nach auch sinnvoller ist, da man so sehr viel schneller mit dem Rechner umgehen kann.

9.7.3 Der wissenschaftliche Rechner

Der stark wissenschaftlich orientierte Taschenrechner hat wesentlich zahlreichere und ungleich kompliziertere Funktionen integriert als der Standard-Rechner. Außer den Funktionen, über die auch der Standard-Rechner verfügt, stehen im Scientific-Modell folgende erweiterte Funktionen zur Verfügung:
- Umrechnung zwischen unterschiedlichen Zahlensystemen (Hexadezimal, Dezimal, Oktal und Binär)
- Modulo-Funktion
- Winkelfunktionen (SIN, COS, TAN) und deren Umkehrfunktionen
- Hyperbelfunktionen (SINH, COSH, TANH) und deren Umkehrfunktionen
- Eingaben in GRAD, DEG und RAD
- Logarithmen (natürlich und Basis 10)
- Fakultät
- Potenzierung (x^2, x^3, x^y)
- Anzeige in exponentieller Schreibweise bis 10^{307}
- bis zu 25 Klammerebenen
- logische Operatoren (OR, AND, NOT, XOR)
- Bitoperationen (invertieren, verschieben, Anzeige von 8-, 16- und 32-Bit-Daten)
- Umwandlung in Grad, Minute und Sekunde
- Zahl *Pi* fest integriert
- Statistikfunktionen (Durchschnitt, Summe, Standardabweichung für unterschiedliche Populationsparameter)
- Listenverwaltung für Statistiken

9.7.4 Die Arbeit mit dem Rechner

Interessant ist die externe Programmierbarkeit der beiden Rechner. Wird beispielsweise im Notizblock ein umfangreicher Rechenterm gebildet, so kann dieser über die Zwischenablage in den Taschenrechner eingefügt werden. Die dortigen Anweisungen werden unmittelbar nach Einfügen über *Bearbeiten --> Einfügen* bzw. [Strg]+[V] im Rechner ausgeführt.
Das folgende Beispiel zeigt die Eingabe einer komplexen Berechnung im Notizblock, die nach der Markierung in die Zwischenablage kopiert wird. Nach dem Einfügen im Rechner vom Typ *Wissenschaftlich* wird dort das Ergebnis im Display angezeigt.

Bei der Eingabe der Formel im Notizblock werden einige Sonderzeichen verwendet, die den Taschenrechner dann später steuern. Eine komplette Liste der Sonderzeichen und Funktionen finden Sie in *Teil B Windows zum Nachschlagen.*

Arbeit mit dem Rechner

1. Schreiben der Formel
    Zunächst schreiben Sie die Formel im Notizblock. Das hat den Vorteil, daß bei einem eventuellen Fehler Sie nicht wieder alles von vorne eintippen müssen, sondern einfach im Notizblock den Term editieren können.
    Die Formel selbst ist eigentlich ganz einfach: Es soll die dritte Wurzel aus dem Produkt der drei Werte 3, 5 und 2,5 berechnet werden.
    Im Notizblock schreiben Sie: *q(3*5*2,5)i#*.

2. Markieren und in Zwischenablage kopieren
    Nachdem Sie den Ausdruck geschrieben haben, markieren Sie diesen und kopieren ihn dann in die Zwischenablage.
    In der folgenden Grafik sind alle Programm-Fenster der beteiligten Applikationen gezeigt. Sie können so leicht nachvollziehen, welche Abläufe und Funktionen in welchem Programm tatsächlich ablaufen.

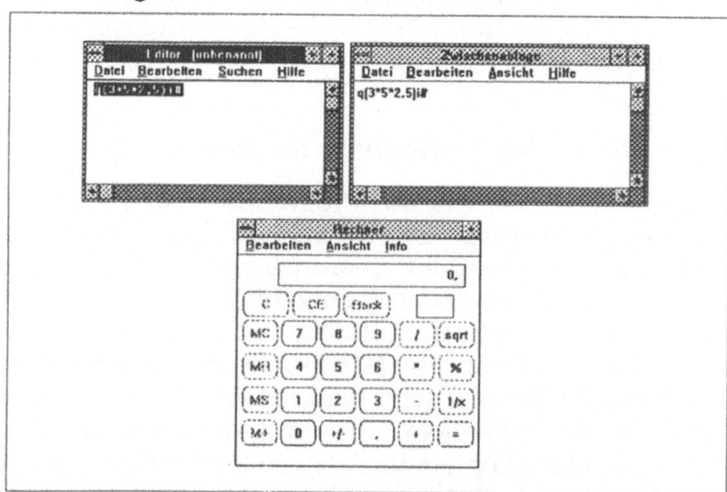

Abb. 9.36 Markierte Formel in Zwischenablage kopieren

Wenn Sie zur Kontrolle zusätzlich zu dem Notizblock und dem Taschenrechner auch noch die Zwischenablage aktiviert haben, können Sie jetzt sehr gut den Weg der Daten verfolgen. Ich möchte Sie in diesem Zusammenhang nochmals an das Kapitel 8 erinnern, in dem der interne, statische Datenaustausch über die Zwischenablage beschrieben wurde.

Arbeit mit dem Rechner (Fortsetzung)

2.   Formel aus Zwischenablage in Rechner einfügen
Fügen Sie dann vom Taschenrechner aus über *Bearbeiten Einfügen* oder mit Hilfe der Tastenkombination [Strg]+[V] den Inhalt der Zwischenablage ein.

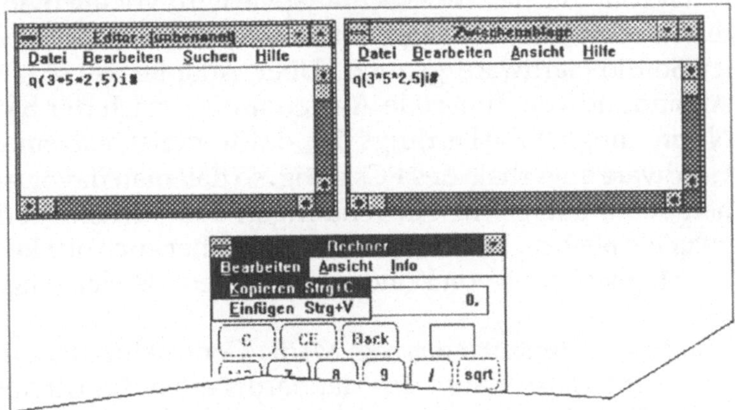

Abb. 9.37 Formel im Notizblock und in der Zwischenablage

Sie werden sehen, daß, nachdem der Rechner sichtbar gearbeitet hat, das Ergebnis im Display angezeigt wird.

An diesem Beispiel konnte man sehr schön den Datenaustausch zwischen den Fenstern sehen. Der Austausch zwischen anderen Programmen wird auf analoge Weise realisiert.

9.8 Sounds in Windows

Zwei Werkzeuge sind in Windows 3.1 neu hinzugekommen, die für den guten Ton zuständig sind: Klangrekorder und Medien-Wiedergabe (in der englischen Version besser als Soundrecorder und Media-Player bezeichnet).

Die vielgerühmte Multi-Media- Unterstützung von Windows zeigt sich in der Unterstützung sog. Soundkarten wie *AdLib* oder *Soundblaster*. Weiterhin wird vom neuen Windows eine ganze Reihe weiterer Geräte wie CD-Player, Bildplattenspieler und vor allem die MIDI-Schnittstelle. Diese Schnittstelle wird vor allem im professionellen Musiker-Lager und zur Synchronisierung vielerlei Studio-Hardware genutzt. Über Adapter ist sogar eine Anbindung von Timecode-Anwendungen nach der SMPTE-Norm möglich. Allerdings ist dafür meist extrem teure Hardware außerhalb des PCs nötig, so daß man davon ausgehen kann, daß solche Anwendungen dem echten Profi vorbehalten bleiben. In diesem Buch wird daher auch nur kurz auf die Möglichkeiten von Windows in diesem Bereich eingegangen.

Windows unterstützt das sog. Media Control Interface (MCI). Dieses Interface erlaubt den standardisierten Zugriff auf eine große Vielfalt externer und interner Multimedia-Geräte. Im wesentlichen handelt es sich dabei um eine Standard-Programmierschnittstelle.

Wichtige Voraussetzung für die Nutzung des Klangrecorders ist die Installation einer Soundkarte. Weiterhin muß über die Systemsteuerung (Hauptgruppe) der richtige Treiber installiert worden sein. Sonst hört man gar nichts.

9.8.1 Der Klangrekorder

Der Klangrekorder erlaubt in Zusammenspiel mit der in Ihrem PC eingebauten Soundkarte das Aufnehmen und Wiedergeben von Klang-Ereignissen.

Wird der Klangrekorder aufgerufen, stellt er sich wie folgt auf
dem Bildschirm dar:

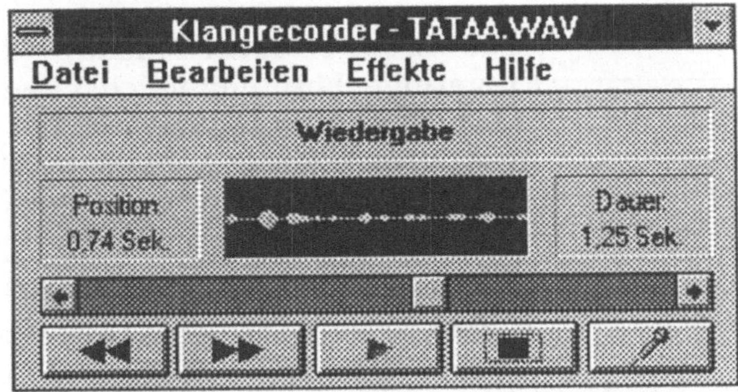

Abb. 9.38 Der Klangrekorder bei der Wiedergabe

Mit Windows kommen einher ein paar kurze Sounds:
- AKKORD.WAV
- TATAA.WAV
- DING.WAV
- XYLOPHON.WAV

Die Klänge lassen sich im Soundrekorder laden, dann abspielen und auch in geringem Umfang bearbeiten.

Die Menüs des Klangrecorders

Menü	Erklärung/Bemerkung
	Über das Datei-Menü lassen sich die bereits gespeicherten Wave-Dateien (*.WAV) laden. Wird *Neu* gewählt, geht der Soundrecorder davon aus, daß Sie aufnehmen möchten. Bearbeitete Sounds lassen sich dann über *Speichern / Speichern unter* auf der Festplatte ablegen. Sofern Sie sich völlig vertan haben in der Bearbeitung Ihres Sounds, läßt sich der Urzustand wiederherstellen.

Menü	**Erklärung/Bemerkung**

Bearbeiten
Kopieren	Strg+C
Datei einfügen...	
Datei einmischen...	
Löschen vor aktueller Position	
Löschen nach aktueller Position	

Über das Bearbeiten-Menü sind geringe Einflußmöglichkeiten auf Ihre Komposition möglich. So können Sie über Datei einfügen an der gewünschten Stelle eine Sound-Datei so einfügen, daß der Rest der Datei weitergeschoben wird. Im Gegensatz dazu bedeutet Datei einmischen das Hinzufügen in der Weise, daß der alte Sound erhalten bleibt, der neue Sound zusätzlich hinzugefügt wird. Weiterhin läßt sich alles was vor bzw. nach der aktuellen Position liegt, löschen. Verwechseln Sie diese Möglichkeiten bitte nicht mit den Profi-Mischpulten. Erwarten Sie speziell deshalb auch keine Wunder vom Klangrekorder.

Effekte
| Lautstärke erhöhen (um 25%) |
| Lautstärke verringern |
| Geschwindigkeit erhöhen (um 100%) |
| Geschwindigkeit verringern |
| Echo hinzufügen |
| Umkehren |

Weitere Effekte können in der aktuellen Klangdatei über das Menü Effekte erreicht werden. Erhöhung bzw. Verringerung der Lautstärke der Gesamtdatei und die Erhöhung bzw. Verringerung der Geschwindigkeit. Bei Veränderung der Geschwindigkeit ändert sich allerdings nicht die Tonhöhe. Das ist also anderes als beim Tonbandgerät. Der Speicher wird nur schneller ausgelesen. Das Hinzufügen eines Echos ist möglich, wie auch das umgekehrte Abspielen Ihres Sounds.

Der Soundrekorder wird im wesentlichen von den folgenden
Tasten gesteuert:

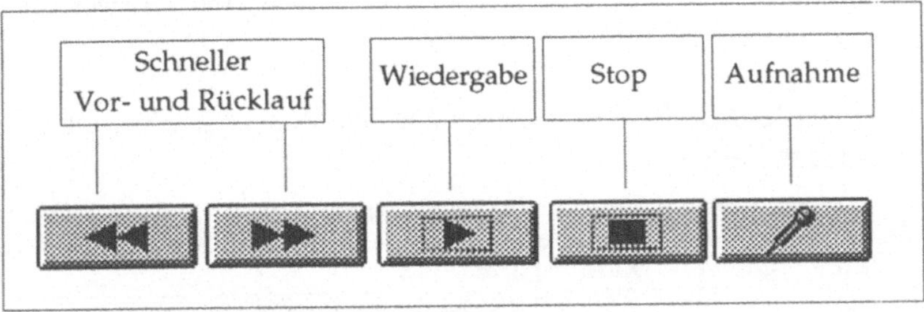

Abb. 9.39 Die Tasten des Klangrekorders

Über den Klangrekorder lassen sich auch solche Sounds auf-
nehmen, die später über die Systemsteuerung (Option *Klänge*)
verschiedenen Windows-Meldungen und Warnungen zu-
geordnet werden können. Sofern Sie über die nötige Hardware-
Ausstattung verfügen, können Sie beispielsweise Ihre eigene
Stimme aufnehmen und sich dann direkt nach dem Start von
Windows 3.1 einen guten Tag wünschen lassen. Denkbar wäre
auch, daß sich Bill Gates beim Verlassen von Windows 3.1 bei
Ihnen für den Einsatz von MS-Windows 3.1 bedankt. Ashton-
Tate tat dies früher schriftlich nach jedem Verlassen von dBASE.
Vielleicht kommt das noch.

9.9 Medien-Wiedergabe

Die Medien-Wiedergabe beschränkt sich nicht wie der
Klangrekorder auf den Audiobereich, sondern integriert ganz
unterschiedliche Geräte aus dem gesamten audiovisuellen
Spektrum. Man unterscheidet zwischen solchen Geräten, die
keine eigene Mediendatei benötigen, da sie ganz "von selbst"
laufen. Solche Geräte sind beispielsweise CD-Player, Kassettenrecorder.
Andere Geräte benötigen hingegen eigene Steuerprozeduren,
die in eigenen Mediendateien zusammengefaßt sind. Beispielsweise können über die MIDI-Schnittstelle eine ganze Reihe von
Keyboards, electronic Drumsets, Lichtsteueranlagen usw. ge-

steuert werden. Das wird wahrscheinlich all diejenigen freuen, die bisher mit Atari- oder Amiga-Rechnern experimentieren mußten. Jetzt sind diese Eigenschaften auch in Windows integriert.

Nach Aufrufen des Werkzeugs *Medien-Wiedergabe* öffnet sich folgendes Fenster:

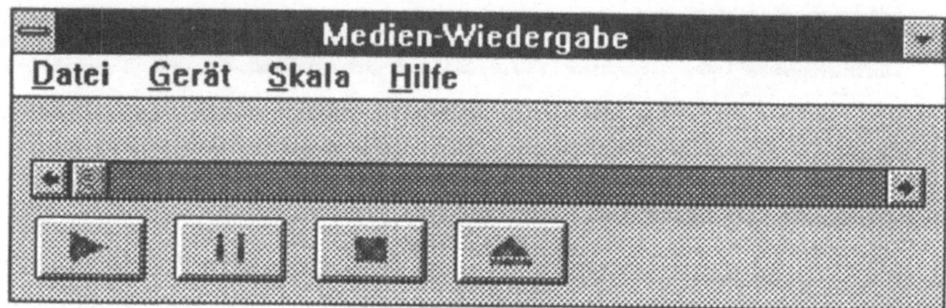

Abb. 9.40 Der Media-Player

Die waagrechte Bildlaufleiste gibt dabei die Position innerhalb des gerade abgespielten Stückes ab. Als Stück kann dabei sowohl ein klangliches Ereignis als auch eine Animation betrachtet werden.

Die Tasten steuern die angeschlossenen Geräte wie folgt:

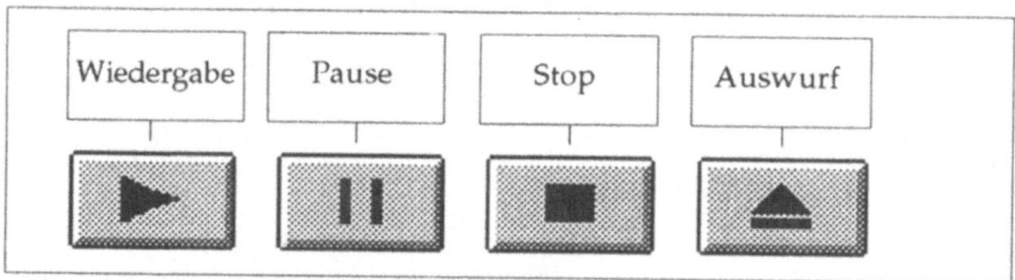

Abb. 9.40 Die Tasten des Media-Players

Die Taste Auswurf ist nur dann verfügbar, wenn das akive Gerät diese Funktion unterstützt (etwa ein CD-Player an einer Soundblaster Pro-Karte).

Der Media-Player verfügt über folgende Menü-Optionen.

Menü	Erklärung/Bemerkung

Datei
Öffnen...
Beenden

Hierüber werden die Dateien geöffnet, die zum Abspielen und Steuern der Geräte vorhanden sind. Etwa MIDI-Datei (*.MID) oder Wave-Dateien (*.WAV).

Gerät
Klang...
MIDI-Sequenzer...

Hierüber werden alle verfügbaren Geräte ausgewählt. Die Geräte werden nur dann aufgelistet, wenn der richtige Treiber über die Systemsteuerung installiert wurde.

Skala
√ Zeit
Titel

Die Anzeigeskala des Media-Players wird hier umgeschaltet zwischen der Zeit- oder der Titel-Angabe. Diese Möglichkeiten kennen Sie wahrscheinlich von Ihrem "normalen" CD-Player oder Videorecorder.

Im Lieferumfang von Windows 3.1 ist eine Midi-Datei enthalten: CANYON.MID. Diese Datei kann auf Ihrer Soundkarte abgespielt werden, sofern diese richtig eingerichtet ist. Sehen Sie gegebenenfalls in das Begleithandbuch Ihrer Soundkarte.

9.10 Zeichentabelle

Häufig möchte man Zeichen in Texten und anderen Dokumenten einbinden, die zwar zum Zeichenvorrat des Computers gehören, nicht jedoch auf der Tastatur zu finden sind. Bisher war es oft eine unglaubliche Sucherei, bis man das richtige Zeichen gefunden hatte. Denken Sie nur an Zeichen wie © oder ½ oder ±. In Windows 3.1 integriert ist

nunmehr ein einfaches Werkzeug, mit dessen Hilfe Sie diese
Zeichen schnell finden und auch einfach über die Zwischenab-
lage in Ihr Dokument einfügen können: die Zeichentabelle.
Die folgende Grafik zeigt Ihnen dieses Werkzeug:

Abb. 9.41 Die Zeichentabelle mit dem Symbol-Zeichensatz

Um ein Zeichen auszuwählen, gehen Sie wie folgt vor:

1. Rufen Sie in der Gruppe *Zubehör* die Zeichentabelle per
    [Doppelklick] auf.

2. Wählen Sie in der Listbox *Schriftart* den gewünschten
    Zeichensatz aus.

3. Per [Doppelklick] wählen Sie das gewünschte Zeichen
    aus. Es wird in das Feld *Zu kopierende Zeichen* integriert.

4. Wählen Sie per [Doppelklick] eventuell weitere Zeichen
    aus. Alle zeichen werden in dem Feld *Zu kopierende
    Zeichen* aufgelistet.

5. Klicken Sie auf den Schalter *Kopieren*.
    Die Zeichen werden in die Zwischenablage kopiert, von
    wo aus sie in jede Windows-Applikation eingefügt wer-
    den können.

Besonders interessante Zeichen finden sich in den TrueType-
Fonts *Symbol* und *Winbats*.

9.11 Zusammenfassung

In dieser sehr umfangreichen Lektion haben Sie sich im Umgang mit den Windows-Zusatzprogrammen geübt. Diese kleinen Nützlichkeiten erweisen sich häufig als geeignete Werkzeuge, um begrenzte Aufgaben, die noch nicht den Einsatz eines Spezialwerkzeuges rechtfertigen, zu lösen.

Die Möglichkeiten, die diese Zusatzprogramme bieten, können selbstverständlich bei weitem nicht komplett in diesem Buch beschrieben werden, wie dies ja auch für andere Bereich von Windows gilt. Es bleibt daher Ihrer Phantasie überlassen, sich weiterführende Problemlösungen auszudenken. Es ist wie beim Schachspiel: Nicht, wenn Sie nur wissen, wie die einzelnen Figuren ziehen, können Sie schon wirklich gut Schach spielen, sondern erst die häufige Übung macht den Meister. Einige der Werkzeuge der Gruppe Zubehör sind in diesem Kapitel entweder noch nicht (PIF-Editor, Terminal) oder nicht noch einmal (Objekt-Manager) beschrieben worden. Die Tools, die noch nicht erklärt wurden, werden in eigenen Kapiteln im Teil B beschreiben, da es sich bei ihnen um Werkzeuge für den eher fortgeschrittenen Windows-User handelt.

So langsam aber sicher werden Sie zum Windows-Profi, dem man nicht mehr viel Neues erklären kann. Und doch überrascht MS-Windows 3.1 immer wieder mit noch einem Feature, das es leichter macht, mit Windows zu arbeiten. Ein solches Feature ist die Steuerung der gesamten Oberfläche von Windows über nur einen kleinen Tastenschlüssel. Wie man das bewirkt, erlernen Sie in der 10. Lektion, die sich den folgenden Aufgaben zur Vertiefung anschließt.

9.12 Aufgaben, Übungen und Fragen

Übung 1: Austausch von Text

Schreiben sie zunächst einen beliebigen Text im Notizblock, etwa eine Gesprächsvorbereitung. Später stellen Sie fest, daß auf der Basis dieser Notizen gut ein Protokoll erstellt werden könnte. Fügen Sie daher den Text aus dem Notizblock über die Zwischenablage in Write ein.

Formatieren Sie den Text dort so, daß er Ihren professionellen Ansprüchen genügt, und geben ihn dann auf dem Drucker aus.

Übung 2: Logo erstellen

Malen Sie in Paintbrush ein Firmenzeichen für das Unternehmen von Willy Wichtig: *Fotokram & Kunst*. Keine Sorge, es sieht Ihnen ja niemand beim Zeichnen zu, also nur Mut, und lassen Sie Ihrer Phantasie ruhig freien Lauf. Kreativität hat noch nie geschadet.

Fügen sie dieses Logo so auf einer Karteikarte ein, daß per [Doppelklick] Paintbrush geladen wird. Veränderungen an der Grafik sollen unmittelbar auf der Karteikarte angezeigt werden (OLE!).

Übung 3: Zeichnung in Write-Text einfügen

Nachdem Sie das originelle Logo in Übung 2 hergestellt haben, sollten Sie es jetzt einfach mal in Ihren Write-Text einfügen. Dort verschieben Sie es solange, bis es an der richtigen Stelle sitzt. Experimentieren Sie dabei mit den verschiedenen Befehlen des *Bearbeiten*-Menüs, um die Möglichkeiten der Einbettung und Verbindung von Grafiken in Write zu erlernen.

Übung 5: Kalender ergänzen

Ergänzen Sie sämtliche Feiertage, die Sie zu Beginn dieser Lektion noch nicht eingegeben haben, damit Sie einen funktionierenden Kalender in Windows besitzen. Sie können ihn dann für Ihre Terminplanung auch wirklich nutzen.

Übung 7: Kartei für Bildschirm-Hintergründe anlegen

Legen Sie eine Kartei an, in der sämtliche in MS-Windows zur Verfügung stehenden Bitmap-Bildschirmhintergründe dargestellt werden. Sie können somit immer schnell nachsehen, welche Schreibtischoberfläche Sie gerne hätten.

Übung 9: Sounds aufnehmen

Nehmen Sie mit Hilfe Ihrer Soundkarte und dem Klangrecorder verschiedene Klangereignisse auf. Man könnte beispielsweise daran denken, zersplitterndes Glas (bei Fehlern in Windows), Begrüßung durch Ihren Lebensgefährten (beim Start von Windows) usw. Lassen Sie Ihrer Phantasie freien Lauf. Bitte zertrümmern Sie jedoch nicht das beste Geschirr für Ihre Aufnahmen!

Ordnen Sie mit Hilfe der *Systemsteuerung* --> *Klänge* diese Klangereignisse den entsprechenden Windows-Aktionen zu. Dies stellt zwar einen Vorgriff auf die Beschreibung der Systemsteuerung im Teil B dar, jedoch sollten Sie ruhig ein wenig mit Windows experimentieren.

10. Der Makrorekorder

10.1 Vorbemerkungen

In der täglichen Arbeit mit Windows werden Sie feststellen, daß es sehr viele Prozeduren gibt, die immer wieder in dergleichen Art und Weise ablaufen. Teilweise muß man unzählige Mausoperationen durchführen oder Tasten betätigen, um eine bestimmte Prozedur durchzuführen.

Nun ist allerdings Windows im Vergleich zum DOS insgesamt schon eine wesentliche Vereinfachung. Und doch ist es in Windows möglich, noch weiter zu vereinfachen, sprich zu automatisieren.
Sämtliche Bedienungsvorgänge, die in Windows ablaufen, seien dies Mausbewegungen, Klicken oder auch Tastaturoperationen, können wie mit einem Videorekorder aufgezeichnet und später wieder abgespielt werden.
Die Zusammenfassung von Bedienungsschritten unter einer einzigen Tastenkombination wird im allgemeinen als *Makro* bezeichnet.
Vielleicht ist Ihnen aus anderen Programmen bereits die Makroprogrammierung bekannt, dann dürfte für Sie höchstens noch neu sein, daß mit dem Windows-Makrorekorder nicht nur Tastenkombinationen aufgezeichnet werden können, sondern auch Mausoperationen. Zu den Mausoperationen gehören neben den Bewegungen des Mauszeigers auch die auslösenden Vorgänge [Klick], [Doppelklick] und [Dauerklick].

Dabei ist die Eigenschaft, Mausoperationen aufzuzeichnen, nicht nur auf Windows selbst beschränkt. Sämtliche Windows-Programme und die Zusatzprogramme können ebenfalls über Makros gesteuert werden.

Um zu einem lauffähigen Makro zu gelangen, sollte man schrittweise vorgehen.

1. Schritt: Ausgangssituation für Makro festlegen

2. Schritt: Makrorekorder starten und Makro aufzeichnen

3. Schritt: Makroaufzeichnung mit [Strg]+[Untbr] beenden

4. Schritt: Makro speichern

5. Schritt: Makro testen

Wenn Sie den Makrorekorder starten, sehen Sie folgenden Bildschirm:

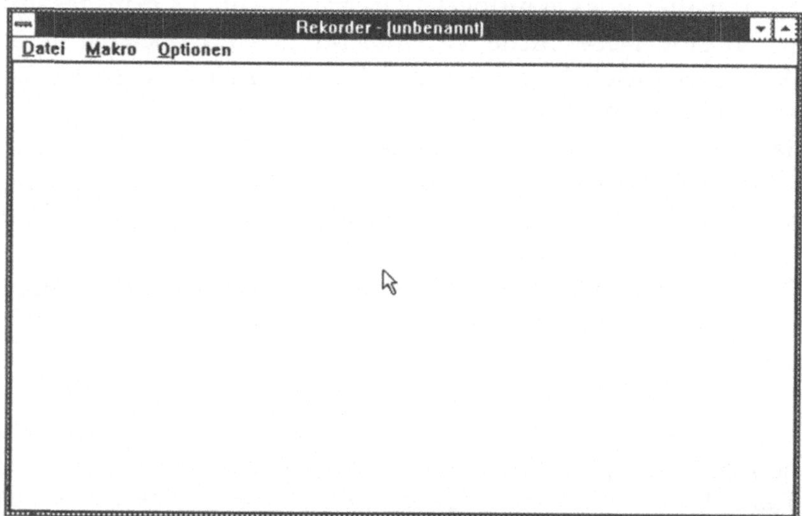

Abb. 10.1 Das Makrorekorder-Fenster

Den wesentlichen Anteil am Fenster des Makrorekorders hat die *Makroliste*, die beim ersten Starten des Recorders allerdings leer ist (vgl. Abb. 10.1, große weiße Fläche). Dort werden sämtliche verfügbaren Makros aufgelistet.

Wenn das von Ihnen gesuchte Makro nicht in der Liste verfügbar ist, so können Sie entweder eine Datei mit weiteren Makros dazuladen (*Datei --> Zusammenführen*) oder eine neue Datei laden (*Datei --> Öffnen*).

Im folgenden werden die Menüoptionen des Makrorekorders im Überblick beschrieben.

10.2 Die Menüs des Makrorekorders

In der Menüleiste stehen die folgenden Optionen zur Auswahl:

Menü	Beschreibung
Datei Neu Öffnen... Speichern Speichern unter... Zusammenführen... Beenden Info...	Mit dem *Datei*-Menü können Sie Dateien öffnen (*Öffnen*) und speichern (*Speichern, Speichern unter*). Sie können zu der aktuellen Datei weitere Makrodateien hinzufügen (*Zusammenführen*). Über *Beenden* verlassen Sie den Makrorekorder.
Makro Ausführen Aufzeichnen... Löschen Eigenschaften...	Das *Makro*-Menü dient dazu, vorhandene Makros ablaufen zu lassen (*Ausführen*), aufzuzeichnen (*Aufzeichnen*) und zu löschen (*Löschen*). Über *Eigenschaften* legen Sie fest, wie ein Makro wirken soll.
Optionen √ Strg+Untbr prüfen √ Tastenkombinationen √ Symbol nach Programmstart Einstellungen...	Im *Optionen*-Menü legen Sie weitere Optionen fest, die sich auf das allgemeine Handling beziehen. Überprüfung auf die Tastenkombination [Strg]+[Untbr] zum Beenden der Aufzeichnung und Ausführung, Nutzung der Tastenschlüssel (*Abkürzungstasten*), Verkleinerung des Makrorekorder-Fensters auf Symbolgröße während der Aufzeichnung (*Symbol nach Programmstart*). Mit *Einstellungen* legen Sie fest, auf welche Programme sich ein Ma-

Menü	Beschreibung
Optionen (Fortsetzung)	kro beziehen soll, mit welcher Geschwindigkeit ein Makro abgespielt werden soll, welche Mausaktionen aufgezeichnet werden sollen und ob die Mauszeiger-Koordinaten relativ zum Bildschirm oder zum Fenster berechnet werden sollen.

Im folgenden wird ein typischer "Durchgang" dargestellt, der die eingangs dargestellten Schritte beinhaltet. Für die Anwendung von Makros gibt es geradezu unendlich viele unterschiedliche Möglichkeiten. Verstehen Sie das folgende Beispiel bitte "nur" als eine Möglichkeit dieser unendlich vielen.

10.3 Die Ausgangslage

Damit Sie das beschriebene Beispiel auch tatsächlich ausführen können, muß eine gemeinsame Ausgangslage hergestellt werden. Dies ist insbesondere deshalb wichtig, weil bei Mausoperationen Bildschirm- oder Fensterkoordinaten an den Makrorekorder übergeben werden, die beim späteren Abspielen in der identischen Art und Weise reproduziert werden. Ein verschobenes Sinnbild, ein verkehrtes Fenster oder eine noch geöffnete Applikation könnte überraschende Folgen haben.

Sie sollten die auf der nächsten Seite dargestellte Fensteranordnung herstellen (vgl. Abb. 10.2).

Die Anordnung in der *Hauptgruppe* muß ebenfalls der hier gezeigten entsprechen, damit Sie später das Makro fehlerfrei ablaufen lassen können.

Ziel ist es, aus der Hauptgruppe die Systemsteuerung aufzurufen und dort die Systemzeit zu verändern.

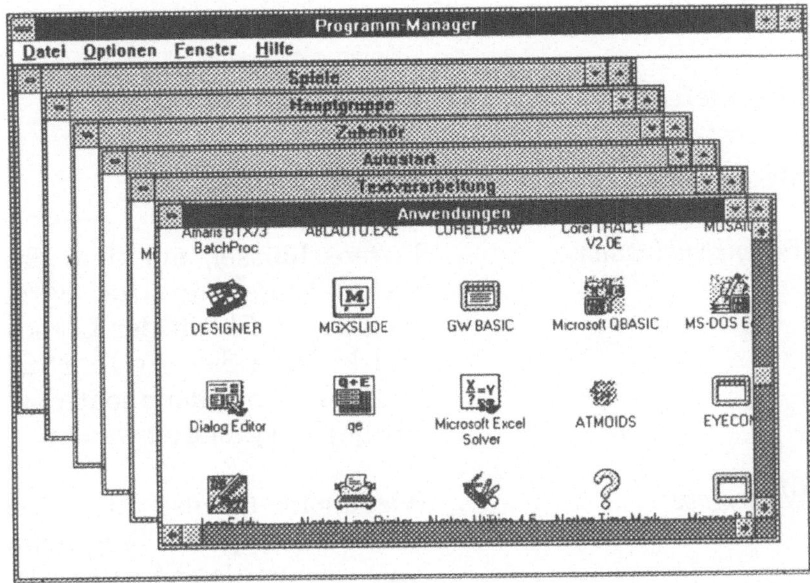

Abb. 10.2 Die Ausgangslage

10.4 Makro aufzeichnen

Um ein Makro aufzeichnen zu können, muß zunächst der
Makrorekorder aus der Gruppe *Zubehör* gestartet werden.
Aus dem *Makro*-Menü wählen Sie die Option *Aufzeichnen*.
Es öffnet sich eine Dialogbox, in der Sie genau spezifizieren,
welche Eigenschaften das neu aufzuzeichnende Makro besit-
zen soll.

Abb. 10.3 Makroeigenschaften spezifizieren

Machen Sie folgende Angaben:

Eingabefeld	Bedeutung/Ihre Angabe
Makroname	*Makro zum Üben*
Tastenkombination	Tastenschlüssel, mit dem das Makro später gestartet wird: Wählen Sie *F12* in der Listbox und kreuzen Sie *Strg-Taste* an. Das Makro kann dann später mit [Strg]+[F12] gestartet werden.
Wiedergabe	Wiedergabe-Eigenschaften: Das Makro soll in jedem Programm laufen können (*Jeder Anwendung*). Die Abspielgeschwindigkeit soll hoch sein (*Schnell*). Da es sich nicht um eine Endlosschleife handelt, wird *Automatische Wiederholung* nicht angekreuzt. Allerdings sollen die Tastenschlüssel aktiv sein, daher *Abkürzungstasten aktivieren* ankreuzen.
Maus aufzeichnen	Mausoperationen: Da sämtliche Mausoperationen aufgezeichnet werden sollen, wählen Sie *Alles*.
Bezogen auf	Koordinaten sind relativ zu: Die Mausoperationen sollen relativ zu den Fenstergrenzen aufgezeichnet werden, daher *Fenster* auswählen.
Beschreibung	Geben Sie hier beispielsweise ein: *Übungsbeispiel aus Windows-Buch.*

Sobald Sie jetzt mit [Return] oder [Klick] auf dem *Ok*-Feld die Eingaben beenden, beginnt die Aufzeichnung sämtlicher Aktionen, die Sie mit der Maus oder der Tastatur durchführen, also Vorsicht!

Es besteht leider keine Möglichkeit, ein aufgezeichnetes und gespeichertes Makro nachträglich zu verändern, da kein Makro-Editor vorhanden ist. Die aufzuzeichnenden Vorgänge müssen also sehr sorgfältig durchgeführt werden. Sonst ist die ganze Mühe umsonst gewesen.

Sie zeichnen das Übungsmakro auf

1. Gruppenfenster der *Hauptgruppe* zum aktuellen Fenster machen

2. *Systemsteuerung* aufrufen.
    Auf dem Bildschirm sehen Sie jetzt etwa das folgende Ensemble:

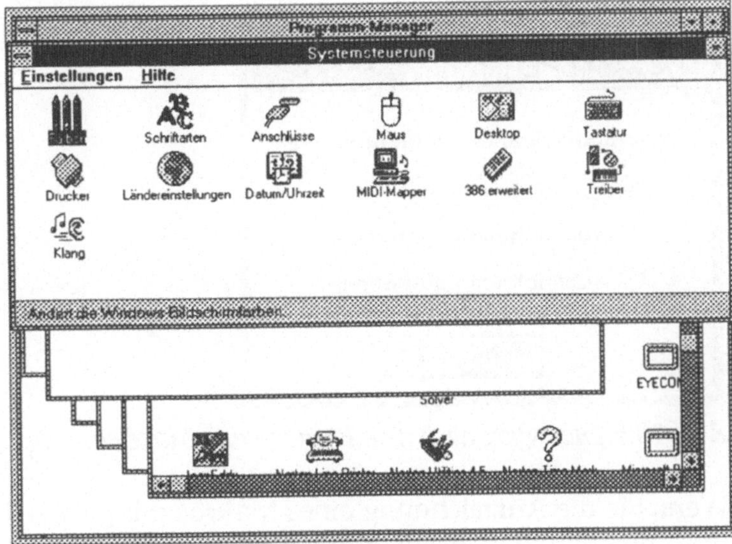

Abb. 10.4 Während der Makroaufzeichnung

3. *Datum/Uhrzeit* mit der Tastatur über [Alt]+[E][U] aktivieren.

Sie zeichnen das Übungsmakro auf (Fortsetzung)

---

4.   Zeit eventuell mit der Tastatur verändern.

5.   [Klick] auf *Ok*-Feld.

6.   [Doppelklick] auf Steuerungsmenü der Systemsteue-
      rung.

Die aufzuzeichnenden Aktionen sind damit bereits beendet. Es
sollte ja ein einfaches Beispiel sein.

10.5 Aufzeichnung beenden

Betätigen Sie [Strg]+[Untbr] drücken, um die Aufzeichnung zu
beenden.
Es öffnet sich die folgende Dialogbox.

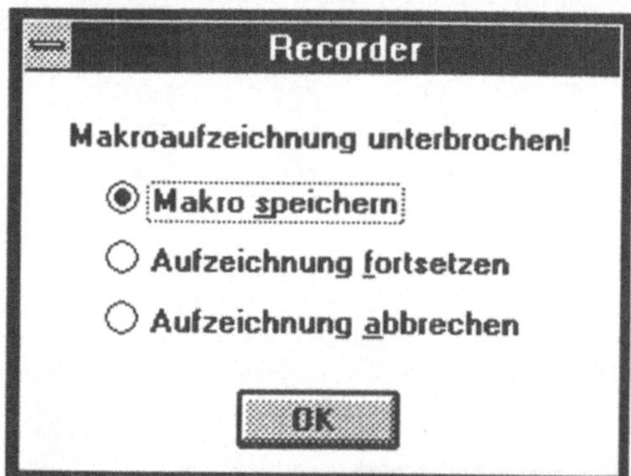

Abb. 10.5 Dialogbox nach dem Beenden der Aufzeichnung

Wenn Sie die Aufzeichnung eines Makros mit [Strg]+[Untbr]
unterbrochen haben, so blinkt derweil das Sinnbild des
Recorders, um anzudeuten, daß die Aufzeichnung nur unterbrochen, nicht jedoch vollständig beendet ist.

Wenn Sie die Aufzeichnung fortsetzen möchten, wählen Sie *Aufzeichnung fortsetzen*. Über *Aufzeichnung abbrechen* brechen Sie die Aufzeichnung ab. Sämtliche bis dahin vorgenommenen Aktionen sind verloren und werden nicht unter dem gewählten Tastenschlüssel gespeichert.

10.6 Makro speichern

Wählen Sie *Makro speichern* aus der Dialogbox, um sämtliche aufgezeichneten Aktionen von Maus und Tastatur zu speichern.

Speichern bedeutet in diesem Zusammenhang nur, daß das Makro unter dem Namen des Tastenschlüssels, den Sie zu Beginn der Aufzeichnung definiert haben, abgelegt wird.

Es bedeutet allerdings **nicht** (!), daß das Makro auf der Festplatte dauerhaft gespeichert wird. Dies läßt sich nur vom Makrorekorder aus über *Datei --> Speichern unter* und Angabe des Dateinamens erzielen.

10.7 Makro testen

Wechseln Sie jetzt in den Makrorekorder. Dort stellt sich beispielsweise folgender Bildschirm dar, je nachdem wieviel Makros Sie schon erzeugt haben:

Abb. 10.6 Makroliste

In dieser Liste werden alle Makros, die aufrufbar sind, angezeigt. Um ein Makro zum aktuellen Makro zu machen, muß es angeklickt werden. Es wird dann invers dargestellt. Das aktuelle Makro kann über *Makro Ausführen* aktiviert, d.h. gestartet werden.

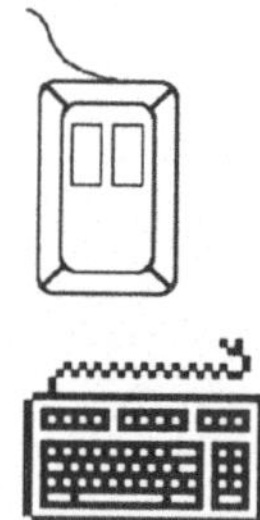

Makro starten

● **Mit der Maus:**

[Doppelklick] auf dem gewünschten Makro in der Liste.

● **Mit der Tastatur:**

Mit den Cursortasten gewünschtes Makro ansteuern, dann [Return] oder [Alt]+[M][A], um das Makro zu starten oder Tastenschlüssel eingeben.

Alle Makros, die in der Makroliste aufgeführt sind, können über *Datei --> Speichern* oder *Speichern unter* auch in einer Datei auf der Festplatte gespeichert werden. Der von Ihnen angegebene Name wird durch die Erweiterung REC als Datei des Makrorekorders gekennzeichnet.

10.8 Hinweise und Tips zum Makrorekorder

Arbeitet man mit dem Makrorekorder, so hat man zu Beginn mit zahlreichen Problemen zu kämpfen, die einem dann vielleicht sogar den Spaß an der Sache verleiden können. Da auch ich solche Erfahrungen machen mußte, möchte ich Ihnen die folgenden Hinweise und Tips nicht vorenthalten, die sich meiner Erfahrung nach bestens bewährt haben, um Frustration zu verhindern.

Maus oder Tastatur?

Während der Arbeit mit dem Makrorekorder hat sich gezeigt, daß optimal Tastaturvorgänge aufgezeichnet werden können. Mausprozeduren sind meist zu sehr von einer großen Anzahl von Parametern abhängig, die man einfach nicht immer "voll im Griff" hat. Insbesondere das Problem, daß beim Mausklick an der angeklickten Stelle auf dem Bildschirm auch tatsächlich das richtige Sinnbild bzw. innerhalb der richtigen Applikation auch die gewünschte Menüoption vorhanden sein muß. Andernfalls erzeugt man entweder Fehlermeldungen des Makrorekorders oder unvorhergesehene Ergebnisse eines Makros.

Rekorderwiedergabe abgebrochen!

Fehler

Mauszeiger ist außerhalb des Fensters.

bei der Anweisung

0001 Links unten (439,182) PROGMAN!Progman, 0 msek

in Makro

STRG+F12   Makro zum Üben

OK

Abb. 10.7 Fehlermeldung des Makrorekorders

Bei der Aufzeichnung eines Mausmakros sollten nur genau definierte Zustände hergestellt werden. Als genau definierter Zustand kann beispielsweise ein auf Bildschirmgröße maximiertes Fenster bezeichnet werden. Die Vergrößerung einer aktuellen Applikation auf Bildschirmgröße sollten Sie über die Tastatur vornehmen, da Sie dann nicht von der exakten Positionierung des Mauszeigers abhängig sind ([Alt]+[Leer][B] für ▬ --> *Vollbild*).

Vorher einmal durchspielen
Vor der Aufzeichnung eines Makros sollte man einmal den Vorgang genau durchgespielt haben. Dabei sollten Sie sich die Tastaturkürzel der gewählten Optionen notieren (z.B. [Alt]+[D][S] für *Datei --> Speichern*). Bei der Aufnahme des Makros kann man dann genau nach den Aufzeichnungen vorgehen ("Drehbuch").

Löschvorgänge im Makro?
Löschprozeduren sollten niemals über Makros durchgeführt werden, da die Gefahr der Löschung der falschen Applikation, Datei oder Gruppe zu groß ist.

Steuerung von DOS-Applikationen

DOS-Applikationen lassen sich zwar mit Hilfe eines Makros aufrufen, danach allerdings nicht mehr steuern, selbst wenn sie prinzipiell im Fenster laufen können. Mit dem Aufruf einer DOS-Applikation von Windows aus wird ein Makro beendet, selbst wenn danach noch weitere Befehle und Prozeduren ausgelöst würden.

Steuerung von Windows-Applikationen

Sämtliche Windows-Applikationen und Zusatzprogramme lassen sich im Ablauf durch ein Windows-Makro steuern. Dabei ist es auch möglich, beispielsweise Textsequenzen im *Editor* einzugeben, mit dem Taschenrechner bestimmte Rechenoperationen durchzuführen und andere, auch sehr komplexe Vorgänge zu steuern.

Einige Windows-Applikationen wie beispielsweise Word für Windows oder MS-Excel verfügen über eigene, individuelle Makrosprachen. Die Möglichkeiten, die diese integrierten Makrosprachen bieten, werden durch Windows-Makros nicht behindert. Es ist sogar möglich, aus einem Windows-Makro ein Excel-Makro zu aktivieren.

Makro in Programm Manager integrieren

Wenn Sie ein Makro häufig benötigen, können Sie es in einer der Gruppen im Programm Manager integrieren. Gehen Sie vor wie folgt:

1. Gruppe, in der das Makro integriert werden soll, zur aktiven Gruppe machen.

2. *Datei --> Neu*

3. In der Dialog-Box wählen Sie *Programm*.

4. Geben Sie bei Beschreibung den Text an, den Sie unter dem Makro möchten.

5. In der Befehlszeile geben Sie beispielsweise ein:
   c:\win\recorder -a ^F12 c:\win\makrodat.rec

Dabei bedeuten
- *c:\win\recorder* den Namen des Makro-Rekorder-Programms,
- *-a* ruft das gewünschte Makro automatisch auf,
- ^*F12* den Tastenschlüssel des Makros
- *c:\win\makrodat.rec* die Datei, in der das Makro enthalten ist.

5.	Das Arbeitsverzeichnis lassen Sie frei. Windows nimmt dann das Windows-Verzeichnis.

6.	[Klick] auf Ok oder [Return].
	In der aktivierten Gruppe wird das Symbol des Makro-Recorders eingetragen.

Das Makro kann nun per [Doppelklick] aus der Gruppe wie jedes andere Progamm auch aufgerufen werden

10.9 Zusammenfassung

In dieser Lektion haben Sie gelernt, Prozesse in Windows zu automatisieren. Dabei haben Sie sich der Möglichkeit bedient, Makros herzustellen, ablaufen zu lassen und zu speichern. Sie wissen, daß man die Makros zu vielfältigen Steuerungsvorgängen nutzen kann. Ihnen ist jetzt auch bekannt, daß man allerdings gerade bei der Einbeziehung von Mausoperationen sehr exakt die Aufnahme eines Makros vorbereiten muß, da sonst eventuelle undefinierte und unvorhersehbare Aktionen die Folge eines Makros sind.

Aufgaben werden zu dieser Lektion nicht formuliert, da die denkbaren Problemlösungen in hohem Maße von Ihren individuellen Problemstellungen und Ausgangslagen abhängen. Auch hier kann ich Ihnen - ähnlich wie bei Paintbrush - nur die intensive Übung empfehlen, wenn Sie dieses Feature von MS-Windows 3.1 nutzen möchten.

11. Der Geschäftsbericht

11.1 Vorbemerkungen

Dieses Kapitel ist ganz der Vertiefung Ihres bisher angeeigneten Wissens gewidmet. Sie werden die integrierenden Eigenschaften von Windows am Beispiel der Erstellung eines Geschäftsberichtes vertiefen.

Sie benötigen dazu den Textrahmen und weitere Daten - etwa Grafiken, Adressen und Tabellen. Da ich nicht davon ausgehen kann, daß Sie über sämtliche Programme verfügen, die solche Daten erzeugen, sind auf der Begleitdiskette diese Daten in einer Form verfügbar, die ein Einfügen in den Text leicht möglich macht. Der Austausch erfolgt dabei stets über die Zwischenablage. Das bedeutet, daß die einzufügenden Dateien alle als Dateien für die Zwischenablage zur Verfügung stehen.

Wenn Sie aber beispielsweise in *Write* die Basistexte zu Übungszwecken gern selbst eingeben möchten, so steht dem nichts im Wege, denn sie werden im folgenden auch in gedruckter Form zum Abtippen dargestellt.

Das hier dargestellte Beispiel ist natürlich nur eines von einer schier unerschöpflichen Vielfalt möglicher Problemlösungen und soll Sie ein wenig dazu anregen, Ihr Windows-Wissen anzuwenden. Nur so werden Sie vom Windows-Einsteiger zum Windows-Profi.

Die spätere Ausgabe Ihres Geschäftsberichtes auf dem Drukker und die damit verbundene Darstellung auf dem Bildschirm ist in hohem Maße von dem von Ihnen verwendeten Drucker abhängig. Die Beispiele dieser Lektion sind für einen HP Laserdrucker (HP LaserJet IIP mit Softfonts und Adobe Type Manager und TrueType Fonts) bzw. dazu kompatiblem Drukker aufbereitet. Wenn Sie einen anderen Drucker benutzen, so kann an der einen oder anderen Stelle noch Formatierungsarbeit nötig sein. Es ist dann auch wahrscheinlich, daß Ihnen bestimmte Schriftarten nicht zur Verfügung stehen. Nehmen Sie dann stets eine entsprechende Schrift - z.B. statt LinePrinter 8,5 Punkt die Schrift Pica 9 Punkt.

Für sämtliche Tabellen und Grafiken, die in Ihren Write-Text eingefügt werden sollen, gilt, daß sie im erzeugenden Programm so aufbereitet werden müssen (Größe, Schriften, Grautöne), wie sie später im Text erscheinen sollen. In Write selbst kann nur noch minimal auf eine Grafik eingewirkt werden.

11.2 Der Rahmentext

Der Rahmentext steht Ihnen auf der Begleitdiskette als RAHMEN.WRI zur Verfügung. Natürlich können Sie ihn zur Übung auch eintippen. Die Angaben hinter dem doppelten Größerzeichen ">>" bezeichnen die Dateien, die an der entsprechenden Stelle von Ihnen eingefügt werden sollen.

Ihre Einfügungen:
*.CLP-Datei in Zwischenablage laden,
dann in Write über *Bearbeiten* --> *Einfügen* an der gewünschten Cursorposition einfügen.

Andere Dateien (in eckigen Klammern) können Sie auch in den entsprechenden Windows-Programmen laden - sofern Sie diese besitzen. *.XLS und *.XLC-Dateien sind beispielsweise Excel-Dateien. Dort markieren Sie die Daten, die Sie im Write-Text einfügen möchten und kopieren diese über *Bearbeiten* --> *Kopieren* in die Zwischenablage. Wechseln Sie nach Write. Von dort aus können Sie den Inhalt der Zwischenablage an der gewünschten Cursorposition einfügen.

Auf der nächsten Seite finden Sie den eigentlichen Rahmentext vor der Bearbeitung.

```
Geschäftsbericht 1991 der Brabant Autowerke AG

>>LOGO.CLP [LOGO.PCX]

Geschäftsjahr 1991


Inhalt
Ausgangslage 1990
Entwicklung 1991
- Umsatz
- Personal
Planungen für 1992/1993


März 1992
Wiesbaden


1. Ausgangslage 1990

Der Beginn des Jahres 1990 war von einem starken
Rückgang der Verkaufszahlen gekennzeichnet.
Die dramatische Entwicklung in der Automobil-
industrie der späten 80er Jahre, der Preis-
verfall durch die starke japanische Konkurrenz
und das außergewöhnlich gestiegene Bewußtsein
der potentiellen Käufer für ökologische Themen-
komplexe führte nach aller Wahrscheinlichkeit
dazu, daß unsere Modell Brabant 601S ohne Kata-
lysator nur von einigen Unerschrockenen bestellt
wurde. Diese unerschrockene Käuferschar befindet
sich nach unseren Recherchen vor allen Dingen in
den osteuropäischen Ländern.
Das folgende Diagramm zeigt die Verteilung der
Käufer nach Bestellort:

>> BESTORT.CLP [BESTORT.XLC]
```

Auf der Basis des Trends in 1990 konnte man nur
noch von geringen Stückzahlen der Modelle Brabant 601S und Brabant 700XLS ausgehen.
Management-Entscheidungen am Ende des Jahres
1990 führten zuu einer revolutionären Entwicklung der Modellpolitik. Insbesondere die Entscheidung, den ungeregelten Kat in das Modell
Brabant 700XLS zu integrieren, sollte gewaltige
Stückzahlschübe bewirken.
Als weitere Entscheidung sollte die Einsparung
von 7 Mitarbeitern im Management-Bereich eine
finanzielle Entlastung mit sich bringen. Der
Personalstand konnte im Jahre 1990 insgesamt
weitgehend gehalten werden. Für die frei-
gesetzten Manager wurde 1991 ein Sozialplan
verwirklicht.
Der Umsatz des Jahres 1990 lag bei
725.876.813 DM.

2. Entwicklung 1991

Die bereits Ende des Jahres 1990
prognostizierten Trends für 1990 wurden nicht
nur bestätigt sondern übertroffen. Die folgende
Grafik stellt diesen Zusammenhang unter Beweis:

>> VERKZAHL.CLP [VERKZAHL.XLC]

Es besonders die dramatische Steigerung der
abgesetzten Stückzahlen des Modell 700XLS auf.
Die Entscheidung, den ungeregelten Kat zu integrieren, dürfte sich äußerst förderlich ausge-
wirkt haben.
Als weiterer Peak läßt sich die Einführung des
Modells Brabant 601S-Cabrio erkennen. Seit Mai
1991 boomt der Cabrio-Markt auch in Osteuropa,
was vermutlich an der stetigen Erwärmung unserer
Atmosphäre wegen hoher CO_2-Immissionen liegt.
Unsere Modellreihe 601S war daran jahrzehntelang

aktiv beteiligt. Heute können wir das ernten,
was wir durch langes Marketing vorbereitet haben.
Im einzelnen entwickelten sich Umsatz und Kosten
wie folgt:

>> UMSKOST.CLP [UMSKOST.XLS]

3. Planungen für 1992

Aus der Tabelle kann entnommen werden, daß die
weitsichtige Management-Entscheidung des Jahres
1990 die Weichen für eine sichere Zukunft unseres Unternehmens gestellt hat. Die Anpassung
unserer Modellpalette an die gestiegenen Käufer-
interessen sowie die ständig steigenden Finanz-
kräfte unserer Bevölkerung wird auch in Zukunft
durch die Einführung neuer Modelle sowie die
Rationalisierung unserer Produktionsprozesse
durch die Einführung moderner EDV-Anlagen und
CNC-Maschinen sinnvoll ergänzt und gestützt. Für
1992 ist das neue Modell Brabant 300SL
Convertible geplant. Als 9sitziges Cabrio für
die ganze Familie wird es den breiten Markt der
jungen Familien erschließen. Es soll zunächst
für 79.000,00 DM in der Grundausstattung ausschließlich in Rumänien angeboten werden, da
dort Analysten zufolge gerade junge Famlien mit
vielen Kindern besonders zahlreich sind.

Gemeinsam hoffen wir auf ein umsatzstarkes Jahr
1992.

gez. Dr. Hans Georg Zweibein
Vorstand der
Brabant Autowerke AG

Geben Sie diesen Text in Write ein und korrigieren Sie eventuell entstandene Eingabefehler. Dann wird der Text in mehreren Schritten in Form gebracht.

Formatieren Sie den Text bitte nach folgenden Regeln:

Ränder (1. Schritt)
- oberer Rand: 2,5 cm
- unterer Rand: 2 cm
- rechter Rand: 2 cm
- linker Rand: 2,5 cm

Schrift (2. Schritt)
- Fließtext: Arial 10 Punkt
- Überschriften: Arial 12 Punkt fett
- Titelseite: Arial 18 Punkt fett

Kopfzeile (3. Schritt)
- Text: Geschäftsbericht der Brabant Autowerke AG 1991
- Abstand von oben: 1,5 cm
- Schrift: Arial 10 Punkt kursiv fett

Fußzeile (4. Schritt)
- Text: *Seite # des Geschäftsberichtes der Brabant Autowerke AG 1991*
  In den Text soll die Seitenzahl integriert sein; hier mit "#" markiert.
- Schrift: Arial 10 Punkt kursiv fett
- Ausrichtung: rechtsbündig

Darstellung gesamt (5. Schritt)
- Blocksatz

Sie können die Schritte bis zum fertigen Text nachvollziehen oder den bereits formatierten Text von Ihrer Begleitdiskette laden.
Der fertig formatierte Text hat den Namen RAHMEN.WRI.

11.3 Text in Form bringen

1. Schritt: Seitenränder setzen

Rufen Sie das *Dokument*-Menü auf. Dort wählen Sie die Option *Seite einrichten*. In der Dialogbox setzen Sie die Maßeinheit zunächst auf "cm". Dann geben Sie die Seitenränder entsprechend ein.

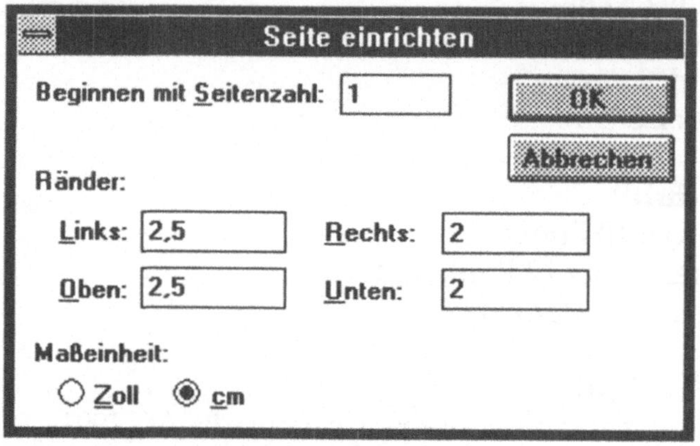

Abb. 11.1 Seitenränder in Write

Nach der Vergabe der Seitenränder kann es sein, daß der Text einen neuen Zeilenumbruch bekommt. Das ist nicht weiter schlimm, denn erst nach der Zeichenformatierung werden die Seitenränder im gültigen Bereich vorliegen.

2. Schritt: Schriftattribute definieren

Markieren Sie den gesamten Text mit [Strg]+[Klick], wenn der Mauszeiger in der Auswahlspalte ganz links vor dem ersten Zeichen des Textes steht. Der Text wird dann invers dargestellt.

Wählen Sie dann über das Menü *Schrift* die Option *Schriftart*. Es werden sämtliche für Ihren Drucker verfügbare Schriftarten (Fonts) in einer Listbox angezeigt.

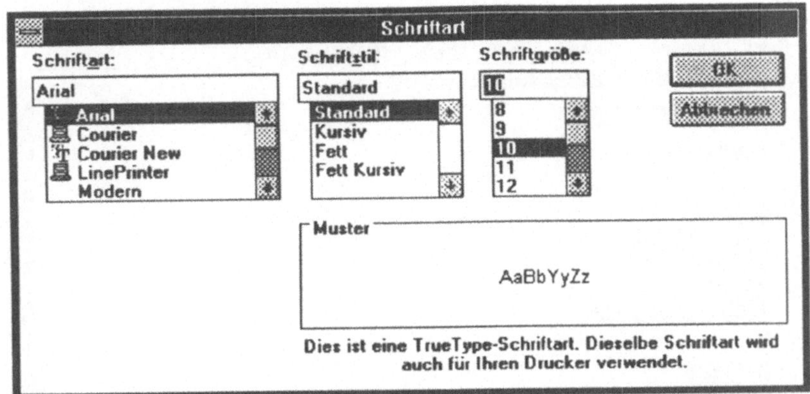

Abb. 11.2 Listbox mit Fontauswahl

Wählen Sie für dieses Beispiel *Arial*, bei Schriftgröße (*Grad*) 10.
Mit [Klick] auf dem *Ok*-Feld schließen Sie Ihre Auswahl ab. Der
Text wird insgesamt in der von Ihnen gewählten Schrift darge-
stellt.

✗ Die Schriftart *Arial* wurde gewählt, weil es sich dabei um
einen Windows-internen TrueType-Font handelt, der
auf vielen Druckern mehr oder weniger gut dargestellt
werden kann. Bei der Ausgabe auf Matrixdruckern ist
der Font eventuell nicht gut lesbar. Natürlich können Sie
bei entsprechender Installation Ihres Druckers unter
Windows auch alle anderen dort angezeigten Fonts nutzen. Experimentieren Sie ein wenig.

Bewegen Sie den Cursor wieder an den Textanfang.
Jetzt muß der Text der Titelseite auf Arial 18 Punkt fett formatiert werden.
Bewegen Sie den Mauszeiger in die Auswahlspalte ganz links
vor dem eigentlichen Text. Der Mauszeiger springt dann so
um, daß er nach oben rechts zeigt und damit spiegelverkehrt
zum "normalen" Mauszeiger ist.
Über [Dauerklick] ziehen Sie den Mauszeiger solange nach
unten, bis das Wort *Wiesbaden* invers dargestellt ist.
Auf der folgenden Seite sehen Sie den dazu passenden Bildschirm (Abb. 11.3).

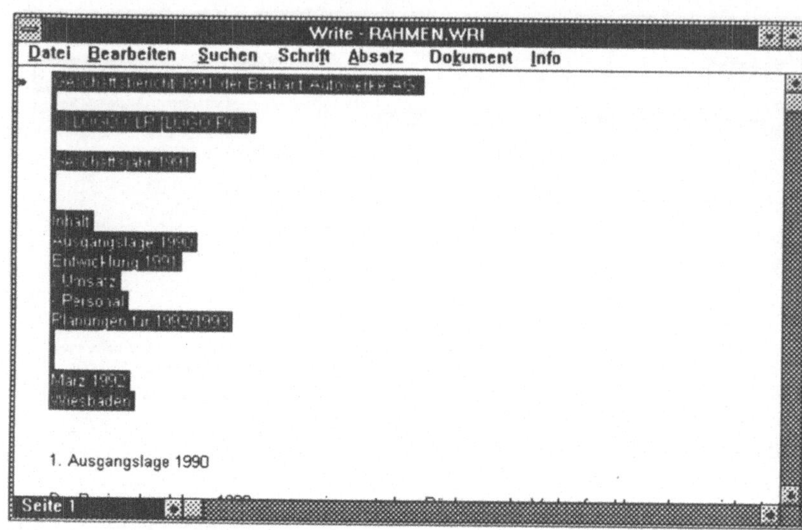

Abb. 11.3 Titelseite ist markiert

Gehen Sie wieder in das Menü *Schrift --> Schriftart*. Wählen Sie diesmal als Schriftgröße (*Grad*) 18.

Die Schriftgröße ändert sich entsprechend auch auf dem Bildschirm. Vergeben Sie dort auch das Attribut *Fett*.

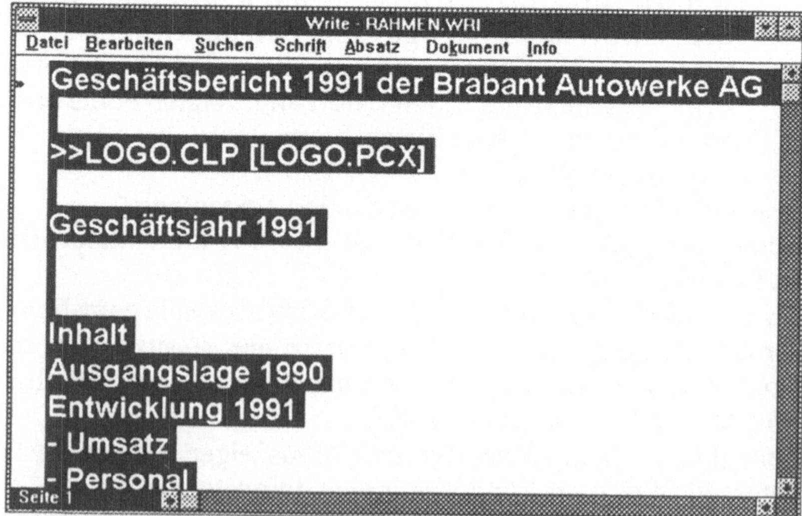

Abb. 11.4 Titelseite ist fertig formatiert

Nachdem die Titelseite Ihres Geschäftsberichtes fertig formatiert ist, müssen jetzt noch die Überschriften entsprechend hergerichtet werden. Als Format wurde *Arial 14 Punkt fett* vorgesehen, denn die Überschriften sollen sich aus dem übrigen Schriftbild optisch absetzen.
Mit [Klick] in der Auswahlspalte vor der entsprechenden Überschrift markieren Sie diese.
Gehen Sie dann - wie jetzt schon gut bekannt - über *Schrift -->Schriftart*, und machen Sie die entsprechenden Angaben in der Dialogbox.

Damit ist die Vergabe der Schriftattribute beendet.

3. Schritt: Kopfzeile definieren
Es ist sinnvoll, auf jeder Seite eines so wichtigen Dokuments zu vermerken, wozu sie gehört. So weiß man stets auch bei "fliegenden Blättern", die vom Wind durcheinander gewirbelt wurden, was man vor sich hat.

Der Text der Kopfzeile sollte *Geschäftsbericht der Brabant Autowerke AG 1991* lauten. Da sich Kopfzeilen auf das gesamte Dokument beziehen, wählen sie den Menüpunkt *Dokument*. Mit der Option *Kopfzeile* kann die Kopfzeile festgelegt werden.

Es öffnet sich gleichsam ein weiteres "Dokument" - das Kopfzeilen-Eingabefenster.

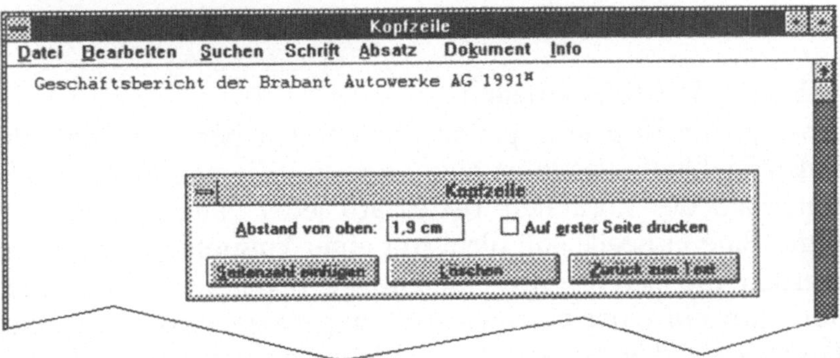

Abb. 11.5 Eingabe der Kopfzeile

Hier können der Kopfzeilentext und der Abstand vom oberen Papierrand eingegeben werden und optional die Seitenzahl integriert werden. An der Cursorposition geben Sie den entsprechenden Text ein und als Abstand von oben 1,5 cm. Da die Kopfzeile nicht auf der ersten Seite erscheinen soll - dort ist ja unser Titel - wird die Option *Auf erster Seite drucken* nicht angekreuzt.

Jetzt muß noch analog zum Fließtext für die Kopfzeile die entsprechende Schrift ausgewählt werden. Sie gehen genau so vor wie im Fließtext: Textzeile mit der Maus markieren, dann über *Schrift Schriftart* die Schriftart und -größe (Arial 10 Punkt) wählen und mit [Strg]+[K] den Schriftschnitt *kursiv* zuweisen. Die Kopfzeile ist damit definiert.

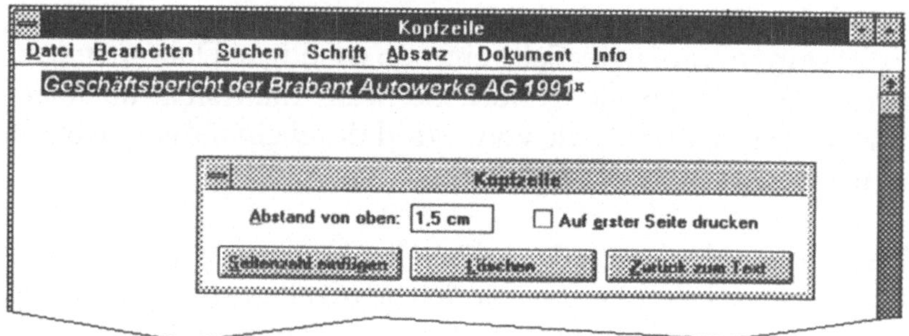

Abb. 11.6 Formatierung der Kopfzeile

Wählen Sie dann *Zurück zum Text* um zu Ihrem Write-Text zurückzukehren.

4. Schritt: Fußzeile anlegen

Analog zur Kopfzeile gehen Sie vor bei der Vergabe der Fußzeile. Die Fußzeile ist eine Textzeile, die beim Ausdruck unterhalb des normalen Textes auf jeder Seite angeordnet wird. Eine Fußzeile soll nicht mit einer Fußnote verwechselt werden, die sich nur auf eine einzige Textstelle bezieht und auch nur auf einer einzigen Seite angezeigt wird. Weil eine Fußzeile auf jeder Seite in gleicher Weise angezeigt wird, eignet sie sich im besonderen Maße zur Aufnahme der Seitenzahl. Die Vorgehensweise ist analog der Anlage einer Kopfzeile: Sie wählen *Dokument --> Fußzeile*, um das Eingabefenster für die Fußzeile aufzurufen.

Da in der Fußzeile die Seitenzahl integriert werden soll, muß man sich des Write-Seitenzählers bedienen: Klicken Sie das Feld *Seitenzahl einfügen* an. In der Eingabezeile erscheint das Wort *(Seite)*. An der Stelle, an der dieses Wort steht, wird beim Ausdruck die aktuelle Seitenzahl ausgegeben.

Jetzt schreiben Sie vor der Angabe *(Seite)* den ersten Textteil Ihrer Fußzeile: *Seite*. Bewegen Sie den Cursor hinter den Platzhalter *(Seite)*, und geben Sie den Textrest ein: *des Geschäftsberichtes der Brabant Autowerke AG 1991*.

Da man beim Durchblättern durch den Text immer unten rechts auf jeder Seite die Seitenzahl sucht, sollte die Fußzeile rechtsbündig ausgerichtet sein. Da Write alle Ausrichtungen als Absatzformat versteht, wählen Sie *Absatz* und dort *Rechtsbündig*, um die Fußzeile an den rechten Seitenrand anzulehnen. Definieren Sie den Abstand von unten auf 1,5 cm.

Vergleichbar zur Kopfzeile muß jetzt noch Schriftart und -größe festgelegt werden. Markieren Sie den Fußzeilentext. Wählen Sie *Schrift --> Schriftart*. Dort klicken Sie *Arial* und bei Schriftgröße *(Grad)* 10 an.

Schließen Sie Ihre Auswahl mit [Klick] auf dem *Ok*-Feld ab. Schließlich vergeben Sie über [Strg]+[K] das Attribut *kursiv*. Damit ist die Definition der Fußzeile beendet, die, wie auch die Kopfzeile, nicht auf der ersten Seite ausgedruckt werden soll. Wählen Sie also *Zurück zum Text*.

5. Schritt: Ausrichtung des Textes
Um Ihrem Geschäftsbericht ein "professionelles" und gediegenes Erscheinungsbild zu verleihen, wählen Sie Blocksatz, d.h. den rechten und linken Randausgleich über *Absatz --> Blocksatz*, nachdem Sie - wie in Schritt 1 beschrieben - den jeweiligen Absatz markiert haben.

6. Schritt: Text speichern
Damit haben Sie sich den Textrahmen für Ihren Geschäftsbericht geschaffen, in den nun die grafischen und tabellarischen Elemente eingefügt werden können.

Damit er Ihnen nicht verloren geht, sollten Sie ihn auf der Festplatte speichern. Wählen Sie *Datei --> Speichern unter* und geben Sie den Namen Ihres Texte (z.B.: BERICHT) und optional auch das Verzeichnis an.

Mit [Return] schicken Sie den Text zur Festplatte. Write ergänzt den Namen durch die Erweiterung WRI, die den Text als Write-Datei ausweist.

Behalten Sie für die folgenden Arbeitsgänge Write mit Ihrem Rahmentext weiterhin im Speicher. Nur bei Speicherplatzproblemen sollten sie möglichst wenige Applikationen und Dateien offen im Speicher halten.

11.4 Gestaltung des Logos in Paintbrush

Jetzt wird's künstlerisch: Sie gestalten ein Logo für das Unternehmen Brabant Autowerke AG, um es auf die Titelseite des zuvor geschriebenen Berichtes zu bringen.

Ein *Logo* ist ein Zeichen, das Firmen, Waren und Dienstleistungen eindeutig kennzeichnet und ein hohes Maß an Wiedererkennung ermöglicht. Der Mercedes-Stern ist sicher eines der besten Beispiele für ein gelungenes Logo.

Ich möchte Ihnen eigentlich keinerlei Vorgaben für die Gestaltung eines Logos machen, um Ihren kreativen Prozeß nicht zu behindern. Um Ihre kreative Arbeit jedoch zu erleichtern, befinden sich auf der Begleitdiskette diverse Grafikvorlagen mit Automodellen, die Sie vielleicht gut gebrauchen können. Sinnvollerweise sind die Grafiken bereits im BMP-Format, so daß Sie in Paintbrush diese leicht über *Bearbeiten --> Einfügen aus* in eine bestehende Grafik laden können.

Am Beispiel des Logos auf der Begleitdiskette (LOGO.BMP) wird die Arbeit in Paintbrush dargestellt.

1. Schritt: Grafik importieren

Zunächst importieren Sie in Paintbrush das Bild des Autos
über *Bearbeiten --> Einfügen aus.*
Als Dateiname wählen Sie A:AUTO.BMP, sofern Sie die Datei
von der Begleitdiskette laden möchten. Andernfalls wählen Sie
die Datei aus, die Sie einfügen möchten.

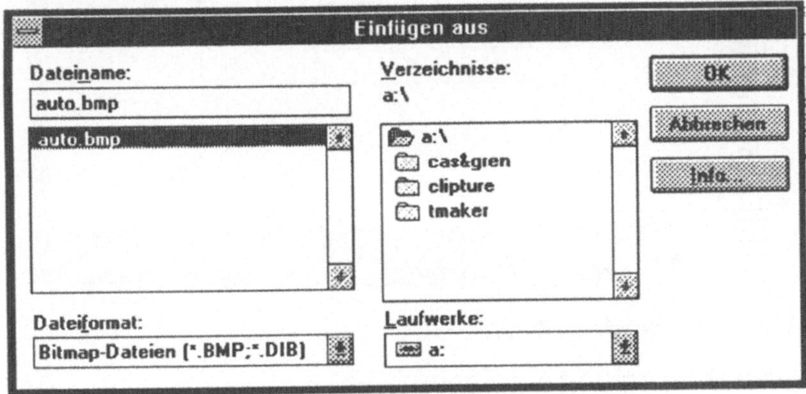

Abb. 11.7 Datei AUTO.BMP einfügen

Klicken Sie auf den OK-Schalter, um die ausgewählte Datei auf
dem Zeichentisch von Paintbrush einzufügen.

Das Auto wird standardmäßig in der oberen linken Ecke von
Paintbrush eingefügt. Verschieben Sie die Grafik, solange diese noch von dem gestrichelten Rahmen umgeben ist.

 **Achtung:**
Nur solange der gestrichelte Rahmen die eingefügte
Grafik umgibt, kann die Grafik problemlos verschoben
werden. Dazu wird die Grafik per Dauerklick innerhalb
des Rahmens "angefaßt" und an die Position verschoben,
an der sie stehen soll.
Am endgültigen Standort muß beachtet werden, daß alle
dort bereits vorhandenen Teile anderer Grafiken
überdeckt werden. Ein späteres "von hinten nach vorne"
holen, wie dies bei professionellen Grafikwerkzeugen
möglich ist, erlaubt Paintbrush leider nicht.

Die Grafik sollte etwa folgenden Stand haben:

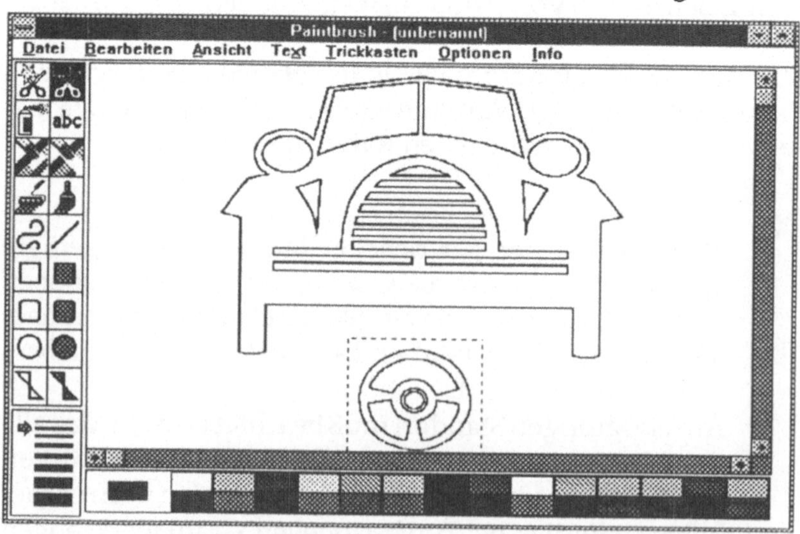

Abb. 11.8 Eingefügte Grafik

2. Schritt: Lenkrad einfügen

Um das Lenkrad in die bestehende Grafik einzufügen, gehen Sie prinzipiell genauso vor wie in Schritt 1: *Bearbeiten --> Einfügen aus --> A:LENKRAD.BMP --> OK*. Verschieben Sie das Lenkrad, bis es etwa in der Mitte unter dem Kühlergrill steht.

Abb. 11.9 Das Lenkrad wird plaziert

3. Schritt: Linien ziehen

Nun werden noch die drei Linien gezeichnet, die sich durch das Lenkrad winden. Dabei ist ein wenig Handarbeit nötig.

1. Bewegen Sie die Grafik mit Hilfe der senkrechten Bildlaufleiste ein wenig nach oben.
   Sie haben so wieder etwas Platz unter der Grafik und können dort die Linien ziehen.

2. Wählen Sie das Linien-Werkzeug aus der linken Werkzeugleiste aus.

3. Aus der Auswahlbox für die Linienstärke wählen Sie eine dicke Linie aus (dritte Linie von unten).

   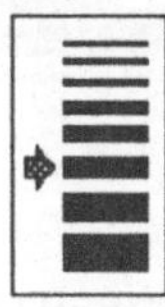

4. Ziehen Sie die Linie unter dem Lenkrad. Sollte die Linie nicht Ihren Vorstellungen entsprechen, so können Sie diese dann leicht neu zeichnen, ohne das Lenkrad zu "beschädigen".

   Achten Sie beim Zeichnen darauf, daß keine "Treppenstufen" mehr in der Linie sind. Nur dann ist sie gerade.

5. Rahmen Sie die Linie mit dem Schneidewerkzeug ein.

6. Per [Dauerklick] innerhalb des gestrichelten Rahmens verschieben Sie die Linie nach oben, bis sie durch den oberen Teil des Lenkrades läuft.

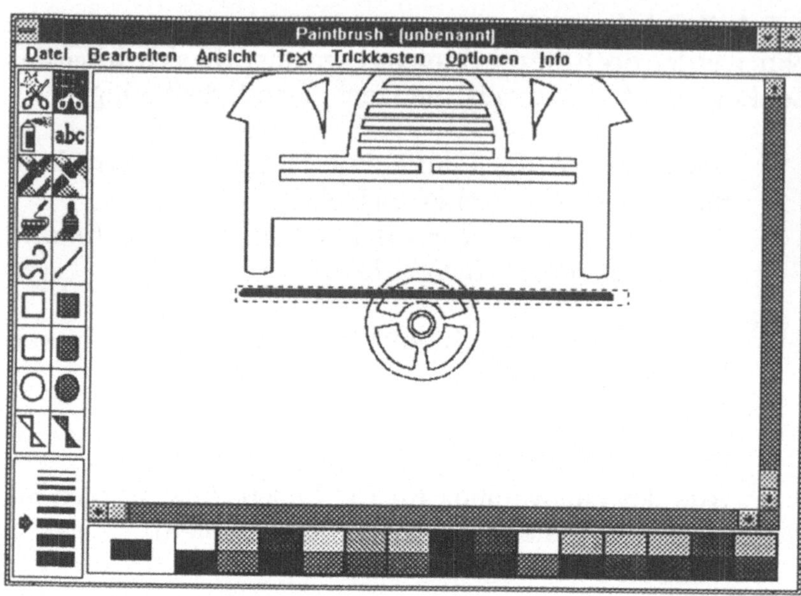

Abb. 11.10 Linie nach dem Verschieben

7.   Zeichnen Sie die restlichen Linien auf analoge Art und
      Weise.
      Ihr Logo für die Firma Brabant Autowerke AG ist nun
      schon weit gediehen.
      Jetzt ist die Zeit für die Feinarbeit gekommen.

4. Schritt: Linienabschlüsse
Sicher werden Sie beim Zeichnen der Linien bemerkt haben,
daß die Linienenden unschön abgerundet sind. Wir wollen die
Linien jedoch "eckig" abschließen.

1.   *Anzeige --> Vergrößern*
      Auf der Zeichenfläche von Paintbrush erscheint ein klei-
      nes Rechteck. Der Inhalt dieses verschiebbaren Recht-
      ecks kann so stark vergrößert werden, daß die Bearbei-
      tung der einzelnen Bildpunkte (= Pixel) leicht möglich
      wird.

2.   Verschieben Sie das Rechteck mit Hilfe der Maus so, daß
      die linken Enden der Linien darin enthalten sind.

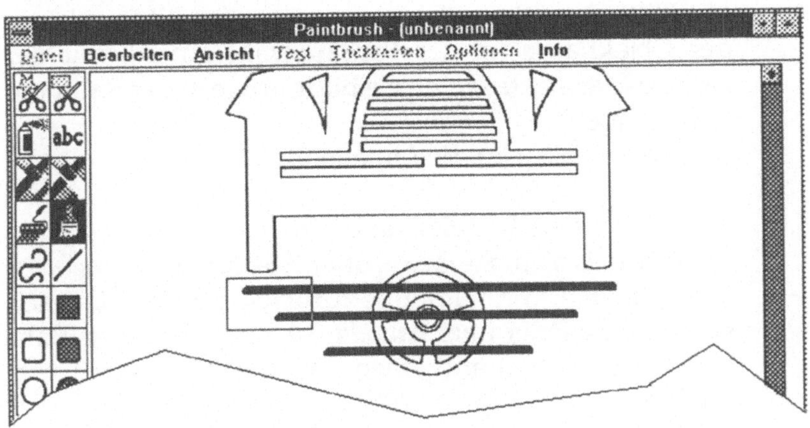

Abb. 11.11 Vergrößerungsrahmen

3.   Drücken Sie die linke Maustaste.
      Der im Rahmen enthaltene Bildteil wird stark vergrößert
      auf dem Bildschirm wiedergegeben.

      Die Manipulation einzelner Pixel ist jetzt möglich.

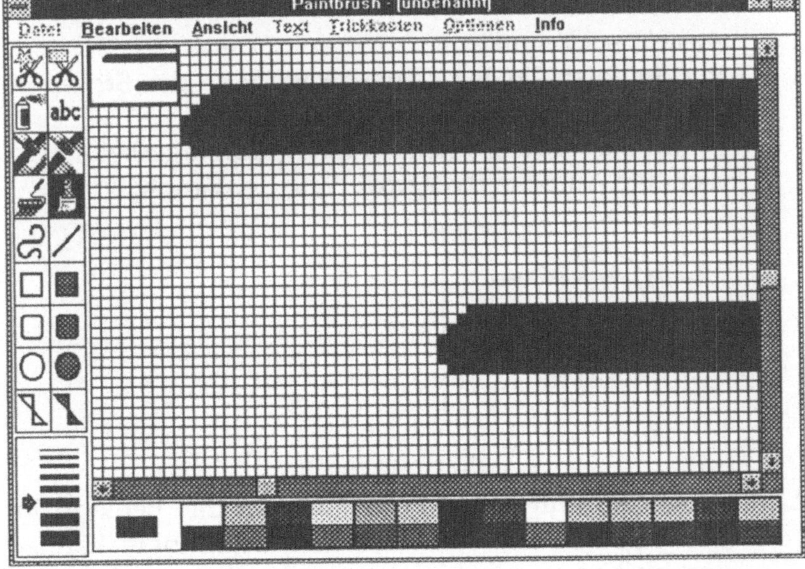

Abb. 11.12 Vergrößerter Grafikausschnitt

4. Mit Hilfe der linken Maustaste setzen Sie Bildpunkte in
    der Objektfarbe (in der Farbauswahl innen), mit der
    rechten Maustaste setzen Sie Bildpunkte in der Rahmen-
    farbe (außen).
    Begradigen Sie jetzt die Linienenden.

5. Um die anderen Linien auch bearbeiten zu können,
    empfiehlt es sich, zunächst über *Ansicht --> Verkleinern*
    wieder in den Normalmodus zurückzuschalten. Danach
    kann man wieder über *Ansicht --> Vergrößern* den Rah-
    men positionieren und einen neuen Grafikbereich ver-
    größern.
    Ein Verschieben des sichtbaren Ausschnittes mit Hilfe
    der Bildlaufleisten ist zwar auch möglich, ist jedoch
    häufig zeitaufwendig, je nach Ausstattung mit Hardware.

5. Schritt: Linien in Lenkrad flechten
Damit die Linien das Lenkrad nicht einfach überdecken, sondern wie hineingeflochten wirken, müssen Teile des Lenkrades
nunmehr "retuschiert" werden.

1. *Ansicht --> Vergrößern*
    Positionieren Sie das Zoom-Rechteck an den Stellen im
    Lenkrad, die retuschiert werden sollen.
    Damit Sie wissen, welche Bereiche damit gemeint sind,
    hier eine Ausschnittvergrößerung der Grafik:

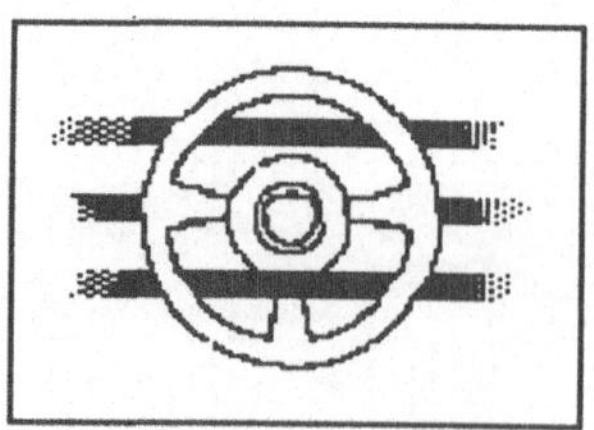

2. Setzen Sie nun weiße Pixel dort, wo das Lenkrad im
    Vordergrund sein soll. Schwarze Bildpunkte können
    dort bleiben, wo die Linie im Vordergrund laufen soll.
    Diese Arbeit erfordert etwas Geduld und Fingerspitzen-
    gefühl.

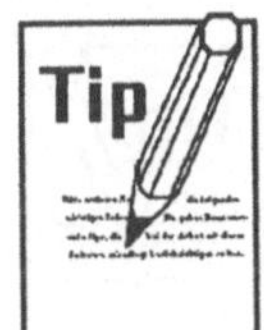

✗   Sofern Sie nach längerem Herumprobieren die Lust verloren haben, einzelne Pixel-Manipulationen durchzuführen, können Sie später selbstverständlich von Ihrer Begleitdiskette das fertige Logo unter dem Namen A:LOGO.BMP weiterverwenden.

5. Schritt: Logo beschriften

Damit man auch weiß, daß das Logo für die Brabant Autowerke AG steht, soll der folgende Schriftzug in das Logo eingefügt werden:

Dieser Schriftzug befindet sich auf der Begleitdiskette unter dem Namen A:BRABANT.BMP.

1.   *Bearbeiten --> Einfügen von --> A:BRABANT.BMP --> OK*
      Der Schriftzug wird oben links in Ihre Grafik eingefügt.

2.   Mit [Dauerklick] innerhalb des gestrichelten Rahmens verschieben Sie den Schriftzug zwischen die beiden Räder des Autos.

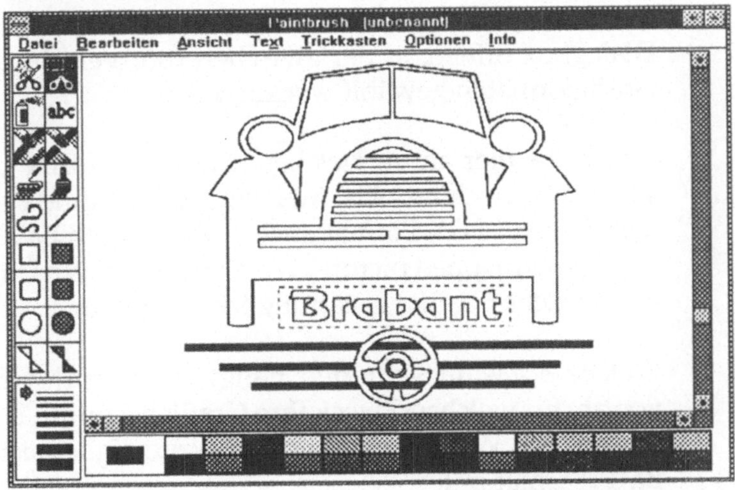

Abb. 11.13 Logo in Paintbrush nach Einfügen des Schriftzugs

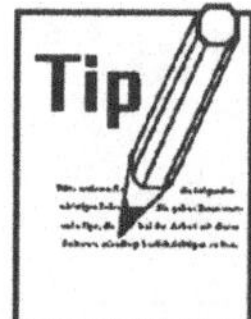

✗ **Hinweis**
Der Schriftzug wurde mit CorelDraw gestaltet, da dort unglaublich viele Möglichkeiten zur Gestaltung und Bearbeitung von Schriften vorhanden sind. In Paintbrush selbst stehen nur wenige Schriften zur Verfügung. Allerdings ist der Qualitätsverlust durch das pixelorientierte Arbeiten in Paintbrush relativ hoch. Um ein wirklich professionelles Ergebnis zu erhalten, sollte man vollständig in vektor-orientierten Grafikprogrammen (Corel-Draw, Designer usw.) bleiben.

6. Schritt: Logo speichern
Speichern Sie jetzt noch das Ergebnis Ihrer Bemühungen ab, damit Sie es nicht durch einen dummen Zufall verlieren. Man liest zwar immer als Begründung für häufiges Speichern, daß eventuell der Strom ausfallen könnte, doch ist dies in der Bundesrepublik höchst selten. Viel häufiger allerdings hängt sich der Rechner auf, weshalb diese Begründung sicher die wesentlichere ist.

1.   Wählen Sie *Datei --> Speichern unter*.

2.   Geben Sie als Dateiname z.B. LOGO an.

3.   Mit Hilfe der Schaltfläche *Optionen* können Sie eine Dialogbox öffnen, in der zwischen fünf verschiedenen Grafikformaten gewählt werden kann.

        Geben Sie hier an, in welchem Format Sie Ihre Grafik speichern möchten. Als Auswahl stehen Ihnen neben dem "alten" PCX-Format auch verschiedene BMP-Formate (= bitmapped picture) zur Verfügung, je nachdem, über welche Grafikausstattung Sie verfügen.

        Welche Auswahl Sie treffen, hängt im wesentlichen davon ab, für welchen Zweck Ihre Grafik bestimmt ist. Für das spätere Weiterverarbeiten in Write eignet sich das BMP-Format gut.

7. Schritt: Logo in Write einfügen
Jetzt müssen Sie das Logo nur noch an der richtigen Stelle in
Ihren Geschäftsbericht einfügen. Das Logo soll so in Write
eingefügt werden, daß später per [Doppelklick] direkt Paintbrush aufgerufen wird.

1. Positionieren Sie den Cursor am Anfang des Textes.

2. Rufen Sie aus dem Programm Manager das Programm
    Paintbrush per Doppelklick auf dem Sinnbild.

3. In Paintbrush laden Sie die Datei A:LOGO.BMP bzw.
    Ihre Logo-Datei.

4. Verschieben Sie den sichtbaren Ausschnitt des Paintbrush-
    Fensters so, daß das gezeichnete Logo vollständig sicht-
    bar ist. Benutzen Sie dazu die Bildlaufleisten.

5. Wählen Sie das rechteckige Scherenwerkzeug aus.

6. Umfahren Sie das Logo, so daß das gesamte Logo inner-
    halb des gestrichelten Rahmens liegt. Achten Sie darauf,
    daß kein Teil des Logos außerhalb des Rahmens liegt, da
    diese Teile dann später nicht in Ihrem Write-Text einge-
    fügt würden.
    Auf dem Bildschirm sehen Sie folgende Darstellung:

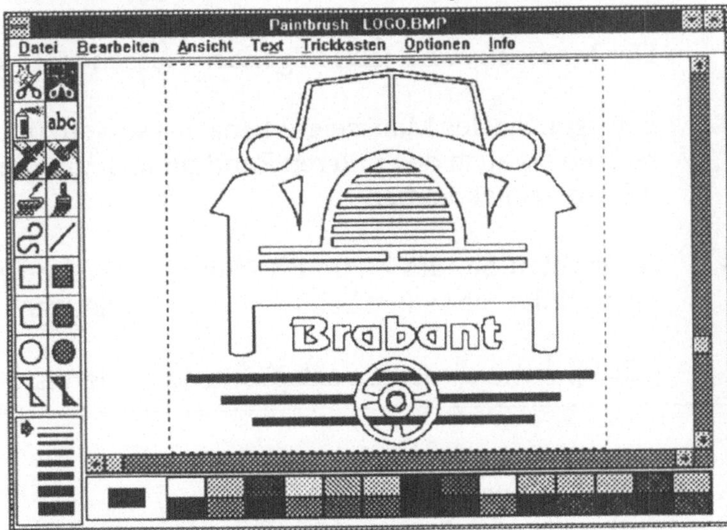

Abb. 11.14 Logo vor dem Kopieren

7.   *Bearbeiten --> Kopieren* oder [Strg]+[C]
      kopiert den eingerahmten Teil in die Zwischenablage.

Jetzt muß das in der Zwischenablage liegende Bild in Ihren
Write-Text eingefügt werden.

1.   Aktivieren Sie wieder Write samt Ihrem Text, und posi-
      tionieren Sie den Cursor oberhalb der Zeile *Geschäftsbericht
      der...* vor den beiden Größerzeichen der Hilfsangabe
      >>LOGO.CLP [LOGO.PCX].

2.   Wählen Sie dann *Bearbeiten --> Einfügen*, um Ihr Logo aus
      der Zwischenablage an der Cursorposition einzufügen.
      Die Hilfsangabe *>>LOGO.CLP [LOGO.PCX]* markieren
      Sie zunächst, um sie dann zu löschen.

---

6. Schritt: Logo-Größe verändern
Da das eingefügte Logo recht groß ist, sollte es in seiner Größe
an den Rahmentext angepaßt werden.

1.   Markieren Sie das Logo durch Anklicken.

2.   *Bearabeiten --> Bildgröße ändern*
      Der Mauszeiger hat jetzt folgendes Aussehen:

3.   Bewegen Sie den Mauszeiger zunächst sowohl über den
      rechten als auch den unteren Rand hinaus, um die Rän-
      der "frei zubekommen".

4.   Beobachten Sie die X- und Y-Werte im Write-Fenster
      unten links. Sie sollten beide bei etwa 0,3 liegen.

5.   [Klick], wenn die Größe entsprechend justiert ist.

---

7. Schritt: Logo positionieren
Das Logo sollte allerdings nicht links, sondern in der Mitte
Ihres Geschäftsberichtes erscheinen.

1.   Markieren Sie per [Dauerklick] die Überschrift *Geschäfts-*
        bericht der ... , das Logo und die Zeile *Geschäftsjahr 1991*.

2.   *Absatz --> Zentriert*
        Der gesamte markierte Bereich wird zentriert.

Damit ist das Logo in den Text integriert. Speichern Sie zunächst Ihren Geschäftsbericht auf der Festplatte. Im nächsten
Schritt muß die Excel-Grafik BESTORT.XLC hergestellt werden.

11.5 Grafik in MS-Excel erstellen und einfügen

Auch wenn Sie nicht im Besitz von MS-Excel sind, sondern sich
eines anderen Tabellenkalkulationswerkzeuges wie *Lotus für*
Windows oder *Quattro* bedienen, soll dennoch in diesem Kapitel
beschrieben werden, wie mit MS-Excel 3.0, einem typischen
Profi-Werkzeug, eine Tabelle hergestellt wird, die dann in
Write weiterverarbeitet werden kann. Die Arbeit in anderen
Tabellenkalkulationsprogrammen verläuft meist sehr ähnlich.

X   Wenn Sie über keinerlei Tabellenkalkulationswerkzeug
        verfügen, so besteht natürlich die Möglichkeit, daß Sie
        die Datei in der Zwischenablage - also nach ihrer Aufbe-
        reitung - übernehmen. Die Dateinamen werden jeweils
        an der entsprechenden Stelle im Write-Text vermerkt.

1. Schritt: Daten eingeben

Zunächst geben Sie die Basisdaten ein, die als Diagramm
dargestellt werden sollen.
In unserem Fall liefert folgende Tabelle die Basisdaten zur
Diagramm-Erstellung:

Besteller nach Regionen

	601S	700XLS	911T
BRD	2912	2578	2182
Ost-Europa	24919	32987	35428
Süd-Europa	1791	1657	1789
Asien	8901	6098	2098

Tabelle 11.1 Die Datei BESTORT.XLS (BESTORT.CLP)

Geben Sie entsprechend der Vorgaben Ihrer Software diese Daten in das Arbeitsblatt ein. Sie werden dabei feststellen, daß die Ausrichtung innerhalb der Zellen abhängt von der Datenart. In MS-Excel werden numerische Daten rechts- und Texte linksbündig ausgerichtet. Das hat aber keinen Einfluß auf die spätere Darstellung in Write, denn dort müssen Sie die Tabellen ohnehin neu formatieren, damit diese in Ihren Satzspiegel (Bereich zwischen den Seitenrändern) hineinpassen.

2. Schritt: Grafik herstellen

Markieren Sie den Bereich der Tabelle, aus dem die Grafikdaten entnommen werden sollen.

X In anderen Programmen nutzen Sie die dort typischen Prozeduren zur Erzeugung einer Grafik oder speichern Sie die Daten so ab, daß ein Grafikprogramm (MS-Chart, Lotus Freelance) diese Daten laden kann, um sie zu einer Grafik aufbereiten zu können - etwa im SYLK-Format.

Wählen Sie *Datei --> Neu*, und klicken Sie in der folgenden Dialogbox die Auswahl *Diagramm* an. Excel berechnet nun relativ schnell aus den markierten Tabellenbereichen eine Säulengrafik. Diesen Excel-Vorschlag modifizieren Sie solange, bis er Ihren Ansprüchen an eine professionelle Grafik entspricht. Ihre Grafik könnte dann etwa so aussehen:

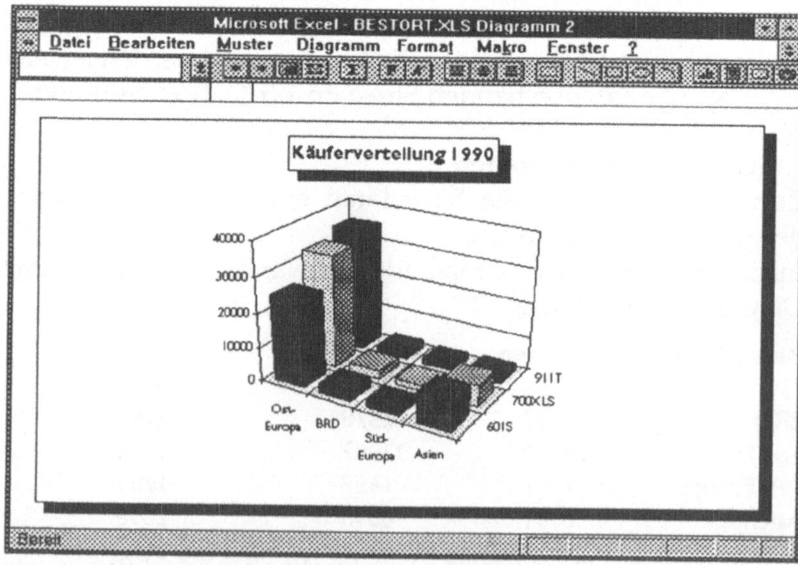

Abb. 11. 15 Aufbereitete Grafik in Excel 3.0

3. Schritt: Diagramm in die Zwischenablage kopieren
Da Sie auch aus Excel heraus die Grafik nicht direkt in Ihren
Text einfügen können, müssen Sie - wie auch zuvor beim Logo
- das Diagramm markieren und in die Zwischenablage kopieren.

1. Wählen Sie im *Diagramm*-Menü die Option *Diagramm
    auswählen*, wenn Ihre Grafik das aktive Datenfenster ist.

2. [Shift]+[Klick] auf *Bearbeiten --> Bild kopieren*
    So können Sie das Diagramm als Bild in die Zwischenab-
    lage kopieren. Dabei werden nicht nur die bild-
    aufbauenden Informationen, sondern alle bildrelevanten
    Teile kopiert.

3. In der Dialogbox wählen Sie in beiden Fällen *Bild wie
    angezeigt.*
    Der eigentliche Kopiervorgang läuft dabei sehr schnell
    ab.

Jetzt sollten Sie noch Ihre Grafikdatei auf der Festplatte abspeichern.

4. Schritt: Grafik in den Text einfügen
Nachdem die Grafik unmittelbar nach dem Kopieren in der
Zwischenablage zur Verfügung steht, aktivieren Sie über die
Task-Liste Write samt Ihrem Text.

1. Bewegen Sie den Cursor in die Zeile, in der der Hinweis
    >>BESTORT.CLP [BESTORT.XLC] die Position des Dia-
    gramms markiert.

2. Fügen Sie über *Bearbeiten Einfügen* das Diagramm aus
    der Zwischenablage in Ihren Text ein. Die Hinweiszeile
    löschen Sie wieder aus dem Geschäftsbericht.

Mit dem Diagramm VERKZAHL.XLC verfahren Sie analog.
Da dieser Vorgang dem zuvor detailliert geschilderten entspricht, möchte ich Sie nicht mit zu vielen Redundanzen

langweilen. Versuchen Sie Ihr Glück einmal selbständig. Die Basisdaten finden Sie auf der Begleitdiskette unter dem Namen VERKZAHL.* in verschiedenen Formaten:
- VERKZAHL.XLS, für MS-Excel
- VERKZAHL.TXT, als Textdatei mit Tabulatoren
- VERKZAHL.SLK, im Format SYLK
- VERKZAHL.CSV, als ASCII-Datei mit Semikolon als Trenner
- VERKZAHL.WK1, für Lotus-Produkte
- VERKZAHL.WK3, für neue Lotus-Produkte
- VERKZAHL.DIF, im Data Interchange Format (VisiCorp)

11.6 Tabelle in Excel erstellen und einfügen

1. Schritt: Daten eingeben

Zunächst muß die Tabelle in MS-Excel oder einem vergleichbaren Tabellenkalkulationsprogramm erstellt werden. Wenn Sie dazu keine Lust haben, so können Sie die Datei auch von Ihrer Begleitdiskette laden. Sie steht wieder in verschiedenen Formaten zur Verfügung.
Die Tabellendaten:

Entwicklung von Umsatz und Kosten

	1. Quartal	2. Quartal	3. Quartal	4. Quartal	Summe 1991
Umsatz	32234000	22567190	55982198	3606555	114389943
Kosten	28765190	15987135	34590187	2651898	81994410
Gewinn	3468810	6580055	21392011	954657	32395533

Tabelle 11.2 Die Excel-Tabelle UMSKOST.XLS

Geben Sie diese Daten ein, oder laden Sie die entsprechende Datei von der Begleitdiskette. Sie hat den Namen UMSKOST.*, wobei die Erweiterung vom gewählten Format abhängt (vgl. Ausführungen zur Datei VERKZAHL.*).

2. Schritt: Daten in die Zwischenablage kopieren

Auch Tabellendaten müssen wie Grafikdaten vor dem Kopieren in die Zwischenablage markiert werden. In Excel ziehen Sie dazu mit [Dauerklick] das Cursorkreuz über die entsprechenden Felder.

Kopieren Sie die markierten Daten über *Bearbeiten --> Kopieren* oder [Strg]+[Einfg] in die Zwischenablage.
Speichern Sie Ihre Datei auf der Festplatte.

3. Schritt: Tabelle einfügen

Über die Task-Liste aktivieren Sie Write und Ihren Geschäftsbericht. Bewegen Sie den Cursor an die Stelle, an der die Tabelle eingefügt werden soll (Hinweiszeile *>>UMSKOST.CLP [UMSKOST.XLS]*). Fügen Sie die Tabelle über *Bearbeiten Einfügen* oder [Shift]+[Einfg] ein.

 In der Zwischenablage können Sie das Anzeigeformat Ihrer Tabelle auswählen. Diese Auswahl hat jedoch keinen Einfluß auf die eingefügte Tabelle in Write. Jedes Feld wird durch einen Tabulator vom nächsten getrennt. Das erleichtert Ihnen den Satz der Tabelle auch in Proportionalschrift.

Gegebenenfalls sollten Sie jetzt mit Hilfe des Zeilenlineals von Write (*Dokument --> Lineal ein*) entsprechende Tabulatoren setzen. Diese Stelle Ihres Berichtes könnte dann folgendes Aussehen haben:

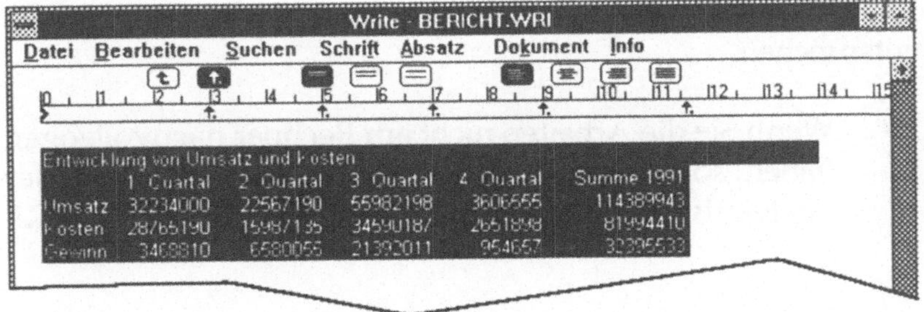

Abb. 11.16 Tabulatoren im Zeilenlineal

Speichern Sie jetzt Ihren Geschäftsbericht wieder auf der Festplatte ab, damit Ihnen kein Malheur passiert, und Sie womöglich die gesamte Arbeit nochmal machen müssen - wenngleich dies eine vorzügliche Übung wäre.

11.7 Endkontrolle und Ausdruck

Damit haben Sie Ihren Geschäftsbericht fertiggestellt. Blättern Sie ihn nochmals langsam am Bildschirm durch, um eventuelle Fehler und fehlende Trennungen zu korrigieren.
Damit beim späteren Ausdruck eine neue Seite auch an sinnvoller Stelle anfängt, sollten Sie einen Seitenumbruch durchführen. Wählen Sie dazu *Datei --> Seitenumbruch.*
Damit Write nicht irgendwo einen Seitenumbruch durchführt, kreuzen Sie *Seitenumbruch bestätigen* an. Sie haben dann die Möglichkeit, den vorgeschlagenen Seitenumbruch an eine Stelle zu verschieben, die Ihnen sinnvoller erscheint als der Vorschlag von Write. Bei Ihrem Bericht werden Sie drei Seiten erhalten, die Sie jetzt endlich auch ausdrucken können.
Übrigens können Sie in Write natürlich auch einen manuellen Seitenumbruch an beiliebiger Stelle in Ihren Text einfügen. Bewegen Sie dazu den Curso an die Stelle, die auf der Folgeseite stehen soll und betätigen dann [Shift]+[Strg]+[Return]. Eine gepunktete Reihe zeigt den Seitenwechsel an.

Eventuell ergibt dieser erste Ausdruck noch weitere kleinere Verschiebungen der Grafiken. Im großen und ganzen jedoch müßte der Geschäftsbericht nun dem angestrebten Ergebnis entsprechen.

✗ Wenn Sie die Arbeiten nicht am Rechner nachvollzogen haben, so können Sie dennoch "Ihren" Bericht von der Begleitdiskette laden. Er hat den Namen BERICHT.WRI.

11.8 Zusammenfassung

In dieser letzten Lektion des ersten Teils haben Sie - quasi als Wiederholung - die integrierenden Fähigkeiten von Windows kennengelernt. Insbesondere haben Sie sich des Datenaustausches mit Hilfe der Zwischenablage bedient.
Außerdem erstellten Sie eine einfache Zeichnung mit Paintbrush und haben damit Ihre Fertigkeiten im Umgang mit diesem

Zusatzprogramm und der Maus gefestigt. Sicher war das entstandene Logo nicht sehr kompliziert, doch hat es seinen Zweck erfüllt. Ziel dieser Lektion war es allerdings auch nicht, Sie zum Grafiker auszubilden! Zweifellos existieren für Windows weitaus mächtigere Grafikprogramme (Corel Draw, MicrografX Designer), doch werden Ihnen diese Werkzeuge mit großer Wahrscheinlichkeit zu Beginn Ihrer Windows-Tätigkeit nicht zur Verfügung stehen, weshalb wir uns in dieser Lektion auf Paintbrush beschränkt haben.

Mit weitaus höherer Wahrscheinlichkeit ist unter den Windows-Benutzern MS-Excel anzutreffen, so daß ich auf dieses professionelle Tabellenkalkulationswerkzeug zurückgegriffen habe. Sollten Sie nicht darüber verfügen, hier nochmals der Hinweis, daß Sie sämtliche relevanten Dateien in der Zwischenablage über *Datei --> Öffnen* laden können und damit auch in Ihren Bericht integrieren können.

Damit ist der Teil A beendet. Ziel war es, daß Sie jetzt einen so guten und fundierten Eindruck von MS-Windows 3.1 bekommen haben, daß Sie selbständig damit arbeiten können. Diese selbständige Arbeit wird sicher schon bald weitere Fragen aufwerfen, etwa wie man DOS-Applikationen optimal unter Windows laufen lassen kann oder wie man die ''Multitaskingfähigkeiten'' von Windows ausschöpft.
Antworten auf derartige Fragen erhalten Sie im Teil B Ihres Windows-Buches. Dieser zweite Teil wurde daher auch ''Windows zum Nachschlagen'' genannt. In Ergänzung zu Ihren Windows-Handbüchern finden Sie sicher auch für Ihre Aufgabenstellung interessante Antworten.
Viel Spaß also beim ''Nachschlagen''.

Vorwort zum Teil B

Als geübter Anwender von MS-Windows 3.0 werden Sie Fragen haben, die über elementare Antworten hinaus umfangreiche Antworten fordern. Diesem Anspruch soll der zweite Teil gerecht werden. Ausgesuchte Problemstellungen werden in typischen Lösungen dargestellt.
Die folgenden Themenbereiche werden behandelt:

- **Installation** von Windows 3.1
  - Custom-Installation
  - Express-Installation

- **Konfiguration** einer bestehenden Installation
  - Einbinden neuer Programme
  - Hinzufügen eines Druckers
  - Veränderung der Farben und Bildschirmhintergründe

- **Speicherverwaltung** und Betriebsarten von Windows
  - Konventioneller Speicher, Extended und Expanded Memory
  - HIMEM.SYS, EMM386.EXE
  - Standard Mode/Protected Mode

Verschiedene **INI-Dateien** steuern Windows beim Aufruf. Diese INI-Dateien können gezielt direkt oder über das Setup-Programm oder die Anwendung *Systemsteuerung* verändert werden, was Veränderungen der Windows-Konfiguration zur Folge hat. Die Eintragungen in den INI-Dateien werden in Kapitel 2 dieses Teils überblickartig behandelt.
Sofern Sie Anwender zahlreicher DOS-Applikationen sind, wird Sie mit Sicherheit die Anpassung dieser Applikationen mit Hilfe der **PIF-Dateien** interessieren.
Gerade, wenn Sie **Datenübertragung** über die Anwendung *Terminal* abwickeln möchten, werden Sie die Beschreibung des Terminalprogramms und die Erklärung der Übertragungsparameter interessieren.
Wenn Sie HP Laserdrucker oder dazu kompatible Geräte benutzen, wird für Sie von Interesse sein, wie man Softfonts unter Windows so nutzen kann, daß man in den entsprechenden Applikationen auch die Schrift so sieht, wie man sie später auf dem Drucker ausgibt.
Wenn Sie dann immer noch Freizeit haben, sollten Sie die Windows-Spiele *Solitär* und *Reversi* ausprobieren. Vorsicht dabei, das Spielen kann schnell zur Sucht werden, was auch Dostojewski bereits wußte, ohne Windows zu kennen.

B-1 Installation von MS-Windows

B-1.1 Hardware-Voraussetzungen

Was benötigt man eigentlich an Hardware, um effektiv mit MS-Windows 3.1 arbeiten zu können? Welche Hardware ist vonnöten, um erfolgreich mit MS-Windows zu arbeiten?
Dies herauszufinden, ist Ziel des Kapitels *Hardware-Voraussetzungen*. Im Rahmen der Beantwortung der beiden oben genannten Kernfragen werden Sie einen Fragebogen ausfüllen, den Sie dann später während der eigentlichen Installation zu Rate ziehen können. Negative Überraschungen werden Sie dann nicht erwarten müssen.

B-1.1.1 Ihr Computer

Wichtig ist der eigentliche Rechner, d.h. eigentlich der µProzessor in der Systemeinheit. Um sinnvoll mit Windows 3.1 arbeiten zu können, wird ein sog. AT-kompatibler Personal Computer mit einem *Intel 80286er, 80386er* oder *80486er* Prozessor benötigt.

 Der µProzessor koordiniert sämtliche Tätigkeiten des Computers mit der vorhandenen Hardware (Speicher) und Peripherie (Tastatur, Diskettenlaufwerke, Festplatte, Maus, Bildschirm usw.). Er stellt somit die eigentliche Denkzentrale des Personal Computers dar.

Windows wird bei der Installation auf Ihrer Festplatte optimal an die bestehende Hardware und auch den Prozessor angepaßt. Beim Anwender müssen keinerlei spezielle Kenntnisse der Hardware vorhanden sein, um Windows zu installieren. Intern unterscheidet Windows zwei Betriebsarten:
- Standard-Modus
- Erweiterter Modus

Die Betriebsarten von Windows unterscheiden sich an der Oberfläche nicht.

Unterschiede liegen vor allem in der effektiven Nutzung von Arbeitsspeicher und den Möglichkeiten der echten 32 Bit Prozessoren 80386, 80486, i486 der Firma Intel und dazu kompatibler Prozessoren (AMD).

Die folgende Übersicht stellt die Unterschiede der beiden Betriebsarten gegenüber:

Standard	Erweitert
Intel 80286 oder kompatibler Prozessor minimal	Intel 80386, 80486, i486 oder kompatibler Prozessor
640 kB konventioneller Speicher min. 256 kB Erweiterungsspeicher	640 kB konventioneller Speicher min. 384 MB Erweiterungsspeicher
temporäre Auslagerungsdatei	permanente Auslagerungsdatei
DOS-Programme nur Vollbild	DOS-Programme im Fenster
kein Multitasking von DOS-Anwendungen	Multitasking auch von DOS-Anwendungen

✗ Wenn Sie nicht sicher sind, welcher Prozessor in Ihrem PC installiert ist, so sehen Sie entweder in die Bedienungsanleitung Ihres Rechners oder fragen Sie ganz einfach Ihren Fachhändler.

Weiterhin unterscheidet man Prozessoren nach ihrer Taktfrequenz. Das ist quasi der Pulsschlag des Prozessors. Generell kann man sagen, daß die Arbeitsgeschwindigkeit des Prozessors von der Höhe der Taktfrequenz abhängt, d.h. je höher die Taktfrequenz desto schneller arbeitet der Prozessor. Für den Einsatz von Windows empfiehlt sich ein Prozessor mit einer Taktfrequenz von minimal 25 MHz. Das bedeutet nicht, daß Windows nicht auch mit langsamer getakteten Prozessoren läuft. Das heißt nur, daß ab dieser Taktfrequenz keine allzu langen Wartezeiten für den Bildschirmaufbau und den Datentransfer zwischen Applikationen auftreten.

X Empfehlung
Personal Computer mit 80386, 33 MHz, mindestens 4 MB Hauptspeicher, 100 MB Festplatte mit mittlerer Zugriffszeit von 18 msec.

Wird Windows gestartet, so ermittelt es automatisch die Hardware-Ausstattung Ihres Rechners. Windows startet sich automatisch im "richtigen" Modus. Nur, wenn Sie abweichend von diesem Automatismus Windows in einem, anderen Modus starten möchten, verwenden sie die Parameter, die in Kapitel 1 dieses Buches auf den Seiten 12 - 13 dargestellt sind.

X Hinweis für Anwender von Windows 3.0
Der sog. Real-Modus für Prozessoren Intel 8088 existiert in Windows 3.1 nicht mehr. Rechner der sog. XT-Klasse werden demnach von Windows nicht mehr unterstützt.

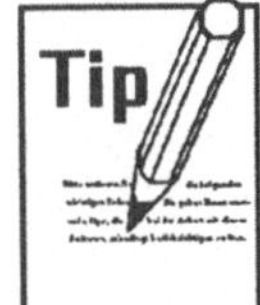

Im einzelnen werden folgende Rechnertypen unterstützt:
- MS-DOS System mit 80286, 80386 und 80486
- AST: alle 80386 und 80486 Computer
- AT&T PC
- Everex Step 386/25 (oder Kompatible)
- Hewlett-Packard, alle Rechner
- IBM PS/2 alle Modelle inklusive 70P und L40sx
- NCR, alle 80386 and 80486 PCs
- NEC PowerMate SX Plus
- NEC ProSpeed 386
- Toshiba 1200XE
- Toshiba 1600,
- Toshiba 5200
- Zenith: alle 80386 Computer

- AT&T NSX 20 : Safari Notebook
- MS-DOS System mit APM
- Intel 386SL basiertes System mit APM

Damit MS-Windows und die unter Windows aufgerufenen Programme ausreichend Speicher zur Verfügung haben, benötigen Sie mindestens 640 kBytes Hauptspeicher und 256 kB Erweiterungsspeicher (Extended Memory, vgl. S. 478 ff). Dies ist die klassische 1MB-Maschine, die heute als die Untergrenze für Windows-Rechner gilt. Besser und dringend zu empfehlen ist die Aufrüstung auf 2 MByte oder mehr.

✗ MS-Windows 3.1 kann im erweiterten 386er Modus den gesamten Speicher eines Rechners nutzen, da beim Aufrufen der Prozessor vom sog. Real Mode in den Protected Mode umgeschaltet wird. Dies bewirkt, daß der gesamte im Protected Mode adressierbare Speicherraum zur Verfügung steht. Ab S. 478 ff erfahren Sie mehr über die Speicherverwaltung von Windows.

Windows ist eine Anwenderhilfe, um große Datenmengen, wie sie üblicherweise auf Festplatten vorhanden sind, übersichtlich zu organisieren. Windows kann daher nur auf solchen Personal Computer installiert werden, die über mindestens eine Festplatte verfügen. Doch genügt erfahrungsgemäß nicht nur "irgendeine" Festplatte. Es sollte schon eine schnelle Festplatte mit ausreichender Kapazität sein. Unter einer schnellen Festplatte versteht man eine solche, die eine mittlere Zugriffszeit von höchstens 20 msek (Millisekunden) hat. Die Speicherkapazität sollte ebenfalls mindestens 60 MB sein. Besser sind Festplatten mit einer Speicherkapazität nicht unter 100 MB. Das ist nicht aus reiner Freude am technisch Machbaren, sondern hängt ganz wesentlich damit zusammen, daß die Programme, die für Windows geschrieben wurden, meistens selbst sehr viel Platz auf der Festplatte belegen. Word für Windows 2.0 belegt alleine 14 MB, wenn sämtliche Komponenten installiert werden.

Weiterhin werden von Windows-Nutzer häufig Grafikprogramme eingesetzt. Gerade in diesem Bereich ist sowohl eine schnelle als auch eine große Festplatte unabdingbare Voraussetzung für einigermaßen zufriedenstellende Arbeitsbedingungen am Rechner. Ein schneller Rechner (mindestens 80386 mit 25 MHz Taktfrequenz) in Verbindung mit leistungsfähigen Komponenten läßt dann allerdings wirklich keine Wünsche mehr offen.

✗ **Hinweis für Anwender von MS-/PC-DOS 3.x**
Einige ältere Versionen des Betriebssystems PC-/MS-DOS können nur Festplatten bis zu einer maximalen Größe von 32 MB verwalten. Wenn Sie dennoch über einen Rechner verfügen, der eine Festplatte größerer Kapazität besitzt, muß die Festplatte in mehrere Portionen eingeteilt werden (Partitions). Jede dieser Partitions kann eine maximale Größe von 32 MB besitzen. Jeder Partition wird ein eigener Laufwerksbuchstabe zugewiesen (z.B. D:, E:). Diese Arbeit übernimmt das Programm FDISK.COM, welches sich auf der Installationsdiskette Ihres Betriebssystems PC-/MS-DOS befindet. Für weitere Informationen zu diesem Programm sehen Sie bitte in Ihr DOS-Handbuch.

Unabhängig vom Laufwerksbuchstaben Ihrer Festplatte können Sie mit Hilfe des SETUP-Programms MS-Windows 3.1 auf jeder vorhandenen Festplatte installieren, sofern zum Zeitpunkt der Installation ausreichend Platz vorhanden ist. Um eine vollständige Installation mit sämtlichen Hintergründen und Zubehör-Programmen herzustellen, sind ca. 9 MB auf der Festplatte nötig.

✗ **Hinweis**
Wenn Sie mit virtuellen Festplatten arbeiten, die mittels des Treibers VDISK.SYS (IBM PC-DOS) installiert sind, so wird der Eintrag zum Aufruf des Treibers in der Datei CONFIG.SYS während der Installation von Windows 3.1 aus der Datei CONFIG.SYS entfernt.
Gleiches geschieht mit den Treibern CACHE.SYS, ICACHE.SYS, IBMCACHE.SYS, HPEMM386.SYS, HPEMM486.SYS, RAMTYPE.SYS, PCSX2EMS.SYS und XMA2EMS.SYS.

Sie sollten vor Beginn der Windows-Installation von den Dateien CONFIG.SYS, AUTOEXEC.BAT und, sofern bereits vorhanden, WIN.INI jeweils Sicherheitskopien herstellen. Notfalls können Sie dann die neu angelegten Dateien mit den alten Files vergleichen und nur die neuen Einträge in Ihrer alten Datei ergänzen.

B-1.1.2 Tastatur und Maus

Um Windows bedienen zu können, benötigen Sie zumindest eine der im folgenden genannten Tastaturen. Eine Maus ist nicht unabdingbare Voraussetzung, allerdings dringend zu empfehlen, da insbesondere einige Applikationen (z.B. Page-Maker von Aldus, Corel Draw, Designer usw.) ohne Maus nicht bedienbar sind.

Liste der von MS-Windows 3.1 unterstützten Tastaturen:
- Alle XT-Tastaturen mit 83 oder 84 Tasten
- Alle AT-Tastatur mit 84 - 86 Tasten
- AT&T '301' Tastatur
- AT&T '302' Tastatur
- Erweiterte US-/Nicht-US-Tastatur mit 101 oder 102 Tasten
  (MFII-Tastatur)
- Hewlett-Packard Vectra Tastatur (DIN)
- Olivetti 101/102 A Tastatur
- Olivetti Tastatur mit 83 oder 86 Tasten
- Olivetti M24-Tastatur mit 102 Tasten

Wichtig ist, daß Sie außerdem wissen, mit welcher Tastaturanpassung Sie arbeiten möchten. In diesem Buch gehen wir davon aus, daß Sie mit einer MF II-Tastatur mit 102 Tasten arbeiten.

Als Tastaturbelegung wird die deutsche DIN-Tastaturbelegung angenommen (Code-Page 437 mit deutscher DOS-Tastaturanpassung).

 **Hinweis zur Tastatur**
Wenn Sie mit einer anderen Tastatur arbeiten, so gelten
die meisten Regeln dieses Buches sinngemäß auch dafür.
Im Einzelfall hilft eventuell allerdings nur Probieren, da
wir in diesem Buch nicht auf jede erdenkliche Tastatur
eingehen können; es würde mindestens doppelt so dick.

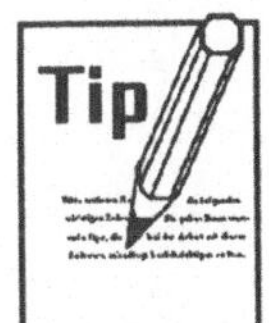

MS-Windows 3.1 ist - wie auch die Vorgängerversionen - am
schnellsten und einfachsten mit Hilfe der Maus zu bedienen, so
daß eine Bedienung über eine Maus dringend zu empfehlen
ist. Einige Anwender schwören auf einer Kombination aus
Tastatur- und Mausbedienung. Das hängt aber eigentlich nur
von Ihren persönlichen Erfahrungen mit Maus und Tastatur
ab, so daß hier keine allgemeingültigen Regeln in dieser Richtung gegeben werden können.
Probieren Sie einfach die verschiedenen Möglichkeiten mal
aus, bis Sie wissen, wie Sie Windows am liebsten und ange-
nehmsten bedienen wollen.

Folgende Mäuse werden von Windows 3.0 unterstützt:
- HP Maus (HP-HIL)
- Logitech-Maus
- Microsoft oder IBM PS/2 Mäuse (seriell, Inport, Bus)
- Genius serielle Maus an COM1 oder COM2
- Mouse Systems seriell oder Bus-Maus
- Mouse Systems seriell Maus an COM2
- Olivetti/AT&T Tastatur-Maus
- Dazu kompatible Mäuse

 **Hinweis zur "Zeigeeinrichtung"**
Die Maus wird bei der Installation als Zeigeeinrichtung
(pointing device) bezeichnet. Diese Bezeichnung ist etwas seltsam und wird daher hier im Sinne einer Erklärung besonders erwähnt.

Mehr über die Bedienung der Oberfläche von Windows 3.0 mit
der Tastatur und der Maus erfahren Sie im 2. Kapitel dieses
Buches.

B-1.1.3 Grafikausstattung und Bildschirm

Um MS-Windows 3.1 vernünftig nutzen zu können, benötigen Sie neben einem entsprechend schnellen Rechner - wie er im vorhergegangenen Kapitel beschrieben wurde - auch eine adäquate Grafikausstattung mit einem passenden Monitor.
Dabei versteht man unter einer adäquaten Grafikausstattung eine solche, die den ergonomischen Anforderungen entspricht. Es sollte besonders auf die **Bildwiederholfrequenz** und die **Auflösung** geachtet werden.
Die Bildwiederholfrequenz ist für die Flimmerfreiheit verantwortlich. Je höher die Wiederholfrequenz ist, desto ruhiger steht das Bild auf dem Monitor. Bildwiederholfrequenzen unter 70Hz entsprechen nach heutigen Erkenntnissen nicht den Anforderungen an einen ergonomischen Arbeitsplatz.
Unter der Auflösung versteht man die Anzahl der einzeln und getrennt darstellbaren Punkte auf dem Monitor. Je höher die Auflösung desto schärfer ist das Bild. Die Auflösung ist zum einen von der Größe des Bildschirmspeichers auf der Grafikkarte und zum anderen von der Leistungsfähigkeit des Monitors abhängig.
Man unterscheidet die folgenden, für Windows relevanten Auflösungen:
- 640 x 480 (VGA)
- 800 x 600 (S-VGA)
- 1024 x 768 (S-VGA)

Einige Hersteller bieten Grafikkarten mit noch höheren Auflösungen an. Da diese genwärtig jedoch nur zu astronomisch hohen Preisen zu kaufen sind, spielen sie im Windows-Alltag keine wesentliche Rolle.

Ein weiteres Kriterium zur Beurteilung von Grafikkarten ist die gleichzeitige Darstellbarkeit von Farben. Der Standard-VGA-Mode kann bei einer Auflösung von 640 x 480 Punkten nur 16 Farben darstellen. Das ist jedoch relativ wenig, so daß Mischfarben durch Raster-Mischung zusammengesetzt werden müssen, was die eigentliche Auflösung leider wieder optisch reduziert.

Eine besondere Rolle spielen solche Grafik-Karten, die den Rechner-Prozessor dadurch entlasten, daß sie einen eigenen Grafik-Prozessor besitzen. Dabei spielen insbesondere Karten mit dem Prozessor 34010 und 34020 von Texas Instruments eine große Rolle. Windows wird durch den Einsatz solcher "intelligenter" Grafikkarten erheblich beschleunigt, da es über einen eigenen Treiber zur Unterstützung dieser sog. TIGA-Karten (TIGA = Texas Instruments Graphics Adapter) verfügt. Bei der Installation von Windows kann dieser Treiber als TIGA (kleine oder große Schriftart) angewählt werden.

Die folgende Aufstellung gibt Ihnen Aufschluß über die von Windows 3.0 unterstützen Grafik-Modi:
- IBM 8514/A (kleine oder große Schriften)
- COMPAQ Advanced VGA 640x480 in 256 Farben
- Compaq Portable Plasma
- EGA
- EGA Schwarz/Weiß (nur für 286er PC)
- EGA Monochrom (nur für 286er PC)
- Hercules Monochrom
- IBM MCGA (nur für 286er PC)
- Olivetti/AT&T Monochrom oder PVC-Display
- QuadVGA, ATI VIP VGA, 82C441 VGAs
- TIGA (kleine oder große Schriften)
- VGA
- VGA mit monochromem Monitor
- Super VGA (800x600 in 16 Farben)
- Video Seven 640x480 in 256 Farben (512kB Bildschirmspeicher)
- Video Seven 720x512 in 256 Farben (512kB Bildschirmspeicher)
- Video Seven 800x600 in 256 Farben (1MB Bildschirmspeicher)
- Video Seven 1024x768 in 256 Farben (1MB Bildschirmspeicher)
- Video Seven 1024x768 (kleine Schrift)
- IBM XGA (640x480, 16 Farben)
- IBM XGA (640x480, 256 Farben)
- IBM XGA (kleine und große Schriften)

Zahlreiche hochauflösende Grafikkarten werden mit spezieller "Treibersoftware" ausgeliefert. Diese Treibersoftware beinhaltet wichtige Informationen für Windows. Ohne diese Informationen sind gerade die hochauflösenden Bildschirmmodi leider nicht zu nutzen.

Wie Sie diese Software für die Installation von Windows verwenden, entnehmen Sie bitte der Beschreibung Ihrer Grafikkarte.

Folgende Regeln sollten Sie bei der Auswahl Ihrer Grafikausstattung beherzigen:

Grafikausstattung	Unterstützung/Empfehlung
Monochrome Grafik	wird unterstützt nicht empfehlenswert
CGA-Ausstattung	wird unterstützt nicht empfehlenswert
MCGA-Ausstattung	wird unterstützt nicht empfehlenswert
EGA-Ausstattung	wird unterstützt geeignet
VGA-Ausstattung	wird unterstützt gute Darstellung
S-VGA Ausstattung	wird unterstützt ab 800 x 600 Punkte in 256 Farben sehr gute Darstellung beste Darstellung im Hi-Color-Mode (> 32.000 Farben) sehr empfehlenswert
TIGA- Ausstattung	wird unterstützt beste Darstellung bei Auflösung 800 x 600 Punkten in 256 Farben sehr schnell empfehlenswert leider sehr teuer

 ✗ Als generelle Regel kann man sich merken: Je höher die Auflösung der Grafikkarte und des Monitors desto deutlicher und klarer sind Schriften und Grafiken.

Sehen Sie in die Betriebsanleitung Ihres Rechners oder Monitors, damit Sie beurteilen können, welche Ausstattung Ihr Rechner besitzt.

✗ **Hinweis zu den hochauflösenden Grafikkarten**
Wenn Sie eine VGA-Grafikkarte mit höherer Auflösung (800x600, 1024x768 usw.) besitzen, so geben Sie während der Installation von MS-Windows die mitgelieferten entsprechenden Treiber an, um Ihre Karte im gewünschten Grafikmodus zu installieren.

Neben der Grafikkarte hat natürlich der Bildschirm selbst einen ganz entscheidenden Einfluß auf die Qualität der Ausgabe. Hier sollte man nicht sparen!
Achten Sie unbedingt auf folgende Kriterien:
- mindestens 70 Hz Bildwiederholfrequenz in allen Darstellungsmodi zu synchronisieren,
- VGA/S-VGA kompatibel
- Lochrasterweite höchsten 0,28 mm
- Entspiegelung
- strahlungsarm nach MPR II (1990)
- mindestens 14 Zoll Bildschirmdiagonale

 ✗ **Empfehlung**
16 bis 17 Zoll Bildschirmdiagonale, Lochrasterweite 0,26 mm, strahlungsarm nach der schwedischen Norm MPR II aus dem Jahr 1990 in allen Darstellungsmodi und Ablenkfrequenzen, Bildwiederholfrequenz mindestens 70 Hz bei 800 x 600 und 1024 x 768 Bildpunkten.

B-1.1.4 Drucker

Um MS-Windows zu betreiben, benötigt man nicht zwingend einen Drucker. Jedoch kommen fast alle Anwenderprogramme zur Ausgabe von Daten nicht ohne Drucker aus.
Auf dem PC-Markt existiert eine schier unübersehbare Fülle von Druckern. Dies führt dazu, daß in diesem Buch nicht auf jeden Druckertyp speziell eingegangen werden kann. Es lassen sich die meisten Drucker allerdings bestimmten Klassen zuordnen. Diese Einteilung richtet sich nach der Art und Weise, wie diese Drucker die vom PC gesendeten Daten zu Papier bringen.

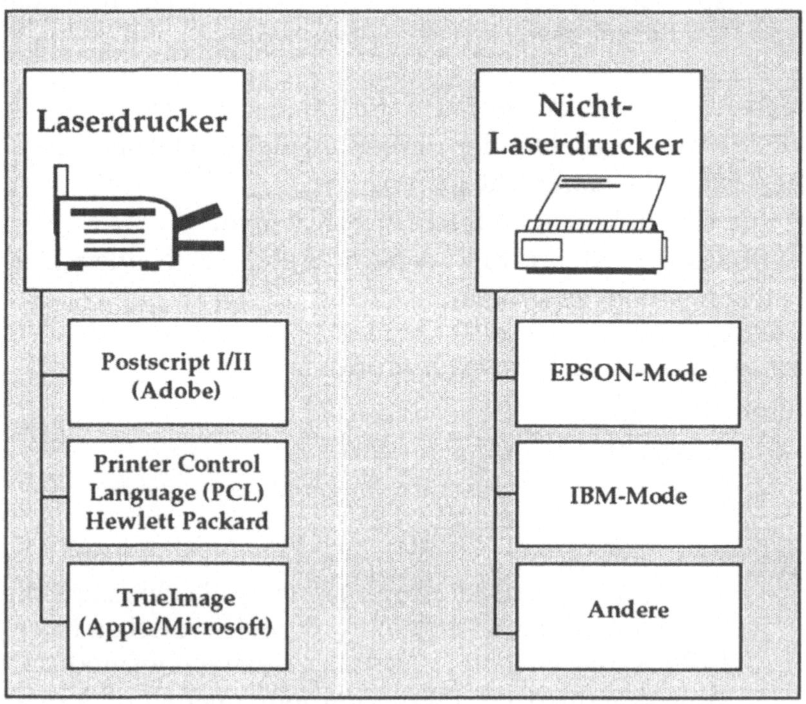

Abb. B-1.1 Druckerklassen

Sehen Sie auf das Typenschild Ihres Druckers. Dort sind der Hersteller und der Gerätetyp angezeigt. Beide Angaben benötigen Sie bei der Custom-Installation von Windows 3.1.

 Häufig können insbesondere Laserdrucker andere Druckertypen simulieren (Druckeremulation). Das bedeutet, daß beispielsweise ein QMS Laserdrucker so tut, als sei er ein Hewlett Packard LaserJet IIIP.

Ab S. 394 finden Sie eine Liste aller Drucker, die gegenwärtig von MS-Windows 3.1 unterstützt werden. Sollte Ihr Drucker nicht dabei sein, so wenden Sie sich an den Hersteller Ihres Druckers, um einen entsprechenden Treiber für Windows zu bekommen. Weiterhin können Sie in Ihr Druckerhandbuch sehen, ob sich vielleicht ein Hinweis auf eine Druckeremulation findet.

B-1.1.5 Netzwerke

MS-Windows läßt sich auch im Netz betreiben. Dazu sind spezielle Treiber nötig, die mit der Hardware (Netzwerkkarte) und der Software auf dem Server (Netzwerksoftware) zusammenarbeiten.

Folgende Netzwerke werden unterstützt:
- 3Com 3+Open
  - Versionen 1.xx, 2.0 Basic und Enhanced
- 3Com 3+Share
- Artisoft LANtastic
  - Versionen unter 3.0 werden nicht unterstützt
- Banyan Vines
  - Versionen unter 4.00 werden nicht unterstützt
- IBM OS/2 LAN Server
- IBM PC LAN Programm
  - Version 1.32 und früher
- Microsoft LAN Manager
  - alle Versionen bis 2.10 Enhanced
- Microsoft Network (oder 100% kompatible)
- Novell Netware
  - Versionen vor 3.01 werden nicht unterstützt
  - alle Versionen bis 3.21
- DEC Pathworks
  - Versionen unter 4.0 werden nicht unterstützt

- TCS 10Net
  - Versionen vor 4.1 werden nicht unterstützt, sonst alle Versionen 4.x bis 5.x

Andere Netzwerke werden nur dann unterstützt, wenn vom Hardware-Hersteller entsprechende Treibersoftware mitgeliefert wird. Wenn Sie MS-Windows im Netz installieren möchten, so ziehen Sie in jedem Fall vorher Ihre Netzwerk-Dokumentation zu Rate.

Regel zur Installation auf dem Server

1.	Stellen Sie die Verbindung zu Ihrem Server her. (Login-Prozedur).

2.	Legen Sie die Installationsdiskette 1 in Laufwerk A: oder in Laufwerk B:

3.	Geben Sie SETUP /A ein.
	Sie werden nach einem Netzwerklaufwerk und dem Directory gefragt, in dem Windows auf dem Server installiert werden soll.

4.	Geben Sie den Gruppen-Namen und den Firmennamen an, unter dem Windows für jeden, der es vom Server installiert, geführt werden soll.

Windows kann nach der erfolgreichen Installation auf dem Server durch jeden Benutzer von dort aus auf der Workstation installiert werden.

Windows auf der Workstation installieren

1.	Wechseln Sie in das Verzeichnis des Servers, in dem Windows zuvor installiert über SETUP/A wurde.

2.   Geben Sie SETUP /N ein, um nur solche Dateien auf der
       Workstation zu installieren, die der individuellen An-
       passung von Windows an Benutzerspezifika dienen.
       Die meisten Dateien verbleiben auf dem Server und
       werden unter den Benutzern geteilt (shared files).

       Geben Sie nur SETUP (ohne weitere Parameter) an, so
       wird Windows 3.1 als eine individuelle Installation (not
       shared) entweder in einem privaten Verzeichnis auf dem
       Server oder auf der lokalen Festplatte installiert.

Es besteht darüber hinaus noch die Möglichkeit, Windows
weitgehend automatisch zu installieren. Voraussetzung ist
dafür allerdings, daß der LAN-Administrator eine spezielle
Datei erzeugt hat, in der die für die Installation nötigen
Systemeinstellungen stehen.

 **Hinweis**
Achten Sie unbedingt darauf, daß der User in dem
Verzeichnis, in dem diese Systemdateien lokalisiert wer-
den, Rechte zum Öffnen und Lesen von Dateien hat.

Windows ist eine solche Systemdatei beigelegt. Sie hat den
Namen SETUP.AIF. Sie läßt sich an Ihre speziellen Bedürfnisse
anpassen, indem Sie sie einfach editieren und entsprechend
modifizieren.

Die Angaben werden in verschiedenen Sektionen gemacht, die
ähnlich der WIN.INI-Datei angelegt sind ([sysinfo], [con-
figuration], [windir] usw.). Einige der Optionen finden Sie in
den Dateien SETUP.INF, CONTROL.INF und WIN.INI.

Da die Installation von Windows 3.1 in einem Netzwerk zahlreiche Variationen haben kann, wäre dieses Buch damit
überfrachtet, sämtliche Spielformen der Installation von Windows in einem Netzwerk darzustellen.
Hier sollte nur ein grober Überblick dazu gegeben werden.

B-1.1.6 Soundkarten

Sofern sie über eine Soundkarte in Ihrem PC verfügen, bietet sich die Einbindung dieser Karte in Windows 3.1 an. Windows unterstützt die folgende Hardware:

- Ad Lib
- Roland LAPC1
- MIDI Mapper
- Roland MPU401
- [MCI] MIDI Sequencer
- Creative Labs Sound Blaster 1.0, 1.5 und 2.0
- Media Vision Thunder Board

Zur richtigen Installation dieser Karten ist es unbedingt notwendig, daß Sie den Interrupt und den Kanal kennen, auf dem die Karte installiert ist. Um diese Angaben herauszufinden, nutzen Sie die den Karten beiliegende Software.

B-1.1.7 Fragebogen zur Windows-Installation

Der folgende Fragebogen dient im wesentlichen Ihrer Sicherheit bei der Custom-Installation. Sofern Sie - wie besonders für Einsteiger zu empfehlen - die Express-Installation durchführen, benötigen Sie die folgenden Angaben nicht.
Kreuzen Sie im Fragebogen die von Ihnen verwendete Hardware an. Bei der Installation von Windows 3.1 wissen Sie dann genau, welche Angaben Sie dort machen müssen.
Halten Sie diesen Fragebogen ausgefüllt bereit, wenn Sie mit der Installation beginnen. Sie werden dann nicht von Fragen überrascht.

✗ Bitte beachten Sie!
Geben Sie sehr genau an, welche Hardware mit Windows zusammen betrieben werden soll, damit während der SETUP-Prozedur die richtigen Treiber installiert werden können.

✗ Sollte sich Ihre Hardware nicht im Fragebogen befinden, so wählen Sie eine ähnliche bzw. kompatible Hardware aus. Schauen Sie im Zweifel in die Handbücher, die mit der fraglichen Hardware geliefert wurden.

● **Beispiel 1: Maus**
Sie betreiben an Ihrem Rechner eine Logitech PS/2-Maus. Diese Maus ist kompatibel zur IBM PS/2-Maus; Sie wählen also die IBM-Maus.

● **Beispiel 2: Soundkarte**
Sie möchten eine Soundkarte in Windows einbinden, von der Sie wissen, daß sie AdLib-kompatibel ist. Geben Sie demnach AdLib als Soundkarte an.

B-1.1.8 Der Fragebogen

Auf welchem PC soll Windows 3.1 installiert werden?
[ ]   MS-/PC-DOS Systeme (IBM PC/AT, PS/2)
[ ]   MS-/PC-DOS Systeme mit APM
[ ]   Intel 386SL basiertes System mit APM
[ ]   Zu IBM 100% kompatibler MS-DOS-Rechner
[ ]   Hewlett Packard Rechner
[ ]   Everex Step 386/25 (oder Kompatibler)
[ ]   80386-basierender Zenith-Rechner
[ ]   Toshiba Laptops 1200 XE, 1600, 5200
[ ]   NEC Power Mate SX Plus
[ ]   NEC ProSpeed 386
[ ]   AT&T PC
[ ]   AT&T NSX 20 Notebook (Safari)

Auf welchem Laufwerk soll Windows installiert werden?
[ ]   Festplatte C:
[ ]   Festplatte D:
[ ]   Festplatte E:
[ ]   Anderes Laufwerk ___ (Netzwerk?)

In welchem Inhaltsverzeichnis soll Windows installiert werden?

[ ]   \WINDOWS
[ ]   Anderes Verzeichnis ___________________________

Soll eine bereits bestehende Windows-Version verändert werden?
[ ]   Ja
[ ]   Nein

Sollen die Dateien AUTOEXEC.BAT und CONFIG.SYS angepaßt werden?
[ ]   Ja, sofort und automatisch
[ ]   Ja, aber erst später in einer speziellen Datei
[ ]   Nein, Änderungen sollen jedoch in den Dateien
       AUTOEXEC.WIN und CONFIG.WIN im Windows-Verzeichnis gespeichert werden.

Welcher Sprache soll die Tastatur angepaßt werden?
[ ]   Deutsch
[ ]   Andere ___________

In welchem Netzwerk arbeiten Sie mit Windows?
[ ]   In keinem Netzwerk
[ ]   3Com 3+Open
[ ]   3Com 3+Share
[ ]   Artisoft LANtastic
[ ]   Banyan Vines
[ ]   IBM OS/2 LAN-Server
[ ]   IBM PC LAN Program
[ ]   MS-LAN Manager
[ ]   MS Network
[ ]   Novell NetWare
[ ]   DEC PathWorks
[ ]   TCS 10Net
[ ]   Anderes Netzwerk (Treiber bereithalten!)

Welche Datums-, Zeit- und Währungsformate sollen unterstützt werden?
[ ]   Deutsch
[ ]   Andere _______________________

Welche Tastatur nutzen Sie mit Windows 3.1?
[ ]   PC/XT-Tastatur (83 Tasten)
[ ]   PC/XT-Tastatur (84 Tasten)
[ ]   AT-Tastaturen (84 - 86 Tasten)
[ ]   MFII-Tastaturen (101 oder 102 Tasten)
[ ]   AT&T '301' Tastatur
[ ]   AT&T '302' Tastatur
[ ]   Olivetti-Tastatur (83 Tasten)
[ ]   Olivetti-Tastatur (86 Tasten)
[ ]   Olivetti-Tastatur 101/102 A
[ ]   Olivetti M24 mit 102 Tasten
[ ]   Hewlett Packard Vectra (DIN)

Welche Maus möchten Sie nutzen?
[ ]   Keine Maus
[ ]   Genius Maus an COM1: oder COM2:
[ ]   Microsoft-Maus (Bus oder seriell)
[ ]   Microsoft Maus für IBM PS/2-Rechner
[ ]   Mouse Systems seriell oder Bus-Maus
[ ]   Mouse Systems seriell an COM2:
[ ]   Logitech Maus
[ ]   HP-Maus (HP-HIL)
[ ]   Andere, dazu kompatible Maus

Mit welchem Grafiksystem arbeiten Sie?
[ ]   Hercules Monochrome
[ ]   CGA (640x200)
[ ]   IBM MCGA (640x200)
[ ]   EGA Color (640x350)
[ ]   EGA Monochrome (640x350)
[ ]   EGA Schwarz/Weiß (640x350)
[ ]   VGA (640x480)
[ ]   VGA mit Monochrome-Bildschirm (640x480)
[ ]   Super VGA (800x600)

[ ]   Video-7 (640x480, 512 kB)
[ ]   Video-7 (720x512, 512 kB)
[ ]   Video-7 (800x600, 1 MB)
[ ]   Video-7 (1024x768, 1 MB)
[ ]   Video-7 (1024x768, 1 MB, kleine Schrift)
[ ]   IBM 8514/a (kleine/große Schrift)
[ ]   IBM XGA (640x480, 16 Farben)
[ ]   IBM XGA (640x480, 256 Farben)
[ ]   IBM XGA (kleine/große Schrift)
[ ]   TIGA (kleine/große Schrift)
[ ]   QuadVGA, ATI VIP VGA, 82C441 VGAs (640x480)
[ ]   Compaq Portable Plasma (640x200)
[ ]   Compaq Advanced VGA in 256 Farben
[ ]   Olivetti/PVC oder AT&T Monochrome/PVC (640x200)
[ ]   Andere Karte (Treiber bereithalten)

Soll eine Auslagerungsdatei (Virtueller Speicher) angelegt werden?
[ ]   Ja
[ ]   Nein

Wenn Sie die eine oder andere Frage nicht eindeutig beantworten können, sollten Sie zunächst eine sog. Express-Installation versuchen, da dabei die richtige Hardware von Windows ermittelt wird.

B-1.2 Arbeit mit Windows-SETUP

B-1.2.1 SETUP-Programm aufrufen

Ziel dieses Kapitels ist, daß Sie eine auf Ihre Hardware abgestimmte lauffähige Windows-Version auf Ihrer Festplatte installiert haben.

Im einzelnen werden Sie neben der Hardware-Anpassung auch bestimmen können, welche Programme, die sich bereits auf Ihrer Festplatte befinden, Sie gerne von Windows aus aufrufen möchten.

Bevor Sie mit der eigentlichen SETUP-Prozedur beginnen, sollten Sie Ihren im vorigen Kapitel detailliert ausgefüllten Fragebogen zur Hand haben bzw. mit einem Lesezeichen markiert haben!

Des weiteren ist es hilfreich, wenn Sie sich folgendes merken:

✗ **Aufruf des umfangreichen Hilfesystems --> [F1]**
Die angebotene Hilfe ist kontext-sensitiv, d.h. Sie erhalten in Abhängigkeit Ihrer SETUP-Tätigkeit entsprechend "passende" Hilfe.

✗ **Verlassen des Hilfesystems --> [Esc]**
Sie kehren zu der Stelle in SETUP zurück, von wo aus Sie die Hilfe aktiviert haben.

✗ **Abbruch der Installation von Windows --> [F3]**
Achtung: Die bis dahin gemachten Angaben werden nicht gespeichert und sind somit verloren!
Windows 3.1 wird dann nicht installiert!

Die Arbeit der eigentlich komplizierten und umfangreichen Installation von Windows übernimmt dabei das Programm SETUP.EXE, welches sich auf der Installationsdiskette 1 befindet.

✗ **Hinweis**
Die Häufigkeit des Diskettenwechsels ist nicht mehr ganz so dramatisch wie bei der Installation von Windows 3.0. Dennoch läuft die Installation wesentlich bequemer ab, wenn sämtliche Disketten zunächst in ein eigenes WININST-Verzeichnis auf der Festplatte kopiert wurden, sofern noch ausreichend Platz vorhanden ist. Denken Sie daran, daß nicht nur die kopierten Disketten, sondern auch die installierte Version von Windows viel Platz auf der Festplatte benötigen. Dieses Verfahren ist nur dann sinnvoll, wenn Sie vor der Installation noch mindestens ca. 15 MB freien Platz auf der Festplatte haben. Alle Angaben über Laufwerke in dem folgenden Ablauf würden dann durch C: ersetzt.

Windows 3.1 installieren

1. Legen Sie die Diskette *Installationsdiskette 1* in Laufwerk
    A:.
    Selbstverständlich können Sie auch das Laufwerk B:
    benutzen.

2. [a:][↵]
    Sie schalten auf das Laufwerk A: um; Laufwerk A: wird
    aktuelles Laufwerk.
    Sie können SETUP auch vom Laufwerk B: starten. Gehen
    Sie dann analog vor.

3. [setup][↵]
    Das Setup-Programm wird aufgerufen, in den Arbeits-
    speicher geladen und steht Ihnen nach kurzer Wartezeit
    zur Verfügung. In dieser Wartezeit liest das Setup-Pro-
    gramm die Datei SETUP.INF, was unten rechts in der
    Statuszeile angezeigt wird.

    Auf dem Bildschirm werden folgende allgemeinen Infor-
    mationen angezeigt:

```
Windows-Setup


   Willkommen zum SETUP

   Mit dem Setup-Programm für Windows 3.1 wird Windows,
   Version 3.1, auf Ihrem Computer eingerichtet.

     • Um Informationen zum Windows-Setup zu erhalten, drücken Sie F1.

     • Um Windows jetzt zu installieren, drücken Sie die EINGABETASTE.

     • Um SETUP zu beenden, ohne Windows zu installieren, drücken Sie F3.




   EINGABE=Weiter   F3=Beenden   F1=Hilfe
```

Abb. B-1.2: Windows-Installation mit SETUP; Startbildschirm

B-1.2.2 Hilfe in SETUP

Bereits auf dem Startbildschirm der Setup-Prozedur wird darauf hingewiesen, daß es möglich ist, weitere Information mit der Funktionstaste [F1] zu erhalten.

Dieses Hilfesystem soll anhand dieses ersten SETUP-Bildschirms näher erläutert werden.

SETUP-Hilfe nutzen

1.　　Taste [F1] drücken.
　　　Aktivieren der SETUP-Hilfe.

　　　Auf dem Bildschirm erscheint der erste Hilfetext:

```
Hilfe zum Setup
===============

    Microsoft Windows SETUP, Version 3.1

    Mit dem Windows Setup-Programm können Sie Windows mühelos auf
    Ihrem Computer installieren. SETUP ermittelt, welche Art Computer-
    system Sie verwenden und bietet Ihnen während der Installation ent-
    sprechende Optionen zur Auswahl an.

    Wenn Sie eine vorgeschlagene Einstellung ändern möchten, wählen
    Sie das zu ändernde Element aus, und wählen Sie dann eine andere
    Einstellung. Wenn Sie vor der Wahl einer bestimmten Option weitere
    Informationen benötigen, können Sie jederzeit Hilfe aufrufen, indem
    Sie F1 drücken.

    • Um zum SETUP zurückzukehren, drücken Sie die ESC-TASTE.



 EINGABE=Nächste Seite   ESC=Hilfe beenden
```

Abb. B-1.3: Hilfesystem in SETUP

In der Meldezeile der Hilfe wird Ihnen stets genau angezeigt, wie Sie die nächsten Seiten aktivieren können, zurückblättern können und wieder in Windows-SETUP zurückgelangen.

Beachten Sie diese Meldezeile immer sehr genau!

Lesen Sie sich vor Ihrer weiteren Installation die verfügbare Hilfe in aller Ruhe durch. Sie können sich so vor unliebsamen Überraschungen schützen.

B-1.2.3 Automatisch oder manuell installieren

Nachdem Sie die Hilfeinformation genau studiert haben, geht es jetzt "in medias res": Sie werden vom Setup-Programm gefragt, wie Sie Ihr Windows 3.1 installieren möchten. Wollen Sie es dem Setup-Programm überlassen, die Angaben zu Ihrer Hardware-Konfiguration herauszufinden, oder möchten Sie es lieber selbst in die Hand nehmen, und die Hardware-Angaben eigenhändig machen.

```
Windows-Setup


   Windows stellt zwei Setup-Methoden zur Verfügung:

   Express-Setup (die empfohlene Methode)
   Mit Express-Setup werden viele Entscheidungen dem Setup-Programm
   überlassen; die Windows-Installation geht daher schnell und einfach.

      Um Express-Setup zu starten, drücken Sie die EINGABETASTE.

   Benutzerdefiniertes Setup
   Das benutzerdefinierte Setup eignet sich für erfahrene Computer-
   Benutzer, die selbst bestimmen möchten oder bestimmen müssen,
   wie Windows installiert wird. Bei diesem Verfahren sollten Sie
   damit vertraut sein, wie eine Maus in Windows verwendet wird.

      Um das benutzerdefinierte Setup zu starten, drücken Sie B.

   Um weitere Informationen zu erhalten, drücken Sie bitte F1.



 EINGABE=Express-Setup  U=Benutzerdefiniertes Setup  F1=Hilfe  F3=Beenden
```

Abb. B-1.4 Die beiden Installationsmethoden

Sie müssen sich jetzt entscheiden:
- Express-Setup --> [↵] : Für Einsteiger empfohlen
- Benutzerdefiniertes Setup --> [B] : Die Profi-Methode

Im folgenden werden beide Setup-Methoden beschrieben, zunächst das Express-Setup und danach das benutzerdefinierte Setup. Sie können ruhig die Seiten des Buches überblättern, auf

der die Methode der Windows-Installation beschrieben wird,
die Sie nicht benutzen möchten.

B-1.2.3.1 Express-Setup

Die Express-Methode ist besonders für Einsteiger empfohlen,
weil dabei nicht so tiefe Kenntnisse über die Rechnerausstattung
erforderlich sind. Dennoch kommen Sie auch hier nicht daran
vorbei, grundlegende Angaben machen zu müssen, damit das
Setup-Programm weiß, wo Sie Windows installiert haben
möchten.

1. Sie betätigen die [↵]-Taste, wenn der Bildschirm auf der
   Seite 354, Abb. B-1.3 zu sehen ist.
   Setup überprüft nun Ihre Systemkonfiguration.
   Dabei wird auch überprüft, ob auf Ihrer Festplatte bereits
   eine ältere Version von Windows installiert ist. Sofern
   dies der Fall ist, werden Sie gefragt, ob Sie die alte Version
   ersetzen möchten, oder ob Sie beide Versionen auf der
   Festplatte halten möchten.

```
Windows-Setup
═══════════════

    SETUP hat auf Ihrer Festplatte im unten angezeigten Pfad eine frühere
    Version von Microsoft Windows gefunden. Es wird empfohlen, diese Ver-
    sion auf die Version 3.1 zu aktualisieren.

      • Um ein Update durchzuführen, drücken Sie die EINGABETASTE.

    Wenn Sie die ältere Version behalten und Ihrem System Version 3.1
    hinzufügen möchten, geben Sie einen neuen Pfad in das Bearbeitungs-
    feld ein. Löschen Sie den angezeigten Pfad mit der RÜCKTASTE und
    geben Sie einen neuen Pfad für die Version 3.1 an.

      • Wenn der Pfad korrekt ist, drücken Sie die EINGABETASTE.

    C:\WIN

    Hinweis: Behalten Sie beide Versionen, sollte nur Version 3.1 im PATH
    Ihrer AUTOEXEC.BAT enthalten sein, damit keine älteren Windows-
    Systemdateien mit 3.1 ausgeführt werden.


    EINGABE=Weiter   F1=Hilfe   F3=Beenden
```

Abb. B-1.5 Upgrading oder zusätzlich installieren?

Sie machen jetzt die Angaben zu Ihrer alten Windows-Version, indem sie entweder das Verzeichnis bestätigen (dann wird ersetzt), oder Sie definieren ein anderes Verzeichnis (dann wird zusätzlich installiert).

In unserem Fall soll MS-Windows 3.1 in einem Verzeichnis mit Namen WINDOWS auf der Festplatte C: installiert werden. Das Verzeichnis befindet sich eine Ebene unterhalb des Stamminhaltsverzeichnisses, daher der Eintrag C:\WINDOWS.

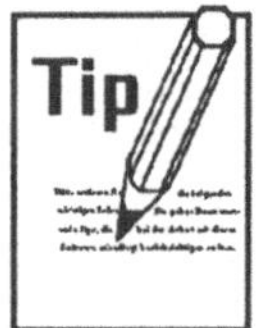

✗ Hinweise zu Verzeichnissen

Ein Inhaltsverzeichnis ist eine Einrichtung des Betriebssystem MS-DOS, um die große Dateimenge auf Ihrer Festplatte übersichtlich verwalten zu können. Jedes Inhaltsverzeichnis entspricht eigentlich einem Aktenschrank, in den all jene Akten hineingestellt werden, die zu einem bestimmten Thema gehören (z.B. alle Briefe von Frau Müller).

Verzeichnisse werden von Ihnen als Nutzer eines PCs angelegt. In Abhängigkeit Ihrer Tätigkeiten entsteht durch zahlreiche Verzeichnisse eine Baumstruktur.

Damit die Dateien von MS-Windows nicht mit denen anderer Programme, mit Textdateien o.ä. vermischt werden, werden alle Dateien, die zu MS-Windows gehören in ein spezielles Verzeichnis kopiert (Hier: \WINDOWS).

Im DOS-Handbuch befinden sich ausführliche Informationen und Regeln zu Sinn und Zweck, Anlage und Verwaltung einer Verzeichnisstruktur (Baumstruktur). An dieser Stelle können nur die Informationen genannt werden, die für die Installation von MS-Windows relevant sind.

Nach Abschluß Ihrer Eingaben und Betätigen der [↵]-Taste, werden die Dateien von Ihrer Installationsdiskette in das angegebene Verzeichnis kopiert.

✗ Hinweis

Es handelt sich übrigens dabei nicht um reines Kopieren. Vielmehr werden die Dateien von den Installationsdisketten zunächst expandiert und dann kopiert.

Folgen Sie den Aufforderungen des Setup-Programms, indem Sie die angeforderten Disketten in das Installationslaufwerk legen.
Kurz bevor die Diskette Nr. 5 eingelegt wird, schaltet Setup vom zeichenorientierten Modus in den grafischen Modus von Windows um. Das ist auch ein Hinweis darauf, daß das Setup-Programm die richtige Hardware-Ausstattung gefunden hat, denn andernfalls könnte Setup jetzt nicht im richtigen Grafikmodus weiterarbeiten.

Es öffnet sich ein Fenster, in dem Sie Angaben zu Ihrem Namen und Ihrer Firma, Abteilung o.ä. machen müssen. Dies ist eine Art von Kopierschutz. Dies nennt man auch "Personalisierung" von Programmen. Es ist so später leicht möglich, Schwarzkopien zurückzuverfolgen. MS-Windows 3.1 selbst ist nämlich nicht kopiergeschützt. Dennoch sollten Sie sich fairerweise an die Bestimmungen des Urheberrechts halten.

Nachdem Sie die erforderlichen Angaben gemacht haben, klicken Sie auf die Schaltfläche mit der Aufschrift *Weiter*. Die Setup-Prozedur wird fortgesetzt.
Sie können nun Ihre Angaben nochmals überprüfen und gegebenenfalls korrigieren.

In der Folge werden nun automatisch die Windows-Dateien auf Ihrer Festplatte installiert.

Nachdem auch die TrueType-Schriftartdateien von der Diskette Nr. 5 kopiert wurden, haben Sie die Möglichkeit, einen Drucker anzugeben, der dann als Standarddrucker installiert wird.
Wenn Sie nicht sofort den richtigen Drucker finden, ist das nicht weiter tragisch, denn auch vom installierten Windows aus können Sie später einen Drucker neu einrichten.

B-1.6 Druckerinstallation

Geben Sie den Anfangsbuchstaben des gewünschten Drucker-
typs ein. Mit Hilfe der Bildlaufleiste können Sie dann weiterblättern, bis Sie den gewünschten Drucker gefunden haben.
Je nachdem, welchen Drucker Sie installieren möchten, werden Sie jetzt aufgefordert, die Installationsdiskette Nr. 7 einzulegen.

Nach der erfolgreichen Druckerinstallation wird der Programm-
Manager geladen. Es wird auf der Festplatte nach bereits
installierten Programmen gesucht.

B-1.7 Setup sucht nach Programmen auf der Festplatte

Sämtliche Programme, die gefunden wurden, werden im Anschluß in einer neuen Gruppe mit Namen *Anwendungen* integriert. Für DOS-Anwendungen werden zum einen die entsprechenden PIF-Dateien erstellt und zum anderen adäquate Symbole aus der Datei MORICONS.DLL zugeordnet. Diese Zuordnung läßt sich später ändern.

Jetzt ist die eigentliche Installation von Windows bereits abgeschlossen, d.h. auf Ihrer Festplatte befindet sich schon jetzt ein lauffähiges Windows 3.1.

Sofern Sie im Umgang mit der Maus und Windows noch keine umfangreichen Erfahrungen gesammelt haben, ist es sicher lohnenswert, das Tutorial von Windows einmal zu durchlaufen. Dort werden Ihnen grundlegende Handgriffe im Umgang mit Windows und der Maus gezeigt, und Sie können selbst diese Handgriffe intensiv üben.

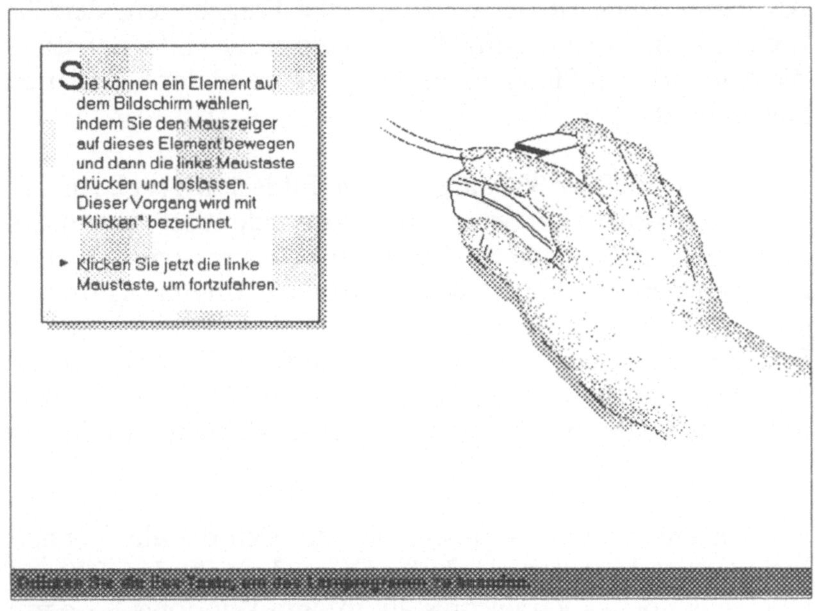

Abb. B-1.8 Das Windows 3.1-Tutorial

Folgen Sie den Hinweisen in den kleinen Fenstern auf Ihrer Übungsfläche. Wenn Sie genug geübt haben, können durch Betätigen der [Esc]-Taste das Tutorial wieder verlassen.

Jetzt ist nicht nur Windows 3.1 installiert, sondern auch Sie sind fit für die Praxis. Damit Windows richtig läuft, muß es neu gestart werden.

Sie haben die Möglichkeiten
- System neu starten (= Neu-Booten des Rechners = Warmstart)
- Zurück zu DOS (wenn Sie nicht mit Windows arbeiten möchten)

B-1.2.3.2 Benutzerdefinierte Installation

Die benutzerdefinierte Installation läßt wesentlich mehr Eingriffe in die Treiber-Landschaft zu als dies bei der Express-Installation der Fall ist. Die Kehrseite der Medaille ist, daß Sie wesentlich mehr über den Computer und seine Hardware-Ausstattung wissen müssen.

An dieser Stelle ist der umfangreiche Fragebogen, den Sie hoffentlich zuvor ausgefüllt haben, eine große Hilfe. Er enthält die Antworten auf Fragen, die Setup während der Installation stellen wird.

Bis zu dem auf Seite 354 dargestellten Bildschirm (vgl. Abb. B-1.4) ist der Ablauf der Setup-Prozeduren identisch. Erst nachdem Sie durch Eingabe von [B] sich für das benutzerdefinierte Setup entschieden haben, werden Abweichungen sichtbar.

Sofern Sie eine ältere Version von Windows auf Ihrer Festplatte installiert haben, werden Sie gefragt, ob Sie diese ersetzen möchten, oder ob Sie Windows 3.1 zusätzlich installieren möchten.

Bei Angabe des Verzeichnisses, in dem sich die alte Version befindet, erfolgt automatisch das Upgrading. Andernfalls geben Sie ein neues Verzeichnis an, in dem Windows 3.1 dann neu installiert wird.

Der Rechner wird einem Systemcheck unterzogen. Als Ergebnis dieses Testes wird Ihnen auf dem Bildschirm eine Liste mit den wesentlichen Hardware-Komponenten angezeigt (vgl. Bildschirm B-1.9, S. 361).

SETUP untersucht beim Aufruf Ihren Rechner sehr genau, so
daß es Ihnen bereits Vorschläge über den genauen Aufbau
Ihrer Hardware machen kann.

```
 Windows-Setup


     SETUP hat festgestellt, daß Ihr System folgende Hardware- und Soft-
     ware-Komponenten enthält. Ist Ihr Computer oder Netzwerk auf der
     Hardware-Kompatibilitätsliste mit einem Stern markiert, drücken Sie
     F1 um weitere Informationen zu erhalten.

     Computer:            MS-DOS System
     Bildschirm:          TIGA (kleine Schriftarten)
     Maus:                Microsoft, oder IBM PS/2
     Tastatur:            Erweiterte Tastatur (101- oder 102-Tasten)
     Tastaturlayout:      Deutsch
     Sprache:             Deutsch
     Netzwerk:            Kein Netzwerk installiert

     Keine Änderungen:  Die obige Liste entspricht meinem Computer.

     Stimmen alle Eintragungen, drücken Sie die EINGABETASTE. Möchten Sie
     einen Listeneintrag ändern, drücken Sie die NACH-OBEN/UNTEN-TASTE,
     um die Markierung zu verschieben. Drücken Sie dann die EINGABETASTE,
     um weitere Auswahlmöglichkeiten zu sehen.


 EINGABE=Weiter   F1=Hilfe   F3=Beenden
```

Abb. B-1.9 Liste der Hardware-Komponenten

Wenn Sie Änderungen an der Liste mit den vorgeschlagenen
Hardware-Komponenten vornehmen möchten, so bewegen
Sie einfach den Balken mit den Cursortasten nach oben bzw.
unten und drücken dann die [↵]-Taste. Es wird Ihnen eine Liste
der unterstützten Hardware angezeigt. Dort wählen Sie gemäß
Ihrer Hardware aus.
Nach Betätigung der [↵]-Taste wird die Liste entsprechend
aktualisiert.
Zu jeder Hardware-Komponente auf der Liste existiert eine
umfangreiche Hilfe, die Sie jederzeit mit zusätzlichen Informationen versorgt.

Wenn Sie alle Komponenten Ihres Computers in der Liste
wiederfinden, so bestätigen Sie durch Betätigen der [↵]-Taste
auf dem Feld "Die obige Liste entspricht meinem Computer".

Nach Ihren Angaben werden jetzt die Windows-Dateien in das
angegebene Verzeichnis Ihrer Festplatte kopiert. Dies wird in

der Meldungszeile unten rechts auf Ihrem Bildschirm angezeigt. Entsprechend der Aufforderung, die Disketten zu wechseln, tauschen Sie die gewünschten Disketten aus.

Kurz bevor Sie die Diskette Nr. 5 eingelegen, werden Sie feststellen, daß Windows in den Grafikmodus schaltet. Ab diesem Zeitpunkt läuft dann die gesamte Installation im von Ihnen definierten Grafikmodus. Die Anpassung von MS-Windows an Ihren Personal Computer ist jetzt abgeschlossen. Die Darstellungsform der SETUP-Prozedur hat sich vollkommen verändert. SETUP wird jetzt bereits von der Festplatte aus betrieben.

Sie werden nach Umschalten in den Grafikmodus aufgefordert, Ihren Namen und den Namen der Firma anzugeben, bei der Sie arbeiten. Dies ist eine Maßnahme gegen Raubkopien, da Windows selbst nicht kopiergeschützt ist. Sie sollten sich jedoch fairerweise an die Bestimmungen des Urheberrechts halten (ganz abgesehen davon, daß Sie sich strafbar machen, wenn Sie dagegen verstoßen).
Diese Angaben können Sie nochmals überprüfen und gegebenenfalls korrigieren. Nachdem Sie sie entweder durch Betätigen der [↵]-Taste oder Anklicken des Schalters *Weiter* weggeschickt haben, wird die Installation fortgesetzt.

Jetzt müssen Sie die Erscheinungsform von Windows und seiner Bestandteile bestimmen. Man kann diesen Vorgang auch als "Software"-Anpassung bezeichnen.
Wenn die Maus bereits aktiv ist, kann die weitere Bedienung mit der Maus erfolgen. Andernfalls bedienen Sie die SETUP-Prozedur auch weiterhin mit der Tastatur.

Setup fragt Sie, in welcher Art und Weise Sie Ihr Windows installieren möchten:
- Nur ausgewählte Windows-Komponenten?
- Drucker?
- Anwendungen auf der Festplatte?

Alle drei Optionen sind bereits angekreuzt.

 **Hinweis**
Um alle Windows-Komponenten (Editor, Write, Rechner, Klang-Rekorder usw.) zu installieren, entfernen Sie das Kreuzchen vor der Frage *Nur ausgewählte Windows-Komponenten*.

Wenn Sie aus Platzgründen auf Ihrer Festplatte nur einige wichtige Windows-Komponenten installieren möchten, so belassen Sie das Kreuzchen vor der Frage *Nur ausgewählte Windows-Komponenten.*

Sofern Sie das Kreuz belassen haben, erscheint ein Fenster, in dem Sie per Mausklick die gewünschten Teil-Komponenten auswählen können.
Da der Platzbedarf angegeben ist, können Sie leicht feststellen, was alles auf Ihre Festplatte paßt.
Auch später können Sie Teile von Windows wieder entfernen, wenn es auf Ihrer Festplatte eng wird. Sobald Sie wieder etwas mehr "Luft" haben, können die Teilkomponenten dann später wieder re-installiert werden.

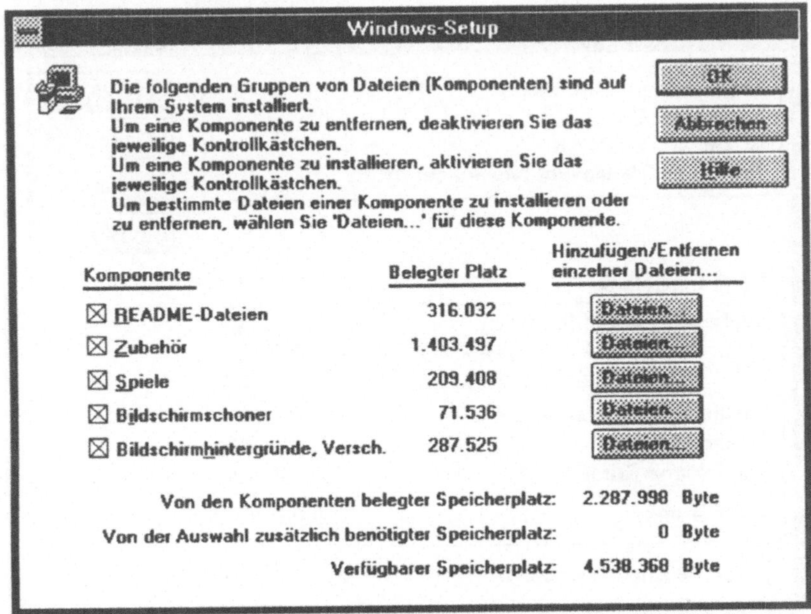

Abb. B-1.10 Installierbare Windows-Komponenten

[Klick] jeweils auf den Schalter *Dateien* zeigt die einzelnen Dateien, die installiert werden können. In der linken Box sind jene Dateien aufgelistet, die noch nicht installiert sind. Dort kann man demnach die Dateien auswählen, die definitiv installiert werden sollen. Im rechten Teil, wären die Dateien angezeigt, die bereits installiert sind. Bei der Erstinstallation befinden sich dort selbstverständlich noch keine Dateien.

Ist eine Auswahl getroffen, klickt man auf den Schalter mit der Aufschrift *Weiter*, um die Installation fortzusetzen. Man ist dann wieder in dem in Abbildung B-1.10 dargestellten Bildschirm. [Klick] auf *Ok* setzt die Installation fort.

Die weitere Software-Installation erfolgt dann in mehreren Schritten:

1. Schritt: Anpassung des virtuellen Speichers
Unter dem virtuellen Speicher versteht man die Auslagerungsdatei im 386er erweiterten Modus. In der Vorgänger-Version geschah dies über das Real-Mode-Programm SWAPFILE.EXE.

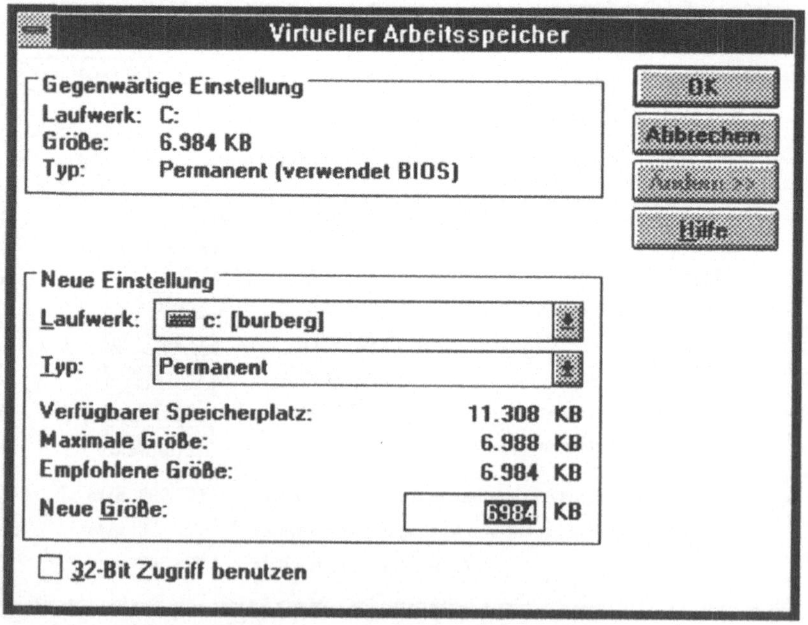

Abb. B-1.11 Einrichtung einer Auslagerungsdatei

Auch die Einrichtung einer Auslagerungsdatei kann später wiederholt werden (*Systemsteuerung --> 386erweitert*).

✗ **Achtung**
Wenn Sie bereits für Windows 3.0 eine permanente Auslagerungsdatei eingerichtet haben, so kann es zwischen beiden Windows-Versionen zu Konflikten kommen. Sofern Sie hier eine Änderung an der bestehenden Swapdatei vornehmen, kann diese von der älteren Version 3.0 nicht mehr verwendet werden!

2. Schritt: Kopieren der Windows-Bestandteile

Nacheinander werden nun die Einzelteile von Windows (Treiber, Programm-Manager, Datei-Manager, Druck-Manager usw.) installiert. Auch die Windows-Zusatzprogramme (Uhr, Rechner, Paintbrush usw.) mit den zugehörigen Hilfedateien werden in das Verzeichnis der Festplatte kopiert, in dem sich Windows befindet. Als letztes werden die Bitmuster-Dateien für die Bildschirmhintergründe und die Fontdateien, die zu dem von Ihnen festgelegten Grafikmodus passen, auf Festplatte kopiert.

3. Schritt: Anpassung des Betriebssystems MS-DOS

Damit MS-Windows 3.1 optimal auf Ihrem Rechner läuft, ist es nötig, bestimmte Treiber vor dem eigentlichen Aufruf von Windows in den Speicher zu laden (z.B. für die Verwaltung des Erweiterungsspeichers, das Betreiben der Maus). Solche Treiber werden beim Start des Rechners mit Hilfe der Einträge in der DOS-Datei CONFIG.SYS automatisch geladen. Die für die vorliegende Installation von Windows nötigen Treiber werden automatisch ausgewählt. Damit die Datei CONFIG.SYS entsprechend angepaßt wird, haben Sie als Anwender die Möglichkeit, dies durch die SETUP-Prozedur automatisch erledigen zu lassen oder die zu ergänzenden Zeilen in eine eigene Datei mit Namen CONFIG.WIN schreiben zu lassen oder aber ganz auf die Änderung zu verzichten. Letzteres sollten Sie nur dann auswählen, wenn Sie sich sehr gut mit den Eintragungen in der CONFIG.SYS-Datei auskennen. Dann können Sie später die nötigen Änderungen selbst vornehmen.

Die beiden folgenden Zeilen würden beispielsweise in der
Datei CONFIG.SYS eingefügt:

```
DEVICE=C:\WINDOWS\HIMEM.SYS
DEVICE=C:\WINDOWS\EMM386.EXE NOEMS RAM
```

Allerdings werden diese Zeilen nur auf entsprechenden Rechnern eingetragen; und dort auch nur dann, wenn in der vorhandenen CONFIG.SYS bereits ein ähnlicher Eintrag, allerdings in einer älteren Version vorhanden war. Welche Einträge
in der CONFIG.SYS gemacht werden, hängt auch von der
Version Ihres Betriebssystems ab. Optimalerweise sollte dort
die Version 5.* von MS-DOS installiert sein. Diese Version
harmoniert sehr gut mit Windows 3.1.

Auch die Datei AUTOEXEC.BAT kann durch die Installationsprozedur SETUP verändert werden. Dort wird die Definition
des Pfades ergänzt, sofern dieser dadurch nicht länger als 127
Zeichen würde.

```
PATH=C:\WINDOWS;C:\DOS;C:\WINWORD;C:\DBASE;C:\
```

Der unterstrichene Teil des Pfad-Befehls wird durch die SETUP-
Prozedur ergänzt. Die veränderte AUTOEXEC.BAT-Datei wird
in eine Datei AUTOEXEC.WIN geschrieben, sofern diese Option ausgewählt wurde.
Die beiden Dateien CONFIG.WIN und AUTOEXEC.WIN
würden ggf. in das Verzeichnis geschrieben, in dem auch
Windows installiert wird.

4. Schritt: Auswahl des Druckers
Letztendlich wählen Sie noch Ihren Drucker aus der angegebenen Liste aus. Im Teil B-2 finden Sie eine Liste aller von MS-
Windows 3.1 unterstützten Drucker der unterschiedlichsten
Hersteller.
Die Auswahl des richtigen Druckers ist manchmal etwas
schwierig. Sollten Sie sich während der Installation von MS-
Windows 3.1 noch nicht so ganz sicher sein, welchen Drucker
Sie später benutzen werden, so ist dies nicht schlimm, denn es
besteht später die Möglichkeit, innerhalb der Systemsteuerung
weitere Drucker zu installieren. Vergleichen Sie dazu auch die
Ausführung zur Express-Installation weiter vorne in diesem

Kapitel und die Beschreibung der Druckerintallation mit Hilfe der Systemsteuerung ab. S. 384.

5. Schritt: Einrichten der Anwender-Programme

MS-Windows erlaubt es nun, häufig benutzte Programme so zu integrieren, daß durch Anklicken des zugeordneten Symbols die gewünschte Applikation aktiviert wird.

Die ausgewählten Applikationen werden zu einer Gruppe zusammengefaßt. Diese Gruppe erhält den Namen *Anwendungen*.

Sie haben jedoch die Möglichkeit, während der Installation auszuwählen, welche der gefundenen Programme integriert werden sollen. Nach der Auswahl der Programme werden diese in den Gruppen des Programm-Managers angeordnet.

Bei der Einrichtung der Programmgruppen werden die Gruppen-Informationen in eine Datei ANWENDUN.GRP geschrieben.

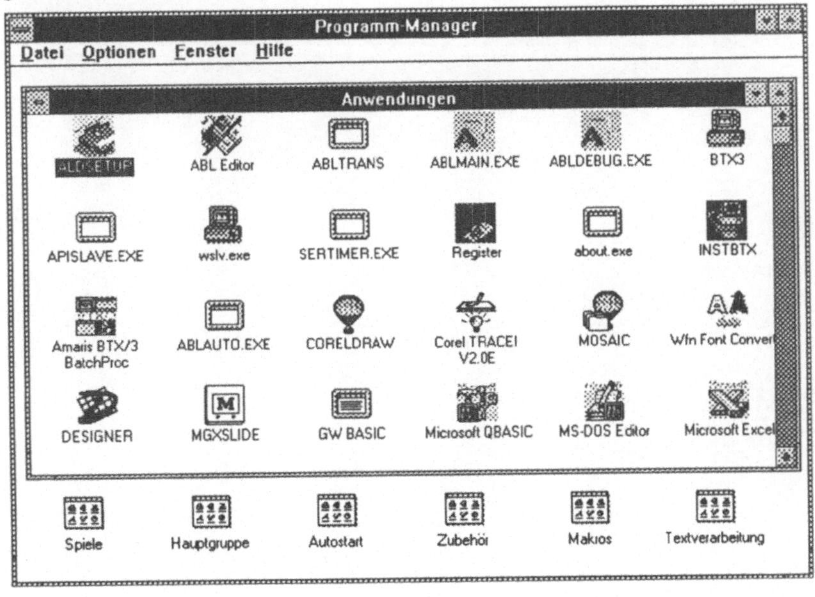

Abb. B-1.12 Anwender-Programme in den Gruppenfenstern

In Abb. B-1.12 sind zahlreiche Windows- und Nicht-Windowsprogramme dargestellt. In Abhängigkeit von den

auf Ihrer Festplatte installierten Programmen können dort vollkommen verschiedene Fensterinhalte angezeigt werden. Das hängt wirklich davon ab, was Sie mit Ihrem Computer machen wollen.
Wenn sämtliche Bestandteile von Windows 3.1 auf die Festplatte kopiert wurden, werden die zugeordneten Fenster angelegt. Nach etwa 10 bis 20 Minuten ist die Installation abgeschlossen.

Sie werden gefragt, ob Sie mit dem Windows-Lernprogramm arbeiten möchten, oder ob Sie dieses überspringen möchten. Wenn Sie bereits Erfahrungen mit der Maus und früheren Versionen von Windows gesammelt haben, können Sie das Tutorial ruhig überspringen.

Sie können nun Windows neu starten, indem Sie die entsprechende Option anwählen.

B-2 Konfiguration von MS-Windows

Die grundsätzliche Konfiguration von MS-Windows 3.1 kann im wesentlichen so vorgenommen werden, wie es in der letzten Lektion im Rahmen der Installation erläutert wurde. Jedoch stehen dem Anwender zahlreiche Wege offen, auch nachträglich die Konfiguration zu verändern. Dies kann die Anpassung der Maus oder der Tastatur, des Bildschirms oder auch die Einstellung der Datenübertragungskanäle (COM#, LPT# usw.) sein. Gegenstand dieses Kapitels sind daher die Möglichkeiten der nachträglichen Konfiguration einer bereits installierten Version von MS-Windows 3.1.

✗   Unter *Konfiguration* versteht man die Anpassung eines bereits installierten Programms an individuelle Bedürfnisse eines Anwenders.

Zur Konfiguration von Windows stehen zwei Anwendungen zur Verfügung:
- Windows Setup
- Systemsteuerung

Beide Applikationen sind in der *Hauptgruppe* zu finden, der sie durch die Installation zugewiesen wurden.

B-2.1 Windows Setup

Dem Programm *Windows Setup* ist das nebenstehende Sinnbild zugeordnet. Setup ermöglicht die Installation von Programmen in der Gruppe *Anwendungen* sowie die Anpassung an eine veränderte Hardware-Umgebung.
Die Arbeit mit Setup wird an typischen Konfigurationsbeispielen dargestellt. Diese Beispiele sind so gewählt, daß sie die wesentlichen Abläufe darstellen, jedoch nicht jede erdenkliche Fragestellung beantworten können. Auch wird nicht jeder Zwischenschritt detailliert erläutert, um den erfahrenen Windows-Anwender nicht mit Redundanzen zu überschütten.

B-2.1.1 Anpassung an eine neue Grafikkarte

1. Schritt: Windows Setup aufrufen

Abb. B-2.1 Fenster von Windows Setup

Einen Überblick über die Befehle des Menüs *Optionen* erhalten Sie in der folgenden Tabelle:

Befehl	Erklärung
Systemeinstellungen ändern	Die Einstellungen für den Bildschirm, die Tastatur, die Maus und ein installiertes Netzwerk werden über diese Option geändert. Nach einer Veränderung muß Windows neu gestartet werden, damit sie wirksam werden.
Anwendungen einrichten	Hier kann auf der Festplatte nach weiteren Applikationen gesucht werden, die dann in einer der Standard-Gruppen aufgenommen werden.
Hinzufügen/Löschen von Windows-Komponenten	Hierüber können solche Windows-Komponenten entfernt werden, die Sie nicht mehr benötigen. Komponenten, die zusätzlich gebraucht werden, lassen sich zusätzlich installieren.
Beenden	Windows Setup verlassen.

Um Windows die Informationen über die neue Grafikkarte zu vermitteln, wählen Sie die Option *Systemeinstellungen ändern*.

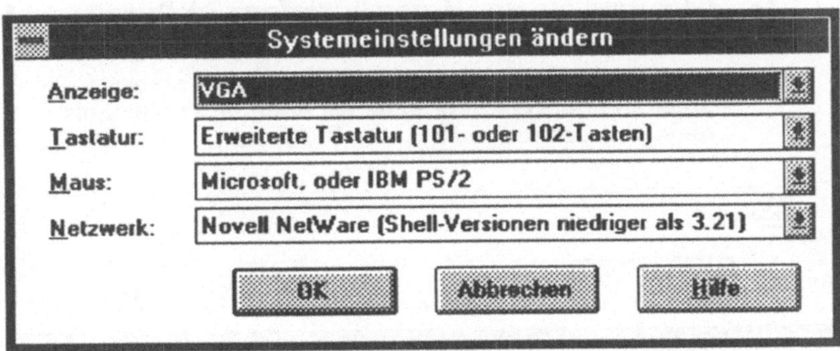

Abb. B-2.2 Verändern der Systemparameter in Windows Setup

Klicken Sie den Abwärtspfeil rechts neben der Dialog-Box *Anzeige:* an, um weitere Auswahlmöglichkeiten zu sehen. Wählen Sie beispielsweise *TIGA (Kleine Schrift)*.

*Abb. B-2.3 Auswahl in der List-Box **Anzeige:***

Nachdem Sie das *Ok*-Feld angeklickt haben, wird von Ihnen verlangt, die Windows-Original-Diskette #1 in Laufwerk A: einzulegen, die die nötige Information in Form von Treiberdateien enthält.

Damit Windows über die entsprechenden Bildschirm-Informationen verfügen kann, ist es nötig, zusätzliche Daten von der Diskette in Form von Bildschirmtreibern zu laden.

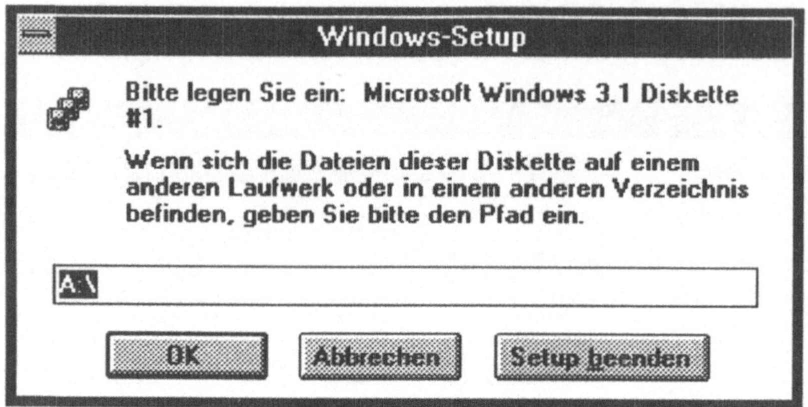

Abb. B-2.4, Disketten-Abfrage bei der Installation

Die mit Setup gemachten Änderungen der Systemparameter werden erst nach einem neuerlichen Aufruf von Windows von der DOS-Ebene aus aktiv.

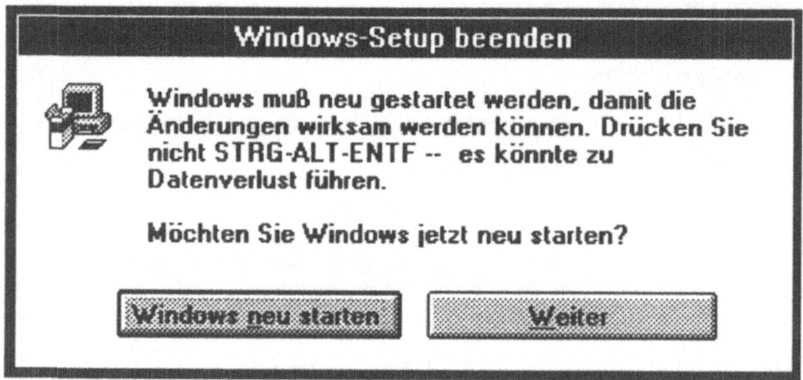

Abb. B-2.5 Aufforderung zum Neustart

Starten Sie also Windows neu, wenn Sie die Änderungen durchgeführt haben, indem Sie eine der angebotenen Optionen anklicken. Jetzt endlich kommen Sie in den Genuß der ganzen Leistungsfähigkeit Ihrer TIGA-Karte (etwa Hercules Graphics Station). Natürlich nur dann, wenn Sie diese Karte im Rechner eingebaut haben!

B-2.1.2 Programme in die Gruppen integrieren

Wählen Sie in Windows Setup den Befehl *Anwendungen installieren*.

Abb. B-2.6, Programme neu integrieren

Sie werden gefragt, ob das Setup-Programm nach Programmen suchen soll, oder ob Sie eine ganz spezielle Anwendung manuell installieren möchten. Standardmäßig ist *Nach Anwendungen suchen* markiert. Diese erste Möglichkeit wird zunächst beschrieben.

Klick auf *OK* bringt Sie zu folgendem Bildschirm:

Abb. B-2.7, Suche nach Anwendungen

Sie können nun spezifizieren, wo nach Programmen gesucht werden soll:
- Nur in jenen Verzeichnissen, die durch Ihre Pfad-Definition festgelegt sind,
- auf der gesamten Festplatte.

Im Fenster werden alle weiteren Festplatten (auch Netzwerk-Laufwerke) angezeigt, auf denen Windows integrierbare Programme vermutet. In unserem Beispiel wird auf der gesamten Festplatte C: gesucht.
Klick auf *Durchsuchen* bewirkt, daß Setup auf der Festplatte C: nach Programmen sucht. Der Fortgang dieses Suchvorgangs wird durch einen Balken in Prozent angezeigt.
Sobald die Suche abgeschlossen ist, zeigt Setup die gefundenen Programme in dem folgenden Fenster an:

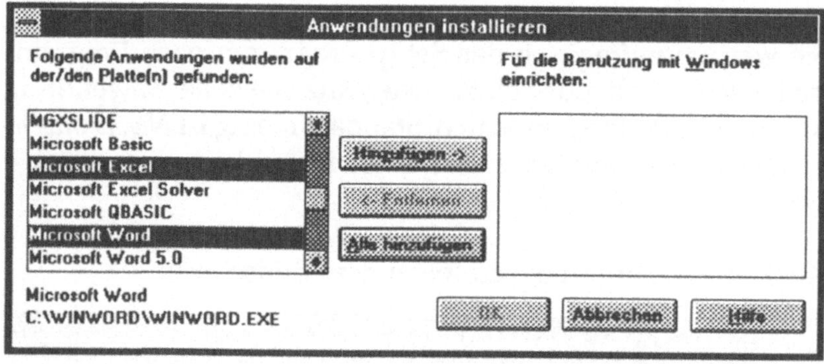

Abb. B-2.8 Applikationen in der Listbox

Dort haben Sie nunmehr die Möglichkeit, jene Programme auszuwählen, die Sie in der Gruppe *Anwendungen* integriert haben möchten. Im linken Fenster werden alle auf der Festplatte installierten Programme angezeigt.

Wählen Sie aus den angezeigten Applikationen jene, die Sie neu integrieren möchten.

Als Beispiele wurden hier die beiden Microsoft-Programme *Excel* und *Word* per Klick ausgewählt.

 Selbstverständlich hängt die Anzeige in der Listbox ganz von den auf Ihrer Festplatte installierten Applikationen ab.

Klicken Sie den Schalter *Hinzufügen* an. Die Programme werden in der rechten Listbox dargestellt.
Durch Klick auf Ok werden beide Programme in der Gruppe *Anwendungen* integriert. Dort können Sie dann später per Doppelklick aktiviert und aufgerufen werden.

Auch die Möglichkeit, gezielt ein einziges Programm neu in einer der Gruppen einzufügen, soll hier beschrieben werden. Die hier beschriebene Methode ist in Ergänzung der Option *Datei --> Neu* des Programm-Managers zu sehen. Sie wurde auf Seite 95 im ersten Teil Buches ausführlich beschrieben.

Im Bildschirm Abb. B-2.6 auf Seite 373 wählen Sie *Sie eine Anwendung angeben lassen* per Klick aus.
Auf dem Bildschirm öffnet sich folgendes Fenster, in dem Sie die nötigen Angaben zum "Standort" des Programms machen können.

Abb. B-2.9 Integration einer speziellen Applikation

Wenn sie nicht ganz sicher sind, wo das Programm auf Ihrer Festplatte zu finden ist, klicken sie einfach *Durchsuchen* an. Sie haben dann die Möglichkeit, auf der Festplatte nach dem gewünschten Programm zu suchen (vgl. Bildschirmkopie auf der nächten Seite, Abb. B-2.10)

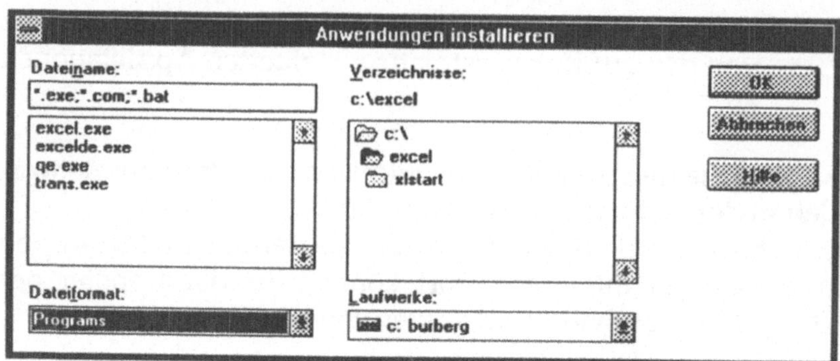

Abb. B-2.10, Suche nach Programmen auf der Festplatte

Wählen Sie in der rechten Listbox *Verzeichnisse* das gewünschte Directory des Laufwerks, das Sie in dem Feld *Laufwerke* selektiert haben. In unserem Beispiel wurde das Excel-Verzeichnis gewählt. In ihm befindet sich das Programm *Excel* (EXCEL.EXE). Es wird per Klick ausgewählt.
Klick auf *OK* trägt automatisch die korrekten Angaben in den Feldern des Fensters ein.

Wählen Sie nunmehr noch die Gruppe aus, in der das Programm eingebunden werden soll. Als Standard schlägt Windows Ihnen die Gruppe *Anwendungen* vor.
Mit Klick auf *Ok* ist die Integration des Programms in die gewünschte Gruppe abgeschlossen. Es kann jetzt von dort aus mit einem [Doppelklick] aufgerufen werden.

Handelt es sich bei der neu hinzugefügten Applikation um ein DOS-Programm, so erzeugt Windows automatisch eine PIF-Datei mit optimierten Einstellungen.

Wenn Sie mehr über PIF-Dateien wissen möchten, verweisen wir Sie auf das Kapitel B-4. Bei Windows-Anwendungen entfällt die Generierung einer PIF-Datei, da die Steuerung dieser Programme ohnehin von Windows direkt übernommen wird.

 **Hilfe in Setup**
Bereits bei der Installation von MS-Windows (Teil B, 1. Lektion) haben Sie die Setup-Hilfe kennengelernt. Rufen Sie die Hilfe jetzt auf, so werden Sie große Ähnlichkeiten zur Hilfe-Funktion des Programm-Managers feststellen, nur eben mit auf das Setup-Programm bezogenen Inhalten. Da die Vorgehensweise bei der Hilfe-Funktion so ähnlich ist, wird sie hier nicht näher behandelt.
Wenn Sie die Hilfe von Setup kennenlernen möchten, so empfehlen wir Ihnen nach den in Lektion 7 beschriebenen Methoden in der Setup-Hilfe "herumzustöbern".

B-2.2 Windows-Komponenten installieren oder deinstallieren

Eine interessante Option von Windows-Setup ist zweifellos die Möglichkeit, solche Komponenten von Windows nachträglich zu installieren, die man zunächst nicht installiert hat (vgl. Kapitel B-1, Installation, S.363).
Solche Komponenten sind:
- Read-Me-Dateien
- Programm-Werkzeuge der Gruppe *Zubehör*
- Spiele
- Bildschirmschoner
- Bildschirmhintergründe, Sounddateien

Sämtliche dieser Komponenten benötigen teilweise sehr viel Platz auf der Festplatte, so daß man geneigt ist, Komponenten, die man nicht nicht so häufig benötigt, erst gar nicht zu installieren.
Über die Option *Hinzufügen/Löschen von Windows-Komponenten* wird sowohl die Installation als auch die De-Installation vorgenommen.

Am Beispiel der Read-Me-Dateien für das Netzwerk wird das prinzipielle Vorgehen im folgenden erläutert. Alle anderen dort angegebenen Komponenten werden auf analoge Art und Weise hinzugefügt bzw. entfernt.

Nach Auswahl des Menüpunktes *Hinzufügen/Löschen von Windows-Komponeten* zeigt das folgende Fenster, welche Komponenten installiert oder deinstalliert werden können.

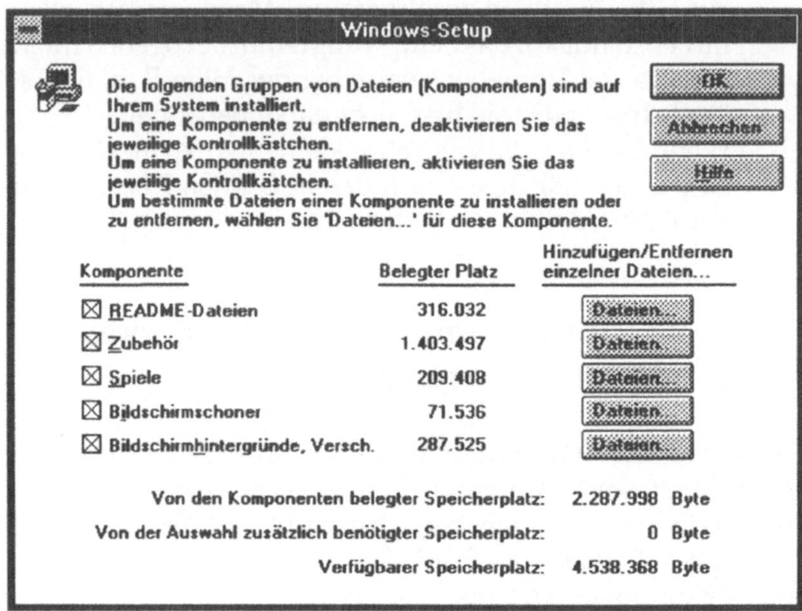

Abb. B-2.11, Windows-Komponenten

Es wird angegeben, wieviel Platz auf der Festplatte von den Komponenten belegt wird.

Über den Schalter *Dateien*, der den jeweiligen Komponenten zugeordnet ist, werden die einzelnen Komponenten-Dateien, angezeigt.
Sie haben dort die Möglichkeit, gezielt auf Datei-Ebene zu löschen bzw. zu installieren. So können Sie selbst entscheiden, was Sie von Windows auf Ihrer Festplatte haben möchten und was nicht.

Die Abbildung B-2.11 auf der nächsten Seite zeigt das Fenster, in dem Sie die gewünschten Angaben machen können.

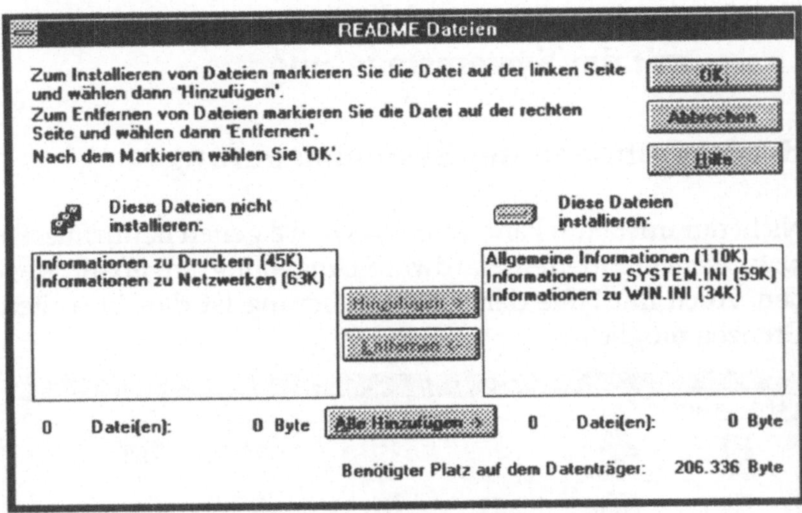

Abb. B-2.12, De-Installation von Read-Me-Dateien

Klicken Sie im rechten Fenster die Dateien an, die Sie entfernen möchten. Im rechten Fensterteil werden die Komponenten angezeigt, die zu installieren sind.

Klick auf Ok führt die gewünschte Installation bzw. De-Installation durch.

In dem Fenster, das in Abbildung B-2.11 auf Seite 378 dargestellt ist, wird auch der Platz angezeigt, der durch De-Installation auf der Festplatte frei würde bzw. durch neue Windows-Komponenten belegt würde. Dadurch können sie relativ leicht entscheiden, ob auf Ihrer Platte noch ausreichend Platz für die gewünschten Komponenten ist oder nicht.

B-2.3   Anpassung von Windows
mit der Systemsteuerung

B-2.3.1 Optionen der Systemsteuerung

Nicht nur mit Setup kann Windows den eigenen Bedürfnissen
bzw. der veränderten Hardware-Umgebung angepaßt werden. Auch mit Hilfe der Systemsteuerung ist dies in weiten
Grenzen möglich.

Abb. B-2.13 Systemsteuerung im erweiterten Mode

Die Veränderungsmöglichkeiten im einzelnen:

Sinnbild	Beschreibung/Bemerkungen
Farben	Anpassung der farblichen Gestaltung der Windows-Oberfläche an Ihren persönlichen Geschmack. Es stehen fertige Farbkombinationen zur Verfügung. Versuchen Sie mal: *Neon* oder *Hotdog Stand*! - Gut für die Augen!
Schriftarten	Definition der Schriften für die Darstellung am Bildschirm. Windows-Applikationen können diese Fonts nutzen. Für den Drukker sind diese Fonts nicht nutzbar!

Sinnbild	**Beschreibung/Bemerkungen**
 Anschlüsse	Festlegung der Übertragungsparameter wie Baudrate, Wortlänge, Paritätsüberprüfung. Wichtig vor allem, wenn Sie ein Modem in Verbindung mit dem Zusatzprogramm *Terminal* nutzen.
 Maus	Einstellung der sog. *Doppelklick-Rate*, d.h. des zeitlichen Abstands zwischen zwei Klicks, damit sie von Windows als Doppelklick erkannt werden. Darüber hinaus ist es möglich, die Geschwindigkeit des Mauszeigers auf dem Bildschirm festzulegen und den rechten und linken Mausknopf zu vertauschen. Letzteres ist insbesondere für Linkshänder eine nützliche Einrichtung.
 Desktop	Alles, was mit der Windows-Oberfläche zu tun hat, wird hier notiert. Dies ist das Muster der Arbeitsfläche, die Blinkgeschwindigkeit des Cursors, die Rahmenbreite. Außerdem können Sie über die Option *Desktop* Einfluß nehmen auf die Gestaltung des Hintergrundes durch Auswahl von Bitmaps oder Hintergrundbildern für die Arbeitsoberfläche. Außerdem kann über den Punkt *Desktop* ein Bildschirmschoner aktiviert werden. Windows bietet davon 4 verschiedene an.

Sinnbild	Beschreibung/Bemerkungen
 Drucker	Eine wichtige Option: Hier werden die Drucker eingerichtet, die Sie unter Windows und den Windows-Applikationen nutzen möchten. Auch die eigentliche Druckereinrichtung (Auflösung bei Laserdrucker, Orientierung des Ausdrucks) sowie die Steuerung von Softfonts (= ladbare Schriften) wird hierüber vorgenommen.
 Ländereinstellungen	Landesspezifika (Dezimaltrennzeichen, Datums- und Zeitformat, Währungssymbol) werden hier festgelegt. Dies ist jedoch meist schon bei der eigentlichen Installation von Windows geschehen, so daß hier nicht oft hereingeschaut wird.
 Tastatur	Im wesentlichen wird hier die Wiederholrate der einzelnen Tasten zeitlich definiert, d.h. wie schnell wird ein Zeichen bei dauerndem Tastendruck wiederholt.
 Datum/Uhrzeit	Hier können Sie von Sommer- auf Winterzeit umstellen und den internen Kalender des PC stellen. Die hier eingestellte Zeit wird als Systemzeit vom Rechner übernommen, sofern er über eine batteriegepufferte Uhr verfügt; das gleiche gilt für das Datum.

Sinnbild	Beschreibung/Bemerkungen

MIDI-Mapper

Die Konfiguration der einzelnen Midi-Spuren für die Interfacekarte wird hier vorgenommen. Funktioniert nur bei eingebauter Soundkarte mit MIDI.

Treiber

Damit eine integrierte Soundkarte und andere Multi-Media-Geräte auch richtig angesprochen werden kann, muß zunächst ein Treiber installiert werden, der zur Soundkarte paßt. Die Treiberselektion und Installation wird hierüber vorgenommen.

Klang

Über dieses Sinnbild können einigen Windows-Aktionen (Verlassen, Fehlermeldungen usw.) eigene Tonfolgen zugeordnet werden. Diese Töne werden dann über die Soundkarte ausgegeben werden.

386 erweitert

Dieses Sinnbild erscheint nur, wenn Sie Ihr Windows auf einem Rechner mit Intel 80386SX, 80386 oder 80486 Prozessor und mindestens 2 MB Hauptspeicher installiert haben bzw. auf diesen Rechnern mit weniger als 2 MB Hauptspeicher Windows mit dem Parameter /3 aufgerufen haben.

Sinnbild	Beschreibung/Bemerkungen
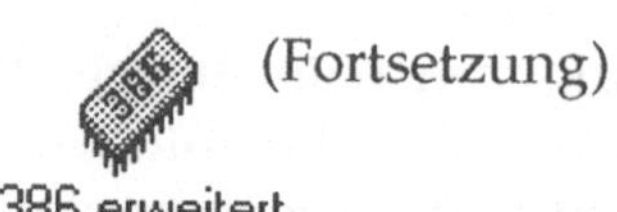 (Fortsetzung) 386 erweitert	Hier können Sie spezifizieren, wie Programme, die sich die Schnittstellen (COM1:, LPT1: usw.) teilen, darauf zugreifen können und ob Sie gewarnt werden möchten, wenn zwei Programme auf dieselbe Schnittstelle zugreifen. Weiterhin legen Sie hier fest, wieviel Prozessorzeit eine Windows-Applikation im Vordergrund relativ zu einem DOS-Programm im Hintergrund zugeteilt bekommt. Sie können festlegen, wieviel Zeit der Prozessor mindestens einem Task zubilligt, bevor er sich der nächsten Aufgabe widmet. Auch die Definition des virtuellen Speichers (Auslagerungsdatei) wird hier vorgenommen.

Die folgenden Beispiel-Probleme zeigen, was Sie mit der Systemsteuerung machen können und wie Sie dabei vorgehen sollten.

B-2.3.2 Einrichtung eines Laserdruckers

Am Beispiel des *HP LaserJet IIP* wird die Installation eines Laserdruckers gezeigt.
Ihre Vorgehensweise im einzelnen:

1. Aktivieren Sie in den Auswahlmöglichkeiten der *Systemsteuerung* das Drucker-Sinnbild.

2. Klick auf den Schalter *Drucker hinzufügen*.
   Der zweite der Dialogbox wird unten aufgeklappt.

3. In der unteren List-Box *Druckerliste* wählen Sie mit Hilfe der Bildlaufleisten den Drucker *HP LaserJet IIP* bzw. den Laserdrucker, den Sie installieren möchten.

Sie können übrigens einfach den Anfangsbuchstaben *H* eintippen (dann wird der Drucker *Hermes H 606* angezeigt) und dann mit den Bildlaufleisten weitersuchen.

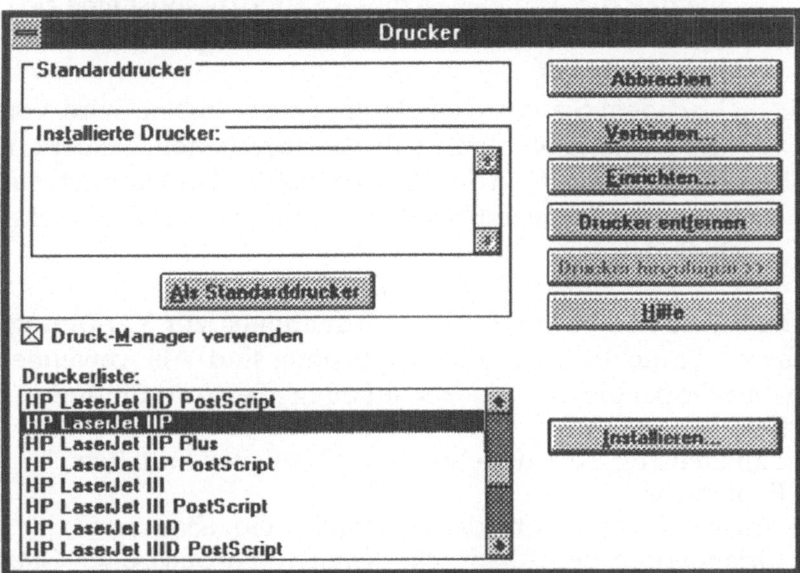

Abb. B-2.14 HP LaserJet IIP in der Druckerliste

✗ Kompatiblen Drucker suchen
Sollte Ihr Drucker nicht in der Liste verfügbar sein, so wählen Sie einen kompatiblen Drucker. Sehen Sie in Ihr Druckerhandbuch, ob Ihr Drucker mit Hilfe von Dip-Schaltern eventuell auf einen HP-Drucker-Mode oder Epson-Mode einstellbar ist. Bei sehr vielen Druckern ist dies möglich.

3. Klicken Sie dann das Feld *Installieren* an.
    Sie werden aufgefordert, die Diskette Nr. 6 oder eine Diskette mit dem aktualisierten Treiber HPPCL.DRV einzulegen. Sollten Sie ein anderes Laufwerk oder Verzeichnis wünschen, können Sie dies im Dialogfeld angeben.

✗ In der Datei SETUP.INF befinden sich die Angaben über Druckertreiber-Datei und Diskette, auf der dieser Druckertreiber für Windows zu finden ist. Verändern Sie niemals die Angaben in dieser Datei, da sonst eine richtige Druckerinstallation nicht mehr möglich ist.

4. Nachdem Sie das *Ok*-Feld angeklickt haben, wird von der Diskette Nummer 5 der entsprechende Treiber auf die Festplatte C: in das Verzeichnis SYSTEM kopiert, das sich eine Ebene unterhalb des Windows-Verzeichnisses befindet.

Danach stehen Windows die Informationen zur Verfügung, die zur Einrichtung eines Druckers nötig sind. Als Anwender haben Sie bei diesem Drucker auf einige Features Einfluß:
- Druckeranschluß
- Papiereinzug, sofern mehrere Möglichkeiten bestehen
- Papiergröße
- Angabe des Speichers, der im Drucker eingebaut ist
- Orientierung des Ausdrucks (*Hoch* [= Portrait] oder *Quer* [= Landscape])
- Auflösung beim Ausdruck von Grafiken
- Installierte Font-Cartridge
- Anzahl der Kopien als Standardvorgabe
- Benutzte Softfonts, Installation der verfügbaren Softfonts

5. Diese Angaben können Sie machen, wenn Sie auf das Feld *Verbinden* bzw. *Einrichten* klicken.
    Über *Verbinden* wird die Druckerschnittstelle zugeordnet, über *Einrichten* legen Sie die restlichen Parameter fest.

6. Klicken Sie zunächst auf den Schalter *Verbinden*.
    Es öffnet sich ein Fenster, in dem Sie den Anschluß angeben können, an dem Ihr Drucker angeschlossen ist (= Druckerschnittstelle). In unserem Beispiel ist dies LPT1:, also die erste parallele Schnittstelle.

    Vergleichen Sie auch die Abb. B-2.15 auf der nächsten Seite

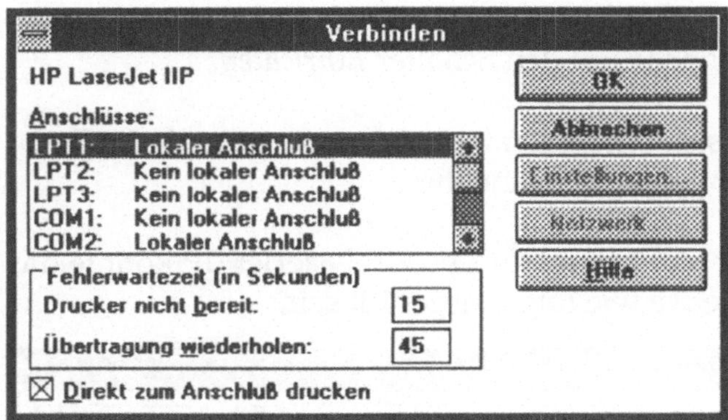

Abb. B-2.15 Angabe der Drucker-Schnittstelle

Sie können in dieser Dialogbox auch angeben, wie lange die
sog. Fehlerwartezeit sein soll.
Damit wird zum einen die Zeit spezifiziert, die der Druck-
Manager warten soll, bevor er eine Fehlermeldung ausgibt,
und zum zweiten, wie lange der Druck-Manager eine
Übertragung wiederholen soll, bevor er die Meldung ausgibt,
daß der Drucker nicht bereit sei.

 **Hinweis**
Gerade bei Laserdruckern, die mit der Seitenbeschrei-
bungssprache Postscript arbeiten, dauern Ausdrucke
von Bitmaps häufig sehr lange. Der Druckmanager ver-
mutet dann oft nach den standardmäßig definierten 45
Sekunden einen Fehler auf der Druckerseite und hält den
Ausdruck seiner in der Druckwarteschlange eingereihten
Aufträge einfach an.
Da diese lange Wartezeit insbesondere mit dem Auf-
bereiten und Interpretieren der Postscript-Befehle zu-
sammenhängt, sollten Sie dem Druck-Manager an dieser
Stelle mehr Geduld verordnen.
Setzen Sie die Zeit für die Übertragungswiederholung
ruhig auf 180 bis 300 Sekunden.

7.   Klicken Sie nun in der in Abb. B. 2-14 auf S. 385 dargestellten Dialogbox auf den Schalter *Einrichten*.

8.   In dem sich öffnenden Fenster machen Sie die für Ihren Drucker passenden Angaben.

In unserem Beispiel für den HP LaserJet IIP könnte das Fenster etwa wie folgt ausgefüllt sein:

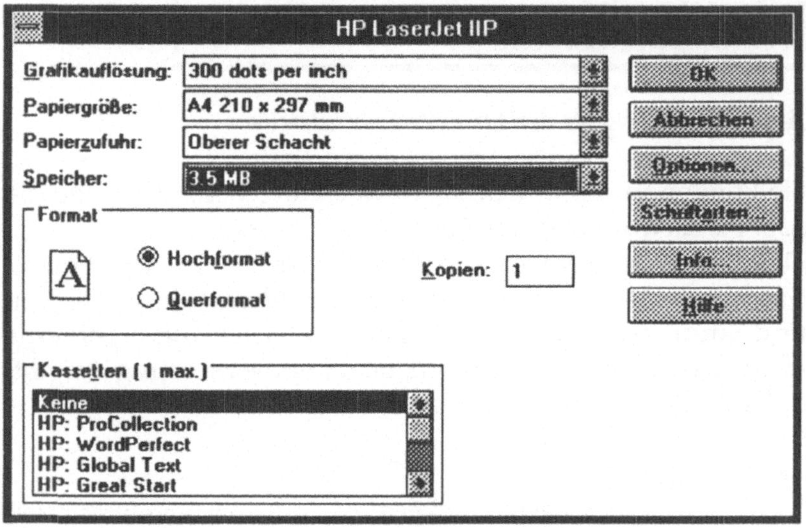

Abb. B-2.16 Typische Angaben für einen Laserdrucker

Die Installation der Schriftarten (= Softfonts) kann ebenfalls während der Drucker-Einrichtung vorgenommen werden. Das *Schriftarten*-Feld zeigt dies.
Bei den Schriftarten muß man unterscheiden zwischen solchen, die bereits fest in den Drucker integriert sind. Meist befinden diese sich in einem eigenen Schriftarten-ROM. Bei Postscript Druckern sind dies meist 35 verschiedene Schriftarten. Andere Drucker lassen sich nachträglich mit sog. Font-Cartridges (Schriftart-Kassetten) mit den gewünschten Schriften versorgen. Welche Methode bei Ihrem speziellen Drucker angewandt wird, müssen Sie aus der Beschreibung Ihres Druckers entnehmen. Bedenken Sie jedoch, daß zum Laden von permanenten oder temporären Schriftarten in den Drucker dieser über ausreichend Speicher verfügen muß. Hat der Druk-

ker zu wenig Speicher, können entweder nicht sämtliche gewünschten Schriften geladen werden, oder aber der Ausdruck
von Grafiken wird einfach nach einem kleinen Teil abgeschnit-
ten. Man sollte in einem Laserdrucker nicht weniger als 1,5 MB
Speicher zur Verfügung haben, wenn man mit ladbaren Schriften arbeiten möchte.

Ihre weitere Vorgehensweise beim Laden von Schriften

---

9. Klicken Sie den Schalter *Schriftarten* an, um die Angaben
    über die zu nutzenden Softfonts zu machen.
    Zunächst sehen Sie:

Abb. B-2.17 Konfiguration der Softfonts, leere List-Boxen

10. Da Sie Schriftarten hinzufügen möchten, klicken Sie das
    Feld *Schriftarten hinzufügen* an.

    Die Folge ist, daß Sie aufgefordert werden, in Laufwerk
    A: die Diskette einzulegen, die die Softfont-Dateien ent-
    hält.
    Sie können hier auch ein alternatives Laufwerk bestim-
    men, beispielsweise die Festplatte, wenn sich dort bereits
    Schriftart-Dateien befinden.

11. Nach der entsprechenden Angabe und [Klick] auf dem
     Ok-Feld, werden die Dateien auf ihren Inhalt hin unter-
     sucht. Das Ergebnis dieser Untersuchung wird in der
     rechten List-Box dargestellt: Die gefundenen Softfonts
     werden mit ihrer Schriftart, der Schriftgröße in Punkt
     (1 Punkt = $^1/_{72}$ Zoll) und einem eventuell vorhandenen
     Attribut (fett, kursiv) sowie ihrer Orientierung (hoch
     oder quer) aufgelistet.

12. Aus dieser Liste wählen Sie durch [Klick] jene Softfonts
     aus, die Sie bei Ihrer Arbeit nutzen möchten.

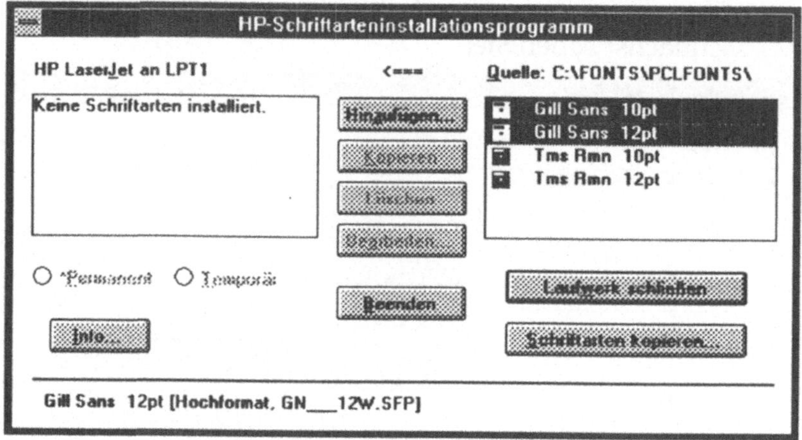

Abb. B-2.18 Ausgewählte Softfonts der Schrift Gill Sans

13. Klicken Sie das Feld *Hinzufügen* an, um anzuzeigen, daß
     die markierten Softfonts von Windows berücksichtigt
     werden sollen.

14. Nachdem Sie die Frage nach dem Verzeichnis beantwor-
     tet haben, in dem die Softfontdateien auf Ihrer Festplatte
     installiert werden sollen, werden die für Windows benö-
     tigten Softfont-Beschreibungsdateien hergestellt.

Diese Beschreibungsdateien erhalten automatisch die Erweiterung PFM und werden im gleichen Verzeichnis gespeichert, in
dem sich auch die Softfont-Dateien befinden. In unserem
Beispiel ist dies das Verzeichnis \FONTS\PCLFONTS auf der

Festplatte C:. Weiterhin wird die Datei WIN.INI insofern
verändert, daß dort die für Windows wichtigen Informationen
über die Softfonts aufgenommen werden.
Für jeden installierten Softfont wird eine Zeile in der WIN.INI
aufgenommen, die nach dem folgenden Muster aufgebaut ist:

```
SoftFont2=C:\FONTS\PCLFONTS\HVPB0080.PFM,C:\FONTS\PCLFONTS\HV080BPN.R8P
```

Zunächst wird die Nummer des Softfonts angegeben (hier:
SoftFont2).
Die Angabe über die Datei komplett mit Pfad, die den Font für
Windows beschreibt folgt (*C:\FONTS\PCLFONTS
\HVPB0080.PFM*). Letztlich wird noch die Datei angegeben,
die die tatsächlichen Buchstaben und Zeichen enthält, und in
den Drucker geladen wird (*C:\FONTS\PCLFONTS
\HV080BPN.R8P*). In diesem Fall handelt sich um eine
Helvetica-Schrift in 8 Punkt Größe. Die Schrift ist fett und wird
wie folgt ausgedruckt: **Helvetica 8 Punkt fett**
Sie können nun noch entscheiden, welche der verfügbaren,
d.h. in der linken List-Box aufgeführten Softfonts permanent
oder temporär sein sollen.

✗ Permanente und temporäre Softfonts

Ein *permanenter* Softfont kann nur durch Ausschalten des
Druckers wieder aus dem Druckerspeicher entfernt werden. Ein *temporärer* Softfont wird immer nur dann in den
Drucker geladen, wenn er auch wirklich benötigt wird.
Danach wird er automatisch wieder aus dem Druckerspeicher entfernt. Das Laden und Löschen der Softfonts
erfolgt dabei automatisch.

Alle Fonts, die Sie nicht ausdrücklich als *permanent* gekennzeichnet haben, sind immer *temporär*. Alle
permanenten Softfonts werden mit einem Sternchen
markiert.

Wählen Sie solche Softfonts als permanente Fonts aus,
mit denen Sie mit Sicherheit ununterbrochen arbeiten
möchten, hingegen als temporäre Softfonts nur solche,
die Sie zeitweise benötigen.

Nach der Auswahl des ersten, permanenten Softfonts erscheint in einem Informationsfenster der Hinweis, daß dieses der erste permanente Softfont ist.

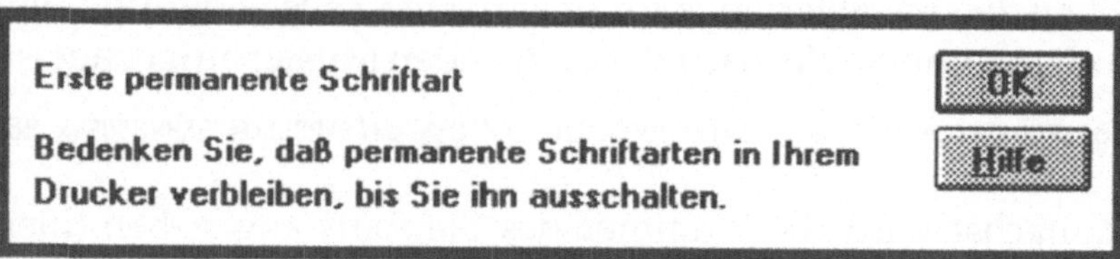

Abb. B-2.19 Hinweis zu den permanenten Softfonts

Wenn Sie alle Angaben beendet haben, dann verlassen Sie das Softfont-Fenster mit *Beenden*. Es erfolgt die Abfrage zum sog. *Down-Load* der Softfonts. Damit ist das Laden der Schriftart-dateien in den Drucker gemeint.

Abb. B-2.20 Download-Abfrage

Hier können Sie spezifizieren, ob die Softfonts sofort (*Jetzt laden*) oder bei jedem Rechnerstart (*Beim Start laden*) mit Hilfe der Datei AUTOEXEC.BAT geladen werden sollen. Wenn Sie beides anklicken - dies ist auch die Vorgabe -, so werden die von Ihnen ausgewählten Fonts jetzt in den Druckerspeicher geladen und die Datei AUTOEXEC.BAT wird um die Zeile

```
command /c C:\PCLFONTS\SFLPT1.BAT
```

ergänzt. Sie gibt an, daß im Verzeichnis PCLFONTS auf der Festplatte eine Stapelverarbeitungsdatei mit Namen SFLPT1.BAT (Softfont an LPT1:) erzeugt wurde, die das Laden der Softfonts steuert. Diese Batch-Datei wird aufgerufen über den Befehlsprozessor COMMAND.COM. Der Parameter /C gibt an, daß die nach ihm folgende Zeichenkette als Befehl ausgeführt wird und danach die Kontrolle wieder an den primären Befehlsinterpreter übergeben werden soll. Damit ist es möglich, die Softfont-Batchdatei SFLPT1.BAT auch von Programmen aus aufzurufen, die nicht über eine interne Steuerung der Stapelverarbeitung verfügen. Betätigen Sie jetzt solange das *Ok*-Feld, bis Sie wieder in der *Systemsteuerung* angelangt sind. Ihr Drucker ist nun mit allen Feinheiten installiert, und Sie können ab sofort aus allen Programmen, die unter Windows laufen, die Softfonts nutzen. Selbstverständlich können die Softfonts auch von anderen Programmen genutzt werden, sofern die Fonts von Windows aus geladen wurden.

✗ WinWord und Softfonts
Selbstverständlich können auch Programme wie Word für Windows auf die Softfonts zugreifen. Allerdings muß in Word für Windows 1.1 der Drucker nach Definition der Schriftarten neu installiert werden. Dies erfolgt in WinWord über die Befehlsfolge *Datei --> Druckereinrichtung*. Erst danach stehen die neu installierten Schriften auch tatsächlich über das Menü *Format --> Zeichen* zur Verfügung.

Bei den ladbaren Schriften muß man unterscheiden zwischen solchen Schriften, die frei skalierbar sind und solchen, die nicht skalierbar sind. In Windows 3.1 sind eine ganze Reihe von sog. TrueType-Fonts integriert.
Alle Schriften, die mit dem Symbol "T" gekennzeichnet sind, sind TrueType-Schriften, die frei skalierbar sind.

Sofern Sie Schriftart-Programme wie den Adobe Type Manager benutzen, sind sämtliche, dort zur Verfügung gestellten Schriftarten beliebig skalierbar. Diese Regel gilt meist für alle von Windows 3.1 unterstützten Drucker.

Welche Drucker unter Windows 3.1 unterstützt werden, erfahren Sie in der Auflistung auf den nächsten Seiten.

B-2.3.2 Liste der unterstützten Drucker

Agfa 9000 Serie PS (Postscript)
Agfa Compugraphic 400PS (Postscript)
Agfa Compugraphic Genics (HP PCL kompatibel)
Apple LaserWriter (Postscript)
Apple LaserWriter II NT (Postscript)
Apple LaserWriter II NTX (Postscript)
Apple LaserWriter Plus (Postscript)
Apricot Laser (HP PCL kompatibel)
AST TurboLaser/PS (Postscript)
AT&T 435 (HP Plotter kompatibel)
AT&T 470/475 (CITOH kompatibel)
AT&T 473/478
C-Itoh 8510
Canon Bubble-Jet BJ-10e
Canon Bubble-Jet BJ-130e
Canon Bubble-Jet BJ-300
Canon Bubble-Jet BJ-330
Canon LBP-4 (eigener Treiber)
Canon LBP-8 II (eigener Treiber)
Canon LBP-8 III (eigener Treiber)
Citizen 120D
Citizen 180D
Citizen 200GX (eigener Colortreiber)
Citizen 200GX/15 (eigener Colortreiber)
Citizen GSX-130 (eigener Colortreiber)
Citizen GSX-140
Citizen GSX-140+ (eigener Colortreiber)
Citizen GSX-145 (eigener Colortreiber)
Citizen HSP-500
Citizen HSP-550
Citizen PN48
Dataproducts LZR-2665 (Postscript)
Diconix 150 Plus
Digital Colormate PS (eigener Colortreiber)
Digital DEClaser 1150
Digital DEClaser 2150
Digital DEClaser 2250

Digital DEClaser 3250
Digital LN03R ScriptPrinter (Postscript)
Digital PrintServer 20 (Postscript)
Digital PrintServer 40 (Postscript)
Epson DFX-5000
Epson EPL-6000 (HP PCL kompatibel)
Epson EPL-7000 (HP PCL kompatibel)
Epson EPL-7500
Epson EX-800
Epson EX-1000
Epson FX-80
Epson FX-80+
Epson FX-85
Epson FX-86e
Epson FX-100
Epson FX-100+
Epson FX-185
Epson FX-286
Epson FX-286e
Epson FX-850
Epson FX-1050
Epson GQ-3500 (HP PCL kompatibel)
Epson JX-80
Epson L750
Epson L1000
Epson LQ-500
Epson LQ-510
Epson LQ-570 ESC/P 2
Epson LQ-570
Epson LQ-800
Epson LQ-850
Epson LQ-870 ESC/P 2
Epson LQ 950
Epson LQ-1000
Epson LQ-1050
Epson LQ-1070 ESC/P 2
Epson LQ-1170 ESC/P 2
Epson LQ-1500
Epson LQ-2500

Epson LQ-2550
Epson LX-80
Epson LX-86
Epson LX-800
Epson LX-810
Epson MX-80
Epson MX-80 F/T
Epson MX-100
Epson RX-80
Epson RX-80 F/T
Epson RX-80 F/T+
Epson RX-100
Epson RX-100+
Epson SQ 2000
Epson SQ-2500
Epson T-750
Epson T-1000
Fujitsu DL 2400
Fujitsu DL 2600
Fujitsu DL 3300
Fujitsu DL 3400
Fujitsu DL 5600
Fujitsu DX 2100
Fujitsu DX 2200
Fujitsu DX 2300
Fujitsu DX 2400
Hermes H 606
Hermes H 606 PS (13 Fonts) (Postscript, eigener Treiber)
Hermes H 606 PS (35 Fonts) (Postscript, eigener Treiber)
HP 7470A [HP Plotter]
HP 7475A [HP Plotter]
HP 7550A [HP Plotter]
HP 7580A [HP Plotter]
HP 7580B [HP Plotter]
HP 7585A [HP Plotter]
HP 7585B [HP Plotter]
HP 7586B [HP Plotter]
HP ColorPro [HP Plotter]
HP ColorPro with GEC [HP Plotter]

HP DeskJet
HP DeskJet Plus
HP DeskJet 500
HP DeskJet 500C (eigener Colortreiber)
HP DraftPro [HP Plotter]
HP DraftPro DXL [HP Plotter]
HP DraftPro EXL [HP Plotter]
HP DraftMaster I [HP Plotter]
HP DraftMaster II [HP Plotter]
HP LaserJet
HP LaserJet Plus
HP LaserJet 500+
HP LaserJet 2000
HP LaserJet Series II
HP LaserJet IID
HP LaserJet IID PostScript (eigener Postscript-Treiber)
HP LaserJet IIP
HP LaserJet IIP Plus
HP LaserJet IIP PostScript (eigener Postscript-Treiber)
HP LaserJet III (neuer HP PCL 5 Treiber)
HP LaserJet III PostScript (neuer HP PCL 5 Treiber)
HP LaserJet IIID (neuer HP PCL 5 Treiber)
HP LaserJet IIID PostScript (eigener Treiber)
HP LaserJet IIIP (HP PCL 5 Treiber)
HP LaserJet IIIP PostScript (eigener Treiber)
HP LaserJet IIISi (HP PCL 5 Treiber)
HP LaserJet IIISi PostScript (spezieller Treiber)
HP PaintJet
HP PaintJet XL
HP ThinkJet (2225 C-D)
IBM Color Printer
IBM ExecJet
IBM Graphics
IBM Laser Printer 4019
IBM LaserPrinter 4019 PS17
IBM LaserPrinter 4019 PS39
IBM LaserPrinter 4029 PS17
IBM LaserPrinter 4029 PS39
IBM Personal Pageprinter (Postscript)

IBM Personal Page Printer II-30 (Postscript)
IBM Personal Page Printer II-31
IBM Proprinter
IBM Proprinter II
IBM Proprinter III
IBM Proprinter X24
IBM Proprinter X24e
IBM Proprinter XL
IBM Proprinter XL II
IBM Proprinter XL III
IBM Proprinter XL24
IBM Proprinter XL24e
IBM PS/1
IBM QuickWriter 5204
IBM QuietWriter III
Kodak EktaPlus 7016 (HP PCL kompatibel)
Kyocera F-Series (USA) (HP PCL kompatibel)
Linotronic 200/230 (eigener Treiber)
Linotronic 330 (eigener Treiber)
Linotronic 530 (eigener Treiber)
Linotronic 630 (eigener Treiber)
Microtek TrueLaser
NEC Colormate PS/40
NEC Colormate PS/80
NEC Pinwriter CP6
NEC Pinwriter CP7
NEC Pinwriter P5XL
NEC Pinwriter P6
NEC Pinwriter P7
NEC Pinwriter P9XL
NEC Pinwriter P2200
NEC Pinwriter P5200
NEC Pinwriter P5300
NEC Silentwriter LC 860 Plus (HP PCL kompatibel)
NEC Silentwriter LC890 (Postscript)
NEC Silentwriter LC890XL (Postscript)
NEC Silentwriter2 90 (Postscript)
NEC Silentwriter2 290 (Postscript)
NEC Silentwriter2 990 (Postscript)

OceColor G5241 PS (Postscript)
OceColor G5242 PS (Postscript)
Okidata ML 92-IBM (IBM kompatibel)
Okidata ML 93-IBM (IBM kompatibel)
Okidata LaserLine 6 (HP PCL kompatibel)
Okidata ML 192
Okidata ML 192 Plus
Okidata ML 192-IBM (IBM kompatibel)
Okidata ML 193
Okidata ML 193 Plus
Okidata ML 193-IBM (IBM kompatibel)
Okidata ML 320
Okidata ML 320-IBM (IBM kompatibel)
Okidata ML 321
Okidata ML 321-IBM (IBM kompatibel)
Okidata ML 380
Okidata ML 390
Okidata ML 390 Plus
Okidata ML 391
Okidata ML 391 Plus
Okidata ML 393
Okidata ML 393 Plus
Okidata ML 393C
Okidata ML 393C Plus
Okidata OL-400 (HP PCL kompatibel)
Okidata OL-800 (HP PCL kompatibel)
Oki OL840/PS (Postscript)
Olivetti DM 109
Olivetti DM 309
Olivetti ETV 5000 (HP PCL kompatibel)
Olivetti PG 108 (HP PCL kompatibel)
Olivetti PG 208 M2 (HP PCL kompatibel)
Olivetti PG 303 (Postscript)
Olivetti PG 306
Olivetti PG 306 PS (13 Fonts, Postscript)
Olivetti PG 306 PS (35 Fonts, Postscript)
Olivetti PG 308 HS (HP PCL kompatibel)
Olivetti PG 308 HS (Postscript)
Panasonic KX-P1123

Panasonic KX-P1124
Panasonic KX-P1180
Panasonic KX-P1624
Panasonic KX-P1695
Panasonic KX-P4420 (HP PCL kompatibel)
Panasonic KX-P4455 v51.4 (Postscript)
QMS ColorScript 100 (Postscript)
QMS-PS 800 (Postscript)
QMS-PS 800 Plus (Postscript)
QMS-PS 810 (Postscript)
QMS-PS 820 (Postscript)
QMS-PS 2200 (Postscript)
Seiko ColorPoint PS Model 04 (Postscript)
Seiko ColorPoint PS Model 14 (Postscript)
QuadLaser I (HP PCL kompatibel)
Tandy LP-1000 (HP PCL kompatibel)
Tegra Genesis (HP PCL kompatibel)
Tektronix Phaser II PX (Postscript)
Tektronix Phaser II PXi (Postscript)
Tektronix Phaser III PXi (Postscript)
TI 850/855
TI microLaser PS17 (17 Fonts, Postscript)
TI microLaser PS35 (35 Fonts, Postscript)
Toshiba P351
Toshiba P1351
Toshiba PageLaser12 (HP PCL kompatibel)
Triumph Adler SDR 7706
Triumph Adler SDR 7706 PS13 (Postscript)
Triumph Adler SDR 7706 PS35 (35 Fonts, Postscript)
Unisys AP9210 (HP PCL kompatibel)
Unisys AP9415 (Postscript)
Varityper VT-600 (Postscript)
Wang LCS15 (Postscript)
Wang LCS15 FontPlus (Postscript)
Wang LDP8 (HP PCL kompatibel)

Häufig liegen den Druckern oder Plottern auch Disketten bei,
auf denen die nötigen Treiber zu finden sind.

✗ Hinweis
Über das äußerst umfangreiche Angebot im Mailbox-System *CompuServ* stehen dem angemeldeten Benutzer meist sehr viele Treiber zu den unterschiedlichsten Geräten entweder kostenfrei oder gegen eine geringe Gebühr zur Verfügung.

B-2.3.3 Anpassung der seriellen Schnittstelle

Soll über die seriellen Schnittstellen (COM1:, COM2:) kommuniziert werden, so müssen die Schnittstellen auf Sender- und Empfängerseite passend eingestellt werden. Bei diesem Abstimmungsprozeß müssen insbesondere die folgenden Angaben gemacht werden:
- Anzahl der Bits, aus denen ein "Wort" (= Buchstabe, Zeichen) besteht,
- Anzahl der Stopbits
- Überprüfung der Parität
- Ablaufprotokoll bei der Übertragung binärer Daten

Rufen Sie das Sinnbild *Anschlüsse* aus der *Systemsteuerung* per [Doppelklick] auf. Wählen Sie dort die serielle Schnittstelle, die Sie konfigurieren möchten; hier ist dies COM1:. Danach können Sie die einzelnen Parameter eingeben.

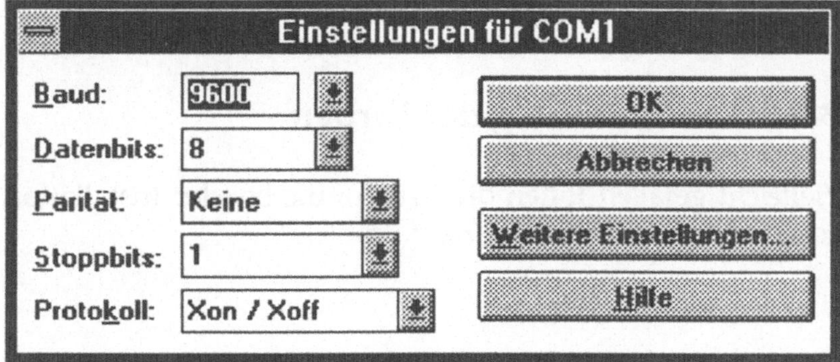

Abb. B-2.21 Einstellungen der seriellen Schnittstelle COM1:

Über den Schalter *Weitere Einstellungen* können Sie den I/O-Port (= Ein-/Ausgabe-Adresse) und den Interrupt-Request (= Unterbrechungsanforderung) konfigurieren.

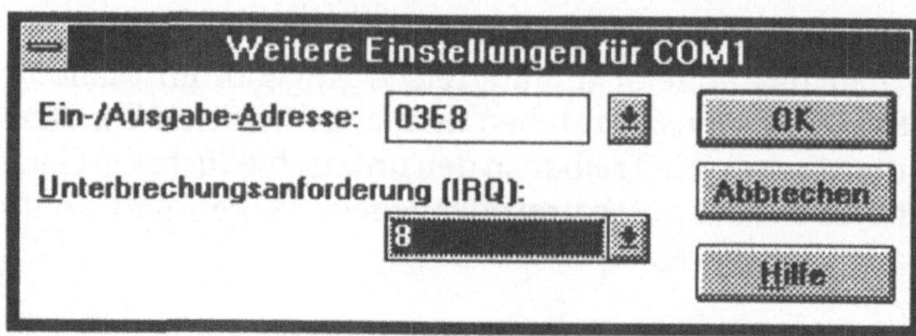

Abb. B-2.22 Einstellung von I/O-Port und IRQ

Die Parameter werden im allgemeinen durch das anzusprechende Gerät (Modem, Drucker, Plotter usw.) vorgegeben. Sehen Sie im Zweifel in das Handbuch des Gerätes, das Sie ansprechen möchten.

✗ Häufig können die Parameter durch sog. *Dip-Switches* im Gerät eingestellt werden. Wie Sie das machen müssen, steht nur im Handbuch des entsprechenden Gerätes. Aus diesem Grunde können hier auch keine allgemeingültigen Regeln formuliert werden.

Neben den hier ausführlich dargestellten Möglichkeiten der Systemsteuerung bestehen zahlreiche weiterreichende Optionen, die Windows-Oberfläche der eigenen Arbeitsumgebung anzupassen.

B-2.3.4 Veränderung der Farben

Vielleicht gefallen Ihnen die Farben, die bei der Installation vorgegeben wurden nicht. Kein Problem!

Und so gehen Sie vor:

1.   Rufen Sie die Systemsteuerung auf.

2.   [Klick] auf dem *Farben*-Symbol: 

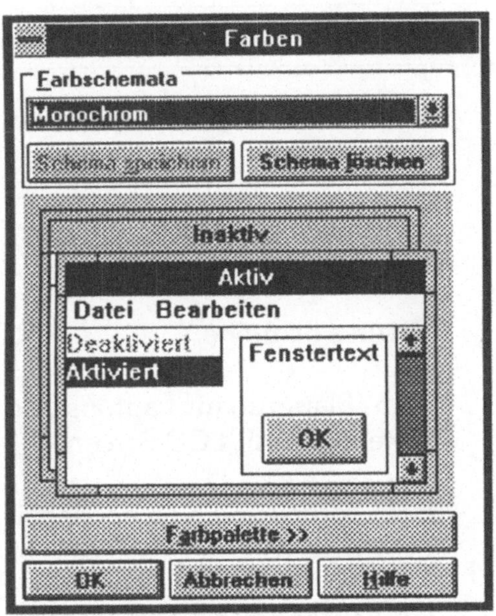

Abb. B-2.23 Farben verändern

Wenn Sie sich nicht die Mühe machen möchten, ein eigenes
Farbset zusammenzustellen, so können Sie aus vorgegebenen
Sets ein passendes auswählen. Es stehen folgende Sets in der
Listbox *Farbschemata* zur Verfügung, die leider wegen des
schwarzweißen Drucks nicht gezeigt werden können. Sie soll-
ten selbst experimentieren.

Farbschema	Farben/Bemerkung
Windows Standard	Standard-Einstellung, die wäh-rend der Installation vorgegeben wurde.
Arizona	Vielleicht sind die Farben Blau, Grau, Orange und Graugrün in Arizona vorherrschend.
Bordeaux	Rot- und Violett-Töne.

Farbschema	Farben/Bemerkung
Designer	Grün, Grau und Violett, modern abgestimmt.
Hotdog-Stand	Sehr knallige Farben: Rot, Schwarz und Gelb.
Jeans	Diverse Blautöne.
LCD-revers dunkel	Blau/Blaugrün für Laptops und Notebooks mit LCD-Screen
LCD-revers-hell	Für Laptops und Notebooks mit LCD-Screen
LCD-Standard	Für Laptops und Notebooks mit LCD-Screen. Auch für Präsentationen mittels LCD-Flatscreen-Aufsatz für den Overhead-Projektor geeignet.
Mahagoni	Grau, Braun, Braunrot: Etwas für´s Herrenzimmer.
Monochrome	Weiß, Schwarz und Grau. Schrift im Fenster ist Schwarz auf weißem Grund, also wie auf Papier.
Neon	Grelle, fluoreszierende Farben. Leuchtgrün, Leuchtrot. Nicht sehr augenfreundlich!
Ocean	Blau, Grün, Blaugrün. Farben wie am Meer, sehr beruhigend.

Farbschema	Farben/Bemerkung
Ocker	Zurückhaltend wie ein Acker an einem Herbstmorgen.
Pastel	Pasteltöne, sehr angenehm.
Patchwork	Grün, Violett, Beige, alle gerastert. Befinden sich viele Fenster auf dem Bildschirm, so sieht dieser aus wie ein Flickenteppich.
Plasma-Power-Saver	Für Laptops und Notebooks mit Plasmaschirm. Sehr kräftige Farben.
Rugby	Arbeitsfläche Grau, Rand rot, sonst blau und beige. Warum gerade der Name *Rugby*?
Schwarze Lederjacke	Was für den Lederfreund: Schwarz und Violett!
Smaragd	Angenehme Grüntöne.
Tweed	Englisch, dezent: rotbraun, oliv
Valentin	Furchtbar (aber Geschmacksache!). Nur am 14. Februar (Valentinstag) zu gebrauchen. Es fehlt nur noch das Schleifchen.
Zimt	Rotbraune Farbtöne. Paßt gut zum Glühweinabend im Spätherbst.

Neben diesen bereits vorgegebenen Farbsets besteht die Möglichkeit, aus den Basisfarben individuelle Farben zu mischen und diese dann einem Fensterelement zuzuweisen über die Schaltfläche *Farbpalette*.

Dazu muß zunächst das Fensterelement ausgewählt werden, dem eine neue Farbe zugewiesen werden soll. In der Listbox *Bildschirmelement* können Sie wählen zwischen:
- Desktop (Arbeitsfläche)
- Programmarbeitsbereich
- Fensterhintergrund
- Fenstertext
- Menüleiste
- Menütext
- Aktive Titelleiste
- Inaktive Titelleiste
- Aktiver Titelleistentext
- Inaktiver Titelleistentext
- Aktiver Rahmen
- Inaktiver Rahmen
- Fensterrahmen (= Begrenzungslinien des Rahmens)
- Bildlaufleisten
- Schaltfläche
- Schaltflächenschatten
- Schaltflächentext
- Schaltflächenkante
- Deaktivierter Text
- Hervorhebung
- Aktiver Text

Und so gehen Sie vor:

1. Wählen sie zunächst das Element aus, welches Sie mit einer neuen Farbe versehen möchten.
    Klicken Sie dazu entweder die Listbox *Bildschirmelement* an und wählen dort das Element aus, oder klicken Sie einfach in dem Beispielfenster auf das gewünschte Element.

2. Dann [Klick] auf der gewünschten Farbe.
    Es öffnet sich das auf der nächsten Seite in Abbildung B-B-2.24 dargestellte Fenster, in dem sich jede gewünschte und von Ihrer Grafikkarte darstellbare Farbe definieren läßt.

✗ **Hinweis**
Sollten Sie nicht alle Farben sehen, die Sie prinzipiell mit Ihrer Karte nach Aussage des Herstellers darstellen können, so liegt es vielleicht daran, daß Sie noch nicht den richtigen Treiber installiert haben (vgl. Kapitel B-2, S. 371)

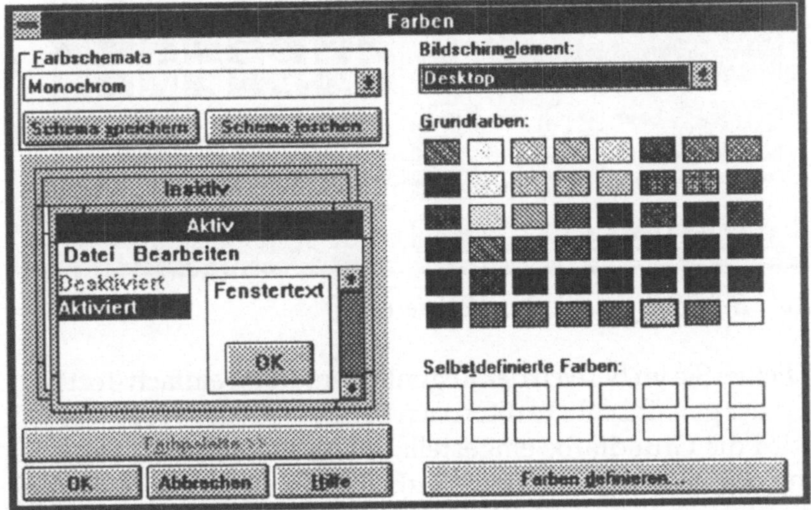

Abb. B-2.24 Farbpalette

Im Beispielausschnitt sehen Sie sofort, wie Ihre Veränderungen und Farbzuweisungen wirken.
Es stehen Ihnen 48 Farben zur Auswahl. Sie überdecken das ganze Spektrum.
Sollten die vorgefertigten Farben nicht zufriedenstellen, dann können Sie auch eigene Farben definieren. Das sind die *Selbstdefinierte Farben*.

Um sie zu definieren, klicken Sie den Schalter *Farben definieren* an. Es öffnet sich ein Fenster, in dem Sie sämtliche Regenbogenfarben sehen. Vergleichen Sie dazu die Abbildung B-2.25 auf der folgenden Seite.

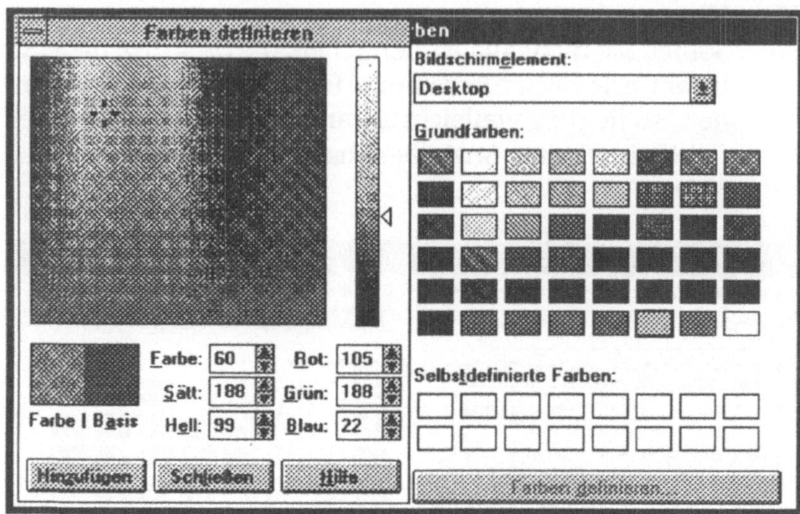

Abb. B-2.25 Eigene Farben definieren

Klicken Sie im Bereich der Regenbogenfarben einfach dort hin,
wo der gewünschte Farbton sich befindet. In der Waagrechten
wird die Grundfarbe eingestellt, in der Senkrechten wird die
Intensität zwischen reiner Farbe (oben) und Grau (unten)
durch Verschieben des Fadenkreuzes eingestellt.
Die Farbe kann auch nachträglich umfassend beeinflußt werden:
- Mit dem senkrechten Balken kann durch Verschieben des
  kleinen Dreiecks die Intensität der gewählten Farbe verändert werden.
- In den Feldern *Farbe*, *Sätt* (= Sättigung) und *Hell* (= Intensität)
  kann ein genau definierter Zahlenwert die Farbe angeben.

Außerdem kann der Farbanteil individuell durch Werte zu-
sammengestellt werden. Dazu können die Rot-, Grün- und
Blauanteile in Werten zwischen 0 und 255 verändert werden;
dabei ist 0 kein Anteil dieser Farbe und 255 der volle Farbanteil.
Somit stehen insgesamt 16.777.216 verschiedene Farbtöne prinzipiell zur Auswahl. Allerdings handelt es sich dabei nicht nur
um reine Grundfarben. Die meisten Farbtöne werden durch
Mischung hergestellt. Nur auf Grafikkarten, die eine sog.
Farbtiefe von 24 Bit haben, lassen sich alle denkbaren Farben
auch als Grundfarben darstellen.

B-2.3.5 Arbeitsoberfläche gestalten

Wenn sämtliche Fenster entweder geschlossen oder als Sinnbild verkleinert wurden (auch der Programm-Manager), dann ist die eigentliche Arbeitsfläche von Windows zu sehen.
Rufen Sie in der *Systemsteuerung* die Option *Desktop* auf.

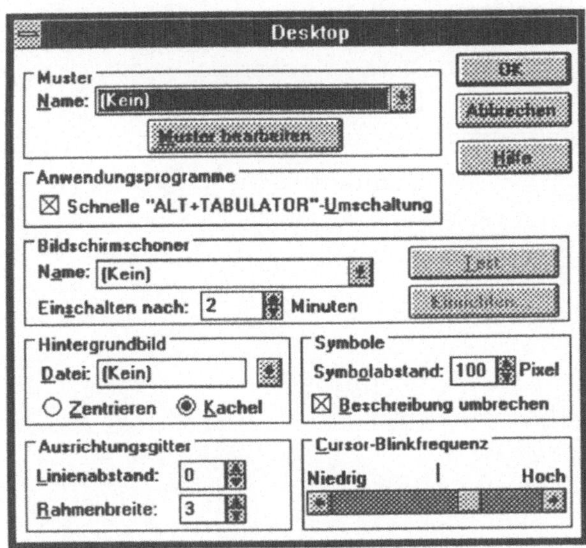

Abb. B-2.26 Arbeitsoberfläche gestalten.

Sie können zwei unterschiedliche Muster der Arbeitsfläche zuweisen:
- Bitmuster
- Hintergrundbild

Bitmuster werden dabei über den gesamten Bildschirmhintergrund gleichmäßig verteilt. Es handelt sich dabei um meist einfache Musterungen, die Sie auch nachträglich beliebig beeinflussen können.

Hintergrundbilder dagegen sind meist komplexere bildhafte Darstellungen, die entweder als einzelnes Gesamtbild auf dem Bildschirmhintergrund dargestellt werden, oder sie werden wie Kacheln aneinander gereiht über den Hintergrund gleichmäßig verteilt.

Bitmuster

Folgende Bitmuster stehen neben dem hellgrauen *(Kein)*-Muster und dem 50%-Grau-Muster zur Auswahl. Dabei beachten Sie bitte, daß bei den Original-Bitmustern der Hintergrund grau ist. Dies wurde jedoch in diesem Buch der besseren Darstellung wegen entfernt.

Bitmuster	Name
	Diamant
	Füchse
	Gewebe
	Initialen
	Netz

Bitmuster	Name
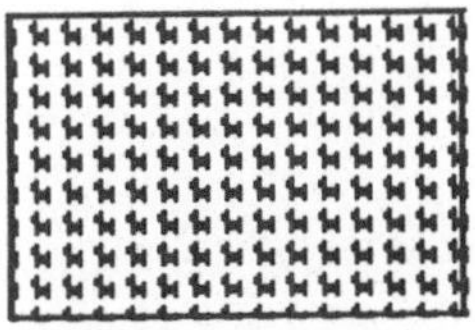	Pfiffie
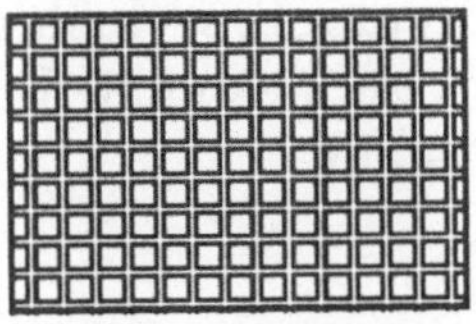	Raster
	Rattan
	Reibeisen
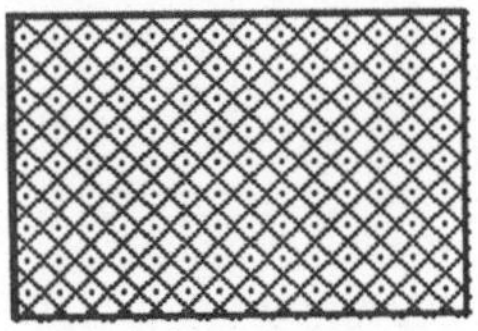	Steppdecke
	Tulpe

Bitmuster	Name
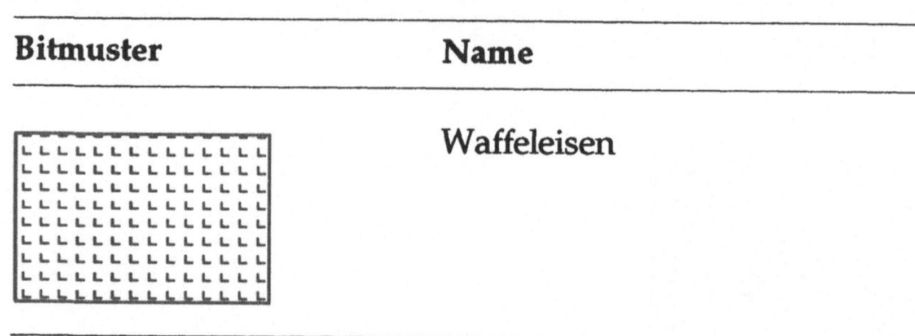	Waffeleisen

Über *Muster bearbeiten* läßt sich ein ganz individuelles Muster herstellen, z.B. *Waldi* auf der Basis von *Pfiffie*, oder gestalten Sie ein Bitmuster, das Ihre eigenen Initialen darstellt.

Hintergrundbilder

Die Option *Hintergrundbilder* bietet die Möglichkeit, die Arbeitsfläche zu "tapezieren" und damit optisch reizvoller zu gestalten.
Neben der *(Kein)*-Tapete stehen folgende Grafiken in Windows 3.1 zur Verfügung:

Hintergrund	Name
	AEGYPTEN

Hintergrund	Name
	ARKADEN
	AUTOS
	BLAETTER

Hintergrund	Name
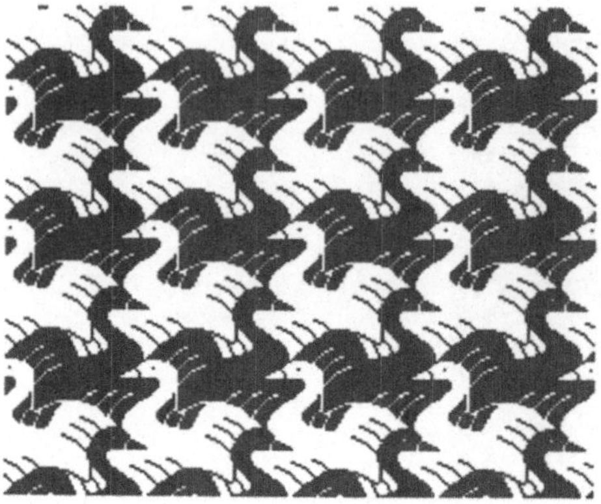	ESCHER
	GEFLECHT
	KARO

Hintergrund	**Name**
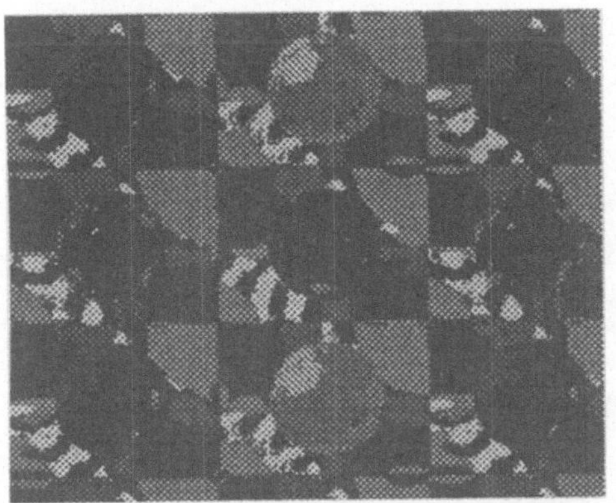	KUGELN Durch die Reduzier-ung auf 4 Graulevel nicht gut sichtbar. Nur sinnvoll ver-wendbar, wenn Ihre Grafikkarte auch 256 Farben gleichzeitig zeigen kann.
	MARMOR
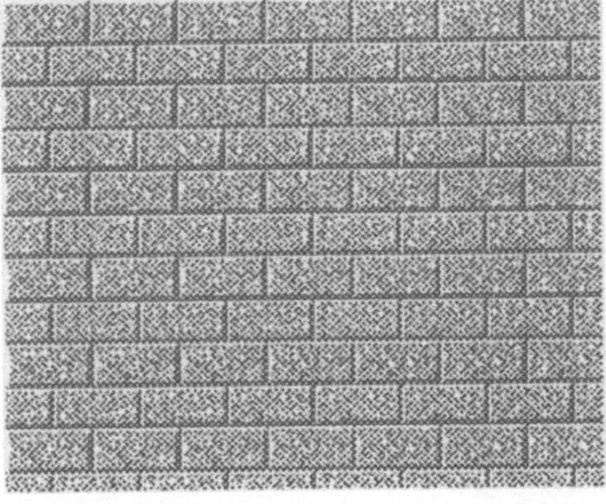	MAUER

Hintergrund	**Name**
	NIETEN
	QUADRAT
	RAUTEN

Hintergrund	**Name**
	SCHOTTE
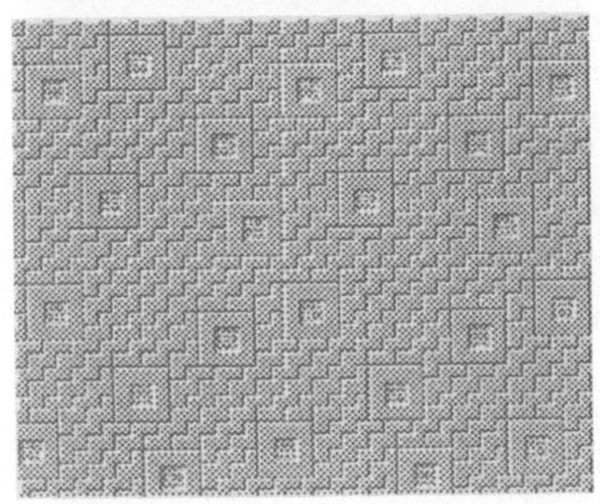	STRUKTUR
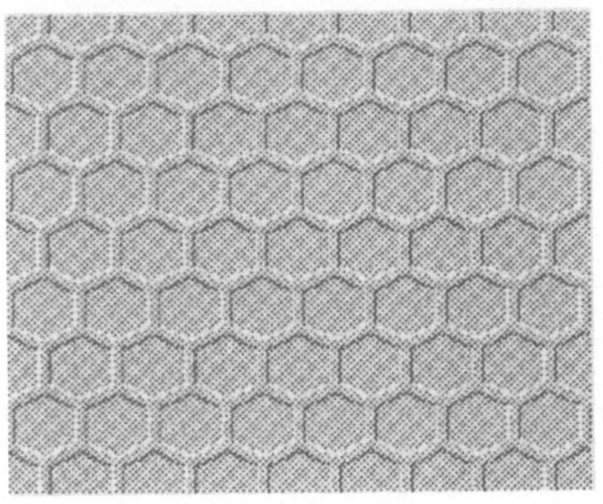	WABE

Hintergrund	Name
	WINLOGO
	ZICKZACK
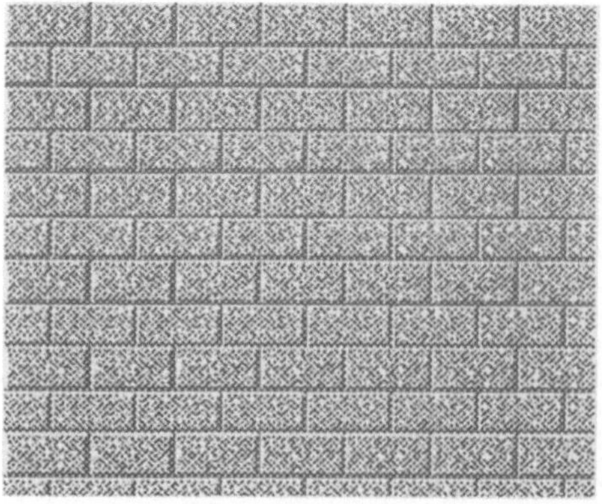	ZIEGEL wie MAUER, nur rot.

Die Hintergründe sind als Bitmap-Datei gespeichert (Erweiterung BMP) und können in Paintbrush verändert werden. Sie können auch eigene Hintergrundbilder erstellen. Als Beispiel sei hier das CD-Logo aus der N. Lektion des Teils A genutzt:

Abb. B-2.27 Eigenes Hintergrundbild (Ausschnitt)

Betrachten wir die Optionen der Option *Desktop* weiter: *Zentrieren* bedeutet, daß das Bitmuster nur einmal in der Mitte Ihrer Schreibtischoberfläche angeordnet wird.

Kachel bedeutet, daß das Bitmuster als Kachel über den ganzen Bildschirm verteilt wird. Dabei wird der Abstand zwischen den einzelnen Kacheln von Windows automatisch anhand der Größe des einzelnen Bildes optimiert.

Man sollte seine Schreibtischoberfläche so gestalten, daß sie einerseits so auffällig ist, daß man Fensterflächen und die echte Arbeitsoberfläche unterscheiden kann und andererseits so "ruhig", daß man nicht von tollen Bildern im Hintergrund abgelenkt und verwirrt wird.

Ausrichtungsgitter Linienabstand gibt die Schrittweite an, in der Windows-Objekte (Fenster und Sinnbilder) verschoben werden können. Werte liegen zwischen 0 (überall positionierbar) und 40 (nur am oberen, unteren, rechten oder linken Bildschirmrand positionierbar).

Ausrichtungsgitter Rahmenbreite erlaubt die Verschmälerung oder Verbreiterung des Fensterrahmens. Zu schmal sollte man den Rahmen nicht machen, da man zur Veränderung der Fenstergröße sonst sehr genau mit der Maus zielen muß, zu breit allerdings auch nicht, da dann der nutzbare Anteil des Bildschirms sehr stark durch die Rahmen belegt wird. Standardvorgabe ist 3. Werte liegen zwischen 49 (sehr breit) und 1 (sehr schmal). Sinnvolle Werte liegen zwischen 3 und 8. Unter *Linienabstand* wird der Abstand der einzelnen imaginären Ausrichtungslinien verstanden. Ist dort der Wert 0 eingetragen, so ist kein Ausrichtungsgitter definiert.

Der minimale Abstand der einzelnen Symbole in den Fenstern des Programm-Managers, des Datei-Managers sowie auf der Arbeitsoberfläche kann über *Symbolabstand* in Pixel (= Picture Elements = Bildschirmpunkte) definiert werden. Hilfreich ist dort auch die Option *Beschreibung* umbrechen. Sie legt fest, ob die Symbolunterschrift mehrzeilig ausgegeben wird. Dies sollte man angekreuzt lassen, denn der Platz innerhalb des Programm-Managers wird so erheblich besser ausgenutzt. Bekannt ist dies auch in anderen Benutzeroberflächen (Presentation Manager von OS/2).

Als wichtige Neuerung in Windows 3.1 ist gegenüber der Vorgängerversion eine Reihe von Bildschirmschonern (screen saver) integriert worden. Die Bildschirmschoner sollte man zur Schonung des Monitors aktivieren, denn dadurch wird verhindert, daß nach längerer Untätigkeit dasselbe Bild mit der Zeit "einbrennt". Wenn man erst einmal ein Bild auch dann sieht, wenn der Bildschirm überhaupt nicht eingeschaltet ist, ist es zu spät. Ein solcher Monitor ist verloren; nur ein kompletter Austausch der Bildröhre könnte ihn retten. Es stehen Ihnen folgende Bildschirmschoner zur Verfügung:
- Blank Screen
  - Bildschirm wird vollkommen dunkel getastet
  - es gibt keine weitere Optionen
- Marquee
  - Laufschrift über den Bildschirm, die bestimmt werden kann
  - Kennwort-Schutz definierbar

Die umfangreichen Einflußnahmen auf die Darstellung des Bildschirmschoners sind in der folgenden Dialogbox dargestellt, die sich öffnet wenn der Schalter *Einrichten* angeklickt wird.

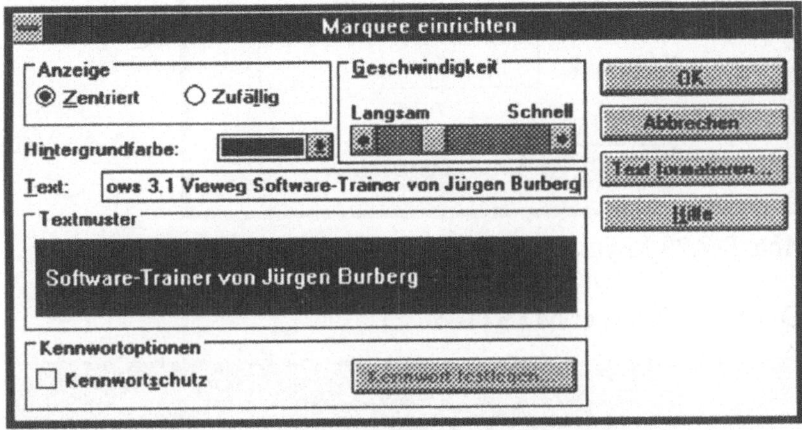

Abb. B-2.28 Einrichten des Screen-Savers MARQUEE

Dabei kann festgelegt werden,
- welcher Text über den Bildschirm laufen soll,
- ob der Text immer vertikal zentriert oder an zufälliger Position angezeigt werden soll,
- wie schnell der Text laufen soll,
- ob man nur durch Eingabe eines Kennwortes wieder nach Windows zurückgelangt

Weitere Möglichkeiten der Textformatierung über den Schalter Text formatieren werden dann in einer eigenen Dialog-Box möglich.

Der Schutz der Windows-Oberfläche durch ein Kennwort wird wahrscheinlich die vielen professionellen Anwender erfreuen, die häufig gerade wegen der mangelnden Security-Möglichkeiten zusätzliche Produkte einsetzen oder gar auf ganz andere Benutzeroberflächen umsteigen mußten.
Wenn Windows durch Paßwort geschützt ist, erfolgt die Abfrage des Paßwortes bei einer beliebigen Maus- oder Tastaturoperation über das auf der nächsten Seite dargestellte Dialog-Fenster.

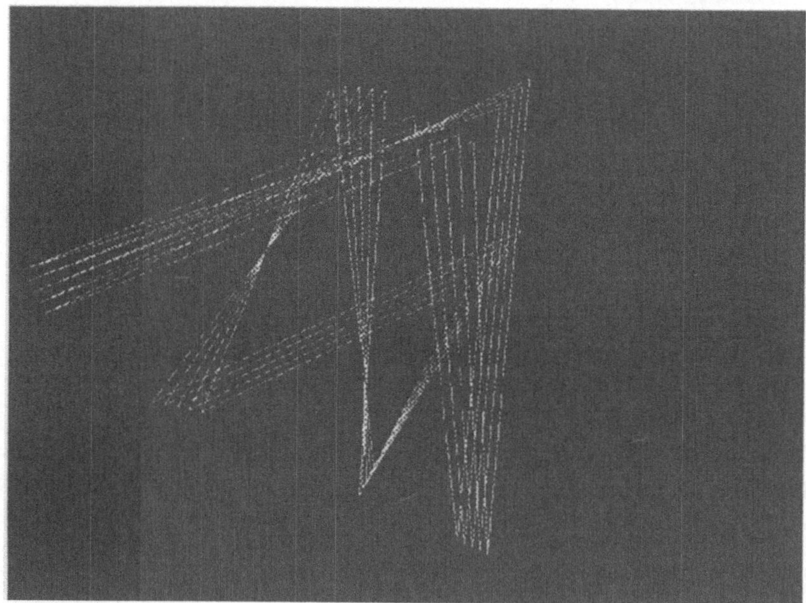

Abb. B-2.29 Kennwort-Abfrage in MARQUEE

Der Screen-Saver MYSTIFY

Abb. B-2.30 Screen-Saver MYSTIFY

Unter Einrichten haben Sie dabei die Möglichkeiten, die Anzahl der beteiligten Linien zu definieren (maximal 20) und aus zwei Grundmustern (Polygon1 und Polygon2) auszuwählen.

Schließlich steht Ihnen der sehr dynamische Bildschirmschoner *Starfield Simulation* zur Auswahl. Diesen kann man nicht in einem Buch darstellen, sondern muß ihn in Aktion erleben. Schaut man zu lange in den Bildschirm, kann es einem schon ein wenig schwindelig werden, denn man hat das Gefühl, ständig in den Bildschirm zu fallen.

Als letzte Möglichkeit sollte noch der schnelle Task-Wechsel über die Tastenkombination [Alt]+[Tab] erwähnt werden. Sie dient standardmäßig in Windows 3.1 zum Umschalten zwischen den im Arbeitsspeicher befindlichen Programmen. Möchte man diese Schaltmöglichkeit nicht nutzen - etwa weil sie mit einer Tastenkombination in einem geladenen Programm kollidiert - so läßt Sie sich im Desktop-Fenster ausschalten.

B-3. INI-Dateien

Damit Windows ordentlich läuft, benötigt es zum einen Informationen über die Hardware, die es unterstützen soll und zum anderen über die Software-Umgebung, die mit Windows zusammenarbeiten soll. Wichtige Informationen zu diesen beiden Bereichen sind in den Dateien WIN.INI und SYSTEM.INI gespeichert.

Beide Dateien werden während der Installation so modifiziert, daß eine auf Ihre Hardware und Software zugeschnittene Windows-Version hergestellt wird. Beide Dateien werden im Klartext (ANSI-Format) auf der Festplatte in dem Verzeichnis abgespeichert, in dem Sie Windows installiert haben. Diese Dateien können nachträglich verändert werden. Verwenden Sie dazu jedoch nur den Notizblock von Windows, da andernfalls Formatveränderungen innerhalb der Dateien erzeugt würden, die eventuell zum kompletten Systemabsturz führen können.

Darüber hinaus werden auch für die Systemsteuerung, den Datei-Manager und den Programm-Manager derartige INI-Dateien angelegt.

B-3.1 SYSTEM.INI

Die Datei SYSTEM.INI enthält alle Informationen über die Hardware-Umgebung. Die Hardware-Information ist auf sechs Abschnitte verteilt. Diese Abschnitte sind in der folgenden Tabelle dargestellt:

Abschnittsname	Erklärung/Inhalt/Wirkung
[boot]	Konfigurationsmodule, die Windows für den Programmstart benötigt, wie Zeichensatzbeschreibung, Treiber für Bildschirm, Tastatur, Maus und Netzwerk, Sprach-Bibliothek. Machen Sie keine Veränderungen, da Systemabsturz droht. Über die Eintragung

Abschnittsname	Erklärung/Inhalt/Wirkung
[boot] Fortsetzung	Shell=*Programmname* kann alternativ zum PROGMAN.EXE ein anderes Programm spezifiziert werden. Das Wort *Programmname* ersetzen Sie durch die Angabe des Programmnamens.
[boot.description]	Beschreibung der Hardware-Module im Klartext. Alles, was Sie hier sehen, können Sie mit Hilfe der Systemsteuerung einfach ändern. Direkte Eingriffe sind daher nicht empfehlenswert.
[keyboard]	Wichtige Informationen über den Gebrauch und die Belegung der Tastatur.
[NonWindowsApp]	Informationen über den Umgang mit solchen Programmen, die nicht speziell für Windows geschrieben wurden. Hier finden sie eventuell auch die Angabe einer sog. *SwapDisk*, mit der Sie den Pfad für die Auslagerung von Dateien im Standard-Mode definieren können. Standardmäßig wird dafür das Windows-Verzeichnis selbst benutzt. Sofern Sie mit Hilfe SET TEMP=C:\TEMP für die temporären Dateien ein spezielles Verzeichnis definiert haben, werden die Dateien allerdings dorthin geschrieben.

Abschnittsname	Erklärung/Inhalt/Wirkung
[Standard]	Beschreibung und Einstellungen, die sich auf den Ablauf von Windows im Standard-Mode beziehen. Insbesondere der Umgang mit dem Speicher ist hier festgelegt (ReservedLowMemory).
[386enh]	Informationen und Einstellungen, die Windows benötigt, um im erweiterten 386er-Mode laufen zu können (Exklusivität der Vollbild-Anwendungen, [Alt]-Tasten-Behandlung, Behandlung von Konkurrenzsituationen bei den Schnittstellen, Angabe der virtuellen Geräte, DMA-Handling und -Größe, Umgang mit dem erweiterten DMA-Kanal für EISA-Maschinen, Verwaltung des Erweiterungs- und Expansionsspeichers, Behandlung des INT21h bei der Benutzung speicherresidenter Programme, Umgang mit dem VCPI (Virtual Control Program Interface).

In der Datei SYSTEM.INI ist jedem Abschnitt der entsprechende Abschnittsname vorangestellt, der immer in eckigen Klammern eingeschlossen ist (z.B.: *[386enh]*). Diesem Namen folgen ein oder mehrere Schlüsselwörter (z.B.: *NoEMMDriver*). Für dieses Schlüsselwort können dann bestimmte Werte hinter einem Gleichheitszeichen eingegeben werden (z.B.: *=false*). Bei diesen Werten wird zwischen Zahlenwerten (z.B. Angaben in Kilobyte), Buchstaben, Zeichenketten (z.B. Dateinamen zur Spezifizierung von Gerätetreibern) oder logischen Werten (z.B.: *false* oder *on*) unterschieden.

Zahlreiche Eintragungen der SYSTEM.INI können mit den Programmen *Windows Setup* und *Systemsteuerung* verändert werden. Dieses Verfahren ist im allgemeinen komfortabler, als der direkte Eingriff in die INI-Datei.
In der Datei SYSINI.WRI befinden sich wichtige Informationen über die Veränderungsmöglichkeiten der Eintragungen in der Datei SYSTEM.INI. Diese Dateien befinden sich im Verzeichnis, in dem auch Windows selbst installiert ist.

 **Sicherungskopie erstellen!**
Erstellen Sie **vor** Änderungen in der Datei SYSTEM.INI eine Sicherungskopie. Sollten Sie nach einer Änderungen Schwierigkeiten beim Ablauf von Windows bekommen, so können Sie immer noch die Sicherungskopie wieder in SYSTEM.INI umbenennen, um Windows wieder zum ordentlichen Laufen zu bringen.

Teilweise sind sehr tiefgehende Kenntnisse der Hardware nötig, um sinnvolle Änderungen in der SYSTEM.INI vorzunehmen. Sollten Sie nicht ganz sicher sein, so experimentieren Sie vorsichtig mit einer Sicherungskopie von Windows. Es sind allerdings keine Vorfälle bekannt, bei denen man sich eine installierte Windows-Version "zerschießen" kann.

Verwenden Sie kein Textverarbeitungsprogramm, um die Datei SYSTEM.INI zu verändern! Solche Programme fügen häufig unsichtbare Formatierungszeichen in den Text ein. Solche Formatierungszeichen würden verhindern, daß die Informationen der SYSTEM.INI-Datei ordentlich gelesen werden können. Benutzen Sie ausschließlich den Windows-Notizblock zum Verändern, da dieser das richtige Format verwendet (ANSI).

B-3.2 WIN.INI

Die Datei WIN.INI beinhaltet vor allem solche Parameter, die die software-seitige Einstellung Ihrer Windows-Installation bestimmen. Wie auch bereits bei der Datei SYSTEM.INI erklärt, setzt sich auch die WIN.INI aus mehreren Abschnitten zusammen, die jeweils von einem Abschnittsnamen eingeleitet werden.

Die meisten Eintragungen der WIN.INI lassen sich sehr bequem mit Hilfe der *Systemsteuerung* aus der Gruppe *Zubehör* verändern. Die Systemsteuerung übernimmt dabei auch die Aktualisierung der Datei WIN.INI.

In der folgenden Tabelle sind die Abschnitte im Überblick dargestellt.

Abschnittsname	Erklärung/Inhalt/Wirkung
[windows]	Informationen über den Umgang mit angeschlossenen Geräten, Blinkgeschwindigkeit des Cursors, Mausgeschwindigkeit, beim Start von Windows automatisch aufzurufende Programme, Angaben über die von Programmen verwendeten Dateinamenserweiterungen (COM, EXE, BAT und PIF). Die Eintragungen können mit den Optionen *Maus*, *Tastatur*, *Signalton*, *Desktop* und *Netzwerk* vorgenommen werden. Beispiel: *BorderWidth=3* gibt an, daß die Breite des Fensterrahmens 3 ist.
[desktop]	Hier werden die Spezifizierungen über die Bitmaps und Hintergrundbilder abgelegt. Mit der *Desktop*-Option der Systemsteuerung lassen sich diese Angaben ändern. Beispiel: *Wallpaper=Autos.bmp* gibt an, daß als Hintergrundbild die Autos gewählt sind.

Abschnittsname	Erklärung/Inhalt/Wirkung
[extensions]	Soll bei [Doppelklick] auf einer Benutzerdatei automatisch die erzeugende Anwendung gestartet werden, so wird in diesem Abschnitt die Dateinamenserweiterung zusammen mit der kompletten Spezifizierung der erzeugenden Programmdatei angegeben.

- **Beispiel**

TXT=NOTEPAD.EXE^.TXT, was bedeutet, daß bei [Doppelklick] auf einer Datei mit der Erweiterung TXT zunächst der Notizblock, dann auch die Textdatei geladen werden. Mit Hilfe der Option *Datei --> Verknüpfen* des Datei-Managers lassen sich diese Eintragungen ändern und ergänzen.

Einige Programme fügen an dieser Stelle bei ihrer Installation automatisch entsprechende Eintragungen ein.
Beispiel: XLS=EXCEL.EXE^XLS gibt an, daß beim [Doppelklick] auf Dateien mit der Erweiterung XLS zunächst Excel und dann die entsprechende Datei geladen wird.

Abschnittsname	Erklärung/Inhalt/Wirkung
[INTL]	Informationen über Datum, Zeit, Währungssymbol, Anzahl der Nachkommastellen, Dezimaltrennzeichen und Angaben zum Maßsystem werden in diesem Abschnitt aufgeführt. Sämtliche Eintragungen dieses Abschnittes lassen sich über die Option *Ländereinstellungen* der Systemsteuerung ändern.

Abschnittsname	Erklärung/Inhalt/Wirkung
	Beispiel: sCountry=Deutschland gibt an, daß alle Ländereinstellungen sich standardmäßig auf Deutschland beziehen.
[ports]	Sämtliche unter Windows ansprechbaren Schnittstellen werden hier mit ihren Eigenschaften aufgelistet. Dies sind alle seriellen Anschlüsse (COM#:) und die parallelen Schnittstellen (LPT#:). Dazu kann auch der Namen der Datei spezifiziert werden, die als Druckdatei fungiert. Wird MS-Windows 3.0 in der DOS-Box von OS/2 gestartet, so werden hier die *LPT#:.OS2*-Schnittstellen aufgeführt. Wird das Schlüsselwort FILE:= aufgeführt, so werden Sie beim Ausdruck aufgefordert, den Dateinamen anzugeben, in den die Daten "gedruckt" werden sollen. Über die Systemsteuerung können mit der Option *Anschlüsse* die Zuordnungen dieses Abschnittes verändert werden. Sollen neue Schnittstellen hinzugefügt werden, so verwenden Sie den Notizblock zum Editieren dieser Datei. Beispiel: *COM1:=9600,n,8,1* Für die serielle Schnittstelle COM1: wird die Übertragungsrate mit 9600 Baud, keine Paritätsüberprüfung, Wortlänge von 8 Bits und 1 Stoppbit definiert.

Abschnittsname	Erklärung/Inhalt/Wirkung
[fonts]	Sämtliche Schriften, die für die Datenausgabe auf dem Bildschirm verantwortlich sind, werden hier aufgelistet. Beispiel: *Roman (Alle Auflösungen)=ROMAN.FON* gibt an, daß die Informationen für die Schriftart ROMAN in der Datei ROMAN.FON gespeichert ist. Es sind alle Auflösungen in dieser Datei zusammengefaßt.
[FontSubstitutes]	Zuordnung von Schriftart-Bezeichnungen zu Windows-Schriften. Beispiel: *Helvetica=Arial*, wird die Schrift Helvetica von einem Programm aus angefordert, wird sie durch den TrueType-Font Arial ersetzt.
[TrueType]	Zusätzlich installierte TrueType-Fonts.
[Sounds]	Zuordnung einzelner Klangfolgen zu Windows-Ereignissen. Beispiel: *SystemExclamation=akkord.wav, Hinweis* bedeutet, daß bei einem Hinweis (= SystemExclamation) die Klangfolge AKKORD.WAV ertönen soll.
[MCI Extensions]	Zuordnung von Dateitypen über die Erweiterung zu MCI-Treibern.
[Embedding]	Festlegung der Programme, die am OLE-Datenaustausch teilnehmen.

Abschnittsname	Erklärung/Inhalt/Wirkung
[PrinterPorts]	Hier erscheinen alle Drucker und Plotter, die Sie installiert haben. Dazu werden auch die Übertragungsparameter spezifiziert, sofern der Drucker oder Plotter an eine serielle Schnittstelle angeschlossen ist. Beispiel: *PCL/HP LaserJet=HPPCL,Lpt1:, 15,45*, dabei bedeutet *15* die Fehlerwartezeit in Sekunden, *45* die Zeit die verstreicht, bevor ein erneuter Druckversuch unternommen wird. Postscript-Drukker können Sie hier auf eine Wiederholungsrate von etwa 200 bis 300 Sekunden setzen.
[Windows Help]	Einstellung der Größe des Hilfe-Fensters, wenn die Hilfe mit [F1] aufgerufen wird.
[devices]	Hier werden nur die aktiven Drucker aufgelistet. Die Angaben entsprechen denen im Abschnitt [PrinterPorts], jedoch ohne Angabe der Fehlerwartezeiten. Die Einstellungen dieses Abschnittes müssen mit den Spezifizierungen im Abschnitt [PrinterPorts] harmonieren. Sollte dies nicht der Fall sein, so kann es zu Problemen beim Ausdrukken und Ansprechen von Druckern kommen.

Abschnittsname	Erklärung/Inhalt/Wirkung
[devices] (Fortsetzung)	Beispiel: *PCL / HP LaserJet= HPPCL,LPT1:* spezifiziert als aktiven Drucker den HP-LaserJet. Gibt weiterhin an, daß der Druckertreiber HPPCL(.DRV) heißt, daß der Drucker an LPT1: parallel betrieben wird.
[HPPCL,LPT1]	Nur wenn Softfonts genutzt werden, erscheint dieser Eintrag in der WIN.INI. Es wird angegeben, in welcher Datei die nutzbaren Softfonts aufgelistet sind (z.B.: *FSLPT1.PCL*).
[colors]	Für die Bildschirm- und Fensterelemente von Windows werden hier die Farben in Form von RGB-Werten (Rot-Grün-Blau) festgelegt. Beispiel: *AppWorkspace=255 255 255* bedeutet, daß der Arbeitsbereich der Programme weiß ist, da sämtliche Farbanteile mit ihrem vollen Wert von 255 repräsentiert sind. Die additive Farbmischung ergibt dann Weiß als Ergebnisfarbe.
[Paintbrush]	Informationen über die Standardwerte einer neuen Zeichnung.
[Terminal]	Spezifizierung der Kommunikationsschnittstelle (Keine, COM#:).

Abschnittsname	Erklärung/Inhalt/Wirkung
[MSWrite]	Angabe der in Write verfügbaren Schriftarten.
[Microsoft Excel]	Spezieller Abschnitt, der nur erscheint, wenn MS-Excel installiert ist.
[PageMaker]	Spezieller Abschnitt, der nur erscheint, wenn PageMaker installiert ist. Spezifiziert die Konfigurationsdatei PM.CNF, in der die Standardeinstellungen von PageMaker gespeichert sind.

Die wichtigsten Parameter für die WIN.INI-Datei werden in den ANSI-Dateien WININI.TXT und WININI2.TXT auf Deutsch beschrieben. Diese Dateien können Sie problemlos im Notizblock ansehen und von dort auch ausdrucken.

B-3.3 CONTROL.INI

Die Datei CONTROL.INI beschreibt Farben, Hintergrundmuster und Bitmap-Muster zur Gestaltung der Windows-Oberfläche. Auf die dort eingetragenen Daten kann über die Option *Farben* der Systemsteuerung zugriffen werden.

Abschnittsname	Erklärung/Inhalt/Wirkung
[current]	Gibt das aktuelle Farbschema an.
[color schemes]	Listet alle verfügbaren Farbschemata im Hexadezimalcode auf. Über die Option *Farben* der Systemsteuerung können im Feld *Farbschema* diese Schemata aktiviert werden.

Abschnittsname	Erklärung/Inhalt/Wirkung
[Custom Colors]	Spezifizierung der von Ihnen definierten Farben. Über die Option *Farben* der Systemsteuerung können mit Hilfe des Schalters *Selbstdefinierte Farben* eigene Farben erzeugt werden. Diese würden in diesem Abschnitt als Hexadezimalcode aufgelistet.
[Patterns]	Die verfügbaren Bitmuster werden mit ihren Parametern und Namen aufgelistet. Über die Systemsteuerung können sie mit der Option *Desktop* aktiviert werden.
[Drivers.desc]	Angabe der Multi-Media-Treiber. Beispiel: *mcicda.drv=[MCI] CD-Audio* beschreibt den Treiber für CDs für das Media Control Interface.
[Userinstallable.drivers]	Hier wird aufgeführt, welche Treiber von Ihnen installiert wurden. Beispiel: *Wave=sndblst.drv* für Wave-Dateien (*.WAV) wird der Soundblaster über den Treiber SNDBLST.DRV angesprochen.

B-3.4 PROGMAN.INI

Diese Datei dient ausschließlich zur Festlegung der Standards des Programm-Managers. Es sind zwei Abschnitte vorhanden:
- Settings
- Groups

Abschnittsname	Erklärung/Inhalt/Wirkung
[Settings]	Festlegung der Fenster- und Rahmengröße (*Window=*), Aktivierung der Möglichkeit, beim Beenden des Programm-Managers die Änderungen zu speichern (*SaveSettings=*), ob der Programm-Manager als Symbol abgelegt werden soll, wenn eine Anwendung gestartet wird (*MinOnRun=*) und, ob die Sinnbilder in den Fenstern automatisch angeordnet werden sollen (*AutoArrange=*).
[Groups]	Information über die Dateien, die die Informationen über die Anwendungsgruppen enthalten. Beispiel: *Group1=C:\WIN\SPIELE.GRP*, spezifiziert, daß die Informationen über die Gruppe *Spiele* in der Datei SPIELE.GRP im Verzeichnis \WIN auf der Festplatte C: enthalten sind.

B-3.5 WINFILE.INI

Ähnlich wie die Initialisierungsdatei für den Programm-Manager, enthält die Datei WINFILE.INI die Initialisierungdaten für den Datei-Manager. Dies ist im wesentlichen nur der Abschnitt *[Settings]*, in dem beispielsweise festgelegt wird, daß die Statuszeile eingeschaltet ist (*StatusBar=1*) oder die Anzeige in Großbuchstaben erfolgt (*LowerCase=0*).

B-3.6. Andere INI-Dateien

Zahlreiche Programme benötigen zum fehlerfreien Lauf eigene, oft umfangreiche INI-Dateien. Meist sind dies solche Programme, die Sie unter Windows laufen lassen, aber nicht immer. Auch Programme wie MS-Word 5.0 haben eigene INI.Dateien. Selbst zum Starten des DOS-Prompt ist eine eigene INI-Datei nötig (DOSAPP.INI).

Insgesamt sollten Sie sich beim direkten Umgehen mit den Initialisierungsdateien strikt an die Regel halten, zunächst immer (!!) Sicherungskopien der zu verändernden INI-Datei an einem sicheren Ort speichern.
Benutzen Sie immer einen Editor, der in der Lage ist, nicht formatiert zu speichern, wie etwa der *Editor* aus der Gruppe *Zubehör*.

B-4. PIF-Dateien

 Während typische Windows-Programme die Eigenschaften von MS-Windows 3.1 voll nutzen können, ist diese Eigenschaften bei DOS-Anwendungen nicht per se vorhanden. Zur Nutzung dieser Programme unter Windows müssen Windows Ablaufinformationen mitgeteilt werden, die darüber entscheiden, wie der Speicher genutzt wird, ob die Programme in einem Fenster oder als Vollbild laufen sollen, und ob Multitasking-Betrieb erwünscht ist.

Diese Informationen werden in speziellen Dateien auf der Festplatte gespeichert. Diese Dateien werden *program information files* (= Programm-Informations-Dateien) oder kurz *PIF-Dateien* genannt.

Werden mit Hilfe des Setup-Programms DOS-Applikationen in die Gruppe *Andere Anwendungen* integriert, so werden automatisch entsprechende PIF-Dateien angelegt, die bei Aktivierung des entsprechenden Sinnbilds aufgerufen werden.
Die dort genannten Ausführungsoptionen stellen dann Windows so ein, daß ein fehlerfreies Ablaufen des Programmes gewährleistet ist.

Je nachdem, in welchem Modus MS-Windows abläuft, stellen sich die Parameter in den PIF-Dateien unterschiedlich dar.
Um PIF-Dateien anlegen und editieren zu können, wird die Anwendung *PIF-Editor* aus der Gruppe *Zubehör* genutzt.

B-4.1 PIF-Dateien für den Standard-Mode

Wird der PIF-Editor im Standard-Mode aufgerufen, so stellt er folgende Möglichkeiten zur Verfügung.

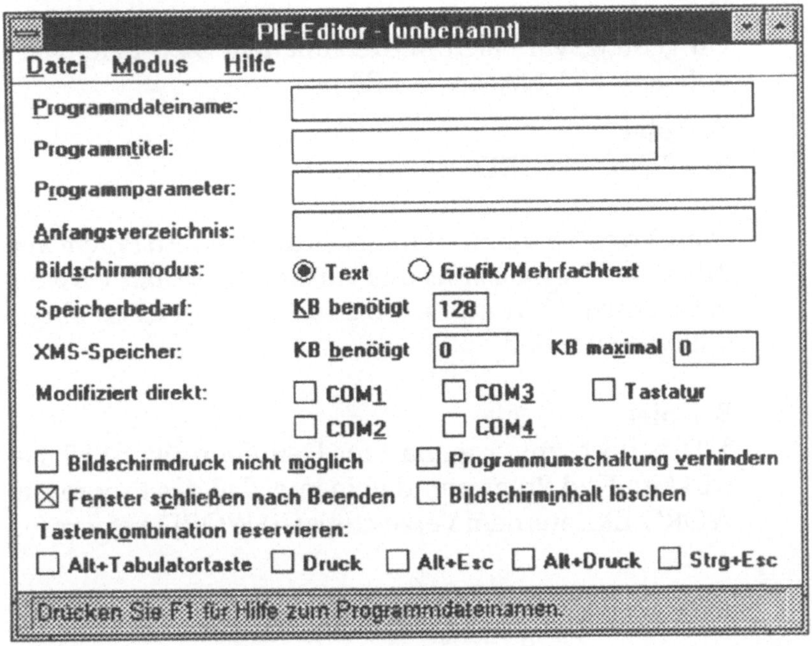

Abb. B-4.1 PIF-Editor im Standard-Mode

Option	Erklärung
Programmdateiname	Geben Sie hier den Namen der Programmdatei inklusive des Pfades und der Erweiterung an. Der Pfad weist in das Verzeichnis, in dem die Programmdatei eingetragen ist. Andernfalls findet Windows nicht die angegebenen Programmdatei. Beispiel: dBASE IV befindet sich im Verzeichnis C:\DBASE. Sie tragen ein: *C:\DBASE\DBASE.EXE.* Hier ist der Gebrauch von DOS-Umgebungsvariablen möglich. In diesem Feld muß eine Eintragung vorgenommen werden!

✗ Hinweis
Umgebungsvaribalen werden mit dem DOS-Befehl SET
definiert: SET NAME=WERT

Beispiel
SET TP=C:\WORD\WORD.EXE

Diese Variablennamen können in den Feldern *Programmdateiname*, *Programmtitel* und *Anfangsverzeichnis* verwendet werden. Dort müssen Sie in Prozentzeichen eingeschlossen werden.

Beispiel
%TP% noch zuvor gemachter Definition über SET bewirkt im Feld Programmdateiname, daß das Programm
WORD.EXE aus dem Verzeichnis C:\WORD aufgerufen
wird.

Über die Verwendung der Umgebungsvariablen ist es somit
möglich, mit nur einer PIF-Datei auf den verschiedensten
Workstations ganz unterschiedliche Programme in sehr individuellen Arbeitsumgebungen aufzurufen. Für Systemverwalter bietet sich da eine ganz neue Dimension der Trans-
parenz mit Hilfe parametrisierter Arbeitsumgebungen.

Allerdings muß der Umgebungsspeicher des COM-
MAND.COM bei intensiver Nutzung der Umgebungsvariablen
entsprechend hoch gesetzt werden. Es bietet sich die Eintragung *COMMAND.COM /E:4096/P* an, um einen Befehlsinterpreter mit 4 kB Umgebungsspeicher als permanenten Interpreter
zu laden.

Für die Textverarbeitung mit Word bietet sich beispielsweise
ein Satz von Variablen an für den Programmnamen *TP*, für den
Programmtitel *TT* und für das Anfangsverzeichnis *TA*. Analog
könnte man für jedes DOS-Programm einen Satz von Variablen definieren. Die Zuordnung könnte mit Hilfe einer Batch-
Datei SETVAR.BAT erfolgen, die gegebenenfalls über CALL
aus der AUTOEXEC.BAT aufgerufen wird.

In dieser Batch-Datei befinden sich die Zeilen:
SET TA=C:\WORD\WORD.EXE
SET TT=Textverarbeitung oder *SET TT=Microsoft Word 5.0*
SET TA=individuelles Textverzeichnis

Später wird in der PIF-Datei dann wie folgt eingetragen:

Abb. B-4.2 Variablengebrauch im PIF-Editor

Als Systemverwalter kann man mit einem einzigen Satz an optimierten PIF-Dateien von Workstation zu Workstation gehen. Die eigentliche Wertzuweisung erfolgt dann ausschließlich über Workstation-individuelle SETVAR-Dateien.

Die Fehlermeldung beim Abspeichern der parametrisierten PIF-Dateien übergehen Sie einfach. Sie hat keinerlei Auswirkungen auf die Funktionsfähigkeit der PIF-Datei.

Die weiteren Eingabemöglichkeiten:

Option	Erklärung
Programmtitel	Hier sollten Sie einen beschreibenden Titel eintragen. Wird die Anwendung als Symbol abgelegt, so wird dieser Titel unter dem Symbol angezeigt. Läuft die Anwendung im Fenster, so erscheint dieser Titel als Fenstertitel.

Option	Erklärung
	Die Verwendung von Variablen ist in diesem Feld möglich. Beispiel: Für dBASE IV tragen Sie beispielsweise ein *Ashton-Tate dBASE IV*, oder vielleicht auch *Borland dBase IV*?!
Programmparameter	Zahlreiche Programme können durch Angabe eines oder mehrerer Parameter in ihrer Wirkungs- und Arbeitsweise gesteuert werden. Als Parameter kommen häufig Dateinamen in Frage, die direkt nach Aufrufen einer Applikation in dem entsprechenden Programm geladen werden sollen. Beispiel: Bei MS-Word 5.0 kann als Parameter der Name des Textes angegeben werden, der direkt nach dem Starten von Word bearbeitet werden soll. Bei dBASE IV kann hier eine Programmdatei angegeben werden, die direkt nach dem Aufrufen von dBASE IV abgearbeitet werden soll. Sehen Sie in das Handbuch zu der entsprechenden Applikation, um sinnvolle Parameter hier einzutragen. Ein Fragezeichen bewirkt, daß beim Aufruf der Datei ein Parameter abgefragt wird.

Option	Erklärung
Anfangsverzeichnis	Soll die Applikation aus einem anderen Verzeichnis heraus gestartet werden als das aktuelle Windows-Verzeichnis, so wird hier ein entsprechender Eintrag vorgenommen. Auch das Laufwerk kann hierüber bestimmt werden. Umgebungsvariablen können hier verwendet werden. Beispiel: Word soll aus einem Verzeichnis \TEXTE heraus aufgerufen werden, da dort die Datei STANDARD.DFV individuelle Druckformatvorlagen für die Bearbeitung von User-Texten zur Verfügung stellt. Sie geben ein: C:\TEXTE.
Bildschirmmodus	Windows muß wissen, wie das zu startende Programm mit dem Bildschirm umgeht. Handelt es sich um Programme, die ausschließlich im Textmodus arbeiten, so wählen Sie hier *Text*, nutzt das Programm die Grafikmodi aus, so wird hier *Grafik/Mehrfachtext* angekreuzt. Da der Bildschirmspeicher in einzelne Seiten aufgeteilt werden kann, nutzen einige Programme mehrere Textseiten zur schnellen Darstellung auf dem Bildschirm. Davon leitet sich die Bezeichnung *Mehrfachtext* ab. Diesen Modus sollten Sie insbesondere dann

Option	Erklärung
	wählen, wenn Sie nicht genau wissen, wie das Programm, das über die PIF-Datei aufgerufen wird, Ihren Bildschirm nutzt. Beispiel 1: Sie möchten für dBASE IV diesen Parameter festlegen. dBASE IV nutzt ausschließlich den Textmodus. Sie wählen: *Text*. Beispiel 2: Sie möchten mit MS-Word 5.0 unter Windows arbeiten. MS-Word kann sämtliche Grafik-Modi Ihres Rechners nutzen, wenn es beispielsweise die Textattribute auch tatsächlich auf dem Bildschirm darstellt. Sie wählen: *Grafik/Mehrfachtext*.
Speicherbedarf	Hier geben Sie an, wieviel konventioneller Speicher im Bereich zwischen 0 und 640 kB mindestens frei sein muß, um die Applikation zu laden. Unabhängig von diesem Wert stellt Windows dem Programm dann den gesamten Speicher zur Verfügung, wenn nur diese Applikation geladen wird. Steht weniger Speicher zur Verfügung, so erfolgt die Ausgabe einer Fehlermeldung, und das Programm wird nicht gestartet. Der Standardwert von 128 kB stellt in den meisten Fällen eine sinnvolle Eintragung dar. *-1* stellt maximal möglichen Speicher zur Verfügung, *0* bewirkt, daß bis zur Obergrenze sämtlicher verfügbarer Speicher bereitgestellt wird.

Option	Erklärung

XMS-Speicher

XMS ist eine Abkürzung von *Extended Memory Specification* und bezeichnet eine Absprache zwischen den Herstellern *Microsoft*, *Lotus*, *Intel* und *Ast* über die Nutzung und Adressierung des Erweiterungsspeichers oberhalb von 1 MB Hauptspeicher. Machen Sie hier nur dann vom Standardwert 0 abweichende Angaben, wenn das Programm dies unbedingt benötigt. Wenn Sie dem Programm den gesamten Erweiterungsspeicher zur Verfügung stellen wollen, geben Sie hier *-1* ein. MS-Windows lagert sich dann auf die Festplatte aus, so daß dem Anwendungsprogramm der gesamte Speicher zur Verfügung gestellt werden kann. Eine Verlangsamung der Abarbeitung von Windows ist häufige Folge. Nur sehr wenige Programme benötigen extended Memory

Modifiziert direkt

Hier geben Sie an, ob das Programm direkt auf die Rechnerschnittstellen zugreift und auf diese direkt einwirken kann. Zu diesen Schnittstellen gehören die seriellen Anschlüsse COM1: bis COM4: und der Tastaturpuffer. Wenn die Anwendung über eine eigene Tastatursteuerung verfügt, ist es unter Umständen nicht mehr möglich, zu Windows

Option	Erklärung
	zurückzuschalten. Die Applikation muß dann zuerst geschlossen werden, bevor eine Rückkehr zu Windows möglich ist. Häufige Folge ist, daß es nicht möglich ist, Daten über die Zwischenablage mit anderen Programmen auszutauschen. Insbesondere wenn Sie mit Kommunikationsprogrammen arbeiten, muß Windows wissen, daß die Applikation direkt auf die seriellen Schnittstellen zugreift.
Bildschirmdruck nicht möglich	Das Ankreuzen dieser Option dient der Speicherersparnis. Ein Datenaustausch zwischen der Applikation und anderen Anwendungen über die Zwischenablage ist dann nicht möglich. Die Tasten [Druck] und die Kombination [Alt]+[Druck] ist dann deaktiviert. Sollten Sie nicht genau wissen, ob Ihre Applikation diese Option benötigt, so lassen Sie sie unberührt.
Fenster schließen bei Ende	Wenn Sie möchten, daß das einer Anwendung zugewiesene Fenster beim Verlassen der Anwendung automatisch geschlossen werden soll, so wählen Sie diese Option. Ist diese Auswahl nicht markiert, so werden sie beim Verlassen des Programms zum Drücken einer Taste aufgefordert, um Windows wieder zu aktivieren.

Option	Erklärung
Programmumschaltung verhindern	Normalerweise kann zwischen den aktiven Applikationen umgeschaltet werden. Ist dies nicht gewünscht - etwa wegen zu geringer Speicherkapazität - so sollten Sie diese Option ankreuzen. Das Programm kann dann nicht offen im Speicher belassen werden, während andere Applikationen aktiviert werden, sondern muß zuvor geschlossen werden.
Bildschirminhalt löschen	Aus Gründen der Speicherökonomie kann man anweisen, daß sich Windows den Inhalt des Bildschirmspeichers nicht merken muß. Kreuzen Sie dazu diese Option an. Das funktioniert nur dann, wenn die aufgerufene Applikation über eigene Prozeduren zur Wiederherstellung des Bildschirminhaltes verfügt.
Abkürzungstasten reservieren	Wenn das Programm bestimmte Tasten oder Tastenkombinationen zur eigenen Steuerung benötigt, die auch unter Windows bestimmte Funktionen haben, so können Sie diese Kombinationen für das zu startende Programm reservieren. Sie stehen dann allerdings nicht mehr in Windows zur Verfügung, so lange die Applikationen geöffnet ist.

Der PIF-Editor verfügt über die folgenden Menüoptionen:

Menü	Erklärung
	Hierüber wickeln Sie das Laden und Speichern von PIF-Dateien ab. Mit *Beenden* verlassen Sie den PIF-Editor.
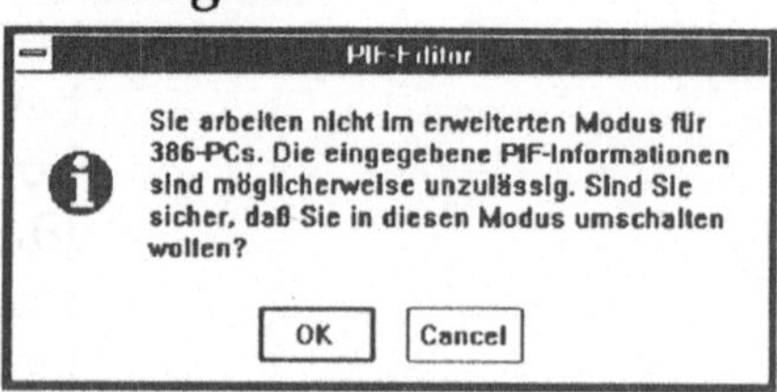	Sie können im *Modus*-Menü den Modus des PIF-Editors - nicht jedoch von Windows selbst - wählen. Bei der Auswahl von *Standard* erhalten Sie die Parameterfelder für den Real- und Standard-Mode, bei der Auswahl von *386 erweitert* können Sie auch solche Funktionen editieren, die ausschließlich im 386er Modus genutzt werden können. Wenn Sie diesen Modus wählen, sich jedoch im Standard- oder Real-Mode befindet, so zeigt Windows Ihnen dies mit einer Warnmeldung an:

Auch der umgekehrte Fall wird mit einer Warnung signalisiert.

Die *Hilfe*-Funktion verhält sich analog zu der des Programm-Managers und wird nicht gesondert beschrieben. Sehen Sie bitte in Lektion 3 des ersten Teils nach, wenn Sie mehr über die Möglichkeiten der Hilfe wissen möchten.

B-4.2 PIF-Dateien für den erweiterten Mode

Wird der PIF-Editor im erweiterten Modus von Windows (386er Mode) aufgerufen, so können z.T. weiterreichende Optionen in seiner Maske eingestellt werden:

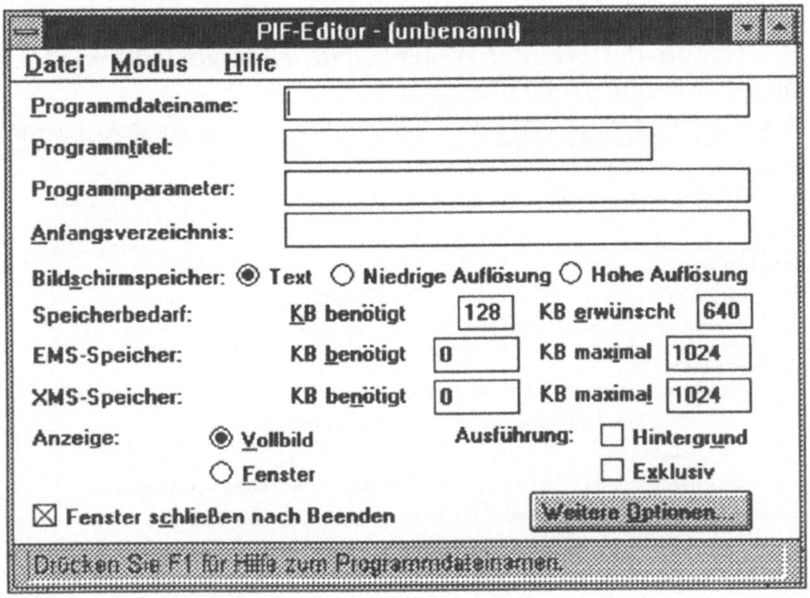

Abb. B-4.3 PIF-Editor im erweiterten Mode

Gleiche Angaben wie im Standard-Mode müssen zu folgenden Fragen gemacht werden:
- Programmdateiname
- Programmtitel
- Programmparameter
- Anfangsverzeichnis
- Speicherbedarf (benötigt/erwünscht) für Standardspeicher
- Fenster schließen bei Ende
- Reservieren von Abkürzungstasten

Diese Angaben werden hier nicht nochmals beschrieben.
Durch die umfangreicheren Möglichkeiten, die der 386er Prozessor seinen kleineren Verwandten gegenüber hat, sind auch spezielle Angaben für solche Programme zu machen, die im 386er Mode lauffähig sein sollen. Diese Angaben sind:
- Anzeigeart auf dem Bildschirm (Vollbild oder Fenster)
- Multitaskingoptionen
- Speicherausnutzung für Expansions- und Erweiterungsspeicher, High Memory-Bereich (HIMEM.SYS)
- Anzeigeoptionen für den Bildschirm
- Schnelles Einfügen über die Zwischenablage
- Hotkey für das schnelle Umschalten zum Programm

Diese Optionen lassen sich bestimmen, wenn im Fenster des PIF-Editors der Schalter *Weitere Optionen* angeklickt wird. Es öffnet sich eine große Dialog-Box.

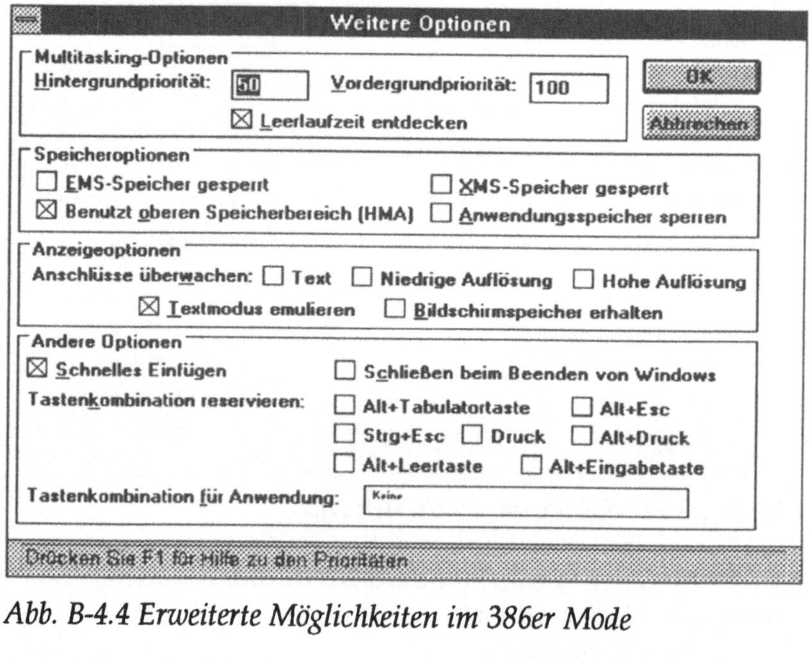

Abb. B-4.4 Erweiterte Möglichkeiten im 386er Mode

Folgende Optionsbereiche können beeinflußt werden:
- Multitasking-Optionen
- Speichermanagement
- Anzeigeoptionen
- Umgang mit dem Bildschirmspeicher
- Hot-Keys

Multitasking-Option	Erklärung
Prioritäten	Es stehen insgesamt 10.000 Einheiten zur Verfügung, die auf sämtliche Applikationen verteilt werden können. Entscheidend für die zugeteilte Prozessorzeit ist der relative Anteil, den jedes Programm für seine Vordergrund- und Hintergrundaktivitäten zugeteilt bekommt.
Leerlaufzeit entdecken	Während ein Programm auf eine Tastatureingabe wartet, kann die Prozessorzeit anderen aktiven Programmen zugeteilt werden. Soll dies geschehen, so muß diese Option angekreuzt werden.

Speicheroption	Erklärung
EMS-Speicher gesperrt	Verhindert - sofern angekreuzt - das Auslagern von Expanded Memory (vgl. B-6-3, S. 483) auf Festplatte. Dadurch wird mehr physikalischer Speicher verbraucht, was zu Lasten der anderen Applikationen geht, die dadurch langsamer werden können.
XMS-Speicher gesperrt	wie EMS-Speicher gesperrt, jedoch für Extended Memory (vgl. B-6.4, S. 485). Die High Memory Area ist davon nicht betroffen, da sie immer von der Auslagerung ausgeschlossen ist.

Speicheroption	Erklärung
Benutzt oberen Speicherbereich (HMA)	Jeder aufgerufenen DOS-Session wird ein eigener High Memory Bereich zugeordnet. Konflikte treten meist nur bei speicherresidenten Programmen (Netzwerktreiber usw.) auf.
Anwendungsbereich sperren	Verhindert (wenn angekreuzt) oder erlaubt das Auslagern von physikalischem, konventionellem Speicher auf die Festplatte.

Anzeigeoption	Erklärung
Anschlüsse überwachen	Legt fest, inwieweit Windows die programm-internen Parameter für die Darstellung auf dem Bildschirm überwacht und auf Übereinstimmung prüft. Nur wenn in der Vollbilddarstellung Probleme auftreten, sollten Sie nacheinander die Optionen *Text*, *Niedrige Auflösung* und *Hohe Auflösung* ankreuzen.
Textmodus emulieren	Sofern für die Darstellung im Textmodus die Standardprozeduren des ROM-BIOS (Basic Input/Output System) verwendet werden, wird diese Option angekreuzt.
Bildschirmspeicher erhalten	Veranlaßt Windows, den nicht benötigten Bildschirmspeicher nicht mehr an das System zurückzugeben, selbst wenn dieser frei würde. Nur bei Problemen ankreuzen.

Andere Optionen	Erklärung
Schnelles Einfügen	Wenn beim Datenaustausch über die Zwischenablage Probleme auftauchen sollten, wird empfohlen, dieses Feld nicht anzukreuzen. Der schnelle Datenaustausch zwischen Applikationen würde dann unterbunden.
Schließen beim Beenden von Windows	Nicht ganz ungefährlich: Normalerweise werden Sie beim Verlassen von Windows darauf hingewiesen, daß noch weitere "offene" DOS-Sessions im Speicher vorhanden sind. Wird diese Option angekreuzt, so unterbleibt dieser Hinweis mit der Folge, daß solche Daten verloren wären, die dann noch nicht auf der Platte gespeichert sind. Wenden Sie diese Option nicht auf Programme an, die Daten auf der Festplatte schreiben oder lesen.
Tastenkombination für Anwendung	Definition eines Hot-Key, über den eine geladene Applikation in den Vordergrund gebracht werden kann. Statt der Tastenkombination [Alt]+[Strg] kann auch [AltGr] verwendet werden. Um eine Eintragung zu löschen, geben Sie entweder: - [Shift]+[Rücktaste] , - [Rücktaste] oder - [Leertaste] ein. Dann steht im Eingabefeld wieder das Wort *Keine*.

Beispiel: PIF-Datei für MS-Word 5.0

Bei MS-Word 5.0 handelt es sich um eine DOS-Applikation, die folgende Eigenschaften hat, die für Windows-PIF-Dateien relevant sind:

- verfügt über eigene Bildschirmsteuerung
- kann nur im Vollbildmodus laufen
- soll in diesem Beispiel vom Anfangsverzeichnis \TEXTE auf der Festplatte gestartet werden
- kann nur im Vordergrund laufen
- Sowohl Expansions- als auch Erweiterungsspeicher sollen unabhängig vom tatsächlich eingebauten Speicher bis zu einer maximalen Größe von 1 MB (= 1024 kB) zugeteilt werden.
- Word arbeitet mit der hohen Grafikauflösung
- Word benötigt mindestens 128 kB, maximal soll der gesamte konventionelle Speicher in der Höhe von 640 kB zur Verfügung stehen. Das stellt kein Problem dar, da Word nur im Vollbildmodus im Vordergrund exklusiv läuft.

Tastenkombination [Strg]+[Esc]

In MS-Word wird die Tastenkombination [Strg]+[Esc] dazu verwendet, einen angewählten Befehl so abzubrechen, daß man sich wieder im Befehlsmenü befindet und nicht in der Texteingabe. Die gleiche Kombination wird von Windows dazu verwendet, die Taskliste aufzurufen. Die Windows-Funktion hat eine höhere Priorität, so daß Sie bei Betätigen von [Strg]+[Esc] auch von Word aus die Task-Liste aktivieren können. Diese Funktion sollten Sie nicht sperren, da so ein schnelles Wechseln nach Windows möglich ist. Zu einer Kollision der beiden Funktionen, die zum Absturz des Programms führen könnte, kommt es nicht.

Die beiden folgenden Abbildungen zeigen die typischen Eintragungen in der PIF-Datei für MS-Word 5.0 im erweiterten Modus:

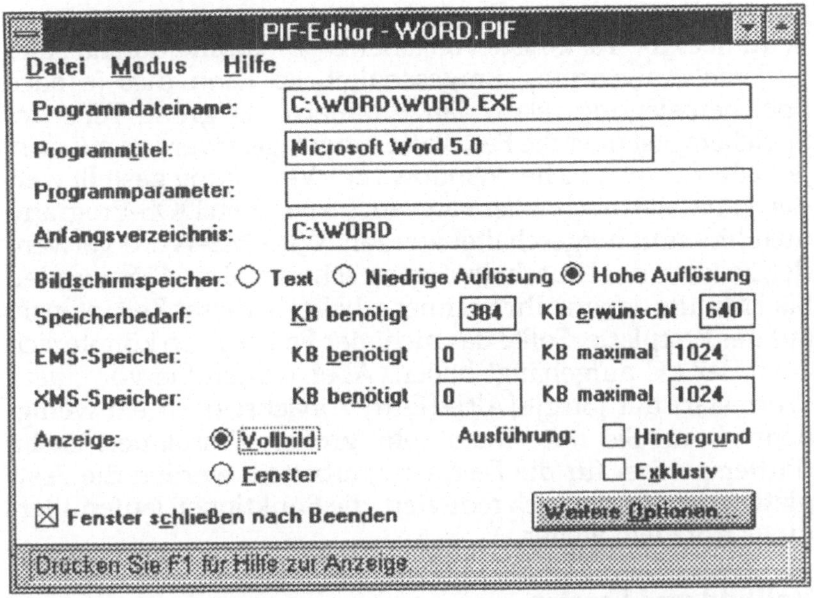

Abb. B-4.5 Einstellungen in der PIF-Datei für MS-Word 5.0

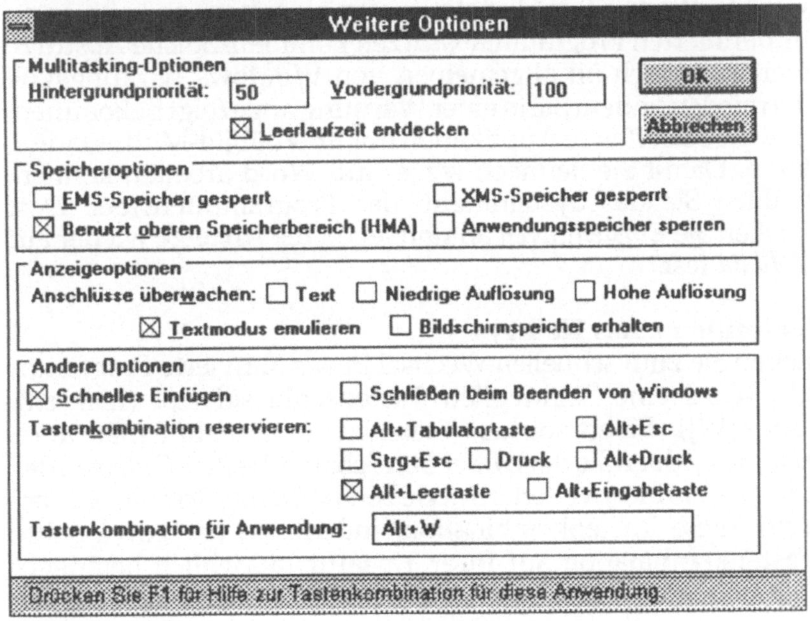

Abb. B-4.6 Weitere Optionen für MS-Word 5.0

Umschalten zwischen Programmen
Wird über die Task-Liste von einer DOS-Applikation zu einer
anderen Anwendung umgeschaltet, so kann dies je nach
Speicherbelegung relativ lange dauern, da große Teile des
Speichers erst über die Festplatte umgelagert werden müssen.
Je mehr Hauptspeicher Windows zur Verfügung gestellt werden kann, desto schneller kann auch zwischen DOS-Programmen hin- und hergeschaltet werden. Wird MS-Word verwendet, so kann der Umschaltvorgang schon mal ca. 45 Sekunden
bis 1 Minute dauern. Ihr Rechner arbeitet in dieser Zeit intensiv
auf der Festplatte. Sollte das nicht der Fall sein, so könnte sich
auch der PC aufgehängt haben. Aber warten Sie vor einem
Warmstart mit [Strg]+[Alt]+[Entf] zunächst noch ein wenig,
denn wenn Sie mit einem sehr großen Festplatten-Cache
(Pufferspeicher für die Festplatte) arbeiten, werden die Festplattenzugriffe deutlich reduziert, die Funktionen laufen allerdings trotzdem weiter.

Vollbild und Fenster
Wird versucht, über [Alt]+[Return] eine Vollbild-Applikation
wie MS-Word 5.0 im Fenster laufen zu lassen, so kann es zu
undefinierten Programmabstürzen kommen. Solche Abstürze
werden jedoch im allgemeinen von Windows wirkungsvoll
vermieden, indem Sie in einer Warnung angezeigt bekommen,
daß die betreffende Applikation nur im Vollbild-Modus laufen
kann. Damit Sie dennoch weiter mit Word arbeiten können,
wählen Sie das Systemmenü des Programmfensters. Dort
klicken Sie *Einstellungen* an und legen die Anzeige wieder auf
Vollbild fest.

Definition eines Hotkeys
Legen Sie zum schnellen Wechsel in das aktivierte Programm
MS-Word einen sinnvollen Tastenschlüssel fest (hier z.B.
[Alt]+[W]). Einen solchen Tastenschlüssel nennt man auch
Hotkey. Wählen Sie dazu über den Schalter *Weitere Optionen* des
PIF-Editors im erweiterten Mode bei *Abkürzungstaste für Anwen-
dung* diese Tastenkombination, indem Sie die gewünschte
Tastenkombination auf Ihrer Tastatur tatsächlich betätigen.
Die gedrückte Tastenkombination wird dann statt der Vorgabe
Keine automatisch angezeigt.
Einen definierten Hotkey löschen Sie über die Tastenkombina-
tion [Alt]+[Rücktaste].

Gehen Sie bei der Definition eines Hotkey vorsichtig um. Bedenken Sie , daß zahlreiche [Alt]-Tastenkombinationen in Windows dazu benutzt werden können, die Menüoptionen über die Tastatur zu aktivieren. Nachdem einmal ein Hotkey definiert wurde, hat dieser höhere Priorität als die Standardfunktion in Windows. Insbesondere, wenn sie Makros programmiert haben, kann es passieren, daß vollkommen unvorhersehbare Aktionen eingeleitet werden, die dann zu unkontrollierbaren Situationen führen oder abgebrochen werden müssen.

✗   Hinweis
Im allgemeinen sind die Parameter, die während der Integration von solchen Anwendungen, die nicht speziell für Windows konzipiert und über das Setup-Programm eingebunden wurden, bereits so optimiert, daß keine Veränderungen vorgenommen werden müssen. Es könnten allenfalls Anpassungen an Ihre Speichernutzung und an die Ablaufsteuerung durch Vergabe von Vordergrund- und Hintergrundprioritäten nötig werden.

Die Dateien, die Sie mit dem PIF-Editor erstellen, erhalten beim Abspeichern automatisch die Erweiterung PIF. Dies verleiht ihnen den Rang eines ausführbaren Programms. Somit können PIF-Dateien auch in die Gruppen des Programm-Managers als Programm eingebunden werden.

Häufig hilft ein wenig experimentieren, um die richtigen Parameter für die PIF-Dateien zu erhalten.

B-5 Datenfernübertragung mit TERMINAL

Wenn Sie Windows kaufen, befindet sich im Lieferumfang ein Kommunikationsprogramm mit Namen *Terminal*. Bei der Installation wird dieses Programm in der Gruppe *Zubehör* eingetragen. Mit Hilfe dieses Zusatzprogramms ist es möglich, mit der Außenwelt über Akustikkoppler oder Modem zu kommunizieren. Diese Kommunikation erlaubt es, Einzeldaten und ganze Dateien in den unterschiedlichsten Formaten zu senden und zu empfangen. Empfangene Daten können als Datei auf der Festplatte gespeichert werden. Eine spätere Nachbearbeitung beispielsweise von Texten ist dabei genauso möglich wie die Nutzung eines Programms, das von einem anderen Rechner übertragen wurde.

Wird das Programm *Terminal* aufgerufen, ist folgendes Fenster zu sehen:

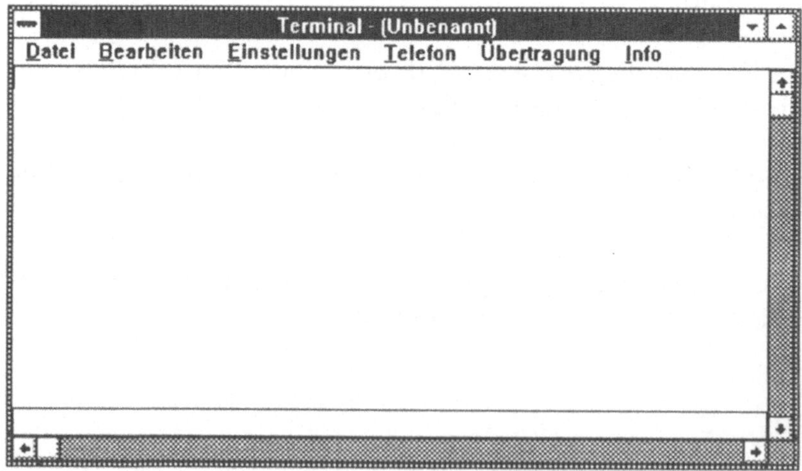

Abb. B-5.1 Fenster der Anwendung **Terminal**

Auf der Arbeitsoberfläche des Fensters erscheinen die Daten, die gesendet oder empfangen werden. Weiterhin lassen sich nach der Belegung der Funktionstasten mit spezifischen Funktionen für Terminals (DEC VT 100 und DEC VT 52) diese Zuweisungen darstellen.

Die folgende Tabelle gibt Ihnen einen Überblick über die wesentlichen Funktionen des *Terminal*-Menüs:

Menüoption	Beschreibung

Datei
Neu
Öffnen...
Speichern
Speichern unter...
Druckereinrichtung...
Beenden

Das Handling mit Dateien (Neuanlegen, Speichern), die Installation und Auswahl des Druckers sowie das Verlassen von Terminal sind über das *Datei*-Menü möglich.

Bearbeiten
Kopieren   Strg+C
Einfügen   Strg+V
Senden   Strg+Umschalt+Einfg
Alles markieren
Puffer löschen

Um empfangene Daten nach dem Markieren in die Zwischenablage zu kopieren (*Kopieren*), oder Daten, die sich in der Zwischenablage befinden, zu senden (*Senden*) und in die aktuelle Datei einzufügen (*Einfügen*) bedient man sich des *Bearbeiten*-Menüs. Darüber hinaus ist die Markierung der gesamten aktuellen Daten möglich (*Alles markieren*), etwa um die markierten Daten in die Zwischenablage zu bringen. Daten, die zwar nicht auf dem Bildschirm sichtbar sind, doch im Puffer stehen, können über *Puffer löschen* entfernt werden.

Einstellungen
Telefonnummer...
Terminal-Emulation...
Terminal-Einstellungen...
Funktionstasten...
Textübertragung...
Binärübertragung...
Datenübertragung...
Modembefehle...
Druckerecho
Zeitmessen
Funktionstasten anzeigen

Umfangreiche Einstellungen werden über dieses Menü vorgenommen. Mit *Druckerecho* wird die Protokollfunktion des Druckers ein- und ausgeschaltet, die bewirkt, daß der ganze Übertragungsvorgang auf dem Drucker protokolliert wird. Mit *Zeitmessen* wird die Übertragungszeit gemessen, um zeitabhängige Kosten überprüfen zu können.

Menüoption	Beschreibung
	Schließlich können die über *Funktionstasten* belegten Funktionstasten am unteren Bildschirmrand angezeigt werden mit Hilfe der Menüoption *Funktionstasten anzeigen*.
Telefon Wählen Aufhängen	Eine Telefonnummer, die über *Einstellungen --> Telefonnummer* eingegeben wurde, kann mit der Option *Wählen* angewählt werden. Der Hörer wird aufgelegt mit *Aufhängen*.
Übertragung Textdatei senden... Textdatei empfangen... Textdatei ansehen... Binärdatei senden... Binärdatei empfangen... Anhalten Fortsetzen Abbrechen	Die eigentliche Übertragung von Text- und Binärdaten wird über dieses Menü eingeleitet, angehalten und beendet.
Info Info...	Über Info kann schließlich noch die Version des Terminal-Programms abgefragt werden.

B-5.1   Über COM1: und Modem kommunizieren

Über die serielle Schnittstelle Ihres Rechners, die mit COM1: bezeichnet wird und über diesen Namen auch angesprochen wird, möchten Sie die aktuellen Börsendaten empfangen, dann mit MS-Excel oder einem Spezialprogramm wie pcKISS weiterbearbeiten.

Die folgende Abbildung illustriert das Problem:

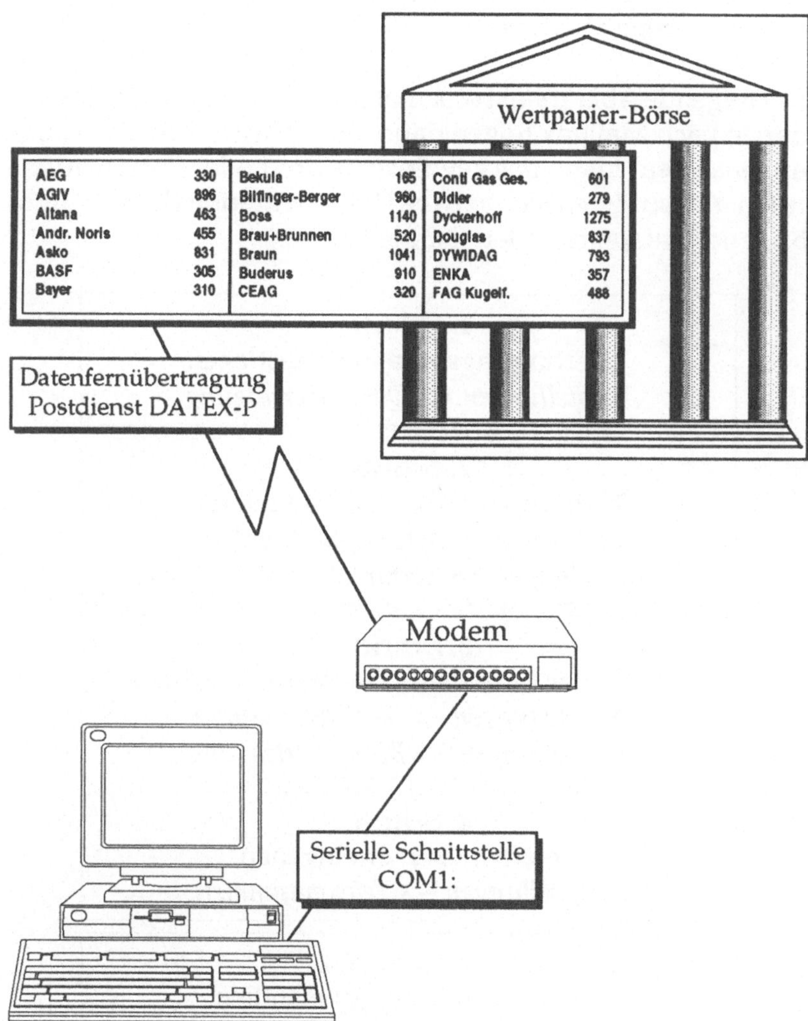

Abb. B-5.2 Datenfernübertragung

Problemlösung

Die Lösung des oben genannten Problems in MS-Windows
erfolgt prinzipiell in mehreren Schritten, die in der folgenden
Skizze grafisch aufbereitet sind, damit Sie nicht den Überblick
verlieren. Die Lösung individueller Modem-Anpassungen wird
in diesem Buch nicht geleistet, da die Vielfalt in diesem Bereich

so groß ist, daß sie den Rahmen des vorliegenden Buches bei
weitem sprengen würde.

Der folgende Ablauf stellt schematisch den Verbindungsaufbau
dar. Je nach Mailbox folgen dann jene Schritte, die nötig sind,
um nach dem Login das gewünschte Brett oder Forum aufzurufen. Konsultieren Sie dazu die Dokumentation Ihrer Mailbox
bzw. des entsprechenden Online-Dienstes.

1. Schritt:
Übertragungsparameter festlegen
Einstellungen --> Datenübertragung

2. Schritt:
Terminaleigenschaften definieren
Einstellungen --> Terminal Emulation
Einstellungen --> Terminal Einstellungen

3. Schritt:
Text- oder Binärdatei-Transfer auswählen
Einstellungen --> Textübertragung
Einstellungen --> Binärübertragung

4. Schritt:
Telefonnummer eingeben
Einstellungen --> Telefonnummer

5. Schritt:
Telefonverbindung herstellen
Telefon --> Wählen

6. Schritt:
Daten senden/empfangen
Übertragung --> Textdatei senden/empfangen
Übertragung --> Binärdatei senden/empfangen

Zuerst lesen - dann wählen!

Ganz wichtig: Bevor Sie mit dem Aufbau der Kommunikation beginnen, lesen Sie intensiv die diversen Handbücher durch. Insbesondere bei der Auswahl der Übertragungsparameter richten Sie sich bitte nach den Angaben des Modem- bzw. Akustikkoppler-Herstellers und den Maßgaben der Bundespost - besonders bei der Übertragungsgeschwindigkeit. Das Studium der Handbücher, die Sie von Betreibern externer Mailboxen und Datenbanken erhalten, beinhalten die Befehle, die Sie benötigen, um Ihre Online-Recherche erfolgreich und fehlerfrei durchzuführen. Hier gilt die Regel: **Erst lesen, dann wählen**. Dieses Verfahren spart sehr viel Nutzungs- und Telefongebühren!

Wenn Sie "nur" zwischen zwei PCs eine Verbindung über die serielle Kommunikationsschnittstelle COM1: herstellen möchten, können Sie allerdings beliebig experimentieren, aber bitte nicht mit wertvollen Programmen oder unersetzlichen Daten.

1. Schritt: Übertragungsparameter festlegen

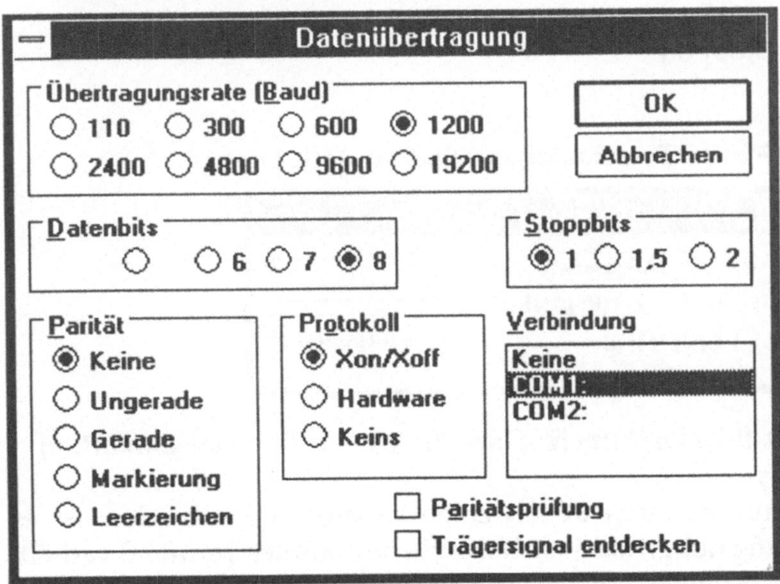

*Abb. B-5.3 Die Optionen bei **Einstellungen --> Datenübertragung***

Legen Sie entsprechend den Ausführungen der Handbücher
Ihres Modems oder Akustikkopplers in der in Abbildung 7.7
dargestellten Dialog-Box die Parameter fest, die die Übertragung
bestimmen. Achten Sie dabei unbedingt darauf, daß auf Sen-
der- und Empfängerseite die gleichen bzw. passenden Parameter eingestellt sind.

Wenn Sie wissen möchten, was die einzelnen Parameter bedeuten und wie sie funktionieren, so lesen Sie bitte die Ausführungen ab S. 472 nach.

Übereinstimmung sicherstellen

Alle Parameter, die Sie bei *Einstellungen Datenübertragung* festlegen, müssen identisch auch bei Ihrem Kommunikationspartner definiert sein. Nur welche Schnittstelle (COM1: oder
COM2:) Ihr Partner benutzt, ist unerheblich für das Gelingen
einer Kommunikation. Sie sollten zur Not vor der eigentlichen
Datenübertragung telefonisch die Parameter abklären.

Häufig wird in Mailboxen die Einstellung *8N1* benutzt.

Das bedeutet:

- Wortlänge 8 Bits
- keine Paritätsüberprüfung
- 1 Stoppbit

2. Schritt: Terminaleigenschaften definieren

Abb. B-5.4 Optionen bei Einstellungen --> Terminal-Emulation

Wenn sie Ihren PC an einen Hostrechner anbinden, ist es
häufig nötig, daß er sich wie ein bestimmtes Terminal verhält.
Das bedeutet, daß der Großrechner (Hostrechner, Mainframe)
meint, er würde seine Daten nicht an einen anderen Computer,
sondern nur an ein Terminal senden. Dies nennt man unter

Fachleuten *Terminal Emulation*. In Windows ist es möglich, unter drei verschiedenen Typen auszuwählen.

Terminal-Option	Beschreibung
TTY (Allgemein)	Wenn Sie nicht genau wissen, welches Terminal von dem Hostrechner angesprochen werden soll, wählen Sie das allgemeine Terminal. TTY steht dabei für die Bezeichnung *Teletype*. Es werden nur Formatanweisungen für Carriage Return, Line Feed und den Tabulator an den Host gesendet.
DEC VT-100 (ANSI), DEC VT-52	Zwei weit verbreitete spezielle Terminaltypen von DEC. Wählen Sie diese nur, wenn Sie genau wissen, daß der Hostrechner damit etwas anfangen kann.

Nachdem der PC bzw. das Terminal-Programm nun weiß, welches Terminal (= Datenendgerät) es emulieren soll, werden die weiteren Parameter spezifiziert in *Einstellungen --> Terminal-Einstellungen*.

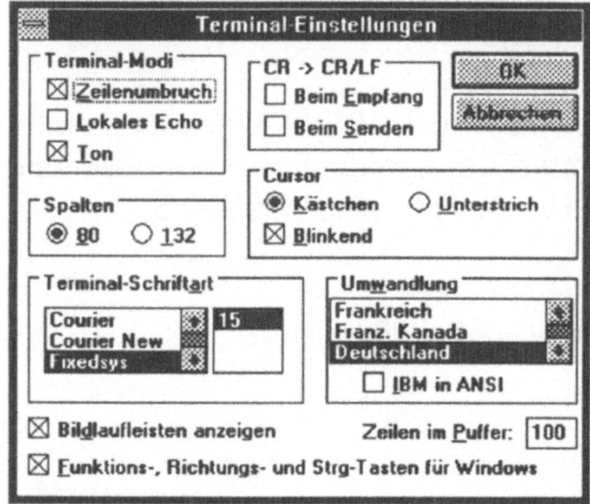

Abb.B-5.5 Einstellungen --> Terminal-Einstellungen

Die dabei zur Auswahl stehenden Möglichkeiten lesen Sie im Detail bitte ebenfalls ab S. 472 nach. Sollten Sie nicht genau wissen, welche Terminal-Parameter in Ihrem individuellen Fall benötigt werden, so fragen Sie entweder im Rechenzentrum nach, an dem Sie angeschlossen sind, oder beim Betreiber der Datenbank bzw. Mailbox, aus der Sie Informationen erhalten möchten. Von Experimenten ist im allgemeinen abzuraten, da diese meist sehr teuer kommen, da während Ihrer Versuche die Telefongebühren weiterlaufen.

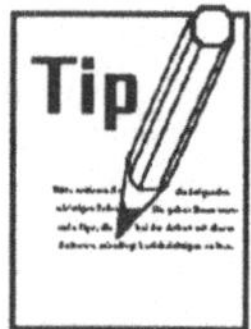

✗ Modembefehle eingeben
Wenn Sie Modem-Befehle eingeben müssen, um eine Verbindung herzustellen und aufrechtzuhalten, so besteht die Möglichkeit, diese mit dem Befehl *Einstellungen --> Modem-Befehle* einzugeben.
Sehen Sie in Ihrem Modem-Handbuch nach, um die entsprechenden Befehle auszuwählen. Voreinstellungen existieren für *Hayes*, *MultiTech* und *Trail Blazer* und dazu kompatible Modems.

3. Schritt: Text- oder Binärdatei-Transfer auswählen
Jetzt müssen Sie sich entscheiden, welche Dateiart Sie übertragen bzw. empfangen möchten. Unter einer Textdatei versteht man all jene Dateien, die unformatierten Text enthalten; alle anderen sind Binärdateien.

Beispiele für reine Text- oder auch ASCII-Dateien sind sämtliche Batchdateien. Sämtliche Programmdateien, Grafiken und formatierte Texte sind als Binärdateien zu verstehen.

Textdatei übertragen/empfangen
Wählen Sie *Einstellungen --> Textübertragung*.

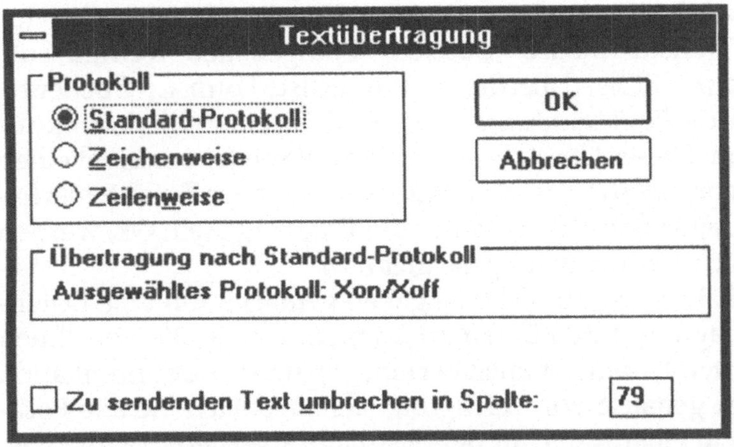

*Abb. B-5.6 Optionen unter **Einstellungen --> Textübertragung***

Legen Sie zunächst fest, wie die Daten übermittelt werden sollen. Dabei spielt die Kontrolle des Datenflusses eine wichtige Rolle. Die Auswahlmöglichkeiten *Standard-Protokoll*, *Zeichenweise* und *Zeilenweise* bezeichnen die Art und Weise, wie die Daten übermittelt werden und welche Fehlerroutinen genutzt werden sollen. Die Auswahl hängt ganz wesentlich von der von Ihnen genutzten Hardware ab.

Des weiteren können Sie angeben, an welcher Stelle des Empfängerbildschirms ein Zeilenumbruch stattfinden soll. Standard ist Spalte 79.

Binärdatei übertragen/empfangen
Wählen Sie *Einstellungen --> Binärübertragung*.

*Abb. B-5.7 Optionen unter **Einstellungen --> Binärübertragung***

Hier wird nun spezifiziert, welches Übertragungsprotokoll für den Transfer binärer Dateien herangezogen werden soll. *XModem/CRC* ist dabei die heute üblichste Form. *CRC* bedeutet dabei *Cyclic Redundancy Check* und ist ein Fehlerkorrektursystem. Dieses Übertragungsprotokoll sendet zunächst einen Satz von 128 Bytes und wartet dann, ob diese Bytes fehlerfrei übertragen wurden. Kommt vom Empfänger ein Ok, werden die nächsten 128 Bytes gesendet usw.

Jetzt haben Sie sämtliche Angaben gemacht, um eine Datenübertragung durchführen zu können. Damit alle von Ihnen gesetzten Parameter auch bei einer späteren Kommunikation wieder genauso zur Verfügung stehen, sollten Sie alle Parameter in einer Datei auf der Festplatte speichern. Wählen Sie dazu *Datei --> Speichern unter*, geben Sie den Dateinamen an, und klicken Sie das *Ok*-Feld an. Die Folge: beim nächsten Mal stehen sämtliche Einstellungen nach dem Laden dieser Datei wieder zur Verfügung - langatmiges Einstellen entfällt somit, der Spaß an der Datenübertragung steigt.

4. Schritt: Telefonnummer eingeben

Jetzt ist es an der Zeit, die Verbindung zu Ihrem Kommunikationspartner herzustellen. Dazu geben Sie über *Einstellungen --> Telefonnummer* zunächst die gewünschte Telefonnummer an:

Abb. B-5.8 Eingabe der Telefonnummer

Geben Sie jetzt die Nummer der Gegenstelle an. Zwischen der Vorwahlnummer und der eigentlichen Rufnummer kann auch ein Bindestrich eingegeben werden.

✗ **Hinweis für Anwender einer Nebenstellenanlage**
Wenn Sie von einem Anschluß einer Nebenstellenanlage
aus, die eine 0 benötigt, um in das Postnetz zu gelangen,
die Verbindung herstellen möchten, so geben Sie diese 0
gefolgt von einem Komma als erste Ziffer ein. Das Komma verursacht eine kurze Pause, die bei Nebenstellenanlagen häufig benötigt wird, um eine freie Amtsleitung zu
finden.

5. Schritt: Telefonverbindung herstellen

Der eigentliche Wählvorgang wird über *Telefon --> Wählen*
ausgelöst.

Verbindung herstellen im Überblick:

Einstellungen Telefonnummer Telefonnummer eingeben.
[0,] bei Nebenstellenanlagen mit
Null-Vorwahl eingeben.

Warten auf Verbindung Verbindung beenden, wenn in
der angegebenen Zeit keine Verbindung zustande kam. Zeit in
Sekunden angeben.

Wahlwiederholung nach Wartezeit Erneuter Versuch, wenn die Wartezeit beendet ist.

Tonsignal bei Verbindung Ton bei erfolgreicher Verbindung.

Telefon Wählen Wählen und Verbindung herstellen.

Telefon Aufhängen Hörer auflegen.

6. Schritt: Daten senden/empfangen

Jetzt endlich kommen wir in die heiße Phase der externen Kommunikation: Senden und Empfangen von Daten.

Abb. B-5.9 Das Menü **Übertragung**

✗ Achtung: Speichern von Daten und Programmen
Nur wenn Sie über *Übertragung --> Textdatei empfangen* oder *Übertragung --> Binärdatei empfangen* das Terminal-Programm angewiesen haben, die empfangenen Daten in einer Datei zu speichern, wird dies auch getan, andernfalls erscheinen zwar die empfangenen Daten auf dem Bildschirm - bei richtiger Verbindung, nicht jedoch auch zur späteren Verwendung auf der Festplatte. Dies gilt sowohl für Text- als auch für Binär-Daten.

Neben dem Spezifizieren der zu sendenden Datei bzw. der Datei, in der empfangene Daten gespeichert werden sollen, können Sie in diesem Menü auch den Ablauf der Übertragung regeln und beeinflussen.

Option	Beschreibung
Anhalten	Sie halten die Übertragung einer Datei an durch Senden eines Unterbrechungssignals. Eine Wiederaufnahme der Übertragung ist möglich.

Option	Beschreibung
Fortsetzen	Nach einer Pause wird die Übertragung einer Datei fortgesetzt.
Abbrechen	Die Übertragung einer Datei wird endgültig beendet.

Inhalt der Zwischenablage senden

Neben der Möglichkeit, "normalen" Text aus einer Datei bzw. ein Programm zu senden, ist es auch möglich, den Inhalt der *Zwischenablage* an den Partner zu senden. Voraussetzung dafür ist natürlich, daß in der Zwischenablage bereits etwas abgelegt wurde.

✗ Inhalt der Zwischenablage senden
Wählen Sie *Bearbeiten Senden* entweder durch Anklicken mit der Maus, oder geben Sie die Tastenkombination [Strg]+[Shift]+[Einfg] ein. Da in der Zwischenablage auch Grafiken oder Hardcopies vom Bildschirm abgelegt werden können, ist es leicht möglich, außer Text jede beliebige Art visueller Information auszutauschen.

Gesendete Grafik in der Zwischenablage ablegen

Auch wenn Ihnen eine Grafik übermittelt wird, können Sie diese in die Zwischenablage kopieren.

✗ Gesendete Grafik in die Zwischenablage kopieren
Halten Sie zunächst, sobald die Grafik komplett übermittelt wurde, die Übertragung an (*Übertragung --> Anhalten*). Markieren Sie die gewünschte Grafik mit dem Mauszeiger. Wählen Sie *Bearbeiten --> Kopieren*, um die markierten Stellen im Fenster in die Zwischenablage zu kopieren. Setzen Sie die Übertragung fort mit *Übertragung --> Fortsetzen*.

Im folgenden werden die einzelnen Übertragungsparameter genauer beschrieben.

B-5.2 Kommunikationsparameter

Bei der Festlegung der Übertragungsparameter über *Einstellungen --> Datenübertragung* haben Sie folgende Möglichkeiten in der Applikation *Terminal*:

Option	Beschreibung
Übertragungsrate (bps)	Möglich sind die angegebenen Baud-Raten - genauer *Bits per Second* (bps). Üblicherweise finden Übertragungen mit 300, 1200 oder 2400 bps statt. Sehen Sie in das Modem-Handbuch, um die entsprechende, vom Modem verarbeitbare Übertragungsgeschwindigkeit einzustellen. Standard: 1200 Baud.
Datenbits	Wortlänge oder Bitbreite der übertragenen Daten. Anzahl der Bits, die ein Zeichen definieren. Meistens ist die Wortlänge 7 oder 8 Bit, nur in sehr seltenen Ausnahmefällen verlangt die Hardware eine Wortlänge, die darunter liegt (Fernschreiber usw.). Standard sind 8 Bit.
Stoppbits	Wie werden die einzelnen Zeichen getrennt. Stoppbits sind nicht wirkliche Bits, die übertragen werden, sondern nur Pausen, um die einzelnen Zeichen zu trennen, daher auch der "krumme" Wert von 1,5 Bits. Standard: 1 Bit.

Option	Beschreibung
Parität	Art der Fehlerüberprüfung mit Hilfe der Prüfsumme. Die Prüfsumme kann *ungerade* oder *gerade* sein. Soll keine Paritätsüberprüfung stattfinden: *Keine*. Wenn die Wortlänge 8 Bits beträgt, so wird als Parität immer *Keine* gewählt, da sämtliche zur Verfügung stehenden Bits bereits durch die Wortlänge verbraucht sind. Eine Paritätsüberprüfung kann dann nicht mehr stattfinden. Wird *Ungerade* gewählt, so wird bei der Übertragung ein weiteres Bit der Wortlänge zugefügt. Ist die Prüfsumme *Gerade*, wird das zugefügte Bit auf 1 gesetzt, um die Summe ungerade zu machen. Ist hingegen die Summe bereits ungerade, so erhält das zugefügte Bit den Wert 0 und verändert die Prüfsumme nicht. Im Fall der Auswahl von *Gerade* erfolgt die Belegung des Prüfbits genau in der entgegensetzten Art und Weise. *Markierung* bedeutet, daß das Prüfbit (8. Bit) immer vorhanden ist. *Leerzeichen* gibt an, daß das 8. Bit nicht vorhanden ist.

Option	Beschreibung
Protokoll	Kontrolle des Datenflusses. Besonders bei den hohen Übertragungsgeschwindigkeit kann es vorkommen, daß mehr Daten eingehen als in einer Datei gespeichert werden können. Über *Protokoll* wird definiert, was der Rechner machen soll, wenn der Datenpuffer gefüllt ist. *Xon/Xoff* heißt dabei soviel wie Transmission (= Übertragung, mit *X* bezeichnet) ein/aus. Diese Option bewirkt, daß ein Signal dann an das Daten sendende Gerät geschickt wird, wenn das Daten empfangende Gerät bereit ist, eben diese zu empfangen. Beim Datenempfang kann bei vollem Puffer Ihr Rechner den Sender "fernsteuern". Diese Methode könnte man auch als "Software-Handshaking" bezeichnen. Dies wird am häufigsten als Kontrolle der Übertragung (Übertragungsprotokoll) benutzt. Wird das Handshaking allerdings von der Hardware bewirkt, so muß die Option *Hardware* gewählt werden. Sollte keine von beiden Methoden benutzt werden, so wählen Sie die Option *Keine*.

Option	Beschreibung
Anschluß	Hier geben Sie an, an welcher seriellen Schnittstelle Ihr Modem angeschlossen ist. Wenn Sie zwei Rechner direkt über Null-Modemkabel verbinden, wählen Sie die Option *Keine*.
Paritätsprüfung	Es wird gezielt das Byte überprüft, in dem ein Fehler gefunden wurde, wenn Sie diese Option ankreuzen.
Trägersignal entdecken	Kreuzen Sie diese Option an, wenn Ihr Modem über eine eigene Methode zur Feststellung eines Trägersignals verfügt. Andernfalls kreuzen Sie hier nicht an, sondern verwenden die in *Terminal* integrierte eigene Methode.

Bei *Einstellungen —> Terminal-Einstellungen* stehen in der Anwendung *Terminal* folgende Parameter zur Verfügung.

Parameter	Beschreibung
Terminal-Modi	Hier geben Sie an, wie sich das zuvor definierte Terminal verhalten soll: *Zeilenumbruch* bewirkt, daß die Zeilen an die tatsächliche Bildschirmbreite angepaßt werden.

Parameter	Beschreibung
	Lokales Echo wird dann benötigt, wenn der Rechner, mit dem Sie kommunizieren, nur im Halb-Duplexbetrieb arbeiten kann, d.h. er kann nicht gleichzeitig Daten senden und Daten empfangen. Wenn Sie die von Ihnen eingegebenen Befehle beim Senden auch auf dem Bildschirm sehen möchten, sollten Sie *Lokales Echo* ankreuzen. Arbeiten Sie im Voll-Duplexbetrieb, so brauchen Sie diese Option nicht aktivieren. *Ton* bewirkt, daß akustische Zeichen übermittelt werden.
CR -> CR/LF	Hier legen Sie fest, ob ein Carriage Return (CR) in ein CR plus ein Line Feed (= Zeilenschaltung) umgewandelt werden soll. *Beim Empfang* klicken Sie an, wenn einkommende Daten nach dem oben genannten Verfahren behandelt werden sollen. *Beim Senden* kreuzen Sie an, wenn die Umwandlung auch bei ausgehenden Daten vorgenommen werden soll.
Spalten	Wählen Sie hier, wieviel Zeichen auf Ihrem Monitor pro Zeile dargestellt werden sollen. Standard: 80 Zeichen/Zeile

Parameter	Beschreibung
Cursor	Der Cursor kann entweder als *Kästchen* oder als *Unterstrich* festgelegt werden. Zusätzlich besteht die Möglichkeit, den Cursor blinken zu lassen zur besseren Auffindbarkeit im umgebenden Text (*Blinken*).
Terminal Schriftart	Hier legen Sie fest, in welcher Schriftart die Daten auf dem Monitor dargestellt werden sollen. Standard: *Fixedsys* In der links danebenliegenden Listbox wählen Sie die Schriftgröße. Standard: 15
Umwandlung	Um landesspezifische Sonderzeichen und Zeichensätze darzustellen, wird hier das gewünschte Land ausgewählt. Dabei ist zu beachten, daß auch der sendende Rechner diese Zeichensätze beherrscht. Andernfalls kommt es hier zu Falschanzeigen.
Bildlaufleisten anzeigen	Wenn Sie die Bildlaufleisten angezeigt bekommen möchten, klicken Sie diese Option an.
Zeilen im Puffer	Ankommende Daten werden zunächst in einen Puffer geschrieben. Hier können Sie angeben, wieviele Zeilen Sie gepuffert haben möchten. Die Eingaben müssen zwischen 25 und 400 liegen. Wenn Sie eine Zahl größer als 400 angeben, so setzt das Terminal-Programm die Anzahl auf 400 zurück. Standard: 100 Zeilen.

B-6. Speicherverwaltung

B-6.1 Real-Mode und Protected Mode

Das Betriebssystem MS-DOS kann maximal 640 kB Hauptspeicher verwalten, da es eigentlich für 8 Bit-Prozessoren der Serie Intel 8088, Intel 8086 und Intel 80186 konzipiert wurde. Diese Prozessoren nutzen hardwareseitig eine 20 Bit Adressierung. Das bedeutet, daß sie 2^{20} verschiedene Adressen (physikalisch) verwalten können. Diese Adreßmenge bewirkt, daß auf eine genauso große Anzahl von Speicherstellen zugegriffen werden kann, und das sind genau 1.048.576 (~ 1 MB). Mehr steht Rechnern mit diesen Prozessoren nicht zur Verfügung. Da der Speicherzugriff durch diese Prozessoren direkt, ohne weitere Kontroll- oder Schutzmechanismen durch Hard- oder Software geschieht, wird dieser Speicherzugriffsmode auch *ungeschützt* (= unprotected Mode) genannt. Dieser unprotected Mode des Prozessors wird heute mehr und mehr als *Real-Mode*, manchmal auch als *DOS-Mode* bezeichnet. Im Real-Mode kann demnach beliebig auf den Speicher bis zu 1 MB "unkontrolliert" zugegriffen werden. Der Speicher wird dabei in einzelne Segmente aufgeteilt, welche jeweils 64 kB groß sind. Der konventionelle Speicher besteht somit aus 10 Segmenten. Keines dieser Segmente kann gegen Überschreiben durch eine weitere Anwendung geschützt werden. Daraus folgt, daß immer nur eine Anwendung im Speicher angesiedelt sein kann.

Den Prozessoren Intel 80286 und 80386SX stehen für die Speicheradressierung 24 Bit zur Verfügung. Damit können durch diese Prozessoren 16.777.216 Speicherstellen (~ 16 MB) verwaltet werden. Bei den Typen Intel 80386 und 80486 können sogar 32 Adreßleitungen genutzt werden, womit etwa 4 GB (Gigabyte) adressiert werden können. Im Gegensatz zu dem ungeschützten Mode der 8088er und seiner Geschwister können diese Prozessoren einzelne Segmente des Speichers vor dem Überschreiben durch andere Anwendungen schützen. Somit können mehr als eine Anwendung im Speicher gehalten werden, ohne daß es zu Konflikten zwischen ihnen kommt, was eine wesentliche Voraussetzung für das Multitasking ist. Diese Eigenschaft der Prozessoren wird als *Protected Mode* (= geschützte Betriebsart) bezeichnet. Aufgrund weiterer Schutzmechanismen in der Speicherverwaltung können einige Segmente gegen Überschreiben absolut gesperrt werden. Das Betriebssystem OS/2 nutzt sämtliche Möglichkeiten des Protected Mode der oben genannten Prozessoren aus und ist daher auch ein echtes Multitasking-Betriebssystem.

Bei MS-Windows wird dieser Modus auch *386 erweitert* genannt. MS-Windows 3.1 nutzt einige Vorteile des Protected Mode der 386er Prozessoren aus. Im wesentlichen ist dies ein einfaches Multitasking und die Verwaltung von mehr als 640 kB. Der gesamte zur Verfügung gestellte Speicher kann unter Windows für Applikationen genutzt werden.
Darüber hinaus ist MS-Windows 3.1 in der Lage, die Festplatte als virtuellen Speicher zu nutzen. Dabei "tut Windows so" als wäre die Festplatte auch Arbeitsspeicher. Die Festplatte wird dabei zu virtuellem Speicher. Das Handling dieses Auslagerungsprozesses wird dabei über die Systemsteuerung, und dort die Option *386erweitert* geregelt. Die Verwaltung von virtuellen Geräten ist eines der typischen Merkmale von MS-Windows 3.1 im erweiterten Modus.

Je nachdem, in welchem Prozessor-Modus MS-Windows läuft, sind folgende Betriebsarten von Windows möglich:
- Standard-Modus unter Ausnutzung des Erweiterungs- speichers (Extended Memory)
- Erweiterter Modus (386er Protected Mode) unter Ausnutzung von Erweiterungsspeicher und Auslagerung von Daten auf die Festplatte (File-Swapping in virtuellen Speicher).

B-6.2 Speichersysteme

Je nach eingebautem Prozessor lassen sich unterschiedliche Speicherkapazitäten hardwareseitig verwalten. Man unterscheidet drei verschiedene Speichersysteme:
- konventioneller Speicher bis maximal 640 kB
- Expansionsspeicher (= Expanded Memory)
- Erweiterungsspeicher (= Extended Memory)

Konventioneller Speicher
Der konventionelle Speicher in Höhe von maximal 640 kB wird problemlos unter DOS verwaltet und auch voll ausgenutzt. Allerdings benötigt bereits das Betriebssystem etwa 150 kB dieses Speichers, so daß dem Anwender für seine Programme nur noch 490 bis 520 kB zur Verfügung stehen, je nach genutzter DOS-Version und installierter Treiberprogramme. Erst ab der Version 5.0 von MS-/PC-DOS und der Version 6 von DR-DOS läßt mit Hilfe von Speichermanagement-Software (EMM386.EXE) auch der Bereich der sog. *Upper Memory Blocks* nutzen. Dabei können sowohl Teile des Betriebssystems selbst als auch Treiber in den Bereich zwischen 640kB und 1024 kB geladen werden. In MS-DOS stehen dafür die Befehle DEVICEHIGH und LOADHIGH bzw. LH zur Verfügung. Das eigentliche Speichermanagement läuft dabei im wesentlichen über die Datei CONFIG.SYS. In dieser Konfigurationsdatei werden die Treiber HIMEM.SYS zur Verwaltung der High Memory Area und des Extended Memory sowie der Treiber EMM386 zur Verwaltung von Expanded Memory und der Upper Memory Blocks eingebunden.
In der Datei CONFIG.SYS müssen folgende Zeilen in der dargestellten Reihenfolge erscheinen:
1. Zeile: DEVICE=HIMEM.SYS
2. Zeile: DEVICE=EMM386.EXE Parameter
3. Zeile: DOS=HIGH,UMB

Der konventionelle Speicher kann dann sehr effektiv von DOS-Applikationen genutzt werden. Auch solche Anwendungen, die mit Hilfe von PIF-Dateien gestartet werden, können von dieser Speicherverwaltung Gebrauch machen.

✗ Verwenden Sie nur den mit MS-Windows 3.1 ausgelie-
ferten HIMEM.SYS, da alle anderen Versionen zu Fehlern bzw. Programmabstürzen führen können.

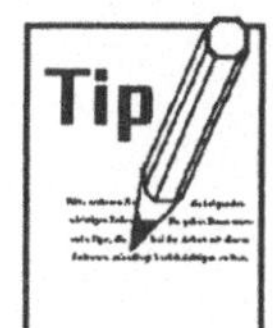

Viele PCs werden mittlerweile mit einem Speicher von mindestens 1 MB ausgeliefert. Jedoch kann häufig dieser Speicher gar
nicht vom Anwender genutzt werden, da das DOS ihm einen
Strich durch die Rechnung macht. Es helfen da spezielle Programme, die physikalisch verfügbaren Speicher als RAM-
Drive oder als Druckerpuffer nutzen, was häufig die
Arbeitsgeschwindigkeit des PCs erhöht.
Optimal läßt sich zweifellos das DOS auf 386er Maschinen
konfigurieren.

Die folgende Abbildung zeigt die Aufteilung des konventionellen Speichers.

Abb. B-6.1 Einteilung des konventionellen Speichers

Erweiterungsspeicher

Als Erweiterungsspeicher wird prinzipiell zunächst einmal jede Erweiterung Ihres Speichers über die Grenze von 640 kB verstanden. Die Notwendigkeit, den Speicher des PCs zu erweitern, entstand schon bald nach Erscheinen des PC auf dem Markt. Insbesondere Nutzer von Kalkulationswerkzeugen wie etwa Lotus 1-2-3 litten schnell und intensiv an der engen Begrenzung des konventionellen Speichers. Da die damals verwendeten Prozessoren jedoch nur ca. 1 Million Adressen zur Verfügung hatten, mußte eine Speichererweiterung in dem vom Prozessor adressierbaren Raum liegen. Im Klartext bedeutet dies, daß man nur noch im Upper Memory nach freien Stellen suchen konnte. Stellen also, die noch nicht von System-internen Karten, ROM-Adressen, Bildschirmspeicher und Ähnlichem belegt waren. Nach genauer Inspektion der Adressen zwischen 640.000 und 1.000.000 fand man einen Bereich von zusammenhängenden 64.000 Adressen, die noch nicht genutzt wurden. Diese Adressen konnte man auch zur Adressierung von Speicher benutzen. Voraussetzung dafür ist natürlich, daß auch wirklich Speicher physikalisch im PC installiert ist.

Nun setzten sich Entwickler der Firmen Lotus (*Lotus 1-2-3*), Intel (Prozessoren) und Microsoft (Betriebssystem) an einen Tisch und definierten einen Standard, der als LIM bezeichnet wird und auch heute noch in der aktuellen Version 4.0 gültig ist.

Dabei wird ein ca. 64.000 Adressen umfassender Bereich des Upper Memory als zusätzlich verfügbarer Adreßbereich für Arbeitsspeicher genutzt. Weiterhin kann dieses 64 kB große Fenster so geschickt in einen sehr viel größeren Speicher eingeschaltet werden, daß man immer gerade das in dem 64 kB großen Fenster sieht, was man angefordert hat. Dieses Verfahren wird häufig als *bank switching* bezeichnet.

Das 64 kB-Fenster wird so bis auf maximal 32 MB ausgedehnt. Man spricht dann auch von *Expanded Memory*. Wichtig für das Verständnis ist, daß diese Art der Speicher-Adressierung auch von den alten Prozessoren 8088 angesprochen werden kann, so man über einen Treiber (= Software) verfügt, der das Bank-Switching ermöglicht und nach LIM 4.0 arbeitet.

Um Expanded Memory nutzen zu können, muß ein Programm geladen werden, das die Verwaltung dieses Speichers übernimmt. Oft liegt den Programmen, die mit Expanded Memory arbeiten, ein solcher Treiber bei, der über die programmeigenen Einrichtungsprozeduren mit installiert wird.

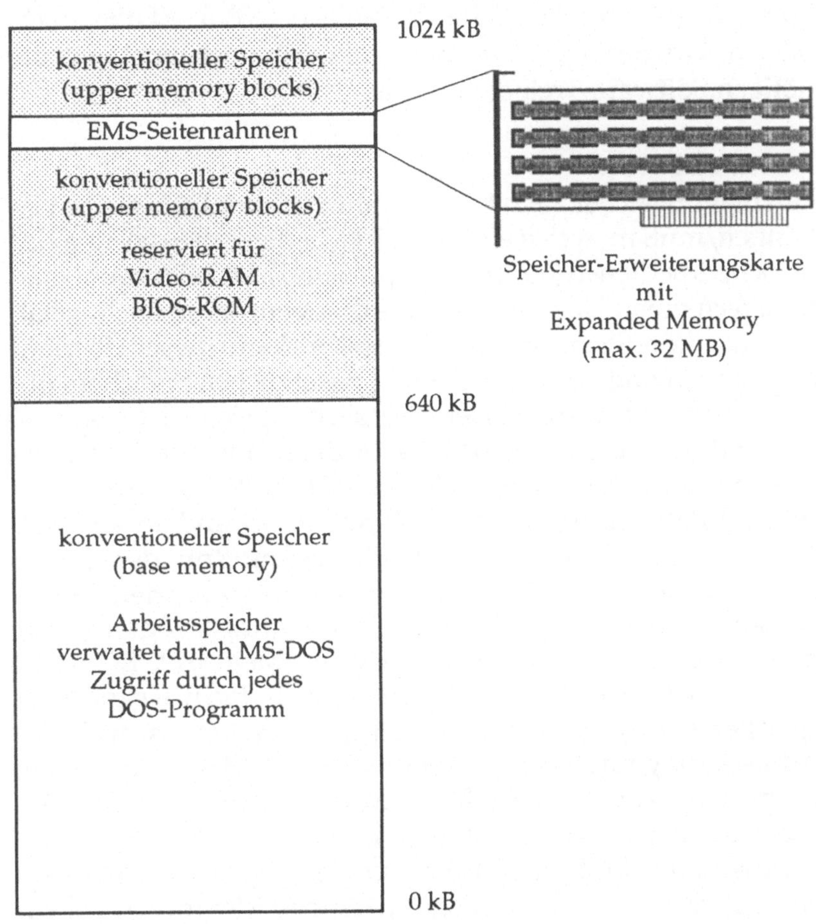

Abb. B-6.3 Expanded Memory

Der technologische Fortschritt bescherte uns Prozessoren, die - wie eingangs dieses Kapitels bereits erwähnt - weit mehr Adressen zu vergeben hatten und damit auch wesentlich mehr Speicher ansprechen können. Dieser Speicher kann dann jedoch nicht mehr innerhalb des 1MB großen Adreßraumes der

Prozessoren vom Typ 8088 liegen, sondern muß oberhalb der 1 MB Grenze angesiedelt werden. Nun verwendet das DOS intern leider nur die Prozessorbefehle des 8088 von Intel, so daß selbst bei noch so großem Speicher das DOS damit nichts anzufangen weiß. Zunächst behalf man sich damit, solchen Speicher als virtuelle Platte (RAMDRIVE.SYS, VDISK. SYS) oder als Drucker-Puffer zu nutzen, da man noch nicht über die nötigen Software-Treiber verfügte.

Extended Memory

Um mehr Speicher auch für Programme unter DOS nutzen zu können, muß man sich einiger Tricks in der Adressierung des Speichers bedienen (address wrap around). Dabei erzeugt man künstlich einen Überlauf in der Adressierung. Je nach Schaltung der Adreßleitungen des Prozessors kann dieser Überlauf abgefangen und zur Adressierung zusätzlichen Speichers unter DOS genutzt werden. Der zusätzliche Speicher ist knapp 64 kB groß (genau sind es 64 kB - 16 Byte) und wird als *High Memory* bezeichnet. Die Datei HIMEM.SYS bewirkt genau diesen Effekt. Sie wird mit MS-Windows 3.1 und ab MS-DOS 4.x ausgeliefert. In der Datei CONFIG.SYS muß nur der Eintrag DEVICE=HIMEM.SYS vorgenommen werden, um den Treiber zu aktivieren. HIMEM.SYS ist ein Verwaltungsprogramm für den Erweiterungsspeicher (= Extended Memory). Es macht zum einen die Adressierung für den installierten Erweiterungsspeicher verfügbar und generiert darüber hinaus auch die Adressierung für die High Memory Area (HMA). Nur wenige Programme können unter DOS etwas mit dem Extended Memory anfangen. Voraussetzung ist nämlich, daß die Limitierungen des DOS mehr oder weniger geschickt umgangen werden. MS-Windows kann das Extended Memory in vollem Umfange nutzen, denn es umgeht gerade die DOS-Beschränkungen.

Auf der folgenden Seite ist der Erweiterungsspeicher schematisch dargestellt. Da es sich dabei um ein Modell handelt, kann man genauswenig exakte Adressen daraus ablesen wie die reale Größe der einzelnen Speicherbereiche abschätzen.

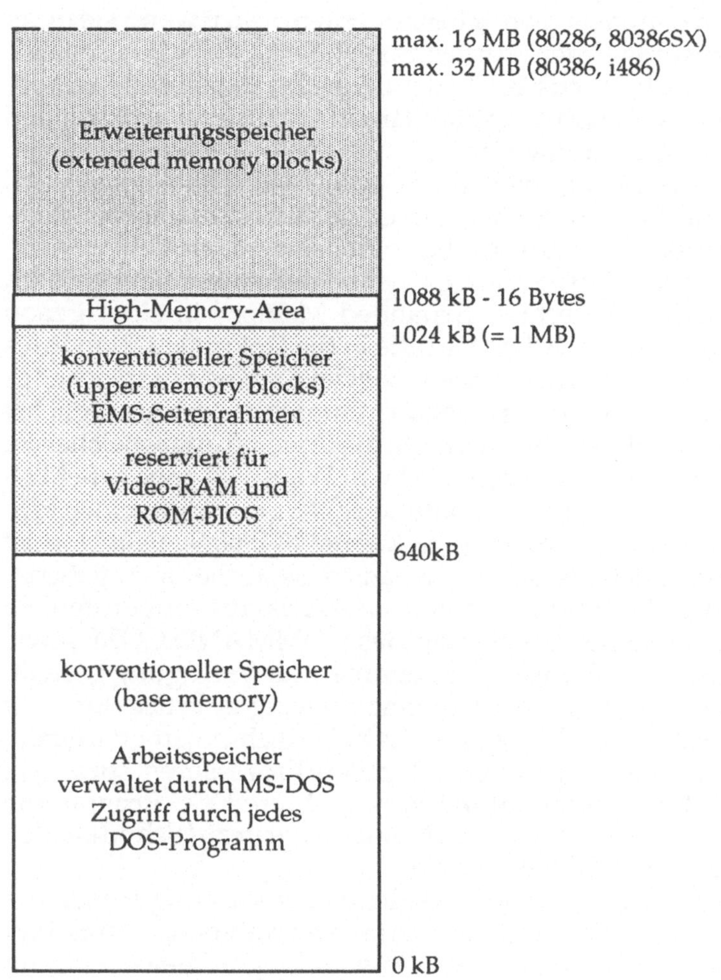

Abb. B-6.4 Extended Memory mit High-Memory-Area

Konsequenzen für Windows

MS-Windows 3.1 kann Speicher bis zur maximalen Obergrenze des Extended Memory sowohl im Standard- als auch im Erweiterten Modus linear adressieren. Jedoch kommen ausschließlich solche Programme in den Genuß der erweiterten Speicherverwaltung, die konsequent für Windows 3.1 konzipiert wurden. DOS-Programme können nach wie vor nur auf

den konventionellen Speicher zugreifen, selbst wenn sie unter
Windows aufgerufen wurden. Sofern ein DOS-Programm, wie
etwa das "alte" Lotus 1-2-3 oder dBase IV, Expanded Memory
anfordert, wird nach dem Standard LIM 4.0 dieses im Extended
Memory von Windows emuliert.
Wenn Sie Speichererweiterungskarten wie Intel Above Board
oder ähnliche in Ihrem Rechner eingebaut haben, sollten diese
auf Extended Memory konfiguriert sein.
Verschiedene Anwendungen benötigen zum reibungslosen
Lauf auf Ihrem Rechner Expanded Memory in einer genau
definierten Größe. Sehen Sie bitte in die Dokumentation Ihres
Programms, um festzustellen, wieviel Expansionsspeicher es
benötigt. Es ist jedoch dringend zu empfehlen, einen möglichst
großen Anteil der Speicherkarte als Erweiterungsspeicher zu
konfigurieren, da das den Lauf von Windows ganz erheblich
beschleunigt. Solche Programme sollten mit Hilfe einer PIF-
Datei aufgerufen werden (vgl. Kapitel B-4, ab S. 438). Dort ist
es möglich, den benötigten Expansionsspeicher anzugeben.
Werden DOS-Programme von Windows aus aufgerufen, so
wird die gesamte Umgebung des COMMAND.COM sowie
eine eigene HMA diesen Programmen zur Verfügung gestellt.
Windows kann demnach in einem einzigen Prozessor vom
Type 80386 und i486 mehrere DOS-Umgebungen emulieren.
Man kann dann auch von virtuellen Prozessoren sprechen.
Nur so ist es überhaupt möglich, mehrere DOS-Programme
gleichzeitig laufen zu lassen. Nur bei Zugriff auf Schnittstellen
kann es zu Konflikten kommen.
Beim Start ermittelt Windows den zur Verfügung stehenden
Speicher und paßt die Größe des Speicherrahmens optimal an.
Wenn sie zahlreiche kleinere Anwendungen gleichzeitig im
Speicher halten möchten, so ist der sog. *Large-Frame-Mode*
sinnvoll, während für die Nutzung einer sehr großen Applika-
tion der *Small-Frame-Mode* der optimale ist.
Mit dem Parameter /e legen Sie beim Start von Windows im
Real-Mode fest, wieviel Kapazität des Hauptspeichers (maxi-
mal 640 kB) im Large-Frame-Modus verfügbar sein soll.
Beispiel: win /r /e 384
Es werden 384 kB des Hauptspeichers im Large-Frame-Mode
verwendet.
Wenn Sie Windows dazu bringen wollen, im Small-Frame-
Modus zu arbeiten, dann geben Sie hinter dem Parameter /e
einen Wert an, der größer als 640 kB ist. Windows schaltet dann
automatisch auf den Small-Frame-Mode um.

B-7 Spezielle Windows-Programme

Im Lieferumfang der deutschen Version von MS-Windows 3.1
sind weitere Programme enthalten, die im gleichen Verzeich-
nis eingetragen sind, in der auch Ihre aktuelle Windows-
Version installiert ist:
- WINVER.EXE
- NWPOPUP.EXE
- DRWATSON.EXE
- EXPAND.EXE
- MSD.EXE
- REGEDIT.EXE

Daneben befinden sich in einem Verzeichnis SYSTEM unterhalb des Windows-Directorys Programme, von denen die
meisten allerdings zu Windows-internen Zwecken verwandt
werden, wie etwa das Programm GDI.EXE, welches die Anpassung an Ihre Grafikhardware vornimmt und intern über
eine ganze Reihe von grafikorientierten Zeichenbefehlen verfügt. Es kann jedoch nicht vom User direkt aufgerufen werden.
Solche Programme, die man nicht aufrufen kann, dienen der
internen Verwaltung von Windows selbst. Sie verwalten beispielsweise die Hardware. Dazu gehören folgende Programm-
me:
- KERNEL.EXE
- DSWAP.EXE (Task-Switcher für TSR-Programme)
- GDI.EXE
- USER.EXE
- KRNL286.EXE
- KRNL386.EXE
- WIN386.EXE
- WSWAP. EXE (Windows Task-Switcher)

Von besonderem Interesse sind natürlich solche Programme,
die für uns Anwender verfügbar sind wie SYSEDIT.EXE,
WINVER.EXE und REGEDIT.EXE.
Diese Programme können beispielsweise über den Datei-Manager durch [Doppelklick] auf dem Programmnamen aufgerufen werden.

Wenn Sie mit den Programmen häufiger arbeiten möchten, so
ist es sinnvoll, sie in eine eigene Gruppe oder in die Gruppe
Zubehör zu integrieren. Rufen Sie dazu sowohl den Datei-
Manager als den Programm-Manager mit dem entsprechenden Fenster auf. Mit [Dauerklick] und der Zieh-Methode verschieben oder kopieren Sie das Programm einfach in die gewünschte Gruppe des Programm-Managers.

WINVER.EXE

Abb. B-7.1 Versionsabfrage mit WINVER.EXE

Das Programm WINVER.EXE kann verglichen wer-
den mit dem internen DOS-Befehl VER, der die
Version des Betriebssystems anzeigt.
Mit WINVER.EXE wird darüber hinaus auch der
aktuelle Modus von MS-Windows 3.0 angezeigt. In Abbildung
B-7.1 ist dies der Erweiterte Modus.

Um nach jedem Start von Windows die Version und den
Modus automatisch anzeigen zu lassen, kann in der WIN.INI-
Datei ein entsprechender Eintrag gemacht werden:
run=c:\win3\system\winver.exe. Dies bewirkt, daß das Programm WINVER.EXE automatisch aufgerufen wird. Noch
leichter läßt sich das Programm in die Gruppe AutoStart
integrieren. Es wird dann auch beim Windows-Start automatisch aufgerufen.

NWPOPUP.EXE

Hier handelt es sich um ein speziell für Novell Netware konzipiertes Programm, das automatisch das Novell Netware Popup-Dienstprogramm startet. Ankommende Meldungen werden dann automatisch in einem Pop-Up-Fenster angezeigt.
Während der Installation von MS-Windows im Netz wird die Zeile:

load=nwpopup.exe

automatisch in den Abschnitt *[windows]* der WIN.INI-Datei eingefügt.

SYSEDIT.EXE

Sämtliche für die systemnahe Steuerung von Windows nötigen Dateien (AUTOEXEC.BAT, CONFIG.SYS, WIN.INI und SYSTEM.INI) werden in einen Editor geladen, der ähnlich wie der Notizblock zur Bearbeitung dieser Dateien genutzt werden kann. Andere Dateien können nicht geladen werden. Bedenken Sie, daß Änderungen, die Sie an den Systemdateien machen, entweder erst bei einem neuerlichen Start von Windows (WIN.INI, SYSTEM.INI) oder gar nur bei einem neuen Warmstart des Rechners (AUTOEXEC.BAT, CONFIG.SYS) wirksam werden.

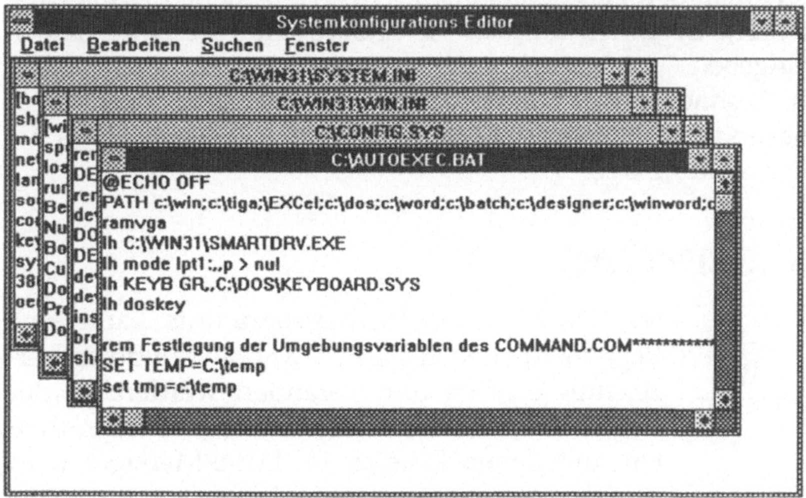

Abb. B-7.2 Der Systemkonfiguration-Editor

EXPAND.EXE

Damit Sie nicht zum Diskjockey während der Windows-Installation werden, sind die Dateien auf den Installationsdisketten komprimiert. Damit man die Dateien verwenden kann, muß die Komprimierung wieder aufgehoben werden. Während der Installation übernimmt dies das Setup-Programm für Sie. Auch wenn später auf Dateien der Installationsdiskette zugegriffen wird - etwa über die Systemsteuerung oder das Setup-Programm - wird automatisch dekromprimiert. Wenn Sie jedoch eine Datei von der Diskette auf die Festplatte kopieren möchten, um Sie dort zu verwenden, müssen Sie die Dekomprimierung manuell durchführen. Das Programm EXPAND.EXE ist eine Utility, die dieses übernimmt.

Kopieren Sie EXPAND.EXE, das nicht komprimiert ist, von der Installationsdiskette 2 in das Windows-Verzeichnis auf Ihrer Festplatte.

Um Dateien in einer dekomprimierten Form von der Diskette auf die Festplatte zu bringen, geben Sie ein:

EXPAND A:DATEI.KOM C:DATEI.NEU

Dabei bedeutet A: das Laufwerk, in dem die Diskette liegt, die die Datei (*DATEI.KOM*) enthält, die auf die Festplatte C: dekomprimiert kopiert werden soll. Die unkomprimierte Datei erhält den gleichen Namen, jedoch eine neue Erweiterung (*NEU*). Eventuell müssen Sie andere Laufwerksbuchstaben eingeben.

Insbesondere die Treiberdateien mit der Erweiterung SYS liegen in einer komprimierten Form vor. Sie haben dann die Erweiterung SY$.

REGEDIT.EXE

Mit Hilfe dieses Zusatzprogramms kann eine Registrierdatenbank SETUP.REG im Windows-Verzeichnis ergänzt und verändert werden. In der Registrierdatenbank sind jene Programme enthalten, mit denen Dateien im Datei-Manager über *Datei --> Verknüpfen* assoziiert werden können.

Das Programm REGEDIT.EXE ist eine "ganz normale" Windows-Anwendung. Sie kann per [Doppelklick] aus dem Datei-Manager aufgerufen werden.
Per [Dauerklick] können Sie das Programm REGEDIT.EXE aber auch in eine Gruppe des Programm-Managers verschieben. Es wird dann dort eingefügt.

Um eine bestehende Eintragung zu verändern, gehen Sie wie folgt vor:

1.   Rufen Sie REGEDIT auf.
      Sie sehen beispielsweise folgendes Fenster:

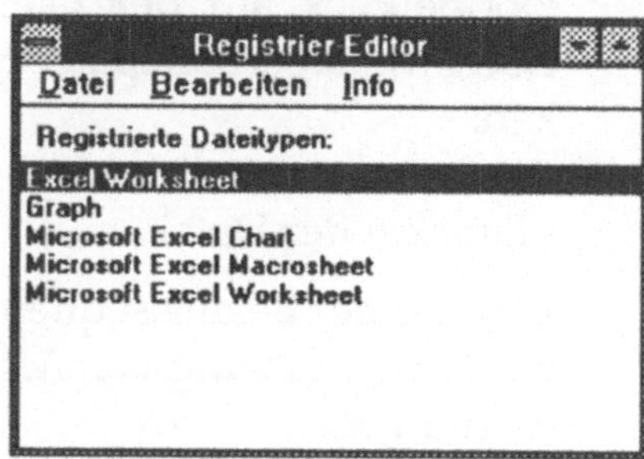

      Die Eintragungen hängen natürlich von Ihrer Windows-Umgebung ab.

2.   [Doppelklick] auf der zu verändernden Eintragung.
      Es öffnet sich folgende Dialog-Box:

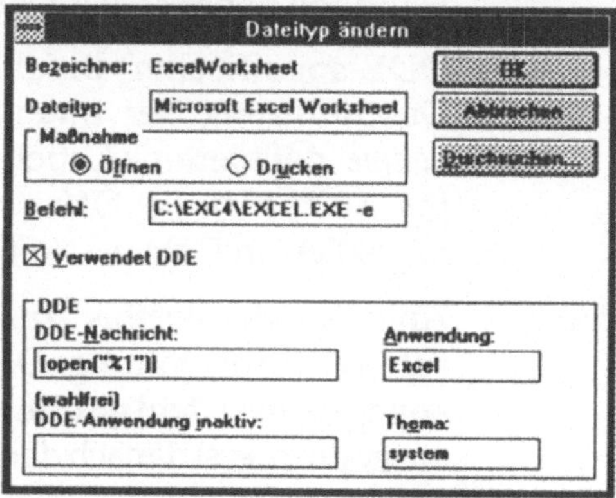

3.   Machen Sie die gewünschten Eintragungen.

Sie haben folgende Eingabemöglichkeiten:

Option	Erklärung
Bezeichner	Bezeichnet später als Kurzname den Dateityp; hier: *ExcelWorksheet*. Läßt sich nicht ändern.
Dateityp	Langbezeichnung für den gewählten Dateityp; hier: *Microsoft Excel Worksheet*.
Maßnahme	Doppelklick auf der Datei im Datei-Manager soll später bewirken: - *Öffnen* der Datei - *Drucken* der Datei
Befehl	Eingabe der Befehlssequenz, die zur Durchführung von *Maßnahme* nötig ist; hier: *C:\EXC4\EXCEL.EXE -e*
Verwendet DDE	Angabe, ob DDE-Befehle benutzt werden, um die *Maßnahme* durchzuführen.
DDE	In dieser Sektion wird das DDE-Handling näher spezifiziert.
DDE-Nachricht	DDE-spezifischer Befehl zur Durchführung der unter *Maßnahme* definierten Aktion; hier *[open("%1")]* (= Öffnen der angeklickten Datei (= %1)).
DDE-Anwendung inaktiv	Angabe eines Befehls zum Aufrufen der Anwendung. Der hier angegebene Befehl würde zuerst ausgeführt, erst danach der DDE-Befehl.

Option	Erklärung
Anwendung	Hier wird die Zeichenkette eingetragen, die zur Eröffnung der DDE-Kommunikation mit der im Feld *Befehl* angegebenen Anwendung nötig ist. Sofern Sie hier keine Eintragung machen, wird der Programmname selbst genutzt.
Thema	Standardmäßig ist hier *System* angegeben. Sie können hier den sog. *DDE topic string* eingeben, der den Datenaustausch mit der bei *Befehl* angegebenen Anwendung initialisiert.

Die Neuaufnahme in der Registrierdatenbank verläuft analog über die Befehlsfolge *Bearbeiten --> Dateityp hinzufügen*.

DRWATSON.EXE

Bei DRWATSON.EXE handelt es sich um ein Fehlerverfolgungsprogramm. Wahrscheinlich werden nur Programm-Entwickler dieses Programm häufig gebrauchen. Sollte allerdings Ihre Windows-Installation wider Erwarten sich als instabil herausstellen, so integrieren Sie DRWATSON.EXE in der Gruppe *Autostart*. Es wird dann bei jedem Start von Windows automatisch geladen. In einer eigenen Datei DRWATSON.LOG wird eine Windows-Sitzung dann lückenlos protokolliert. Auch Startzeiten von DRWATSON selbst werden beispielsweise dort vermerkt:
Start Dr. Watson 0.80 - Sun Mar 22 19:15:52 1992
Stop Dr. Watson 0.80 - Sun Mar 22 19:21:47 1992
Diese Datei finden Sie im Windows-Verzeichnis.
Sie läßt sich mit dem *Editor* bearbeiten.

MSD.EXE

Dieses Programm leistet unschätzbare Dienste bei der detaillierten Analyse Ihrer Hardware. Es handelt sich bei MSD.EXE um ein von PKLITE Corp. programmiertes Diagnoseprogramm. Es kann zwar von Windows aus aufgerufen werden, jedoch handelt es sich eigentlich um ein waschechtes DOS-Programm. Besser ist es, MSD.EXE von der DOS-Ebene, d.h. ohne Windows im Speicher, aufzurufen.

Nach dem Aufruf sehen Sie folgenden Bildschirm:

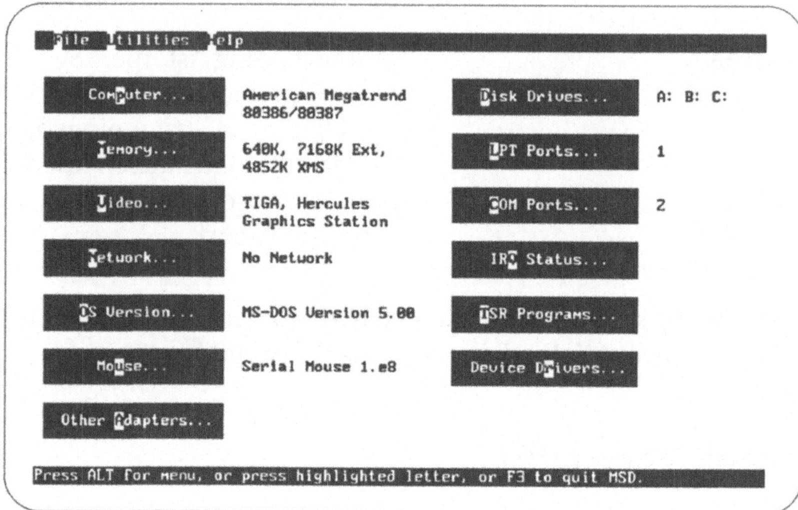

Abb. B-7.4 Diagnose-Programm MSD.EXE

Mit Hilfe von MSD.EXE haben Sie zum einen die Möglichkeit, wichtige Informationen über die Hardware-Konfiguration herauszufinden und zum anderen, die Belegung des Speichers sehr genau zu erforschen.

Besonders bei Auftreten von Konflikten in den Upper Memory Blocks ist dieses Programm sehr hilfreich, da man die exakten Adressen der belegten Bereiche herausfinden kann. Eventuell können Konfliktbereiche per Parameter *X=Start-Ziel* des EMM386.EXE konfliktbeladene Speicherbereiche ausgeschlossen werden.

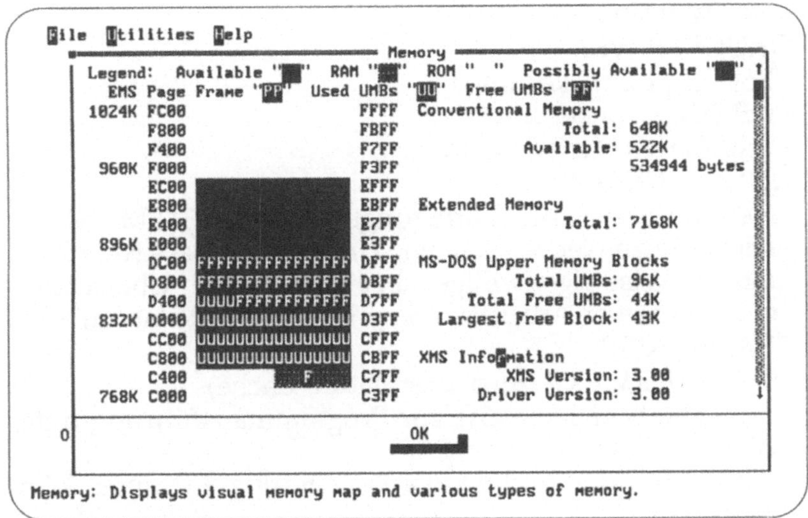

Abb. B-7.5 Speicherabbild in MSD.EXE

Weiterhin haben Sie über die Optionen *Files* und *Utilities* umfangreiche direkte Einflußmöglichkeiten auf die Konfiguration des Rechners.
Es kann nur dringend empfohlen werden, sich mit Hilfe von MSD.EXE einen Überblick über den vorliegenden Rechner zu verschaffen, bevor Windows installiert wird.

Online-Dokumente

Neben den Programmen, die Windows für spezielle Zwecke zur Verfügung stellt, werden mit der Windows-Version 3.1 Textdateien im Write-Format mitgeliefert, die wichtige Informationen zu der von Ihnen erworbenen Windows-Version enthalten, die so nicht im Handbuch zu finden sind.

Da die Software ständig verbessert und fehlerbereinigt wird, können nicht sämtliche kleinen Änderungen dazu führen, neue Handbücher zu drucken. Da die Informationen teilweise sehr wichtig sind für das reibungslose Funktionieren von MS-Windows, sollten Sie unbedingt diese Dateien durchlesen.

Diese Datei sind:
- DRUCKER.WRI
  - Postscript-Drucker-Infos
  - HP PCL-Drucker-Infos
  - Schriftarten, TrueType-Infos
- NETZWERK.WRI
  - Netzwerk-relevante Eintragungen in der SYSTEM.INI
  - Hinweise zu Netzwerken wie Ungermann-Bass Net/One
  - (Stellenweise eigenwillige, aber interessante Übersetzungen: Fernsteuer-Arbeitsstation (= Remote Workstation)! Aha.
- README.WRI
  - SMARTDRV.EXE-Infos (Festplatten-Cache)
  - viele nützliche Hinweise zur Programmausführung unter Windows 3.1
  - Anwenden der Multimedia-Erweiterung 1.0 unter Windows 3.1
  - Installation von Bildschirmadaptern
  - Umgang mit der 3270-Emulation
  - Gebrauch der Maus im erweiterten Mode
- SYSINI.WRI
  - Informationen über die Eintragungen in den einzelnen Abschnitten der Datei SYSTEM.INI
- WININI.WRI
  - Informationen über die Eintragungen in den einzelnen Abschnitten der Datei WIN.INI
- SETUP.TXT (nicht WRI!)
  - Informationen über Probleme mit "teil-kompatibler" Hardware.

Diese Dateien sind Texte im Write-Format bzw. im ANSI-Textformat. Die WRI-Dateien können Sie in Write ansehen und weiterbearbeiten (drucken usw.), die TXT-Dateien können entweder auch - nach Umwandlung - in Write weiterbearbeitet werden oder Sie laden diese Datei im *Editor* aus der Gruppe *Zubehör*.

B-8. Spiele

In MS-Windows 3.1 sind zwei Spiele integriert: *Solitär* und *Minesweeper*. Beide Spiele sind so konzipiert, daß eine Person damit spielen kann. Es handelt sich in beiden Fällen um Spiele, die das strategische Denken beanspruchen.

B-8.1 Solitär

Viel Liebe zum Detail beweisen die Microsoft-Programmierer mit diesem Spiel. Eine sehr gute Grafik gepaart mit originellen Details machen das Spiel zum Augenschmaus. Bei Solitär handelt es sich um ein Kartenspiel, das dem Spiel *Patience* sehr ähnlich ist. Es geht darum, Spielkarten in einer genau definierten Reihenfolge auf Stapeln anzuordnen, die nach den Spielkartenfarben Kreuz, Pik, Herz und Karo getrennt werden. Wird Solitär aus der Gruppe *Spiele* gestartet, sind diese Stapel oben rechts auf dem Bildschirm noch leer. Es werden nur deren Positionen auf dem "Spieltisch" angezeigt. Dieser Spieltisch wird grün dargestellt, was das Filztuch derartiger Tische symbolisiert.

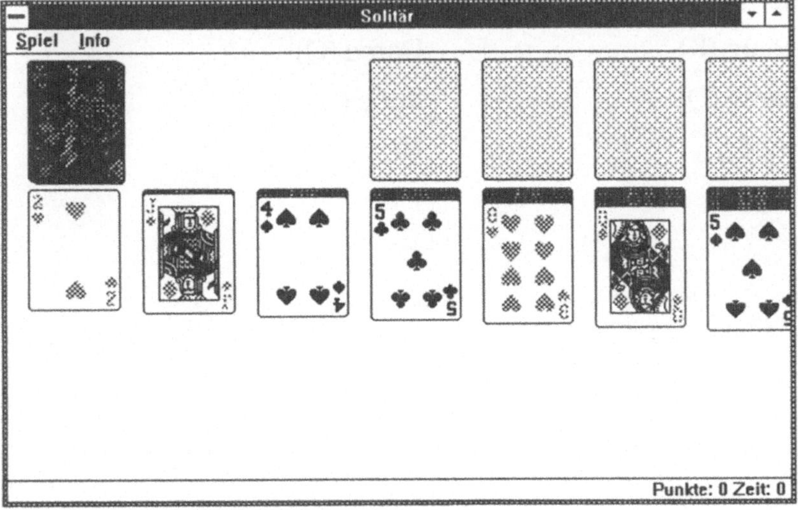

Abb. B-8.1 Der Spieltisch von Solitär

Da die Karten im allgemeinen nicht sortiert ausgelegt werden, benötigt man sieben Hilfsstapel, um die Karten "zwischenzuspeichern". Nach dem Start von Solitär ist auf jedem der Hilfsstapel eine Karte aufgedeckt. Darunter befinden sich eine bis sieben Karten verdeckt. Durch geschicktes Verschieben der Karten durch [Dauerklick] müssen Sie versuchen, die Karten immer abwechselnd nach schwarz und rot so zu sortieren, daß zunächst der König (= King = K), dann die Dame (= Queen = Q), der Bube (= Jack = J), 10, 9, . . ., 2 zu liegen kommen.

Wird eine aufgedeckte Karte vom Hilfsstapel verschoben, so kann die darunterliegende Karte durch [Klick] aufgedeckt werden.

Wird ein As aufgedeckt, so kann es mittels [Doppelklick] als erste Karte auf einen der Plätze für die Hauptstapel geklickt werden. Auf dieses As kann dann die Zwei der gleichen Farbe gelegt werden. Die Kartenreihenfolge auf den beiden Stapelarten zeigt die folgende Tabelle von der untersten zur obersten Karte.

Hauptstapel	Hilfsstapel (Kartenaufdruck)
Gleiche Farbe	Abwechselnd Rot - Schwarz oder umgekehrt.
As	König (K)
König (K)	Dame (Q)
Dame (Q)	Bube (J)
Bube (J)	10
10	9
9	8
8	7
.	.
.	.
.	.
3	2
2	

Tips zum Spiel:
- Bringen Sie zunächst per [Doppelklick] die Asse auf ihre Positionen als unterste Karten der Hauptstapel.
- Versuchen Sie die Hilfsstapel so zu sortieren, daß Stapelplätze frei werden.
- Legen Sie die Könige auf diese freien Plätze.
- Sortieren Sie dann den Rest der Karten so auf die Könige, daß die Reihenfolge Schwarz-Rot-Schwarz-Rot usw. eingehalten wird.
- Passen Karten auf den Hauptstapel, bringen Sie sie durch [Doppelklick] dorthin.
- Wenn Sie keine Karten mehr zum passenden Verschieben haben, klicken Sie den Kartenstapel oben links an. Es werden Ihnen neue Karten gegeben. Wenn Sie alle Karten aufgedeckt haben, klicken Sie den grünen Kreis an: der Stapel wird umgedreht, Sie können wieder von vorne beginnen. Ist ein rotes Kreuz zu sehen, können Sie den Stapel nicht nochmals umdrehen. Sie müssen dann mit den Karten der Hilfsstapel auskommen.

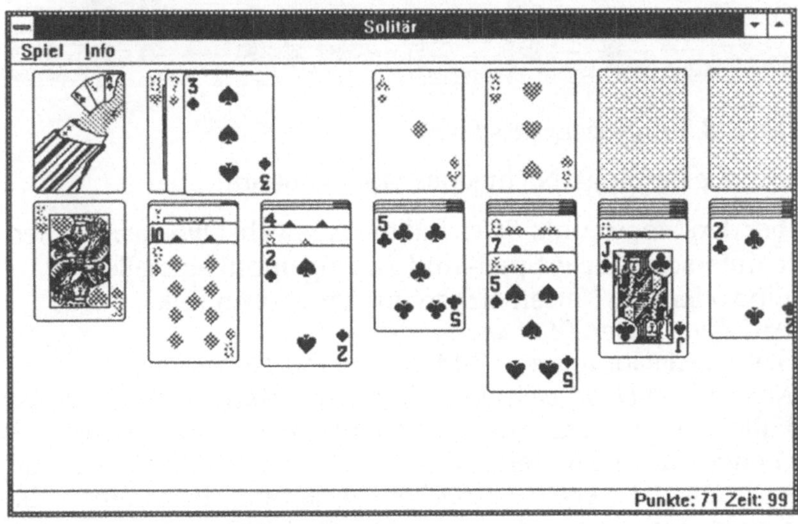

Abb. B-8.2 Während des Spiels

Wenn Sie gut gespielt haben, dann "geht das Spiel auf". Das bedeutet, daß Sie sämtliche Karten auf die vier Hauptstapel verteilt haben. In dem Moment, in dem Sie den letzten König auf den entsprechenden Hauptstapel gebracht haben, fallen

Ihnen die Spielkarten der Reihe nach entgegen. Man ist beim ersten Mal ganz schön überrascht. Gut gemacht, Ihr Microsoft-Programmierer!

Abb. B-8.3 Aufgegangenes Spiel

Seien Sie beruhigt: Nicht jedes Spiel geht auf!

Über den Menüpunkt *Spiel* und die Auswahl *Optionen* können Sie unterschiedliche Spiel- und Anzeigemodi einstellen:
- Eine oder drei Karten ziehen im Stapel oben links.
- Auf Zeit spielen (*Zeit anzeigen*).
- Statuszeile am unteren Bildschirmrand einblenden.
- *Kontur beim Umlegen* ist gerade in der Anfangszeit eine große Hilfe. Wenn Karten übereinanderpassen, wird die entsprechende Karte beim Verschieben invers dargestellt. Sie können so leicht die Regeln entdeckend erlernen, nach denen die Karten sortiert werden können, da Ihnen die möglichen Positionen angezeigt werden.
- Sie können um Punkte oder um Geld spielen, wie in Las Vegas. Das stellen Sie ein über *Punkte zählen*.
- Wenn Sie im Vegas-Mode spielen, kann der Rechner angewiesen werden, die Punktestände der Einzelspiele zu einem Gesamtstand zu addieren. Er addiert allerdings auch die "Miesen".

Das Design der Kartenrückseiten können Sie auswählen über den Menüpunkt *Spiel --> Deckblatt*. Es stehen insgesamt 12 verschiedene Rückseiten zur Verfügung.

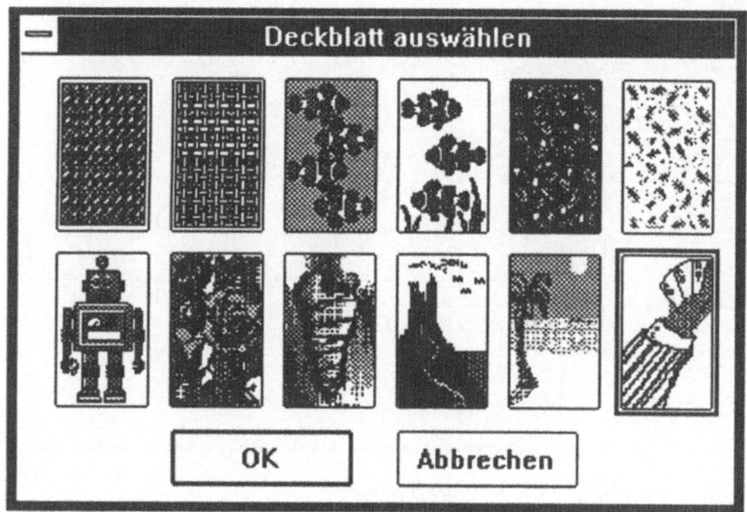

Abb. B5.3 Rückseiten der Spielkarten

Einige der Deckblätter enthalten kleine, aber nette bewegliche Elemente. Schauen Sie sich mal genau die Hand an, die drei Asse hält. Manchmal zaubert sie ein viertes As aus dem Ärmel!

B-8.2 Minesweeper

Dieses Spiel ist vielleicht ein wenig zu militärisch geraten. Dennoch stellt es eine Herausfordrung an jeden strategisch denkenden Menschen dar.

In einem Spielfeld sind neben "guten Trittstellen" auch zahlreiche Minen vorhanden. Ziel des Spiels, dessen Spielfeld Sie auf der nächsten Seite sehen können, ist es, möglichst viele der sicheren Trittstellen zu belegen. Ist man erst einmal auf eine Mine getreten, war's das auch schon mit dem Spielerleben.

*Abb. B-8.3 Spielfeld von **Minesweeper***

Im Menü *Spiele* läßt sich der Schwierigkeitsgrad einstellen,
festlegen, ob es erlaubt sein soll, Merker zu setzen und die
Bestenliste aufrufen.

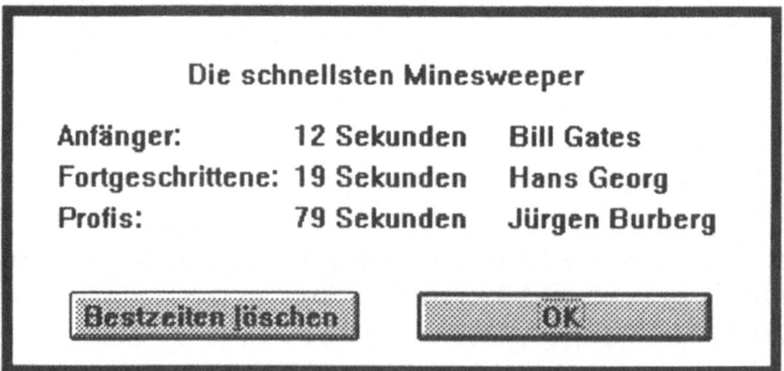

Abb. B-8.4 Die Besten

Die Regeln:
- Durch Anklicken eine Feldes mit dem **linken Mausknopf**
treten Sie in das Minenfeld. Wenn Sie Glück haben, liegt keine
Mine dort, wo Sie hintreten.

- Anklicken eines Feldes mit dem **rechten Mausknopf** markiert eine dort von Ihnen vermutete Mine. Das Feld kann dann nicht mehr betreten werden.
- Treten Sie auf eine Mine, ist das Spiel vorbei. "Smilie" sieht dann sehr traurig aus.
- Oben links werden die noch verbleibenden Minen angezeigt, oben rechts läuft die Zeit.
- Klick auf dem "Smilie" in der Mitte startet ein neues Spiel.

Es erscheinen folgende Symbole:

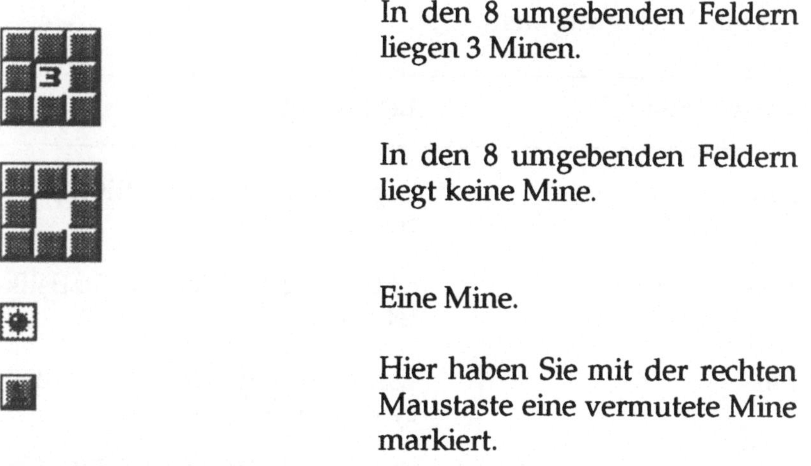

In den 8 umgebenden Feldern liegen 3 Minen.

In den 8 umgebenden Feldern liegt keine Mine.

Eine Mine.

Hier haben Sie mit der rechten Maustaste eine vermutete Mine markiert.

Ist das Spiel zu Ende, erscheinen die folgenden zusätzlichen Markierungen auf dem Minenfeld:

Hier lag eine Mine, die Sie markiert haben.

Das war die Mine, auf die Sie unglücklicherweise getreten haben.

Und nun: Viel Spaß beim Spiel!

B-9. Funktionen des Taschenrechners

In der folgenden Tabelle sind die Funktionen der beiden Taschenrechnertypen *Standard* und *Wissenschaftlich* aufgeführt. Dabei wird zunächst die Aufschrift auf den Rechnertasten (*Taste*), dann das Kürzel, mit dem diese Taste über die Zwischenablage per *Bearbeiten Einfügen* in Funktion gesetzt werden kann (*Kürzel*), beschrieben. Schließlich wird deren Funktion kurz erläutert (*Erklärung*). Dort erscheint die Abkürzung *(W)*, wenn die Funktion nur auf dem wissenschaftlichen Rechner zur Verfügung steht.

Taste	Kürzel	Erklärung
And	&	Logisches UND für Bit-Operationen (W).
Ave	:A	Mittelwert der Werte im Statistikfeld (W).
Bin	:8	Umschaltung in Binär-Zahlensystem (W).
Byte	:4	Anzeige der unteren 8 Bit einer Zahl im Binär-Modus ohne Wertänderung (W).
C	Q	Löscht alle Eingaben der aktuellen Rechnung. Die Daten im Speicher bleiben davon unberührt. Kann auch über [Esc] erreicht werden.
	C	Im Hex-Code die Zahl C (W)
cos	o	Cosinus der im Display angezeigten Zahl.
Dec	:6	Schaltet die Anzeige und Eingabemöglichkeiten in den Dezimalmodus (W).

Taste	Kürzel	Erklärung
Deg	:2	Sämtliche trigonometrische Eingaben werden in *Altgrad* interpretiert. Unter Altgrad versteht man dabei die vertrauten Winkelangaben in Grad. Ein Kreis ist dabei in 360 Grad eingeteilt. Kann nur im aktivierten Dezimal-Mode mit [F2] aufgerufen werden! (W).
dms	M	Wandelt eine Altgrad-Zahl in das Anzeigeformat Grad-Minute-Sekunde um. (W)
Dword	:2	Doppelwort-Anzeige = 32 Bit-Wort (W).
Exp	X	Aktiviert die technisch-naturwissenschaftliche Eingabeform für große Zahlen in Zehnerpotenzen (W). Beispiel: $100 = 10^2 = 1E2$
F-E	V	Schaltet zwischen der technisch-naturwissenschaftlichen Anzeigeform und der Anzeige mit vielen Ziffern hin und her. (W)
Grad	:4	Umschaltung in *Neugrad*. Ein Kreis hat 400 Neugrad, ein rechter Winkel dementsprechend 100 Neugrad. Man findet auch die Bezeichnung *Gon* für Neugrad. Als Umrechnungsfaktor gilt folgende Beziehung: 1 Neugrad = 1^g = (pi/200) rad. Dabei ist pi=3,14. (W)

Taste	Kürzel	Erklärung
Hex	:5	Umschaltung der Anzeige und Eingabemöglichkeiten in den Hexadezimal-Modus (Hex-Modus). (W)
Hyp	H	Hyperbelfunktion der trigonometrischen Funktionen Sinus, Cosinus und Tangens. (W)
Int	;	Zeigt den Ganzzahlanteil (integer) eines Wertes an. (W) Beispiel: Int 3,45 = 3
Inv	I	Schaltet die Umkehrfunktionen für die trigonometrischen Funktionen, pi, x^y, x^2, x^3, ln, log, Ave, Sum und Standardabweichung. (W)
ln	n	Natürlicher Logarithmus. Basis e. e ist die Eurler'sche Zahl = 2,18. Die Umkehrfunktion zu e^x ist ln (x). (W)
log	L	Logarithmus zur Basis 10. log (x) ist die Umkehrfunktion zu 10^x. (W)
Lsh	<	Verschiebt bitweise nach links. Dies wirkt wie eine Multiplikation einer Binärzahl mit 2 (W).
M+	P	Addiert den im Display angezeigten Wert zu dem bereits vorhandenen Speicherinhalt. Kann auch über [Strg]+[P] erzielt werden.

Taste	Kürzel	Erklärung
MC	C	Löscht den gesamten Speicher. Kann auch über [Strg]+[C] eingegeben werden.
Mod	%	Modulo-Funktion zur Anzeige des Restes bei einer Division (W). Beispiel: 14 Mod 3 = 2, wie 14:3=4 Rest 2
MS	M	Speichert das im Display angezeigte Ergebnis im Rechnerspeicher. Kann auch über [Strg]+[M] erreicht werden.
MR	R	Zeigt den Inhalt des Speichers an (Recall). Kann auch über [Strg]+[R] erreicht werden.
n!	!	Fakultät der angezeigten Zahl. (W) Beispiel: 4! = 1*2*3*4 = 24
NOT	~	Logisches NICHT = Negation. (W)
Okt	:7	Umschaltung in das Oktalsystem (W).
OR	|	Logisches ODER. (W)
PI	P	Zahl Pi = 3,14. (W)
Rad	:3	Umschaltung auf Bogenmaß. Dabei gilt folgende Beziehung: 1 rad = 360/(2*pi) Altgrad. Da 2*pi einem Vollkreis entspricht, sind bei Berechnung der Winkelfunktionen Eingaben von 0 bis 2*pi sinnvoll. (W)

Taste	Kürzel	Erklärung
s	:D	Standardabweichung der Werte im Statistikfeld. Die Grundgesamtheit ist $n-1$. (W)
sin	S	Berechnet den Sinus der angezeigten Zahl. Je nach Stellung der Schalter Rad, Grad und Deg wird die Zahl entsprechend interpretiert als Bogenmaß, Neugrad oder Altgrad. (W)
SQRT	@	Quadratwurzel der im Display angezeigten Zahl. Dieses Kürzel gilt nur beim Standard-Rechner!
Sta	:S	Aktiviert das Statistikfeld und die zugehörigen Funktionen *Ave, Dat, Sum* und *S*. (W)
Sum	:T	Addiert alle im Statistikfeld enthaltenen Werte. (W)
tan	t	Berechnet den Tangens in Altgrad, Neugrad oder im Bogenmaß je nach Stellung der Schalter Deg, Grad und Rad. (W)
Word	:3	Anzeige der unteren 16 Bit des Wertes ohne Wertänderung. (W)
x^2	@	Quadriert die im Display angezeigt Zahl. (W) Achtung! Im Standard-Rechner hat das Zeichen "@" die umgekehrte Funktion.
x^3	#	Berechnet x^3. Über [Inv][x^3] läßt sich die dritte Wurzel aus der angezeigten Zahl ziehen. (W)

Taste	Kürzel	Erklärung
x^y	y	Berechnet x^y. Zunächst wird x eingegeben, dann die Taste [x^y] betätigt, und dann geben Sie den y-Wert ein. Die y-te Wurzel aus x läßt sich über [Inv][x^y] entsprechend berechnen. (W)
XOR	^	Logisches EXKLUSIV-ODER, Verknüpfung (W).

Sonderfunktion	Beschreibung
:	Steht ein Doppelpunkt vor einem Buchstaben, so bedeutet dies ein Symbol für [Strg]+[Buchstabe]. Dabei ist mit *Buchstabe* der Buchstabe gemeint, der dem Doppelpunkt folgt. Beispiel: *:M* bedeutet [Strg]+[M]. Folgt dem Doppelpunkt eine Zahl, so wird damit die entsprechende Funktionstaste bezeichnet. Beispiel: *:8* bedeutet die Funktionstaste [F8].
E	Im Dezimalmodus wird die technisch-wissenschaftliche Schreibweise in Vielfachen von Zehnerpotenzen eingeschaltet. Entspricht dem Aufdruck *Exp* einiger Taschenrechner. Beispiel: $100 = 10^2 = 1E2$ Im Hex-Modus wird damit die Zahl *E* bezeichnet (W).

B-10. Datenformate

In diesem Kapitel werden die Datenformate dargestellt, die
über die Zwischenablage ausgetauscht werden können. Die
erste Tabelle zeigt die textorientierten Formate:

Format	Beschreibung
Text	Das reine Textformat bezeichnet man als sog. ANSI-Text, also reine Schrift, ohne Formate oder Grafiken. Die ersten 128 Zeichen des ANSI-Zeichensatzes und des ASCII-Zeichensatzes sind identisch. Die meisten Programme können mit diesem Datenformat umgehen, so daß es sich sehr gut für einen Datenaustausch eignet. Als Zeichensatz wird der genormte ANSI-Zeichensatz verwendet. Erscheinen computertypische Zeichen - etwa Zeichen für die Blockgrafik beim IBM PC, so werden diese Zeichen in ein ähnliches aus dem ANSI-Zeichensatz konvertiert.
OEM-Text	Damit ist Text gemeint, der den Zeichensatz des Computers benutzt. Hier können beispielsweise Grafiksonderzeichen mit in die Zwischenablage eingefügt werden. Eine Umwandlung in ANSI-Zeichen findet nicht statt. Wie das reine Text-Format befinden sich auch beim OEM-Format keine Formatanweisungen im Text.

Format	Beschreibung
Rich Text	Ähnlich wie das Text-Format dient auch das Rich-Text-Format dem Austausch von text-bezogenen Dateien. Der Unterschied besteht darin, daß auch Formate mit in die Zwischenablage kopiert werden können. MS-Excel und Word für Windows können dieses Format verarbeiten. MS-Write kann dieses Format leider nicht verarbeiten, d.h. man kann keine Excel-Tabelle mit allen Formatanweisungen (Schriftart, -größe) in Write einfügen.

Neben der Möglichkeit, textorientierte Daten in der Zwischenablage abzulegen, können auch Daten in typischen Formaten aus Tabellenkalkulations- und Datenbankanwendungen in der Zwischenablage abgelegt werden. Die folgende Tabelle listet diese auf:

Format	Beschreibung
BIFF	Binäres Datei-Format (binary file format). MS-Excel erzeugt Daten in diesem Format, die dann sämtliche Formatierungen - auch Zeilen- und Spaltengrößen - enthalten. Darüber hinaus können zwischen Excel-Tabellen Daten ausgetauscht werden.
WK1	Lotus 1-2-3 speichert Tabellen in diesem Format ab.

Format	Beschreibung
SYLK	Hierbei handelt es sich um ein typisches Microsoft-Format. SYLK ist abgeleitet von *Symbolic Link*. Es wird z.B. von MS-Multiplan, MS-Chart und MS-Excel unterstützt.
DIF	*Data Interchange Format* = Datenaustausch-Format. Einige Tabellenkalkulationsprogramme und Datenbankprogramme unterstützen dieses Format. Lotus 1-2-3 und dBASE können dieses Format verwenden. Ursprünglich von VisiCorp entwickelt.
CSV	*Comma Separated Variable* = Durch Komma getrennte Variablen. Häufig für Tabellenkalkulations- und Datenbankanwendungen benutzt. Die einzelnen Datenfelder werden durch Kommata getrennt. Einige Programmiersprachen (Basic, Pascal) und Datenbankprogramme (dBASE) können Daten dieses Formates verarbeiten.

In der dritten Tabelle werden die Grafikformate erläutert:

Format	Beschreibung
Bitmap	Dieses Format ist ein typisches Grafikformat. Bitmap-Grafiken setzen sich aus zahlreichen Bildschirmpunkten zusammen. Jeder dieser Punkte entspricht genau

Format	Beschreibung
	einem Bit im Bildschirmspeicher. Bitmap-Grafiken sind stets Schwarz-weiß, da ein Bit entweder gesetzt (= weiß) oder nicht gesetzt (= schwarz) sein kann. Zwischenwerte können nicht vorkommen. Typisches Beispiel sind Grafikdateien mit der Erweiterung PCX und MSP. Es gibt Handbücher (PageMaker), in denen wird das Bitmap-Format auch als "paint-type" bezeichnet, was bedeutet, daß Grafiken, die mit MS-Paint erzeugt wurden, das Bitmap-Format haben.
Picture	Die Grafik wird nicht als eine Anzahl von Bits, sondern als eine Sammlung von Zeichenbefehlen für das GDI (= *graphical device interface*) gespeichert. Man spricht auch von der objektorientierten Grafik. Programme wie MS-Excel, MicrografX Designer usw.) nutzen dieses Format. Da mit Hilfe der GDI-Befehle die Grafik automatisch der Hardware angepaßt wird, ist die Qualität auf dem Bildschirm meist besser als die der Bitmap-Grafiken. Solche Grafiken können beispielsweise mit MS-Draw erzeugt werden, weshalb man mancherorts auch "draw-type" für dieses Format lesen kann.
Link	Mit dem Link-Format werden alle Informationen, die den dynamischen Datenaustausch kontrollieren, gespeichert.

Nachwort

Damit sind wir am Ende dieses Buches angekommen. Sie kennen nun die wesentlichen Elemente von MS-Windows 3.1 in Theorie und Praxis.

Die Ziele dieses Buches waren, daß Sie vertraut werden im Umgang mit diesem sehr komfortablen Werkzeug für den PC. Dieses Ziel haben Sie nun erreicht. Sie haben das Ziel optimal erreicht, wenn Sie die vorgeschlagenen Übungen durchgearbeitet haben, Sie haben dieses Ziel aber auch ganz gut erreicht, wenn Sie "nur" gelesen haben. Nichtsdestotrotz sollten Sie immer wieder intensiv mit Windows arbeiten, um die erlernten Handgriffe so sicher zu beherrschen, daß Sie eines Tages nicht mehr lange nachdenken müssen, wenn Sie mit Windows arbeiten.

Wie können Sie wichtige Informationen in diesem Buch finden?
Es gibt prinzipiell zwei Möglichkeiten:
- Sehen Sie in das *Inhaltsverzeichnis*. Es ist zum einen an der Struktur und den Möglichkeiten von MS-Windows angelehnt. Darüber hinaus finden Sie so den Zugang zu den typischen Problemlösungen, die in den Kapiteln des *Teils A Windows zum Lernen* dargestellt werden.
- Alphabetisch sortiert ist das Schlagwortregister am Ende dieses Buches. Wenn Ihnen also ein bestimmter Begriff fraglich ist, so suchen Sie diesen Begriff im *Index*. Sie finden dort die wichtigsten Begriffe mit Angabe der Seite.

Sicher werden Sie feststellen, daß MS-Windows im einen oder anderen Fall noch optimierbar ist, da vielleicht gerade Ihr Computer über Eigenschaften verfügt, die in diesem Buch zu kurz kamen. Dafür möchte ich mich schon jetzt bei Ihnen entschuldigen und gleichermaßen um Verständnis dafür bitten, daß wirklich nicht jedes PC-Modell, das derzeit auf dem Weltmarkt existiert, berücksichtigt werden kann. Je nachdem mit welcher Hardware Sie arbeiten, kann es sein, daß Sie nach einiger Zeit feststellen, daß aufgrund Ihrer gestiegenen Ansprüche MS-Windows nicht mehr ausreicht. Dann können Sie immer noch überlegen, auf OS/2 mit dem Presentation Manager umzusteigen. Die Oberfläche des Presentation Manager ist der von MS-Windows 3.0 sehr ähnlich. Natürlich sind die Multitasking-Fähigkeiten von OS/2 wesentlich stärker ausgeprägt, da dieses Betriebssystem über alle Eigenschaften eines professionellen Multitasking-Betriebssystems verfügt. Sicher wird in den 90er Jahren OS/2 mehr und mehr in den Vordergrund treten. Aber natürlich darf man auch nicht das eigenständige Betriebssystem von Microsoft selbst *Windows/NT* (= New Technology) vergessen. Es wird allerdings wahrscheinlich so außergewöhnlich hohe Anforderungen an die Hardware stellen, daß es nicht mehr für die "breite Masse" der PC-Anwender in Frage kommt.

Nun, lassen wir uns überraschen. Als Anwneder sind wir ja schließlich die "Umworbenen".

Mit der Version 3.1 von MS-Windows kann man jedoch auch schon eine ganze Menge professioneller Tätigkeiten verrichten - wie Sie "am eigenen Leib" erfahren haben.

Viel Freude und Erfolg bei Ihrer weiteren Arbeit mit MS-Windows 3.1! Und vergessen Sie nicht, ab und zu mal zu spielen!

Schlagwortverzeichnis

L

Laufwerk
- Symbol   120
- wechseln   128,141,142
Leerlaufzeiten   451
Lernprogramm   359
Lesezeichen   64
LIM 4.0   482
Linien
- Dicke einstellen   222
- zeichnen   218,315
Linksbündig   258
Linkshänder   381
LOADHIGH / LH   480
Local Heap   85
Lokale Drucker   169
Löschen
- Datei   107,123
- Druck-Auftrag   171
- Text in Write   248
LPT1:   430,432

M

Makro-Rekorder
- allgemeines   287
- Aufzeichnung beenden   294
- Hinweise und Tips   296
- Makro aufzeichnen   291
- Makro speichern   295
- Makroliste   295
- Menü-Option *Makro*   289
- Symbol   76,287
Maus
- allgemeines   23,337
- bestätigen   135
- einrichten   381
- markieren   180
Mauszeiger   23,44,54,245
[MCI Extensions]   431
Media-Player   78
Medien-Wiedergabe
- allgmeines   281
- Treiber   383,435
- Symbol   78
Mehrfachtext   443
Menüleiste   40,144
MIDI-Mapper   383
Minesweeper   501
Modem-Befehle   466
Modifiziert direkt   445
Modus (PIF)   448
Monatssicht im Kalender   204

MORICONS.DLL   79,92,98
MPLAYER.HLP   61
MSD.EXE   494
MS-DOS-Prompt   74,179
MS-Excel   18,31,36,193,201,323,434
MSP   18
MS-Word 5.0
- Formate   249
- in Gruppe integrieren   95
- PIF-Datei   454
Multitasking   332
Mutterverzeichnis   148

N

Nebeneinander   45,83,87,113,137,145
Netzwerk
- allgemeines   343,452,489
- Drucker   169,174,176
- Laufwerk   128
- Installation auf Server   344
NETZWERK.WRI   496
[NonWindowsApp]   425
NOTEPAD.HLP   61
Notizblock   18,61,76,232,276
NWPOPUP.EXE   489

O

Object linking and embedding   194
Objekt-Manager
- allgemeines   197
- Hilfedatei   61
- Symbol   77,198
OLE
- allgemeines   77,194
- in Kartei   271
Online-Dokumente   495
Optima (Schriftart)   252
Optionen
- im Datei Manager   135
- im Druck Manager   175
- im Kalender   206
- im Makro-Rekorder   289
- in Paintbrush   226
- im Progr. Manager   86,111
OS/2   85

P

PACKAGER.HLP   61
PageMaker   18,36,188,434
Paint   18
Paintbrush

Effektiv Starten mit Visual Basic

von Dagmar Sieberichs und Hans-Joachim Krüger

1992. X, 296 Seiten. Kartoniert.
ISBN 3-528-05202-3

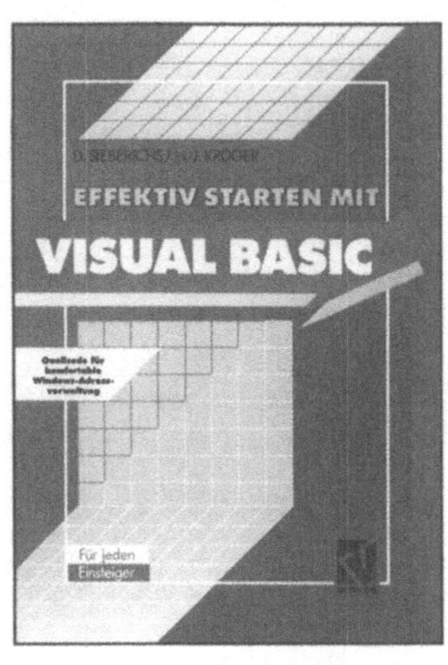

Eine mit viel Pfiff dargestellte, grundlegende Einführung in die Programmiersprache bzw. die Entwicklungsumgebung von Visual Basic.

Das Buch vermittelt dem Leser stark beispielorientiert die zukunftsweisende „Philosophie" eines fensterorientierten Entwicklungssystems. Alle Programmbeispiele „münden" in einer fertigen und voll funktionsfähigen Windows-Anwendung: einer komfortablen Adressverwaltung unter Windows.

Verlag Vieweg · Postfach 58 29 · D-6200 Wiesbaden

Vieweg Software-Trainer MS-DOS 5.0

von Bernd Kretschmer und Michael Gerding

1992. XVI, 612 Seiten mit Diskette. Gebunden.
ISBN 3-528-05197-3

Das Buch bietet eine umfassende, reich illustrierte und leicht nachvollziehbare Einführung in die Welt des Betriebssystems MS-DOS in seiner aktuellen Version 5.0.
Hierbei zeichnet sich das Werk durch eine gründliche und didaktisch sorgfältig aufbereitete Darstellung aus. Besondere Aufmerksamkeit widmen die Autoren praxisgerechten und aktuellen Gesichtspunkten des Betriebssystems wie Datenorganisation, Datensicherung sowie den Möglichkeiten des Betriebssystems in lokalen Netzen. Mit seinem umfangreichen Anhang und dem reichhaltigen Glossar eignet sich das Werk gleichermaßen als Arbeitsbuch wie auch als ergiebiges Nachschlagewerk. Wohltuend ist der kurze und prägnante Stil der Autoren sowie die Vermeidung unnötiger Fremdworte.

Verlag Vieweg · Postfach 58 29 · D-6200 Wiesbaden

Arbeiten mit Microsoft Excel Version 3.0

von The Cobb Group

1992. XVIII, 946 Seiten. Gebunden.
ISBN 3-528-14683-4

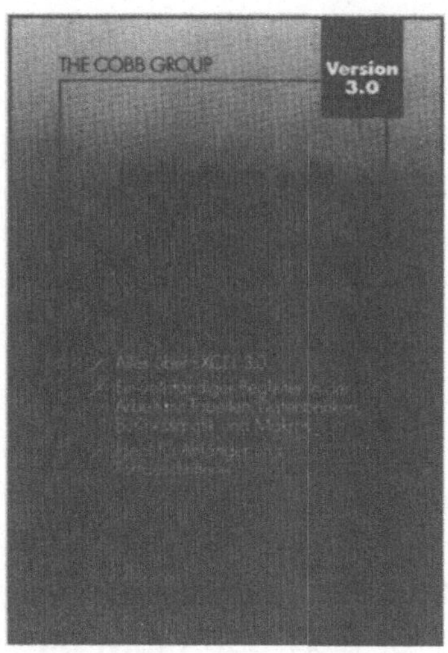

Sorgfalt, Sachverstand und vielfältige Insidertips machen das Buch zu einem wichtigen Begleiter in der alltäglichen aber auch in der professionellen Arbeit mit Excel 3.0.

The Cobb Group ist ein bewährtes und erfolgreiches Autorenteam, dessen profundes Know-how direkt von „der Quelle" stammt.

Verlag Vieweg · Postfach 58 29 · D-6200 Wiesbaden